普通高等教育经济管理类"十四五"规划教材

网络营销与推广
——理论、策略和实践

主　编　邱碧珍　张　娜　陶晨晨
副主编　刘星翰　方建生　鲁湘玉　杨清云　郭鹏飞

华中科技大学出版社
http://www.hustp.com
中国·武汉

图书在版编目(CIP)数据

网络营销与推广:理论、策略和实践/邱碧珍,张娜,陶晨晨主编.—武汉:华中科技大学出版社,2021.1
(2024.1重印)
ISBN 978-7-5680-6833-8

Ⅰ.①网… Ⅱ.①邱… ②张… ③陶… Ⅲ.①网络营销 Ⅳ.①F713.365.2

中国版本图书馆 CIP 数据核字(2021)第 019300 号

网络营销与推广——理论、策略和实践　　　　　　　　　　　　　　邱碧珍　张　娜　陶晨晨　主编
Wangluo Yingxiao yu Tuiguang——Lilun、Celüe he Shijian

策划编辑：聂亚文
责任编辑：段亚萍
责任监印：朱　玢
出版发行：华中科技大学出版社(中国•武汉)　　　　　电话：(027)81321913
　　　　　武汉市东湖新技术开发区华工科技园　　　　　邮编：430223
录　　排：武汉创易图文工作室
印　　刷：武汉科源印刷设计有限公司
开　　本：787 mm×1092 mm　1/16
印　　张：18.75
字　　数：480千字
版　　次：2024年1月第1版第4次印刷
定　　价：48.00元

本书若有印装质量问题，请向出版社营销中心调换
全国免费服务热线：400-6679-118　　竭诚为您服务
版权所有　侵权必究

前言

近年来,随着网络信息技术的不断进步、越来越多的消费者进行网络购物以及商业竞争的日益激烈,网络市场已经成为众多企业的目标市场,网络营销成为企业开拓、深耕网络市场的工具和策略。网络营销工具、方法和策略层出不穷,使得网络营销的效率和效益得到了极大提高,网络营销已经成为企业进行营销的利器。网络营销创新了营销思维,变革了企业的营销模式,发展了市场营销理论,推动营销实践的发展。

网络市场的迅速发展和网络营销的流行,一方面要求企业从战略角度进行网络营销管理,另一方面使得企业需要更多优秀的网络营销人才。而且随着电子商务的快速发展以及"互联网+"概念的提出,越来越多的创业者寻求通过网络进行创业,网络营销则是其中最为关键的工作。这些都催生了对网络营销人才的极大需求,以及对从业人员的专业化、精细化和复合化的要求。同时,教育部高等学校电子商务专业教学指导委员会将网络营销列为电子商务专业的核心课程之一。网络营销教学改革与教材建设是电子商务专业发展的重点。因此,在分析网络营销的发展现状和趋势,总结网络营销和推广所采取的理论和策略的基础上编写一本集网络营销与推广的理论、策略和实践于一体的网络营销教材,无疑具有十分积极的现实意义。

网络营销是一门实践性很强的应用学科,本书以理论与实践的有机结合为基本原则,注重网络营销理论的科学性和系统性,同时关注对网络营销实践的指南价值。本书以大量真实详细的案例、精准的市场实操策略、有效的网络营销运营思路,引导读者利用互联网的综合特性准确把握网络市场机遇、快速找到网络市场切入点、制定科学的网络营销策略。书本涵盖了网络营销的主要内容体系,全书从网络营销基础篇、理解网络市场和网络消费者篇、网络营销战略和组合策略篇、网络营销推广策略与实践篇四个角度展开。网络营销基础篇包括第一章和第二章,主要介绍网络营销基本概念和互联网带来的营销新思维——互联网思维。理解网络市场和网络消费者篇包括第三章至第五章,主要介绍网络营销环境分析、网络营销调研、网络用户画像和网络用户行为分析。网络营销战略和组合策略篇包括第六章至第十章,主要介绍网络营销战略制定、网络营销产品策略、网络营销定价策略、网络营销渠道策略和网络促销策略。网络营销推广策略与实践篇包括第十一章到第二十章,共十章,主要介绍搜索引擎营销、IM营销、微博营销、微信营销、APP营销、网络视频与直播营销、LBS营销、社交网络营销、社群营销和O2O营销等当前主流的网络营销工具和方法。

本书内容全面、知识新颖、体系完备,每章均设有引导案例、本章小结、关键词、问题思考和案例评析,以多种形式向读者阐述网络营销的理论知识和应用实务。本书在每一章的开头提供引导案例,并在每章正文内容结束后辅以案例评析,目的是培养读者在网络营销实践方面的能力,通过案例讨论和实训增强网络营销的实操性。

本书由厦门大学嘉庚学院的邱碧珍、张娜、陶晨晨主编,来自无锡太湖学院的刘星翰,厦门大学嘉庚学院的方建生、鲁湘玉、杨清云,以及湖州师范学院的郭鹏飞任副主编。具体的分工如下:邱碧珍负责起草大纲、组织编写活动和统筹安排,并编写第二章和第八章;张娜编写第九章、第十章;陶晨晨编写第四章、第五章、第十一章和第十六章;刘星翰编写第十二章和第十八章;方建生编写第七章、第十四章和第二十章;鲁湘玉编写第十三章、第十五章和第十七章;杨清云编写第三章;郭鹏飞编写第一章、第六章和第十九章。全书由邱碧珍总撰和定稿。

在本书的编写过程中,我们参考和借鉴了众多学者的研究成果,并参阅了大量网络信息,在此表示诚挚的感谢。

鉴于编者学识有限,加之网络营销领域日新月异,知识更新极快,对有些问题我们认识还不够深入和及时,书中难免存在不足之处,敬请各位读者批评指正。

编者
2020 年 10 月

目录

第一章　网络营销概述 ……………………………………………………（1）
　第一节　网络营销的概念、特征和功能 ………………………………（3）
　第二节　我国网络营销的发展现状及前景 ……………………………（7）
　第三节　网络营销与传统营销的关系与整合 …………………………（13）

第二章　互联网带来的营销新思维——互联网思维 …………………（20）
　第一节　互联网思维概述 ………………………………………………（22）
　第二节　互联网思维体系 ………………………………………………（25）
　第三节　传统企业如何运用互联网思维 ………………………………（35）

第三章　网络营销环境分析 ……………………………………………（43）
　第一节　网络营销环境概述 ……………………………………………（44）
　第二节　企业网络营销环境分析 ………………………………………（46）
　第三节　长尾理论和网络营销 …………………………………………（51）
　第四节　中国营销模式的三次重大变革 ………………………………（56）

第四章　网络营销调研 …………………………………………………（63）
　第一节　网络营销调研概述 ……………………………………………（64）
　第二节　网络营销调研的过程和方法 …………………………………（65）
　第三节　网络市场调查问卷设计 ………………………………………（68）

第五章　网络用户画像和网络用户行为分析 …………………………（73）
　第一节　用户画像 ………………………………………………………（74）
　第二节　网络用户行为分析 ……………………………………………（79）

第六章　网络营销战略制定 ……………………………………………（86）
　第一节　网络市场细分 …………………………………………………（87）
　第二节　网络目标市场选择 ……………………………………………（92）

第三节 差异化与网络市场定位 …………………………………………… (97)

第七章 网络营销产品策略 ……………………………………………… (104)
  第一节 产品属性分析 ………………………………………………… (104)
  第二节 产品的选择与开发 …………………………………………… (110)
  第三节 互联网品牌策略 ……………………………………………… (112)

第八章 网络营销定价策略 ……………………………………………… (115)
  第一节 网络营销定价策略概述 ……………………………………… (116)
  第二节 网络营销定价的程序和方法 ………………………………… (119)
  第三节 网络营销定价策略 …………………………………………… (121)

第九章 网络营销渠道策略 ……………………………………………… (130)
  第一节 网络营销渠道概述 …………………………………………… (132)
  第二节 网络直销 ……………………………………………………… (134)
  第三节 网络间接销售 ………………………………………………… (135)
  第四节 网络营销渠道设计与管理 …………………………………… (142)

第十章 网络促销策略 …………………………………………………… (146)
  第一节 网络促销概述 ………………………………………………… (147)
  第二节 网络广告 ……………………………………………………… (150)
  第三节 网络公关 ……………………………………………………… (155)
  第四节 网络站点推广 ………………………………………………… (157)
  第五节 网上销售促进 ………………………………………………… (159)

第十一章 搜索引擎营销 ………………………………………………… (163)
  第一节 搜索引擎营销概述 …………………………………………… (164)
  第二节 搜索引擎优化 ………………………………………………… (165)
  第三节 搜索引擎竞价排名 …………………………………………… (168)

第十二章 IM 营销 ………………………………………………………… (175)
  第一节 IM 营销概述 ………………………………………………… (176)
  第二节 QQ 营销 ……………………………………………………… (181)

第十三章 微博营销 ……………………………………………………… (188)
  第一节 微博营销概述 ………………………………………………… (189)
  第二节 微博营销策略 ………………………………………………… (192)

第十四章 微信营销 ………………………………………………………… (199)

第一节 微信概述 ……………………………………………………… (200)
第二节 微信推文营销 …………………………………………………… (200)
第三节 微信小程序 ……………………………………………………… (202)
第四节 微信搜一搜 ……………………………………………………… (204)
第五节 微信支付 ………………………………………………………… (205)

第十五章 APP 营销 ………………………………………………………… (209)

第一节 APP 营销概述 ………………………………………………… (210)
第二节 APP 营销策略 ………………………………………………… (211)
第三节 APP 营销模式与推广 ………………………………………… (214)

第十六章 网络视频与直播营销 …………………………………………… (220)

第一节 网络视频营销 …………………………………………………… (221)
第二节 网络直播营销 …………………………………………………… (228)

第十七章 LBS 营销 ………………………………………………………… (244)

第一节 LBS 营销概述 …………………………………………………… (245)
第二节 LBS 营销 ………………………………………………………… (246)

第十八章 社交网络营销 …………………………………………………… (256)

第一节 社交网络营销概述 ……………………………………………… (257)
第二节 SNS 营销的运营 ………………………………………………… (258)
第三节 SoLoMo 营销 …………………………………………………… (267)

第十九章 社群营销 ………………………………………………………… (271)

第一节 社群营销概述 …………………………………………………… (273)
第二节 社群营销的方法与步骤 ………………………………………… (276)

第二十章 O2O 营销 ………………………………………………………… (281)

第一节 O2O 营销概述 ………………………………………………… (281)
第二节 O2O 优惠券营销 ………………………………………………… (283)
第三节 线上线下融合营销 ……………………………………………… (285)

参考文献 …………………………………………………………………… (291)

第一章 网络营销概述

☆ 学习目标

1. 理解和掌握网络营销基础理论,包括其概念、特征、功能。
2. 理解网络营销发展现状和前景。
3. 理解网络营销和传统营销的关系。

☆ 引导案例

疫情下农产品大量滞销,电商十八般武艺欲"解围"

丹东草莓、三亚芒果、奉节脐橙、泰兴土鸡蛋……日前,淘宝、京东、拼多多等多个电商平台上冒出不少价廉物美的"产地直营特产"。

2020年春节过后,在新冠病毒疫情影响下,一边是城市生鲜产品供不应求,另一边是农产品滞销陷入困境。为解决疫情下突发的供需矛盾,电商平台或直播"连麦带货",或开通"绿色通道",或专辟"抗疫农货"专区,使出"十八般武艺",连接产销两端。

疫情广泛影响农产品上游

海南部分农产品大面积滞销!受疫情影响,三亚芒果收购和销售渠道受阻,多达30万斤。乐东黎族自治县的哈密瓜也遭遇跌价,当地瓜农以每斤0.5元的价格卖出了10万斤哈密瓜,但大量哈密瓜仍在地里处于"无人接管"的状态。

"芒果属于短保高损类应季水果,20天左右不进行采摘就会造成不可逆的损失。"京东生鲜方面表示,据初步统计,三亚目前有上百户芒农,滞销囤积的芒果一旦进入损耗期,将造成数以亿计的损失。

"我卖冻梨好多年了,受疫情影响,线下的交易几乎全停了。"吉林松原的张振强表示。受疫情下高速封路影响的,还有丹东的草莓、运城的红富士苹果、重庆奉节的脐橙等多地农产品。

"此次滞销有多方面原因。有的是往年有收购商在这个季节去农村收购,但如今不来,导致销路受阻;有的是因为当地物流受限,出现封路,农产品运不出来;还有的是因为过往的销售通路出现变化,有些销售渠道暂停营业或经营策略有变。"京东生鲜业务负责人唐诣深表示。

"一年之计在于春",疫情所致的滞销,不仅影响农户当下的收入,也打乱了部分农产区的春耕生产计划,对未来一年的农产品供给提出了严峻考验。

电商"解围"使出"十八般武艺"

为了不让瓜果烂在地里,各大电商平台各自使出了"十八般武艺",帮忙卖货。

"咱们家滞销的沙瓤西红柿产自山东,当地昼夜温差大,口感甘甜,能保证48小时发顺丰。"通过意想不到的直播模式,来自烟台的一位农民卖家得以直接跟买家介绍农货。近日,淘宝上线"吃货助农"会场,淘宝平台官方主播与山东、四川、浙江等多地农民"连麦",共同推介滞销的农产品。

2月10日,京东则宣布开通"全国生鲜产品绿色通道",专门为绿色通道提供了冷链专项支持,针对滞销农产品搭建专线解决运输问题,优先派送。拼多多也于同日上线"抗疫农货"专区,覆盖来自400个农产区230多个贫困县的农产品,并补贴5亿元保障特殊时期农户收入。

疫情期间消费者不出门采购,也让消费需求从线下大量转移到了线上。淘宝吃货官方平台表示,一场直播下来,烟台西红柿销售了近一万斤,黄瓜销售近一万五千斤,草莓销售近六千斤。三天时间内,仅"吃货助农"频道销售农产品已超过300万斤。

拼多多方面也表示,"抗疫农货"专区上线首日,农产品订单量就突破了600万单,辽宁丹东的草莓、山东烟台的苹果、云南建水的洋葱、江苏泰兴的农家土鸡蛋等120多种农产品订单量过万。

整合匹配资源成破局关键

"以往农产品上行,电商更多是做销售匹配。但此次疫情下,更强调让各方资源接入到助农行列中来。"唐诣深表示,每个地区农产品滞销的情况千差万别,根据当地情况整合匹配资源成为破局关键。

"生鲜属于非标品,我们会根据地域、量级不同,选择不同的渠道、模式进行销售。"唐诣深说,如三亚等地能直接将芒果打包成供消费者购买的包装,就考虑如何用物流尽快运出;有些地区不能直接做电商销售,就对接有能力的商家在当地做运营;还有的商家能把大批货送到北京,那就协调在北京加工中心做二次分装销售。

记者了解到,除"量身定制",疫情下的农产品产销对接,也要打通多个环节。拼多多新农业农村研究院副院长狄拉克表示:"第一,要对农产区尤其是贫困地区的农产品库存和质量状况做一个梳理,将亟须打通销路的农产品'往前推'。第二,要协调各地政府部门,对此类农产品开辟绿色通道。第三,要统筹顺丰、中国邮政等物流资源,确保新鲜的农产品能够直达消费者手中。"

"线上卖是有门槛的,首先要有分拣、包装的加工能力,不是说直接装进箱子就送到消费者手中。一旦品质有问题,对消费者也是一种伤害。"天猫生鲜行业专家福烁表示,电商平台"解围"农产品滞销,不等于所有滞销产品就能马上卖到线上,"最要紧的是给他们从采摘端、分拣端、包装端整个打通"。

(资料来源 疫情下农产品大量滞销,电商十八般武艺欲"解围".北京日报客户端,2020-2-12,有改动)

引导问题:

1. 案例中解决生鲜农产品线下滞销的方法有哪些?

2. 什么是网络营销？网络营销有哪些特点？

第一节 网络营销的概念、特征和功能

网络营销是以互联网技术为基础，利用数字化的信息和网络媒体的交互性来辅助企业营销目标实现的一种新型的市场营销模式。虽然网络营销与传统市场营销一样，以实现企业营销目标为目的，但它又不同于传统市场营销，它有着独特的内涵和特征。

一、网络营销的概念

网络营销是基于互联网和社会关系网络，连接企业、用户及公众，向用户与公众传递有价值的信息和服务，为实现顾客价值及企业营销目标所进行的规划、实施及运营管理活动。网络营销不是网上销售，不等于网站推广，网络营销是手段而不是目的，它不局限于网上，也不等于电子商务，它不是孤立存在的，不能脱离一般营销环境而存在，它应该被看作传统营销理论在互联网环境中的应用和发展。其实质是互联网对企业产品的售前、售中、售后等各环节的信息服务，贯穿了企业整个经营活动，包括市场调研、客户分析、产品开发以及产品销售等方面。因此在理解网络营销的含义时，需要注意以下几个方面。

1. 网络营销不等于网上销售

网络营销作为一种新型的营销模式，可以帮助企业实现产品销售、品牌形象塑造等，但它并不单纯是网上销售，而是企业现有营销体系的补充。不论从推广方法、营销效果、营销目的还是营销内容来看，两者都有一定的区别，具体区别如表1-1所示。

表1-1 网络营销与网上销售的区别

	网上销售	网络营销
推广方法	相对单一，在网络上发布信息	线上线下结合，多渠道集合
营销效果	较为直观，表现在销售额上	产品的销售、企业品牌价值宣传、用户关系管理等
营销目的	产品销售	产品销售、企业品牌影响力提升、客户服务等
营销内容	产品信息	产品、品牌、企业文化等

2. 网络营销不是虚拟销售

网络营销是传统营销向互联网的延伸活动，这些活动并不是虚拟的，而是可见的。同时网络营销活动并不局限于互联网，它往往与线下的营销活动相互结合、相互促进。

3. 技术驱动营销

网络营销是以互联网技术的发展和普及为基础产生的，互联网技术的进步也必然带来网络营销的变革。例如：数字化技术的完善推动了网络营销的产生和发展；即时通信技术的发展推动了社会化媒体推广的流行；移动网络和移动支付技术的成熟推动了网络营销重点向移动端倾斜等。

4. 网络营销是对网上环境的经营

网络环境是包括网络服务环境、用户、合作伙伴、供应商、销售商等多种因素的混合体,企业的网络营销活动只是整个网络环境的组成部分。企业开展网络营销的过程,就是与网络环境建立关系的过程,将这些关系建立并维护好了,网络营销才能取得成效。因此,网络营销是企业对网上经营环境的营造过程。

5. 网络营销是网络时代的市场营销

网络营销不是对互联网技术的简单运用,而是将互联网技术与营销活动有机结合,以新的方式、方法和理念在网络上开展营销活动。在这个过程中,企业可以借助互联网的多种渠道发布产品和服务信息,消费者可以通过互联网获取这些信息。同时消费者还可以针对这些信息发表意见,企业可以通过搜集这些反馈信息,优化自身产品和服务,从而提高产品和服务的质量。

二、网络营销的特征

在网络营销中,互联网好比是"万能胶",将企业、团体、组织以及个人跨时空连接在一起,通过网络,信息交流变得更加方便。同传统市场营销相比,网络营销结合了互联网所具有的独特性,无疑具有巨大的优势,如图1-1所示。

图1-1 网络营销的特点

1. 跨时空

传统的市场营销受到时间和空间的约束,而通过互联网,企业能够进行7×24小时的全球性营销活动,使得营销活动脱离了时空的限制。

2. 交互性

网络营销是一种交互式的营销,表现在企业通过互联网展示商品图像、提供商品信息,通过互联网进行查询,这一流程中,企业可以通过即时通信工具与消费者交流互动、解答产品相关问题,实现供需互动与双向沟通。同时,企业还可以通过互联网进行产品测试与消费者满意度调查等活动。

3. 个性化

网络营销是以消费者为主导的一对一的人性化营销。这种营销方式避免了推销人员强势推销的尴尬,同时通过信息交流,可以与消费者建立长期、良好的关系。例如,支付宝十年账单将每一个用户的账单制作成图片日记展现给用户,体现出其一对一的人性化服务。

4. 多媒体

在网络营销过程中,参与交易的各方可以通过互联网传输文字、声音、图像、动画、视频等多种媒体承载的信息,这样能够充分发挥营销人员的创造性和能动性,同时也给消费者带来丰富的视觉、听觉等多方位的感受。

5. 整合性

企业在网络营销的过程中,可以对自身拥有的多种营销资源、营销渠道和营销方法进行整合,这是网络营销对传统市场营销理念的重大突破和发展。这样做的好处是不仅可以避免因不同传播渠道使用不同传播内容而产生的负面影响,同时也能降低营销成本,增强营销效果。

6. 经济性

网络营销的经济性主要体现在三个方面:首先,通过互联网进行信息交换,可以减少印刷与邮递成本;其次,互联网企业无店面即可销售,免交店面租金,节约水电与人工成本;最后,互联网作为一个信息交换的自由平台,拥有大量的免费推广渠道,营销费用远低于传统广告。

7. 高效性

互联网可储存大量的信息,方便消费者查询,其所传送信息的精确度,也远远超过传统媒体。同时企业还可以根据市场需求,更新产品或调整商品价格,及时了解并满足顾客的需求。

8. 技术性

网络营销是建立在以高技术为支撑的互联网的基础上,因此企业实施网络营销时必须有一定的网络技术支持;同时网络营销离不开专业的营销人才,在进行网络营销时,企业只有改变传统的组织形态,提升信息管理部门的功能,引进专业的网络营销人才与计算机技术人才,才能具备市场竞争优势。

9. 超前性

互联网是一种功能强大的营销工具,它兼具渠道、促销、电子交易、客户服务、市场信息分析等多种功能,它能够为消费者提供差异化定制服务,实现对客户的一对一营销,符合定制营销与直复营销的未来趋势。

10. 成长性

目前,网络市场仍在快速增长,主要表现在两个方面:一方面,企业将开展网络营销视为企业发展的必经之路,企业开展网络营销活动的热情越来越高涨;另一方面,消费者也越来越青睐于网络购物,消费群体逐渐由购买力强且具有市场影响力的人群扩展到普通人群,消费领域也从网络购物发展到O2O外卖、生活服务、旅游订票、互联网金融、在线教育及互联网医疗等多个领域。

三、网络营销的功能

认识和理解网络营销的功能和作用,是实战和利用网络营销功能和作用的基础和前提。网络营销主要具有以下八大功能。

1. 信息搜索功能

信息搜索功能是网络营销进击能力的一种反映。在网络营销中，企业将利用多种搜索方法，主动地、积极地获取有用的信息和商机；将主动进行价格比较，将主动了解对手的竞争态势，将主动通过搜索获取商业情报，进行决策研究。搜索功能已经成为营销主体能动性的一种表现，一种提升网络经营能力的进击手段和竞争手段。随着信息搜索功能由单一向集群化、智能化发展，以及向定向邮件搜索技术延伸，网络搜索的商业价值得到了进一步的扩展和发挥，寻找网上营销目标将成为一件易事。

2. 信息发布功能

发布信息是网络营销的主要方法之一，也是网络营销的又一种基本职能。无论哪种营销方式，都要将一定的信息传递给目标人群。网络营销所具有的强大的信息发布功能，是古往今来任何一种营销方式所无法比拟的。网络营销可以把信息发布到全球任何一个地点，既可以实现信息的广覆盖，又可以形成地毯式的信息发布链；既可以创造信息的轰动效应，又可以发布隐含信息。信息的扩散范围、停留时间、表现形式、延伸效果、公关能力、穿透能力都是最佳的。信息发布以后，可以能动地进行跟踪，获得反馈，并可以进行反馈后的再交流与再沟通。

3. 商情调查功能

网络营销中的商情调查具有重要的商业价值。对市场和商情的准确把握，是网络营销中一种不可或缺的方法和手段，是现代商战中对市场态势和竞争对手情况的一种电子侦察。在激烈的市场竞争条件下，主动了解商情，研究趋势，分析顾客心理，窥探竞争对手动态是确定竞争战略的基础和前提。通过在线调查或者电子询问调查表等方式，不仅可以省去大量的人力、物力，而且可以在线生成网上市场调研的分析报告、趋势分析图表和综合调查报告。其效率之高、成本之低、节奏之快、范围之大，都是以往其他任何调查形式所做不到的。这就为广大商家提供了一种市场的快速反应能力，为企业的科学决策奠定了坚实的基础。

4. 销售渠道开拓功能

网络具有极强的进击力和穿透力。传统经济时代的经济壁垒、地区封锁、人为屏障、交通阻隔、资金限制、语言障碍、信息封闭等，都阻挡不住网络营销信息的传播和扩散。新技术的诱惑力，新产品的展示力，图文并茂、声像俱显的昭示力，网上路演的亲和力，地毯式发布和爆炸式增长的覆盖力，将整合为一种综合的信息进击能力，快速打通封闭的坚冰，疏通种种渠道，打开进击的路线，实现和完成开拓市场的使命。

5. 品牌价值扩展和延伸功能

美国广告专家莱利·莱特预言：未来的营销是品牌的战争。拥有市场比拥有工厂更重要。拥有市场的唯一方法，就是拥有占市场主导地位的品牌。互联网的出现，不仅给品牌带来了新的生机和活力，而且推动和促进了品牌的拓展和扩散。实践证明，互联网不仅拥有品牌、承认品牌，而且对重塑品牌形象、提升品牌的核心竞争力、打造品牌资产具有其他媒体不可替代的效果和作用。

6. 特色服务功能

网络营销具有和提供的不是一般的服务功能，而是一种特色服务功能。服务的内涵和外延得到了扩展和延伸。顾客不仅可以获得形式最简单的FAQ（常见问题解答）、邮件列表以及BBS、聊天室等各种即时信息服务，还可以获取在线收听、收视、订购、交款等选择性服务。从无假日的紧急需要服务和信息跟踪、信息定制到智能化的信息转移、手机接听服务,以及网上选购、送货到家的上门服务等,这些服务以及服务之后的跟踪延伸,极大地提高了顾客的满意度,使以顾客为中心的原则得以实现,客户成了商家的一种重要的战略资源。

7. 客户关系管理功能

客户关系管理,源于以客户为中心的管理思想,是一种旨在改善企业与客户之间关系的新型管理模式,是网络营销取得成效的必要条件,是企业重要的战略资源。在传统的经济模式下,由于认识不足,或自身条件的局限,企业在管理客户资源方面存在着较为严重的缺陷。针对上述情况,网络营销通过客户关系管理,将客户资源管理、销售管理、市场管理、服务管理、决策管理集于一体,将原本疏于管理、各自为战的销售、市场、售前和售后服务与业务统筹协调起来,既可跟踪订单,帮助企业有序地监控订单的执行过程,规范销售行为,了解新、老客户的需求,提高客户资源的整体价值,又可以避免销售隔阂,帮助企业调整营销策略,收集、整理、分析客户反馈的信息,全面提升企业的核心竞争能力。客户关系管理系统还具有强大的统计分析功能,可以为企业提供决策建议书,以避免决策的失误,为企业带来可观的经济效益。

8. 经济效益增值功能

网络营销会极大地提高营销者的获利能力,使营销主体提高或获取增值效益。这种增值效益的获得,不仅源自网络营销效率的提高、营销成本的下降、商业机会的增多,而且源自在网络营销中,新信息量的累加,会使原有信息的价值实现增值。这种无形资产促成价值增值的观念和效果,既是前瞻的,又是明显的,是为多数人尚不认识、不理解、没想到的一种增值效应。

第二节 我国网络营销的发展现状及前景

从1969年互联网诞生到20世纪90年代,随着计算机的普及和信息技术的发展,互联网迅速地商业化,以其独特魅力和爆炸式传播速度成为热点。商业利用是互联网前进的发动机,站点的增加以及众多企业的参与使互联网的规模急剧扩大,信息量也成倍增加。在互联网技术飞速发展的大环境下,网络营销应运而生。

一、我国网络营销的发展历程

(一)中国网络营销的第一阶段(1994—1997年)

1994年4月20日,中国国际互联网正式开通,网络营销随着互联网的应用开始受到企业关注。然而在1997年之前,中国的网络营销一直蒙着一层神秘的面纱,并没有清晰的网络营销概念和方法,也很少有企业将网络营销作为主要的营销手段。在早期有关网络营销的文章中,经常会描写某个企业在网上发布商品供应信息,然后接到大量订单的故事,并夸大互联网的作用,给企业造成"只要上网就有财源滚滚而来"的印象。其实,即使那些故事是真实的,也不过是在互联网信息很不丰富的时代的传奇,在如今的互联网环境中出现的可能性极低。这些传奇故事是否存在姑且不论,即使的确如此,也无法从中找出可复制的一般性规律。

(二)中国网络营销的第二阶段(1997—2000年)

根据中国互联网络信息中心(CNNIC)发布的《中国互联网络发展状况统计报告(1997/10)》,到1997年10月底,我国上网用户数为62万,WWW站点数约1 500个。虽然无论上网用户数还是网站数量均微不足道,但发生于1997年前后的部分事件却标志着中国网络营销进入萌芽阶段,如网络广告和电子邮件营销在中国诞生、电子商务出现、网络服务(如域名注册和搜索引擎)涌现等。到2000年年底,多种形式的网络营销得到应用,网络营销呈现出快速发展的势头,并且有逐步走向实用的趋势。在互联网的甜头逐渐为人所尝后,网络营销雨后春笋般涌现。

拓展阅读 1-1

(三)中国网络营销的第三阶段(2000—2003年)

就在中国互联网公司争相在美国上市的潮流达到空前狂热的状态时,互联网经济的泡沫破裂了。2000年3月13日,此前一直风光无限的纳斯达克指数一开盘就从5 038点跌到4 879点,下跌4%,虚幻的网络经济泡沫随之破灭。到2001年4月4日,指数已经跌至1 619点,全球互联网市场陷入低潮。在这段时间里,大多数网络公司在把风投资金烧光后停止了运营,只有少数企业将危机变成机遇。

拓展阅读 1-2

(四)中国网络营销的第四阶段(2003—2008年)

据统计,2000年美国共有210家互联网公司倒闭,最根本的原因是筹集到的资金迅速枯竭,后续资金没跟上。一年之后全球至少有537家互联网公司结束营业。然而直到今天我们仍能看到一些在上一波互联网泡沫破裂后留下的幸存者,它们中有雅虎、eBay、亚马逊(Amazon)以及后来的MSN、谷歌(Google)。大浪淘沙之后,中国同样也留下了历经磨难而顽强生存的互联网企业:新浪、搜狐、网易、腾讯和阿里巴巴。

拓展阅读 1-3

(五)中国网络营销的第五阶段(2008年至今)

随着移动互联网的普及,依托社交媒体进行营销成为网络营销的热点。社交媒体营销是指依赖或者基于社交媒体用户形成的互相连接的人际关系进行品牌或者商品的营销。社交媒体营销工具一般包括论坛、微博、微信、博客、SNS社区、图片和视频分享等。通过社交媒体营销,企业和消费者之间的沟通更加实时、双向和直接。

社交媒体营销可以在多个环节产生影响力。在用户产生购买行为之前,社交媒体营销可以起到告知作用。企业通过社交媒体传递自己的企业文化、品牌价值内涵、产品情况等信息,使用户产生感知与共鸣。对于那些潜在的用户,他们可以通过社交媒体获得对自己有用的信息,从而对企业及产品产生识别与认同。在用户发生购买行为之后,部分用户会主动地进行分享与传播,在朋友群中分享企业与产品的信息,产生二次传播效应。

社交媒体经过十多年的发展,其发展过程具有明显特征。在互联网早期,以论坛BBS的形式为主,中心特征是内容;2003—2005年,博客发展进入高潮期,中心特征是用户写作内容;2006年之后,随着社交网络以及微博的发展,中心特征变成用户分享交流内容;2010年以后,各类社交媒体开始跨界整合,类型呈现明显的多元化。随着社交媒体的不断发展,用户与企业信息发布和获取的成本都大大降低,为社交媒体营销提供了越来越丰富的可能性。

二、网络营销的发展前景

网络营销虽然是新兴的营销推广方式,但是它的发展前景是不可估量的。这取决于目前互联网新技术的应用、网络商务交易新模式的出现,以及网络商务涉及的新领域。

(一)互联网新技术的应用

技术驱动营销,新的互联网技术应用于网络营销中必然会带动网络市场的发展。目前移动支付技术正在迅猛发展,智能手机几乎完全取代传统钱包。此外,虚拟现实技术、无人机(车)配送、3D打印、大数据营销等技术也在研发和完善的过程中,这些技术在未来将大幅提升用户的购物体验。

1. 虚拟现实技术

所谓虚拟现实,顾名思义,就是虚拟和现实相互结合。从理论上来讲,虚拟现实(VR)技术是一种可以创建和体验虚拟世界的计算机仿真系统,它利用计算机生成一种模拟环境,使用户沉浸到该环境中。例如 Swivel HD 是一款虚拟试衣系统,它能将网站上的服装投射在消费者身上,营造出在镜子前试衣的效果。使用者只需将手举起,模仿从衣架上拿衣服下来试穿的动作(见图1-2)。据测算,消费者运用该系统试穿服装的时间是到试衣间试衣服的五分之一。

图1-2 VR技术应用

2. 无人机(车)配送

无人机(车)配送是配送行业的新发展,这项技术中无人机(车)可以根据提前设定好的目的地规划路线并在规定时间内将货物投递到指定位置。例如,京东无人配送站可以实现全程无人配送中转,无人机将货物运送至无人配送站顶部后,会自动卸下货物离开,货物将在配送站内部自动中转和分发,从入库、包装,到分拣、装车,最后再由配送机器人进行配送(见图1-3)。

3. 3D打印技术

3D打印(3DP)是快速成型技术的一种,它是一种以数字模型文件为基础,运用粉末状金属或塑料等可黏合材料,通过逐层打印的方式来构造物体的技术。3D打印可以用于传递近乎实时的零售体验,从理论上讲,网络零售企业将来只需要出售某件产品的设计文件,消费者可以足不出户在家用3D打印机打印出设计文件的产品。

4. 大数据营销

大数据营销是在大数据技术的基础上,基于多平台的大量数据,应用于互联网广告行业的营销方式。大数据营销的核心是将网络广告在合适的时间,通过合适的载体,以合适的方式,投给合适的人。企业在进行大数据营销的同时,可以利用大数据技术收集用户的反馈信息,并根据这些反馈信息优化产品设计,调整营销策略。

拓展阅读1-4

图1-3　无人机(车)配送技术应用

(二)网络市场新模式

2015—2019年网络市场得到良好的发展,团购网站向O2O模式发展,网上外卖、跨境电商、众筹等网络市场新模式也迅速兴起并颠覆了传统的商业模式,为推动网络市场的高速发展提供了助力。

1. 团购向O2O模式发展

2017年下半年中国本地O2O市场规模为5 560.7亿元,同上半年相比增加了25.4%。其中到店O2O业务规模增长了19.4%,到家O2O业务规模增长了47.3%。到店O2O最初起源于团购模式,在团购模式中商家以补贴作为代价吸引线上流量到线下消费。而随着移动端的不断成熟,很多团购用户实际上是到店之后再进行团购,这导致商家无法从团购中得到好处,因此原先以团购为主的O2O到店业务市场将会不断衰弱,由非团购式的O2O到店业务所代替,O2O到店业务规模的下降正是这种代替的反映,如图1-4所示。在资本市场的支持下,团购平台逐步向O2O模式发展,同时分裂为两种不同的方向:

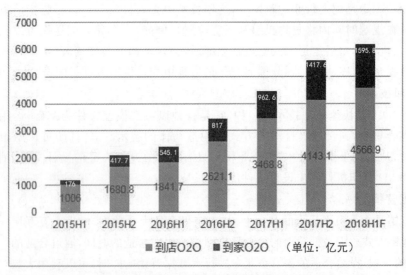

图1-4　2015—2018年中国本地O2O服务市场规模

一方面,发展成熟的团购平台开始向垂直领域发展,围绕发展成熟的团购业务进行深度挖掘。例如,美团寻求业务突破,拓展出较为成熟的单线业务——猫眼电影、美团外卖、美团酒店等,执行"T型战略"。大众点评通过多年的点评数据吸引和维系高端用户,在O2O领域以高频业务带动低频业务,率先开辟美容、婚庆、家装市场业务。

另一方面,部分团购网站通过会员战略拓展原有团购业务的宽度,通过提供附加服务来提升用户体验,扭转用户黏性较低的局面。例如,百度糯米凭借百度的品牌背书、产品支持以及O2O战略注资,专注于"会员＋"O2O生态布局,围绕储值卡、到店付、VIP会员服务开展业务。

2. 网上外卖

截至 2019 年 9 月份网上外卖用户规模达到 4.14 亿,其中手机外卖用户规模为 4.03 亿,如图 1-5 所示。同时网上外卖由单一商户的外卖配送模式向一家专业配送平台对接多家商户的模式转型,并实现了高速发展。

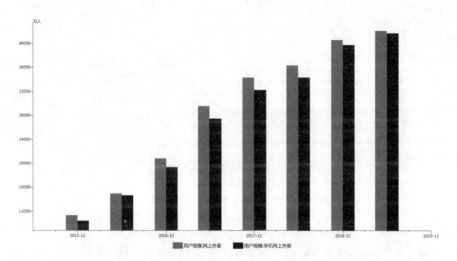

图 1-5 2015－2019 年网上外卖/手机外卖用户规模

2015 年下半年,国内各 O2O 领域在资本力量推动下开始进行整合,大型互联网企业资本的进入,使得之前混乱的网上外卖市场格局逐渐清晰起来。腾讯在美团与大众点评合并之后,对其增加投资以扩大对美团外卖的影响力,阿里巴巴在 2015 年年底也通过投资饿了么,对其以口碑外卖为核心的 O2O 业务进行了补充,加上百度外卖,三家外卖配送平台的用户占到整体网上外卖用户的 83.4%,网上外卖平台的市场格局已然形成。

3. 跨境电商

随着我国网络购物市场的高速发展,跨境电商逐渐出现并成为网络零售市场新的增长点,影响力直达全球。商务部数据显示,我国跨境电商业务快速发展,打破此前多年以个人为主体的代购模式,跨境电商以其远高于社会消费品零售的增速,占社会消费品零售总额的比重越来越高,已突破 20%。2017 年,跨境电商交易规模已达到 7.6 万亿元,占当年全年社会消费品零售总额的 21% 左右。根据《2018－2019 中国跨境电商市场研究报告》,2018 年中国跨境电商交易规模达到 9.1 万亿元,占当年全年社会消费品零售总额的近 24%。如果折合成美元计价,2018 年跨境电商规模占我国海关统计的进出口贸易规模由上一年的 27.5% 进一步升至近 30%。

4. 众筹

众筹是用团购＋预购的形式向网友募集项目资金的模式。众筹利用互联网和 SNS 传播的特性，让小企业或个人向公众展示他们的创意，争取大家的关注和支持，进而获得所需要的资金援助。相对于传统的融资方式，众筹更为开放，只要是网友喜欢的项目，都可以通过众筹方式获得项目启动的第一笔资金，为小本经营和创作的人提供了更多可能。

从在运营中平台数量走势来看，2016 年在运营中的众筹平台数量达到顶峰，共有 532 家，其中物权型平台有 155 家，在 5 种类型中数量排名第一。从 2017 年开始，各类平台数量开始下降，截至 2019 年 6 月底，在运营中的众筹平台仅有 105 家。

虽然近年来随着我国金融监管趋严，众筹平台的数量骤减，但众筹成功项目及融资额都呈上升趋势。2018 年上半年，共获取项目 48 935 个，成功项目数为 40 274 个，成功项目融资额达到 137.11 亿元，与 2017 年同期成功项目融资总额 110.16 亿元相比增长了 24.46%，成功项目支持人次约为 1 618.06 万人次，如图 1-6 所示。

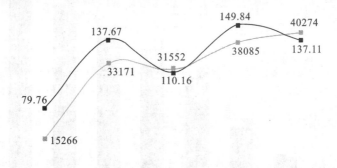

图 1-6　2016—2018 年众筹成功项目及融资额（单位：个，亿元）

5. 共享经济

随着互联网的普及，人们已经越来越习惯于"共享"。例如，出行时使用手机打专车或者顺风车；通过网络将自己暂时不使用的房子短租出去；将自己的资金短期出借。而这些就是"共享经济"。

国家信息中心分享经济研究中心发布的《中国共享经济发展年度报告（2019）》显示，2018 年，我国共享经济市场规模和就业保持了较快增长。2018 年共享经济市场交易额为 29 420 亿元，比上年增长 41.6%；平台员工数为 598 万，比上年增长 7.5%；共享经济参与者人数约 7.6 亿人，其中提供服务者人数约 7 500 万人，同比增长 7.1%。艾媒咨询发布报告显示，当前，中国互联网共享经济市场规模达 73 580 亿元，预计到 2020 年，中国互联网共享经济市场规模将超过 9 万亿元。

第三节　网络营销与传统营销的关系与整合

与传统营销方式相比,网络营销具有无可比拟的优势。但是在目前的社会经济环境大背景下,网络营销不可能完全取代传统营销,二者在一定时间内将处于共存和互补的状态。因此,做好网络营销与传统营销的整合变得尤为重要。本节将从网络营销与传统营销的关系及网络营销与传统营销的整合方面进行详细的讲解。

一、网络营销与传统营销的关系

网络的特殊性赋予了网络营销新的特点,这些特点使得网络营销与传统营销有很大的区别,也使得网络营销对传统营销产生了很大的影响。

(一)网络营销与传统营销的区别

网络营销与传统营销的区别并不是从线上到线下的区别,而是更深层次的营销理念、信息传播模式、营销方式和营销策略上的区别。

1. 营销理念

传统的市场营销观念是以企业利益为核心的,企业单纯地追求低成本大规模生产,并不能充分考虑到消费者需求,极易产生产销脱节的现象。现代营销观念(例如市场营销观念、社会营销观念等)尽管提出了以消费者需求为中心的口号,但执行状况并不尽如人意。而网络营销中,市场的主导权转移到消费者手中,迫使企业以消费者需求为中心进行营销活动。

2. 信息传播模式

在信息传播方面,传统营销采用的是单向信息传播的方式,消费者处于被动地位,只能根据企业提供的信息来决定购买意向。网络营销采用的是交互式的信息传播方式,企业与消费者之间的沟通及时而充分,消费者在信息传播的过程中可主动查询自己需要的信息,也可以反馈自己的信息,典型的例子是个性化定制服务的产生。

3. 营销方式

传统营销是在现实空间中销售者与客户进行面对面的营销,而网络营销则是通过网络连接客户,是从实物市场到虚拟市场的转变。这一转变使得具有雄厚资金实力的大规模企业不再是唯一的优胜者,也不再是唯一的威胁者。在网络营销条件下,企业站在同一条起跑线上,小公司实现全球营销也成为可能。

4. 营销策略

传统营销策略中,利润最大化是企业追求的目标。产品、价格、渠道和促销成为企业经营的关键性内容,以上的组合被称为4P营销策略。在网络营销中,营销环境发生了变化,地域概念没有了,宣传和销售渠道统一到了网上,价格策略的运用也受到了很大限制,这就促使传统的4P组合策略向4C(消费者、成本、便利、沟通)组合策略转化。

(二)网络营销对传统营销的影响

网络营销以全新的营销理念和营销方式,从根本上改变了传统营销的思路和格局,对传统营销产生了很大的影响,主要表现在价格、品牌策略、传统广告、渠道策略、传统营销观念、营销方式和生产方式上。

1. 价格

网络营销有力地冲击了传统营销中的企业定价的原则。传统营销中企业利用市场的封闭性进行高价销售的优势不复存在。价格对比类网站及应用的出现,使得商品价格更加透明,企业失去了对产品定价的主导权,而消费者成为价格确定的主体。

2. 品牌策略

网络技术的出现,对传统的广告品牌理论形成了巨大的冲击。品牌意识、品牌理念都被赋予了许多新的内涵。品牌已经成为一个企业的技术创新能力、资源运作能力、品质管理能力、市场拓展能力、企业文化建设能力和网络经营能力的综合反映。

3. 传统广告

网络广告与传统广告相比具有明显的优势。首先,网络空间的无限拓展性使网络广告可以覆盖更多地域,这一点在传统媒体中只有少数大牌媒体才能做到,并且费用不低。其次,网络广告可以迅速提高广告效率,一方面是因为网络广告在制作上不需要经过传统广告中的印刷环节,节省了时间;另一方面是网络广告可以针对发布者圈定的特征用户进行发布,达到精准营销的效果,使得广告更有效。

4. 渠道策略

网络营销对传统营销渠道的冲击是巨大的,不仅表现在传统营销中广告障碍的消除,更表现在对市场壁垒的冲击。传统营销渠道(见图 1-7)和网络营销渠道(见图 1-8)虽然都可以简单分为直接分销渠道与间接分销渠道,但是二者还是有区别的,主要表现在以下两个方面。

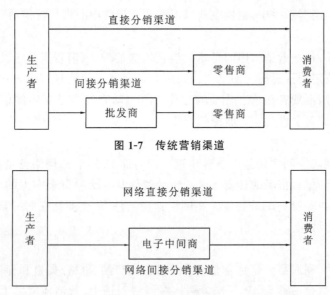

图 1-7 传统营销渠道

图 1-8 网络营销渠道

直接分销渠道:与网络直接分销渠道相比,传统的直接分销渠道受地域限制,覆盖地域范围较小,单个分销渠道辐射地域窄,企业需要铺设更多的直销点覆盖目标市场,渠道维护成本高;而网络直销只需要建立一个网站,利用快递和物流就能把产品销往全国甚至全球。

间接分销渠道:传统的分销渠道与网络分销渠道相比更加复杂,中间穿插多个分销商、批发商,这样不仅削弱了企业对多渠道的控制,而且增加了企业营销成本,提高了产品价格;而网络分销渠道则方便企业对分销商手中的渠道进行整合,不需要代理商就能很好地完善和控制自己的销售渠道。

5. 传统营销观念

传统营销观念一般指的是生产观念、产品观念、推销观念,在特定的时期这些观念曾经发挥了比较重要的作用。然而随着网络营销的发展,企业经营环境以及消费者需求逐步发生改变,网络营销对传统营销观念产生了一定影响,主要包括以下几个方面。

(1)对产品生产标准化的影响:传统营销观念中,生产厂家倾向于大批量、标准化的生产来实现规模经济效益。在网络营销中,消费者通过网络接触到各种各样的信息,需求愈发个性化,企业如果仍然生产大批量标准化的产品,就会遭到消费者的抛弃。

(2)对营销理念的影响:传统市场下,企业更多的是注重产品本身,而忽视对产品的推广,有些商家经营着无论是质量还是款式都很好的衣服,但是由于客服态度不好、店面宣传力度不够、与消费者互动少、售后服务不好导致店面门可罗雀。

(3)强行推销:部分企业为推销而推销,不考虑强制式的信息传播方式是否能为消费者所接受,这种推销观念应用到网络营销中,就表现为强行跳出的产品广告窗口、各种垃圾邮件,引起消费者的反感。网络营销中,部分企业已经看到这方面的影响,推出扁平化的网页,减少弹窗和广告,提升用户体验。

(4)产品更新换代的速度受影响:产品是具有生命周期的,网络营销下,更新速度比起传统营销要快得多,如果企业仍然以传统的看法看待产品的更新,难么将会很容易在激烈的营销竞争中错失良机。

(5)对企业运作效率的影响:传统营销渠道较长,而网络营销则需要企业能快速响应顾客需求,有强大的物流配送系统支持。因此,如果持传统的营销思路来开展网络营销,将会在企业运作效率方面表现不佳。有不少店家,他们在物流配送选择方面没能和物流达成很好的协议,或者是发货速度不够快,或者是响应客户需求的速度不快,导致退货率高升,最终导致店铺经营不善。

6. 营销和生产方式

网络营销对传统的营销方式和生产方式也造成了冲击,主要表现为传统大众化市场份额减少与个性化定制市场的拓展。传统市场营销中企业是先有产品,然后通过营销将产品销售给顾客。而另一方面,网络个性化定制市场是根据消费者的需求生产出消费者订购的产品并交付而完成订单的,如图1-9所示。这种模式越来越受到年轻消费者的喜爱,而个性化定制市场也必将成为未来市场发展的重要方向。

二、网络营销与传统营销的整合

与传统营销相比,网络营销有着很大的优势,并且对传统营销产生了深刻影响。然而网络营销只是企业进行市场营销的手段之一,并不能完全取代传统营销,它只有和传统营销结合起来才能更好地发挥作用。

(一)为什么网络营销需要整合传统营销

传统营销和网络营销都是经济发展的产物,传统营销是网络营销的理论基础,网络营销是

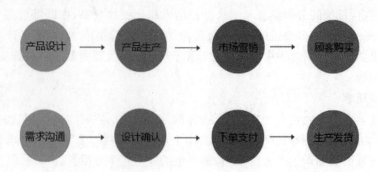

图1-9　传统生产方式与个性化定制生产流程对比

传统营销的延伸,两者是相互促进的,传统营销仍然具有不可替代性。

1. 传统营销是网络营销的基础

(1)从现实的市场经济来讲,虽然我国互联网得到了良好的发展,网民数量达到8.54亿,互联网普及率也达到61.2%,但是互联网仍然只是人们生活中的一部分。部分消费者并没有上网,消费者在进行网络购物决策时也不会完全忽视传统媒体的信息,网络营销与传统营销结合起来才能发挥更大的作用。

(2)从市场营销的实质来讲,在营销活动中,网络营销相对传统营销在程序和手段上发生了很大的变化,但市场营销的实质并没有变化,网络营销和传统营销都是企业的营销活动,需要相互组合发挥功效。

2. 传统营销具有不可替代性

网络营销的快速发展已经成为企业和消费者不可忽视的力量,但传统营销在渠道建设、购物习惯、购买安全性等方面仍然具有无法比拟的优势,网络营销还不能完全替代传统营销。

(1)在渠道建设方面,目前网络市场消费的主体主要是中、青年阶层,而消费量不容忽视的老年人市场和偏远农村地区市场仍有很大空白。而传统营销模式通过基础渠道的建设可以使产品达到任何有消费能力的地区。

(2)在购物习惯方面,虽然网络营销具有快捷、便利的特点,但是消费者在具体购物时,除了具有实际购买的需求之外,还有购物过程中享受的需求。例如,女性在购买服装时,将整个挑选、试货、逛街的过程当作一种放松和享受,这种购物体验是网络营销无法取代的。另外,消费者在购买一些价值较高、非标准化和不成熟的商品时,往往需要获取大量的实际产品信息,或者体验过产品后才会决定是否购买。而网络所提供的营销方式是虚拟的,产品的真实信息不能通过网络直接准确地传达,这使得消费者的购买决策不能得到确定,例如珠宝、奢侈品、住房等。

(3)网购存在安全隐患。网络给企业和消费者带来便利的同时依然存在着安全隐患,网络黑客利用技术犯罪时有发生。同时消费者在进行购物和网络活动时,需要完善个人信息以验证身份,这些也极易造成个人信息的泄露,从而危及消费者自身财产生命安全。例如,部分淘宝用户在对购买的商品给出差评后,会收到商品店家发送的带有恐吓、诅咒性质的骚扰电话或快递包裹。

(二)网络营销与传统营销的整合内容

网络营销与传统营销有着各自的优缺点,两者相互影响、相互补缺,企业需要将两者进行有效的整合,直至最后实现二者内在的统一。

1. 营销思想的整合

传统营销中企业采取的是由内而外的规划模式,寻找的是"我们想要的消费者"而不是"消费者想要的是什么"。企业以大量的偶像、明星为代言人进行推广,以推销为目的来制作广告,能够快速带来效果。但是,网络的出现促使消费者对产品和服务的需求趋向个性化。而企业整合网络营销与传统营销的第一步就是要引入产品和服务满足消费者个性化需求的理念。这就要求企业借助网络的信息优越性对市场进行调研,了解消费者的需求,以把握消费者的需求动态,根据不同消费者设计制造不同的产品,减少商品制造的盲目性,从而提高企业的利润率。

2. 客户整合

由于传统营销模式和网络营销模式所覆盖的主要用户群体不相同,因此二者的整合可以扩大用户覆盖范围。同时网络的存在使企业与市场之间变得越来越扁平化,中间商渠道被压缩,企业与用户之间可以进行面对面的交流。

3. 营销方式的整合

传统营销主要是利用广告牌、电视广告、电话营销、人力业务、书面邮件、电台广告、付费平面广告等方式进行的,辐射到人们现实生活中;而网络营销中的推广方式主要集中在各个网络平台上,辐射到网络中。两者需要相互配合,根据企业营销目标不同采取不同的方式。例如,针对大学生的营销活动,可以选择线上线下相结合的方法,具体可以通过在大学校园及周边公交站、地铁站发布广告和在大学生集中的网络平台发布广告信息相结合的方式进行宣传。

4. 营销组织的整合

在网络营销中,网络信息是企业重要的无形财产,尤其是企业客户的信息,而传统营销中对信息的重视程度远远不够。这就要求企业及时变更组织结构,可以在销售部门和管理部门之间衍生出一个网络营销管理部门,负责网络营销具体事务,包括日常运营、网上信息的搜集和分析、网上顾客服务等事宜,加强对商业信息的重视程度。同时网络市场中企业和市场之间越来越扁平化,客户来源发生了很大的变化,营销流程也相应发生了改变。为适用这种扁平化的网络营销模式,企业必须根据业务流程的变化对企业组织进行再造,完善客户服务部门的建设,做好客户关系管理工作。

【本章小结】

本章首先对网络营销理论基础进行了详细的讲解,包括其概念、特征、功能;然后介绍了我国网络营销的发展现状及前景,其中对新兴前沿技术、网络市场新模式等进行了分析,通过这些分析,大家可以直观地看出网络营销广阔的发展前景;最后讲述了网络营销与传统营销的关系和整合。

通过本章的学习,希望大家对网络营销的内涵和发展前景有一个基本的认识,能够对今后的学习树立信心、明确方向,并在实际运用中正确认识网络营销与传统营销的区别。

【关键词】

| 网络营销 | 大数据营销 | 精准营销 | 社交媒体营销 | 虚拟现实技术 | 无人配送技术 |
| 3D打印技术 | O2O | 跨境电商 | 网上外卖 | 众筹 | 共享经济 |

【问题思考】

1. 什么是网络营销？它的特征与功能有哪些？
2. 网络营销与传统营销有何差异？
3. 为什么网络营销需要整合传统营销？

☆ **案例评析**

"大白兔"的跨界营销

2019年5月23日，大白兔联合气味图书馆推出大白兔奶糖沐浴乳、身体乳、护手霜等一系列产品，迅速冲上微博热搜，引发大众热议（见图1-10）。

图1-10 大白兔和气味图书馆的联名产品

作为一个国民老字号，大白兔是很多人的童年记忆，日积月累的积淀，已经让这个品牌家喻户晓。

但是随着时间推移，单一的口味、竞争对手的涌现等诸多因素，让大白兔的市场表现大不如从前。在大众的认知里，大白兔似乎已经成了老年人才吃的糖果，成长起来的年轻一代对于大白兔的记忆，也封存在了脑海深处。

但是封存并不代表遗忘。自带"回忆杀"的它，天生就是一个优质IP。

这次的跨界营销，大白兔以一种新姿态出现在消费者面前，不是让消费者认识它，而是唤醒他们内心深处的记忆。而脑洞越大，跨界越远，就越能激发大众的兴奋点，新、奇、特产品的推出，正符合了当下年轻人的心理需求和消费需求。

实际上，类似这种的跨界营销，已经成为当下逐渐兴盛的国潮营销新方式。

故宫彩妆、泸州老窖香水、马应龙口红、人民日报×李宁……这几年来，许多传统品牌都在启动"旧城改造"，跨界联名，推出以新制造为代表的新国货，受到了大众的热捧，形成滚滚"国潮"。

"守得住经典，当得了网红"已经成为一些传统品牌的营销座右铭。

（资料来源 2019年10大经典营销案例盘点及分析——网络营销.http://www.mysemlife.com/12546,2019-12-17,有改动）

问题：
1."大白兔"如何借助网络营销整合传统品牌营销？
2.从"大白兔"品牌创新营销措施来看，如何理解跨界营销概念？

☆ 实训专题

1.选择一家你熟悉的企业，分析该企业是如何在互联网时代进行网络营销转型的。
2.假设你生活在2025年，"互联网＋"各产业均已发展完全，请描述你一天的生活。

第二章
互联网带来的营销新思维
——互联网思维

☆ **学习目标**

1. 理解和掌握互联网思维的含义。
2. 理解用户思维、简约思维、极致思维、迭代思维、流量思维、社会化思维、大数据思维、平台思维和跨界思维,同时理解它们之间的关系。
3. 理解C2B的含义。
4. 理解传统企业如何"触网"。
5. 理解互联网思维如何重塑传统企业价值链。
6. 理解互联网思维在价值环上如何分布。
7. 能够运用互联网思维为企业进行网络营销策划。

☆ **引导案例**

用互联网思维做餐饮,一家50平方米的餐厅年入百万!

江苏省泰州市姜堰区一个农贸市场的一家小餐馆,面积50多平方米,用互联网思维做餐饮,年收入120万元左右,以下这5个秘籍是这家餐馆的成功之道:①限量品类供应;②免费;③兜售体验;④快速响应;⑤提供增值服务。

一、少即是多——"我的小饭店只卖25种菜"

在这个农贸市场,类似的小餐馆有十几家,每一家的小炒也即菜品都在50样以上,多的甚至能够达到百八十种,而他家只有25样。其中的缘由如下:

(1) 这25种菜基本覆盖了周边消费者平常80%的点菜种类,把菜品减少不仅方便采购,而且能因为量大获得额外的优惠;

(2) 对于厨师来说,炒菜也更轻松,总是炒这25种菜,时间长了自然熟能生巧,不仅炒出来的味道更好,上菜的速度也更快;

(3) 这25种菜都是些西红柿鸡蛋、醋熘土豆丝、小炒肉、木须肉等同一个档次的菜,档次划分让每一位进店的人没有任何压力。原材料的规模采购让他的店每一样菜都能比周边的店便

第二章 互联网带来的营销新思维——互联网思维

宜一两块钱,因此翻台次数也远远高出周边的小店。

二、免费——"免费只是诱饵,要有舍才有得"

在菜品比其他小店更便宜的同时,还有其他店没有的免费食品——一小碟腌萝卜、一小碟炸花生米,以及可以免费盛用的小米粥、鸡蛋汤。这些免费的食品每天下来只要30多块钱,但是给顾客带来的感觉却异常好:一分钱还没花,桌上就已经摆上两小碟、两大碗,好像占了天大的便宜似的。实际上,这30多块钱,只要多来三四个用餐者,就足够捞回本了。

三、兜售体验——"面子比天大,一定要给足"

虽然经营的只是一个普通得不能再普通的小店,但是走进饭店的每一个顾客都是上帝。"我不仅要给他们便宜可口的饭菜、免费的食品,更重要的是要给他们足够的面子。"是怎么给面子的呢?除了热情嘴甜、眼疾手快之外,还有两大法宝。一种情况是,在过了饭点,进店人员稀稀拉拉的时候发烟。店长的大口袋里通常会装3种烟,5块钱左右的白沙、10块钱左右的红双喜以及15块钱左右的利群。他已经练成了只要瞄一眼,就能够判断该给眼前的人哪个档次的烟的本领,而且动作极为自然。

另外一种情况是,每当有熟人请客吃饭时,要么送上两瓶啤酒,要么送一碟凉菜或者一份炒菜。花的钱不多,但是却给了做东的顾客足够的面子。这些请客者以后每每请客,这家店都成为重要的选择。

四、快速响应——数字化管理客户

(1)为了增加营业收入,店从一开始就有外卖送餐服务,只要点够30元,在方圆2公里以内都可以免费送餐。

(2)小地方订餐的人虽然不算多,但是频率却比较高。为了提升送餐的速度,按照顾客消费的频次和金额,把顾客按照1~N的方式进行了编号,每一个编号对应着这个顾客的姓名、电话和常用的送餐地址;与此同时对菜品也进行了1~25的编号,米饭则默认一个菜一碗饭。

(3)微信取代了电话成为店里叫餐的主要工具。

顾客只要在群里说"16号,订餐3、9",店里的员工就知道是要送给谁,送到哪里去,以及要的是3号菜——西红柿鸡蛋和9号菜——木须肉。

(4)还有,一定要把这些陌生的人加在一个组里,因为吃饭会跟风,一个人点了,就会有好多人跟着点,这就是"激发需求"。

五、增值服务——"既是做生意,更是做人情"

餐馆旁边有两个不小的小区和一个幼儿园。幼儿园一般下午4点就放学了,但是家长一般要5点才下班。这中间一个多小时的断档,成为不少家长的烦恼。为此,特意在饭店二层客厅开辟出一块地方来,布置得像"翻斗乐"似的,可以让那些小朋友在里面玩闹,但是又不会摔伤。只要时不时去楼上看一眼就行。店长的热情,受到了许多家长的欢迎。如今不少周边的居民,有事时经常会把小孩搁在店里一两个小时。"这些小孩都白看么?收不收费?""不收费,都是举手之劳。而且很多家长来接孩子的时候就顺便把晚饭也吃了,或者直接打包。有的即使不想在外面吃饭,但是时间久了,都会多多少少消费一点。"

(资料来源 用互联网思维做餐饮,一家50平米的餐厅年入百万!廉富顺,2014-9-14,有改动)

引导问题:

1.这家餐饮店成功的根本原因有哪些?

2.什么是互联网思维?这家餐饮店的哪些措施体现了互联网思维?

第一节 互联网思维概述

互联网不仅仅是用来提高效率的工具，也是构建未来生产方式和生活方式的基础设施，更重要的是，互联网思维应该成为我们一切商业思维的起点，是最根本的商业思维。

一、互联网思维的提出

互联网思维并不是一个新生概念，而是对过去以及当下互联网发展特点的系统总结，最初是产生于IT领域并被普遍应用于互联网行业中。互联网行业发展下互联网企业需要生产出符合互联网规律的产品才有可能被用户接受，因而互联网企业需要具备互联网思维。互联网思维最早是在2011年由百度公司首席执行官李彦宏提出。他在2011年百度联盟峰会上发表《中国互联网创业的三个新机会》演讲时表示，到2011年，中国的传统产业发展对于互联网的认识、接受和使用程度都是有限的，而且普遍没有互联网的思维，这是一个共性。此后，互联网思维被小米负责人雷军、360公司总裁周鸿祎以及腾讯总裁马化腾等互联网知名人士引用，并随后在互联网中引发关于互联网思维的大讨论。

如今互联网思维已经不再局限于互联网行业，而是扩展至各行各业。传统行业旧有的生存发展模式也被互联网颠覆，需要适时调整出一套符合互联网发展规律的模式。在这种情况下，具有互联网精神的任何理念和事物都会被普遍关注，互联网思维作为这个时代的行动指南，自然也被奉为组织生存的"方法论"。

二、互联网思维的概念

在互联网和传统行业里，不同企业的领导人基于自己的行业有不同的理解，海尔集团首席执行官张瑞敏认为，互联网思维包括两个层面：第一个层面是并行生产，也就是说消费者、品牌商、工厂、渠道和上游供货商等都利用互联网技术全程参与；第二个层面体现在，互联网思维是经营用户而不是经营产品。传统制造业是以产品为中心，未来的制造业要更新观念，改为以用户为中心。互联网行业发展中颇具影响力的小米公司在其发布的员工训练手册《参与感》中提到互联网思维的核心是七个字：专注、极致、口碑、快。360董事长周鸿祎则总结为用户至上、体验为王、免费的商业模式和颠覆式创新四个要素。而百度百科解释为，在科技不断发展的背景下，互联网思维是对市场、用户和产品等整个商业系统的全新思考方式。陈永东教授在第二届数字营销传播研究与应用国际研讨会上将互联网思维定义成"新媒体思维"，分出了四个层面，分别是内容、产品、市场和管理思维。

尽管没有一个确定的答案，但目前包括学界和业界在解释时比较认可的概念为：互联网思维是指在（移动）互联网、大数据、云计算等科技不断发展的背景下，对市场、对用户、对产品、对企业价值链乃至对整个商业生态进行重新审视的思考方式。同时和君咨询赵大伟总结的互联网思维的9个要点——用户思维、简约思维、极致思维、迭代思维、流量思维、社会化思维、大数据思维、平台思维和跨界思维，也被学界和业界普遍接受。

三、互联网思维特性

有了互联网,人们可以随时随地购物、工作、学习等。互联网就像是一个新的宇宙,淘汰了旧事物,改变了人类生活原本的种种规矩,冲击着各行各业。从消费者行为改变的角度,来分析互联网思维的特性,可以发现以下12个方面。

1. 民主

互联网的世界是平的。我们可以随时看到明星、名人、大腕的消息,我们可以随时发布消息,发表评论,表扬、批评、投诉。我们跟其他人的距离马上拉近。很多普通人自己建立博客网站,下载和订阅量都比很多传统媒体高。这意味着,普通人化身创作者的年代已经悄悄来临了。传统媒体"高高在上,遥不可及"的权势消失,它们不再是唯一的内容创造者。

2. 真正消费者主导

真正消费者主导意味着众包、群策群力。过去,产品生产商、服务供应商的思维是:我提供产品、服务,通过推广、营销,让消费者知晓、体验、再购买,赢得市场份额。而消费者主权到来的时代,产品和服务好不好是由消费者说了算,而不是生产商自说自话。消费者群策群力给意见,绝对能够帮助企业成长,提高营销能力。因为在产品出现之前,消费者已经决定要买,由他们给意见,投票支持生产的,就不可能卖不出去。小米手机的成功案例,就证明了把消费者动员起来的力量,这也是互联网思维的一个典范。

3. 大数据时代

这是个没有秘密、没有隐私的世界。我们只要上网,运营商或者Wi-Fi提供商,就会知道我们任何的浏览路径,发过什么内容、跟什么人联系过,甚至是信用卡等个人隐私,都无所遁形。我们在社交网络上发布的内容,成为谁的粉丝,被谁关注,搜寻过什么,都会形成一个行为图谱,都能被推算是一个怎样的人。通过大数据技术的分析,更可以把一群人的性格、行为推算出来。

4. 资讯变得便宜

互联网使得资讯以免费的方式随手可得,消费者甚至可以"创造"资讯,资讯不平均的现象慢慢地被消融了。以前我们付费买报纸杂志,今天我们"百度"一下,就能什么都知道。因此,品牌要抢占先机,争夺高位,不能忽视维基百科、知乎、百度知道和任何"答问"或者"解疑"的资讯平台,要主动地入驻,不能被动地被对手鱼目混珠。品牌要做到的,是无处不在。在任何受欢迎的平台、网站、媒体上,都要360度包围消费者。

5. 人人都有影响力

谁都可以做意见领袖。

网络使得人们可以非常容易地发表观点,跟其他人在社交媒体上讨论,发表点评。这些代表了每个人都有一定的影响力,粉丝多的人就被定位为意见领袖、大号。

在今天的社会化营销时代,影响者在中国尤其重要。拥有很多粉丝的大号,说一句话就引来千万的反应。品牌必须要有效地利用这些网络上的意见领袖,营销"舆论",增加品牌的曝光度和美誉度。

6. 内容语调更亲和

既然品牌要学会把消费者当成朋友,就不要再装权威,企图忽悠消费者了。只有用朋友般的语气交谈互动,才能够跟消费者深化关系,拉近距离。

7. 门槛非常低的高消费学问

在互联网上做营销,是一门学问,是一种思维的改变。但是太多人不懂了,尤其是对于那些曾经成功的营销人而言,容易把在线下已经有效果的一套搬到线上,认为互联网营销就是投放线上广告、发布推广信息、做邮件营销等。互动营销,讲究的是投放多少资源在创意和人力,不是在渠道。要快、准、狠和不断出奇招才能够有非常的效果,做第一个才是天才,模仿其他人的成功效果会差很远。

8. 社群口碑

互联网经济是社群经济。品牌要建立的是粉丝部落,而并不是粉丝的数字。最典型的例子就是苹果公司,做什么产品都有口碑,还没出现就有人讨论和追捧。这是因为品牌的信任度已经超越了一般营销能带来的效果。对于任何品牌而言,在互联网经济下,建设社群是首要任务,要将品牌塑造为鲜活的品牌、被喜欢的品牌、首先被联想到的品牌。

9. 协作

过去,品牌经常在营销行为上独来独往,需要的时候就付费找供应商。在互联网时代,品牌应该主动找合作伙伴,可以是在产业链上处于不同位置的企业,在线上整合协作(典型的例子有航空公司跟旅游网站的合作、儿童益智玩具跟亲子杂志的合作),交换资源,达到双赢。互联网本来就有协作的意思,最重要的是为所有参与者创造价值。品牌的眼界要开阔一点,互相利用,而不是故步自封。

10. 随时

用户看到什么,想到什么,就可以马上搜寻查找。这代表了品牌和用户之间的距离接近零,品牌要随时候命,为消费者提供信息,提供购买机制。越来越多的品牌开设电商平台,拓宽购买渠道,就是随时随地为消费者提供购买的机会。

11. 无规则

讲究反应敏捷。在社会化营销的概念里,规划是每天的,因为我们根本不知道明天会发生什么社会事件,会有什么热点话题。在移动营销的概念里,也许只能有预设的场景,连规划都难以进行。既然如此,品牌就不要墨守成规,老是想要规划,多讲究反应才是上策。很明显,品牌要非常勤快地关注市场和消费者变化,要随时微调策略,才能洞悉先机。

12. 用户体验

过去我们讲购物者的用户体验,都是集中讨论购买过程中的体验。移动营销年代,我们要更多关注购买前的用户体验到购买后的用户体验。这里我们要考虑移动营销的消费者旅程,分为购买前、路途上、到店后、选购中、付钱时、购买后6个过程。

品牌可以通过移动技术,包括虚拟商城、定位、移动客户关系管理等推送营销信息、用户点评,帮助消费者选购,甚至可以拿到他们的资料,在以后提供更多的营销信息,周而复始,将用户培养成为忠诚的购买者。这不只是互联网思维了,其实,这是全方位的全时营销。

第二节 互联网思维体系

和君咨询的赵大伟总结的互联网思维体系包括9个要点:用户思维、简约思维、极致思维、迭代思维、流量思维、社会化思维、大数据思维、平台思维和跨界思维,被学界和业界普遍接受。本书从上述9个方面展开描述互联网思维体系。

一、用户思维

用户思维,是指在价值链各个环节中都要以用户为中心去考虑问题。

互联网思维,第一个,也是最重要的,就是用户思维。用户思维,是互联网思维的核心。其他思维都是围绕用户思维在不同层面展开的。没有用户思维,也就谈不上其他思维。

互联网消除了信息不对称,使得消费者掌握了更多的产品、价格、品牌方面的信息,互联网的存在使得市场竞争更为充分,市场由厂商主导转变为由消费者主导,消费者"用脚投票"的作用更为明显,消费者主权时代真正到来。这就要求企业在价值链的各个环节都必须以用户为中心。

(一)用户思维的三个法则

品牌运营模型"Who—What—How"(见图2-1)是营销理论中最精练的模型之一。此模型的核心在于要回答三个问题:第一,你的目标用户是谁?第二,目标用户的需求是什么?第三,如何满足目标用户的需求?不仅品牌运营,所有的企业营销问题都可以归结为这三个问题。

图2-1 品牌运营模型

> Who:目标用户是谁?(市场定位)
> What:目标用户的需求是什么?(品牌和产品规划)
> How:怎样满足目标用户需求?(体验打造)

在互联网思维的背景下,企业营销者该如何来回答这三个问题?从市场定位来看,要找到并聚焦我们的目标消费者,互联网是典型的长尾经济,那么就一定要服务好互联网时代的"长尾人群",也就是"草根"一族,正所谓得草根者得天下。从品牌和产品规划来看,需要找到目标消费者的需求,不仅仅是功能的需求,更重要的是情感的诉求,要清楚地洞察他们到底想要什么,做到感同身受。互联网时代的网民,主要由新一代的年轻群体构成,他们的自我意识强烈,好恶感明显,他们希望自己的声音被人听到,包括品牌厂商,他们注重这种参与的感觉。所以,在品牌建设的整个过程,要让他们广泛地参与进来,即兜售参与感。从体验打造来看,怎样满足消费者的需求?互联网经济也是典型的体验经济,说白了就是用户感受说了算。所以在品牌与消费者沟通的每一个环节,都要注重用户的感受,售前的咨询、售后的服务、产品包装给人的感觉、购买的渠道、认知的媒介等,都是构成消费者体验的一部分,因此,在品牌与消费者沟通的整个链条,都要贯彻用户体验至上。也就是说,用户思维包括三个法则:一是得草根者得天下,二是兜售参与感,三是用户体验至上。

(二)法则1——得草根者得天下

从市场定位及目标人群选择来看,成功的互联网产品多抓住了草根一族的需求,这是一个彻头彻尾的长尾市场。

草根一族身份普通但追求认可,他们寻求存在感、归属感和成就感,这样的人在目前的国内网民中占据了很高的比例。这类人群是互联网上的"长尾",他们单个消费能力不强,但是通过互联网聚合起来,就会产生强大的消费能力和影响力。草根一族即人民群众,草根一族喜欢的就是人民群众喜闻乐见的。如果产品不能和他们连接在一起,就必然是失败的。草根一族喜欢什么、需要什么,只要在中国做互联网,就必须重点关注。在中国,只有深耕最广大的草根一族,才可能做出伟大的企业。QQ、百度、淘宝、微信、YY、小米,无一不是挟草根一族以成霸业。

(三)法则2——兜售参与感

在互联网时代,每个消费者都可能和素未谋面的消费者在某个购物社交网络中相互交流,分享他们的消费主张,形成物以类聚、人以群分的消费社群。他们渴望参与到供应链上游活动(如采购、设计甚至制造)的决策中。参与感是用户思维最重要的体现,主要包括两个方面:一方面是让用户参与到产品研发与设计中,即C2B模式;另一方面是让用户参与到品牌传播中,即粉丝经济。

1. C2B模式:让用户参与到产品创新中

C2B(customer to business)与传统的B2C模式正好相反,强调了消费者的主导作用。C2B模式有两个层次,一是团购和预售,属于浅层的C2B,仅仅是聚合了消费者需求之后集中释放,并没有重构企业的供应链。还有一种深层的C2B模式,不仅聚合了消费者需求,还根据消费者个性化的需求完成了供应链的重构,让用户参与到产品的研发和设计环节中。与传统的大生产方式不同,其特色是多品种、小批量。C2B模式可以通过互联网汇聚个性化的小众需求,前端实现定制化,后端采用灵活的精益生产方式,实现多品种、小批量的工业化生产。像小米手机一样,一旦前端"预付+定制"环节完成,供应链将被重组,为了最大限度、最高效地为用户创造价值,企业就不再完全根据成本而是根据客户最大价值在全球寻求供应链组合,突破所谓的中国制造。

在互联网普及之前,任何企业都很难真正满足海量消费者的个性化需求。只有到了互联网时代,以消费者为中心的C2B模式才有了大规模实现的可能性。

☆ **案例 2-1**

《罗辑思维》兜售用户参与感

《罗辑思维》目前是影响力较大的互联网知识型脱口秀品牌,具有鲜明的互联网社群特征。《罗辑思维》成功的关键就在于注重用户的参与感,以用户为中心,互联网用户特征清晰,最大限度地运用网络与用户互动,通过有效的情感连接赢得目标受众的情感认同和价值认同,并形成优质的粉丝社群。

《罗辑思维》在线上线下很会用情感共鸣黏住用户,让用户具有存在感和参与感。第一,在日常的运营中,《罗辑思维》创作团队一直坚持直接在官方微博、微信公众号中回答粉丝的问题,与粉丝互动,保持亲切感,区别于一般对粉丝冷漠的社群官微,让粉丝时刻感觉具有参与感和存在感。第二,《罗辑思维》用公平公正的方法先让粉丝申请,然后通过随机抽取的方法,邀请一定数量的粉丝参加现场录制,让粉丝们能够亲身体验录制现场,拉近与粉丝的关系。第三,《罗辑思维》节目主题部分选题是通过粉丝点题而选择的,从而满足了受众的情感需求,也增加了受众的参与感。第四,《罗辑思维》的线下活动也在不断建立与粉丝的情感连接,如第一次线下活动设置"爱的抱抱"和"打赏、吐槽箱"活动,鼓励现场观众表达自己的真实情感、自愿打赏、给出宝贵的建议。

2. 粉丝经济:让用户参与到品牌传播中

让用户参与到品牌传播中便是粉丝经济。"因为喜欢,所以喜欢",喜欢不需要理由,一旦注入情感因素,有缺陷的产品也会被接受。因为互联网的存在,全国乃至全球的粉丝都可以参与品牌文化的创建、传播和演进过程。粉丝已经通过互联网紧密相连,同时又被他们共同创建的品牌文化牢牢地吸附在一起。粉丝已经成为品牌的一部分,牢不可分。在互联网时代,创建品牌和经营粉丝的过程高度融为一体。未来,一个没有粉丝的品牌很难走远。

☆ **案例 2-2**

网络剧《陈情令》多样化营销措施实现粉丝经济

在剧开播之初,《陈情令》官方微博开展了"陈情令101"选秀大赛,吸引众多观众进行投票,同时与选秀节目《创造101》合作在微博进行推广宣传,将比赛影响力扩大,对剧的宣传起到了积极作用,让更多人知道了《陈情令》这部剧的开播。之后随着剧的热播,官方又开展了"表情包大赛"、"陈情令涂鸦大赛"、"陈情令屏保大赛"、"国风陈情令"乐器演奏大赛等活动,用大赛奖品调动了粉丝参与的积极性,让整个粉丝群体活跃起来,进一步提高了粉丝对剧的忠诚度。另外,由于剧的播放是周一到周三的周播形式,为了时刻保持"剧粉"即"令牌们"的热情,不流失观众,官方在无剧播出的时间便放出花絮、访谈等物料,线下更有粉丝见面会等活动,让"令牌们"每天保持"军训"状态,一定程度上起到了"固粉"的作用。同时,在如今的大数据搜集时代下,B站、抖音等媒体也会给"令牌们"实时推送《陈情令》相关的短视频,让粉丝和剧的黏性进一步加强。

(四)法则3——用户体验至上

用户体验是一种纯主观的感受,是在用户接触产品或服务的整个过程中所形成的综合体验。好的用户体验一定要注重细节,并且贯穿于每一个细节,这种细节一定要让用户能够感知到,并且这种感知要超出用户的预期,给用户带来惊喜。

用户体验的打造,要贯穿各个渠道、各种终端、各类媒介,以及用户使用产品的各个环节,都要自始至终地考虑到用户的感受,以"用户体验至上"为指导原则。

拓展阅读 2-1

☆ **案例 2-3**

三只松鼠的用户体验创新

电商平台为企业和消费者提供了非常多的接触点,这么多接触点,如果哪一环节做不好,体验不好,消费者就会立即弃你而去。三只松鼠创始人章燎原把这些接触点分为两类:物理和感知。在他看来,传统购物主要是物理接触,眼见为实,感知只有广告;而电商反过来了,收货之前全是感知接触,只有通过一种情感来对未知做出判断。因此,电商企业首先需要营造一种好感,才能引发消费者第二次、第三次的购买。

在营造好感方面,网络推广要让用户建立深刻印象,进而点击。传统户外广告是 3 秒钟效应,互联网是 1 秒钟。消费者看到页面的松鼠产生好感,就会立刻点击,进而与客服沟通。在客服沟通上,三只松鼠也大胆创新,一改过去淘宝"亲"的叫法,改称为"主人"。"主人"这一叫法,会立即使关系演变成主人和宠物的关系,客服扮演为"主人"服务的松鼠,这种购物体验就像在玩 COSPLAY。

对于客服考核指标,也不再是常用的交易量,而是好评率和沟通字数。"顾客成了主人,客服就变成了一个演员,这就是一个感知接触点,把商务沟通变成了话剧。客服的话术要点就是要把自己想象成松鼠,过去常说把顾客当上帝太夸张了,我们现在就是要做一只讨好主人的宠物,让主人快乐!如此一来,客服也可以撒娇、卖萌等,带给顾客的感觉跟之前有一点点不同了。"

这么尝试选择下单的消费者的心理是痛并快乐着的:一方面顾客非常兴奋和期待,另一方面也很担忧,东西怎么样呢?要一直纠结到收到包裹。而这时,三只松鼠在发出快递的短信通知上体现了安抚细节:"松鼠已经火急火燎地把主人的货发出来了。"

"包裹箱也不能马虎,也要做足功课,这是消费者的第一次物理接触,要把此前的感知接触存留的好感一直传下去,因此三只松鼠的包裹箱和里面的包装都是经过精心设计的。"章燎原说,不仅如此,还要给消费者带来更多惊喜:比如纸袋、夹子、垃圾袋、纸巾、微杂志……吃坚果的工具一应俱全,几乎都能从包裹里找到,这样的细微服务牢牢抓住了消费者的心。如果企业不重视它,也许就会少了顾客在办公室分享、发微博分享的举动。而这些举动,正是对带来二次销售和口碑传播至关重要的。

此外,三只松鼠还通过微博和微信等途径和消费者沟通,征求他们需要哪些礼品。章燎原说,三只松鼠会开发更多的有意思的赠品送给消费者。他认为,如果把一些小点做到极致化,价值也就出来了。"一些人把电商看成是个渠道,但我更愿意把它理解成一个媒体。如果把它当作媒体,那么就会大有文章可做。"

(资料来源 案例:揭秘三只松鼠如何提高用户体验创新.胡水生,2016-8-3,有改动)

二、简约思维

互联网时代,信息爆炸,用户的耐心越来越不足,所以,必须在短时间内抓住用户。这就要求在设计产品时具备简约思维。简约思维意味着在产品规划和品牌定位中,要力求专注和简单;而在产品设计中力求简洁和简约。

(一)法则 1——专注,少即是多

专注就是少做点事,或者说只做一件事,将一件事做到极致。少即是多意味着专注才有力量,专注才能把产品做到极致。正所谓"越专注,越专业"。在当今的互联网时代,效率与速度决定一切,谁能用最短的时间抓住关键点,并持续专注于这个关键点,谁就能在未来的竞争中赢得

主动,谁就可以用较小的代价获得更多的收益。

☆ 案例 2-4

乔布斯实施专注手段使苹果公司起死回生

1997 年苹果公司接近破产之际将乔布斯请回去,乔布斯和几十个产品团队开会,产品评估结果显示苹果的产品线十分不集中。无数的产品,在乔布斯眼里都是垃圾。光是操作系统麦金塔就有多个版本,每个版本还有一堆让人困惑的编号,从 1400 到 9600 都有。

"我应该让我的朋友们买哪些?"乔布斯问了个简单的问题,但却得不到简单的答案,他开始大刀阔斧地砍掉不同型号的产品,砍掉了 70% 的产品线。几周过后,乔布斯还是无法忍受那些产品。乔布斯在一次产品战略会上发飙了。他在白板上画了一根横线、一根竖线和一个方形四格图,在两行标题上写上"台式"和"便携","我们的工作就是做四个伟大的产品,每格一个。"说服董事会后,苹果高度集中研发了 Power Macintosh G3、PowerBook G3、iMac、iBook 四款产品。

当时离苹果破产也就不到 90 天。乔布斯只用了一招杀手锏——专注,就让苹果从 1997 年亏损 10.4 亿美元,变成 1998 年盈利 3.09 亿美元,实现了起死回生。

(二)法则 2——简约即是美

简约是一种审美观。简约思维体现在产品设计上要做减法:外观要简洁,内在的操作流程要简化。简约不等于简陋,而是说外观要简洁,内在的操作流程要简化。搜索首页永远都是清爽的界面,苹果的外观、特斯拉汽车的外观,都是这样的设计。

☆ 案例 2-5

简约即是美在微信"摇一摇"功能上的体现

"摇一摇"产品的界面,就足够简约,没有任何按钮和菜单,也没有任何其他入口。它只有一张图片,这张图片只需要用户做一个动作,就是"摇一摇",这个动作非常简单,不用做任何学习,不用在界面里做任何的文字解释。很多产品人喜欢在程序里加一些提示,觉得这是一个很好的教育手段,可如果你需要用提示去教育用户,证明已经很失败,你没有办法通过功能本身让用户一看就知道。

三、极致思维

极致思维就是把产品、服务和用户体验做到极致,超越用户预期。以前流通体系不够发达,终端成本高,使得厂商很难直接面对终端用户,必须借助渠道的力量来完成最后的产品交付。随着互联网的日益普及,消除了信息的不对称,而电子商务的发展使得厂商得以直接面对最终消费者,渠道变得异常扁平。"渠道为王"让位于"产品为王",消费者的需求将得到更充分的释放和更合理的满足。要想在"产品为王"的时代赢得消费者,就需要具备极致思维。

(一)法则 1——打造让用户尖叫的产品

超越用户预期的产品和服务才会让人尖叫。如何打造超越用户预期的产品?方法如下:第一,需求要抓得准;第二,自己要逼得狠,做到自己能力的极限;第三,管理要盯得紧,得产品经理者得天下;第四,要打破思维定式。

拓展阅读 2-2

尖叫,意味着必须把产品做到极致;极致,就是超越用户想象!

(二)法则2——服务即营销

极致是超越用户想象,那么极致的服务就是超越用户预期的服务。真正超越用户期待的服务,其实是一种人与人之间的情感交换过程,所以服务的精髓就是有同理心,服务者和顾客之间彼此尊重,彼此需要,彼此平等。

☆ 案例2-6

海底捞的极致服务

对于顾客而言,餐饮店里要是没有座位了,等位是合情合理的。但是,海底捞为了让等待的顾客不心急,提供免费的零食和酸梅汤,让顾客在等待的时间里不会觉得饿和烦躁。此外,还免费为顾客提供做指甲以及擦鞋的超值服务。这些服务带来顾客的尖叫,也为海底捞赢得了良好的口碑。

四、迭代思维

互联网3.0时代,产品从上市到畅销一般在3~7天,是否成为爆款,是否取得广大消费者认可,一个月的时间就能看出来。

传统企业一般是做好一个产品,内部检测一下,不完美就再继续打造,直到完美了再推出,这样就可能错过市场最好的时机。互联网思维讲究的是快,尽快推出产品,然后通过消费者的反馈,再不断改进,实现快速迭代,日臻完善。

(一)法则1——小处着眼,微创新

微即要从细微的用户需求入手,贴近用户心理,在用户参与和反馈中逐步改进。"可能你觉得是一个不起眼的点,但是用户可能觉得很重要。"

(二)法则2——精益创业,快速迭代

只有快速地对消费者需求做出反应,产品才更容易贴近消费者。这意味着企业必须要及时、实时地关注消费者需求,把握消费者需求的变化。

在互联网3.0时代,每一个产品的第一版本都不是完美的,总会有一些缺陷。为了快速占领市场、占据消费者心智,就必须快速推出新品,占领市场先机,后来者则需要花费很大的推广精力才能抢占一部分市场份额。只要推出的产品的功能健全就可以,这样能够极大地降低成本和风险,在人力、物力、财力上是一种极大的节约。

☆ 案例2-7

微信运用迭代思维

腾讯公司的微信在发布第一版本的时候,只有一些最基本的功能,如即时通信、更换头像等,与QQ类似,实际上更像是一个手机版的QQ,只不过以手机APP的形式呈现。微信为了快速发展,赢得市场,不断地更新,不断地改进服务。微信1.0版本具有快速分享信息、照片和

设置头像等功能,接下来在1.2版本中加入了多人对话与群组功能。为了吸引更多客户,腾讯进行一次迭代,在2.0版本中创造性地加入了语音对讲功能,改变了费时费力的打字方式,为客户节省了时间,此举立刻赢得客户的欢迎,微信用户实现了爆发式增长。至此,微信已经非常成功了,但是他们并没有停下继续更新迭代的脚步。微信3.0版本,又增加了"摇一摇"和"漂流瓶"功能,拓宽了微信人群覆盖面积,加速了微信社交属性的推进。在微信4.0版本中增加了定位功能,又推出了时下最火的"朋友圈",使得微信的使用人群再次迎来爆发式增长,在2012年4月就达到1亿人。接着进行了4.2版本的迭代,推出了视频聊天功能,还推出了网页版微信。如今,微信用户数量已达10亿,恐怕没有任何一款手机APP可以与之相媲美。

五、流量思维

流量的本质是用户关注度,流量意味着体量,体量意味着分量。互联网公司的估值模式,很重要的指标就是流量,包括注册用户数量、活跃用户数量、用户访问频率等。一个注册1000万元的互联网产品,没有任何盈利,却可以估值数亿美元,在互联网领域是常有的事。在用户数量、活跃度这些指标的背后,是对用户注意力的一种占有。流量思维要求我们能够意识到流量的重要性,并且知道如何获取流量,如何让流量产生价值。

(一)法则1——免费法则

对于互联网产品来说,免费成了获取流量的重要战略。伟大的互联网公司基本都是靠免费的好产品聚集用户的力量,在此基础上再构建商业模式。知名作者克里斯·安德森在《免费:商业的未来》一书中归纳总结出免费的四种模式:直接交叉补贴模式、三方市场、免费加收费模式和非货币市场。除了第四种模式,前面三种都是交叉补贴的概念,都是通过费用承担者转移来实现收费。当考虑使用免费策略时,需要考虑谁可能是免费的成本的费用承担者。

(二)法则2——坚持到质变的临界点

任何一个互联网产品,只要用户活跃数量达到一定程度,就会开始质变,从而带来商业机会,甚至影响到周边一些其他传统产业。

☆ **案例2-8**

腾讯公司用户量变引起质变

QQ从一个聊天的工具先是变成社交平台,再成为一个媒体巨头,然后成为一个娱乐帝国;十年之后,同样是腾讯,其产品微信又一次从一个聊天工具变成了社交平台,再成为一个媒体平台、产品服务平台,之后又成为游戏平台,然后增加了支付功能成为交易平台,开始触动阿里巴巴电商生态的奶酪。

六、社会化思维

所谓社会化思维,是指组织利用社会化工具、社会化媒体和社会化网络,重塑企业和用户的沟通关系,以及组织管理和商业运作模式的思维方式。

(一)法则1——利用社会化媒体重塑企业和用户沟通关系

社会化媒体的重要特征是人基于价值观、兴趣和社会关系链接在一起。公司面对的用户以网状结构的社群形式存在。同时,社会化媒体让信息传播更快,让世界更小。这使得企业和品牌与用户沟通关系发生根本性的变化。利用社会化媒体,企业可以与用户平等地进行双向沟通,进行口碑营销和社群营销,从而实现品牌的传播和产品的销售。

☆ **案例 2-9**

Nike 的社群营销

Nike 先后推出了 Nike＋iPod、Nike＋iPhone、Nike＋SportsBand 等项目,通过和球鞋无线连接的各种电子产品,跑步者能够了解自己的运动时间、距离和热量消耗,并将这些数据上传到 Nike＋社区,来和其他跑步爱好者分享甚至竞赛。其中和 iPhone 设备的连接,可以让用户直接通过手机应用连入 Nike＋社区。

(二)法则2——利用社会化网络进行众包可以重塑组织管理和商业运作模式

众包是以众包协作"蜂群思维"和层级架构为核心的互联网协作模式,维基百科就是典型的众包产品。传统企业要思考如何利用外脑,不用招募,便可"天下贤才入吾彀中"。

☆ **案例 2-10**

InnoCentive 众包科研任务

InnoCentive 是世界著名的制药企业美国礼来公司的子公司,总部设在美国波士顿,其名字取自 innovation(创新)和 incentive(激励)。礼来公司将自己公司的科研人员不能解决的难题发到网站上(www.innocentive.com)来寻求解决答案,并给予一定的金钱激励。网站吸引了很多人包括科研精英来注册,很快地解决了这些问题,并拿走了奖金。接下来,这就形成了一个良性循环。后来礼来公司把 InnoCentive 网站独立出来运营运作。更多的公司把难题放上去悬赏,更多的科研精英跑过来搞定难题,并拿走奖金。宝洁公司是 InnoCentive 最早的企业用户之一。该公司引入"创新中心"的模式,把公司外部的创新比例从原来的15%提高到50%,研发能力提高了60%。宝洁目前有9 000多名研发员工,而外围网络的研发人员达到150万人。

七、大数据思维

大数据思维,是指对大数据的认识,对企业资产、关键竞争要素的理解。大数据思维的核心是理解数据的价值,通过数据处理创造商业价值。

(一)法则1——重视数据的价值,将数据资产视为企业的核心竞争力

用户在网络上的行为包括浏览、分享、购买、评论等,通过对这些行为进行追踪和分析,商家能够清楚地了解用户的购买需求和潜在购买需求,从而进行精准营销和推荐,进而提升用户的满意度,提高销售额。

(二)法则 2——大数据驱动运营管理

大数据时代,企业战略从"业务驱动"转向"数据驱动"。基于大数据的运营管理包括精准化营销、个性化服务和精细化运营。企业通过收集、挖掘大量内部和外部的数据,可以预测市场需要,进行智能化决策分析,从而制定更加行之有效的战略。

☆ **案例 2-11**

华东师范大学让冰冷的数据有了人性之美

2013 年 7 月,华东师范大学一名女生收到来自学校勤助中心的短信:"同学你好,发现你上个月餐饮消费较少,不知是否有经济困难?如有困难,可打电话、发短信或邮件给我。"

事实上,这名女生因为减肥减少了饭卡支出,引发了学校饭卡消费数据监控系统的关注。这个监控系统通过对饭卡消费数据分析,了解学生的经济状况,推测如果花销显著少于正常情况,校方是否应采取必要的干预措施。

这名女生把短信截图发到微博上,立即引来一片赞扬声:"负责的学校,让冰冷的数据有了人性之美。"

八、平台思维

互联网的平台思维就是开放、共享、共赢的思维。平台模式最有可能成就产业巨头。全球最大的 100 家企业里,有 60 家企业的主要收入来自平台商业模式,包括苹果、Google 等公司。

(一)法则 1——打造多方共赢的生态圈

平台模式的精髓,在于打造一个多主体共赢互利的生态圈。将来的平台之争,一定是生态圈之间的竞争。百度、阿里、腾讯三大互联网巨头围绕搜索、电商、社交各自构筑了强大的产业生态,所以后来者如 360 其实是很难撼动它们的地位的。

(二)法则 2——善用现有平台

当不具备构建生态型平台实力的时候,那就要思考怎样利用现有的平台。马云说:"假设我是 90 后,重新创业,前面有个阿里巴巴,有个腾讯,我不会跟它挑战,心不能太大。"

(三)法则 3——让企业成为员工的平台

互联网巨头的组织变革,都是围绕着如何打造内部"平台型组织"。包括阿里巴巴 25 个事业部的分拆、腾讯 6 大事业群的调整,都旨在发挥内部组织的平台化作用。海尔将 8 万多人分为 2 000 个自主经营体,让员工成为真正的"创业者",让每个人成为自己的 CEO。

内部平台化就是要变成"自组织"而不是"他组织"。他组织永远听命于别人,自组织是自己来创新。

☆ **案例 2-12**

韩都衣舍如何让企业成为员工的平台

韩都衣舍将整个公司分割成许多个被称为阿米巴模式的小型组织,每个小型组织都作为一个独立的利润中心,按照一个小企业、小商店的方式进行独立经营。

创新一:买手小组负责制

韩都衣舍把韩国流行品牌的款式,按照ZARA的模式,快速生产、上架、销售。整个采购团队分为四百多个买手组,每个买手组由3～5个员工组成,并进行独立核算。当员工进入买手组后,每人的初始资金使用额是2万～5万元。本月小组资金的使用额度是上个月销售额的70%。公司只规定最低定价标准,具体产品定价、生产数量、何时打折、促销价格等,基本由小组自己决定。根据每个小组的毛利润以及库存周转率,计算提成。小组内的提成分配由组长决定,由部门经理和分管总经理批准。六个月内业绩排在前三名的小组,奖励特别额度,业绩连续排在后三名的小组,则解散重新分组。

创新二:内部赛马

买手小组通过一个内部赛马式的机制,将所有环节都计入成本核算。每个买手小组从采购就开始核算成本,包括样衣、运费等。准备上架时,比如一个团队想要首页海报图的广告位,各买手小组间还需要进行内部竞价,价高者得。这也要计算到买手小组的成本里,随后才能通过工厂下单。韩都衣舍靠一套内部承包的阿米巴经营模式,将竞争导入了运营生产的每一个环节,形成了组织架构的创新。

九、跨界思维

跨界思维指的是对产业边界、创新的理解,通过嫁接其他行业的价值对企业进行创新改造,制定全新的企业和品牌发展战略战术,让原本毫无关系甚至相互矛盾的行业相互渗透、相互融合,从而在融合的过程中碰撞出新的火花,创造出商业奇迹。随着互联网和新科技的发展,纯物理经济与纯虚拟经济开始融合,很多产业的边界变得模糊,互联网企业的触角已经无孔不入,如零售、图书、金融、电信、娱乐、交通、媒体等。

(一)法则1——挟"用户"以令诸侯

用户数据是跨界制胜的重要资产,而用户体验是跨界制胜的关键。互联网企业为什么能够参与乃至赢得跨界竞争?因为它们一方面掌握着用户数据,知道用户的收入状况、信用状况、社会关系、购买行为数据等;另一方面它们又具备用户思维,懂得关注用户的需求和用户体验,也就自然能够挟"用户"以令诸侯。阿里巴巴、腾讯相继申办银行,小米做手机、做电视,都是这样的道理。

(二)法则2——用互联网思维,大胆进行颠覆式创新,主动跨界

李彦宏指出:"互联网产业最大的机会在于发挥自身的网络优势、技术优势、管理优势等,去提升、改造线下的传统产业,改变原有的产业发展节奏,建立起新的游戏规则。"

今天一个产业有没有潜力,就看它离互联网有多远。能够真正用互联网思维重构企业,才能真正赢得未来。

第二章 互联网带来的营销新思维——互联网思维

☆ 案例 2-13

喜茶与百雀羚的跨界联名

喜茶与百雀羚的跨界联名是茶饮行业中的经典案例。一个是茶饮品牌新兴的"网红",一个是国货美妆行业的"老师傅",潮流与传统的碰撞产生出新的火花。推出的产品包括联名款喜雀礼盒、喜茶会员卡,在产品的外包装上也做了改变。值得一提的是,百雀羚虽然是个传统的老字号,近几年在营销上做出的动作却大有掀起潮流的意味。与"网红"喜茶联名,与故宫合作出彩妆,还推出母亲节一镜到底长屏广告……无论是产品还是广告,百雀羚的画风都展现出中国古典美的韵味,打破了人们对国货的传统印象。

第三节 传统企业如何运用互联网思维

一、传统企业"触网"的四重境界

这里的传统企业,多指针对 B2C 端(大众消费人群)的消费品或者服务类企业。相对于 B2B (组织机构客户)的企业,互联网的出现对这类企业的影响更加直接。这些传统企业"触网"大致会经历以下四个阶段,或者说四重境界(见图 2-2)。

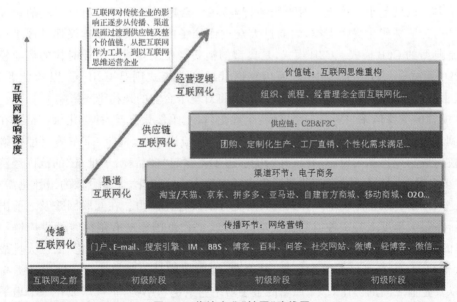

图 2-2 传统企业"触网"路线图

(一)传播层面:网络营销

互联网开始出现之后,出现了门户、BBS 等信息展示类产品,主要解决的就是信息不对称的问题。所以,最早的互联网商业应用就是网络广告,这也是最容易被互联网影响的价值链环节,无论是 Web 1.0 还是 Web 2.0,变化的是信息展示方式,从门户到社会化媒体,从新浪网到新浪微博,传播效率由低到高,沟通方式由单向到双向;不变的是营销功能的本质。这里的营销,指的是传播部分,不含产品销售。从 BBS 到 SNS,从微博到微信,都是传播层面的事,就是"在合适的时间,把合适的信息,以合适的形式,通过合适的媒介,传递给合适的人"。

(二)渠道层面:电子商务

电子商务的理想状态应该是一种全渠道电商。所谓全渠道,就是利用所有的销售渠道,将消费者在各种不同渠道的购物体验无缝联结,最大化消费过程的愉悦性。它既有电子商务固有的优势,如丰富的产品、搜索、比价、社群互动、顾客评价等,也有线下门店的优势,如体验、面对面的咨询沟通、更佳的环境氛围等。这也就意味着,品牌商应该在各个渠道、各个终端,给消费者提供一致的消费体验。传统企业做电商,应该做到内外部的协同。外部协同是指企业要在客户面前表现一致,无论他们购买什么、怎样购买和如何选择。内部协同则需要建立一个存储所有客户和产品信息的统一数据库,不能分别存放到不同的业务单位、地区部门和职能部门中,要打破职能部门、产品机构、业务单位和地区部门的内向边界线,提高业务协同效率。企业要思考基本的问题——客户在全渠道电商形态下的购买行为是什么,并以此来改变产品、业务单元和区域导向的组织架构。

(三)供应链层面:C2B

在互联网深度影响传播和渠道环节之后,产品和供应链环节也开始被重构了。通过前端与消费者高效、个性、精准的互动,倒逼生产方式的柔性化以及整条供应链围绕消费者的全面再造。对于制造行业,用户通过互联网会越来越多地参与到企业产品研发和设计环节,为企业决策做支撑,典型的就是小米手机。对于服务行业,用户会通过互联网将用户体验的建议反馈给服务提供方,为服务优化提供支撑,如通过大众点评给餐饮店的菜品提建议促其改进。这两种模式,就是典型的 C2B 模式。C2B 模式,是典型的消费者驱动模式。工业时代的商业模式是广义上的 B2C 模式——以厂商为中心,而信息时代的商业模式则是 C2B——以消费者为中心。C2B 模式目前影响最为深刻的是供应链端,而后将对整个企业的架构带来影响。

C2B 模式的支撑体系主要是三个方面:个性化营销、柔性化生产、社会化供应链。在营销环节,互联网的发展大大提高了个性化营销的效率。在流通环节,淘宝、京东等巨型网络零售平台,正在快速成为零售基础设施,并且开始能够逐步支撑起"多品种、小批量"的范围经济。在生产环节,"多品种、小批量、快翻新"的消费需求越来越走向主流化,大量分散的个性化需求,正在以倒逼之势,推动各家企业在生产方式上具备更强的柔性化能力。在互联网普及之前出现的供应链体系,在很大程度上是一种以降低成本为导向、协作范围相对有限的线性供应链。由于供应链天然的社会化协作属性,今天这种供应链形态正面临着如何"互联网化"的巨大挑战。互联网的最大优势,在于它可以支撑大规模、社会化、实时化的分工与协作。它极大地提高了消费者、企业以及企业之间的协作效率,原来的金字塔结构或链状结构,正被压缩在一个扁平化的平面上。最终,这使得个性化需求能够越来越直接地触发各家企业协同组成的高效价值网。当线性供应链被互联网改造成信息驱动的网状协同的价值网时,也将意味着一种全新高度上的分工与协作社会化供应链体系的建立。

(四)价值链层面:互联网思维重构

传统企业互联网化的最高境界,就是用互联网思维去重构企业经营的价值链。索尼CEO平井一夫曾说道:索尼不缺互联网思维,很多产品都有网络功能。最具代表性的是游戏产品,因为游戏要用网络来传输,我们的游戏下载平台有许多用户,我们在互联网产品上有经验和人才。就连曾经的巨头索尼,对互联网思维的理解也不够深入。绝不是产品连上网、具有网络功能就代表有互联网思维,也不是产品通过互联网渠道销售就代表有互联网思维。

二、传统企业互联网转型三部曲

传统企业互联网转型是一项复杂的系统工程,不可能一蹴而就。在对所在行业发展特征和本质深度理解的基础上,需要通过系统的互联网思维体系,来构建一套线上线下相生互动的全媒体营销体系和电子商务体系,并设计出面向互联网的商业模式、组织结构和企业文化。这里总结了"三部曲",也是传统企业互联网转型必须要迈过的三道坎儿。

(一)企业家的互联网思维切换

企业家是企业成长和发展的天花板,一个企业能做多大,首先取决于企业家的抱负、追求与境界,这就是"企业家封顶"理论。"企业家封顶"理论在互联网转型中依然适用。如果一个企业的企业家没有意识到互联网转型的迫切性与重要性,没能完成自身的互联网思维切换,那么这个企业要想成功转型基本是不可能的。

(二)组织的互联网思维变革

在企业家完成互联网思维切换之后,整个管理团队和员工能否完成这样的思维切换?这实际上是组织命题。组织里的人才培养、制度设计和文化建设,是否按照互联网思维的要求来变革?人的思维方式时间长了就成了惯性,组织的思维方式时间长了就积淀为组织基因。改变一个人的思维都不容易,何况要改变一个组织的思维!这个过程非常难,也非常痛苦。就像新东方创始人俞敏洪说的一样,改变自己的惯性思维非常难,但是现在已经不得不去改变,而且要动员新东方团队一起去改变。如果改变不了,那么就只能眼看着新东方被沪江网、优才网这样一批批新生代超越。

(三)业务的互联网思维重构

在企业家和整个组织都完成了互联网思维切换之后,就是业务层面的互联网化。我们怎样利用互联网思维去思考我们的业务运营?这个层面相对容易解决。怎样设计产品和服务?怎样打造用户体验?怎样做品牌传播?这一系列问题都是有一定规律可以遵循的。

三、互联网思维重塑传统企业价值链

著名管理学家迈克尔·波特基于工业化生产流通体系,在企业经营管理方面提出了价值链理论(见图2-3)。而在互联网经济日益蓬勃发展的今天,这套理论的适用范围将越来越受到限制。互联网的发展,使得大数据、云计算、社会化网络等技术成为基础设施,用户和品牌厂商之间得以更加便捷地连接和互动,不再只是销售或服务人员去面对终端用户,用户越来越多地参与到厂商的价值链条各个环节。那么,在互联网时代,为了更快、更好地满足用户需求,传统的价值链模型就会被互联网技术和思维重构,经过互联网化改造的"价值链"(见图2-4),最终变成互联网化的"价值环"(见图2-5)。

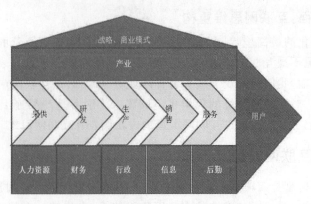

图 2-3 迈克尔·波特的价值链模型

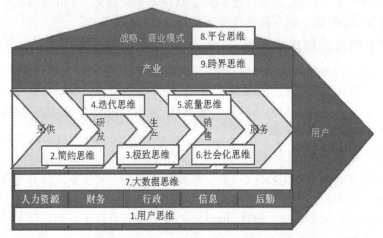

图 2-4 互联网思维"独孤九剑"模型(1)

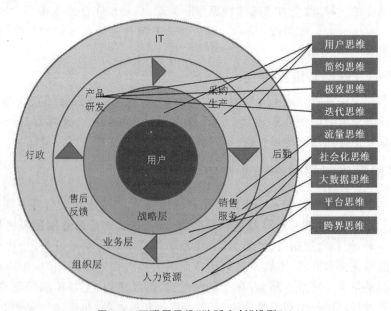

图 2-5 互联网思维"独孤九剑"模型(2)

"价值环"的圆心是用户。战略制定和商业模式设计要以用户为中心,业务开展要以用户为中心,组织设计和企业文化建设都要以用户为中心。战略层、业务层和组织层都围绕着终端用户需求和用户体验进行设计。这就是互联网时代的"价值环"模式。其中,在业务层面,用户端和供应链端连接起来,形成了一个闭环,将不断地实现价值动态的传递。用户将需求反馈至研发生产部门,研发生产部门形成产品或服务再传递到销售端,销售端通过接触用户又形成了二次循环。

这种经过互联网思维改造的"价值环"模式,将对传统商业生态和商业理论带来深刻的影响。"价值环"要求我们必须要持续不断地关注用户需求、聆听用户反馈并且能够实时做出回应,这是未来企业建立商业模式的基础。那么,互联网思维在这个"价值环"中如何分布呢?

1. 战略层

怎样明确产业定位?怎样制定战略?怎样设计商业模式?典型思维:用户思维、平台思维、跨界思维。

2. 业务层

(1)后端:产品研发及供应链。主要命题:怎样做业务规划?怎样做品牌定位和产品设计?典型思维:用户思维、简约思维、极致思维、迭代思维、社会化思维。

(2)前端:品牌及产品营销。主要命题:怎样做品牌传播和业务经营?怎样做商业决策?典型思维:用户思维、流量思维、社会化思维、大数据思维。

3. 组织层

怎样设计组织结构和业务流程?怎样建设组织文化?怎样设计考核机制?典型思维:用户思维、社会化思维、平台思维、跨界思维。

【本章小结】

互联网思维已经扩展至各行各业。传统行业旧有的生存发展模式也被互联网颠覆,需要适时调整出一套符合互联网发展规律的模式,这就是互联网思维。互联网思维包括9个要点:用户思维、简约思维、极致思维、迭代思维、流量思维、社会化思维、大数据思维、平台思维和跨界思维。其中用户思维贯穿企业运营的始终,是所有互联网思维的核心,没有用户思维,也就不可能领悟好其他思维。

传统企业应用互联网思维"触网"大致会经历以下四个阶段或者说四重境界:①传播层面:网络营销。②渠道层面:电子商务。③供应链层面:C2B。④价值链层面:互联网思维重构。这4个层面对互联网的应用程度依次由浅入深,互联网对企业的影响逐步加深和渗透。

互联网思维重塑传统企业价值链,传统的价值链模型就被互联网技术和思维重构,变成互联网化的"价值环"。

【关键词】

互联网思维	用户思维	简约思维	极致思维	迭代思维	流量思维
社会化思维	大数据思维	平台思维	跨界思维	传统企业转型
传播层面:网络营销		渠道层面:电子商务		供应链层面:C2B
互联网思维重构	价值环

【问题思考】

1.什么是互联网思维?互联网思维的9个要点是什么?它们之间有什么关系?

2. 传统企业进行互联网转型一般会经历几个境界?你觉得目前中国的传统企业转型一般处于哪个境界?

3. 互联网思维如何重塑传统企业价值链?

4. 互联网思维如何在价值环上分布?

☆ 案例评析

"洽洽食品"如何进行互联网转型

一、"洽洽食品"互联网转型的困境

1. 消费需求升级弱化传统零售业原有优势

自互联网出现以来,人们的消费观念、模式、习惯都发生了变化,出现了消费时间碎片化、消费空间虚拟化、消费商品多样化、个性化的新消费需求。"洽洽食品"作为坚果炒货行业的领军企业,综合实力强,规模优势明显,然而面对互联网时代下层出不穷的竞争者,借助互联网转型也是必不可少的。2014 年 8 月,洽洽味乐园电子商务有限公司成立,正式打开"互联网+"时代的大门。2015 年 2 月 8 日,洽洽引入 TPM 系统;11 月 18 日,洽洽进行 BU 制组织变革。2017 年 3 月,洽洽 TPM 自主维护全面进入 AM2 阶段;9 月,洽洽电商分拣中心成功发出真实订单第一单,正式打开电商的大门。

2. 专业人才匮乏

在"互联网+"背景下,洽洽食品股份有限公司转型面临人才短缺的困境。作为中国坚果炒货行业的领军品牌,没能紧跟时代潮流,迅速招募电子商务人才,且工资水平和发展前景难以吸引相关领域人才;另一方面,数据分析人才匮乏,定位发展方向模糊。2018 年 1 月,公司引入全球战略定位咨询领域的第一品牌——里斯中国,作为战略咨询合作伙伴,共筹洽洽未来的战略定位及发展。

3. 产品结构单一

为改变大众对洽洽炒货的刻板印象,2008 年 11 月,"怪 U 味"推出上市,受到广大青少年儿童喜爱。2010 年 4 月 18 日,洽洽"喀吱脆"新品顺利投产。2013 年 5 月,洽洽"啵乐冻"上市;8 月 19 日,洽洽收购江苏洽康食品有限公司 60% 股权,拓展调味品行业;9 月,洽洽大片西瓜子上市。随着互联网时代的到来,2014 年 9 月,洽洽推出新产品"撞果仁"。2015 年 11 月,洽洽"蓝袋"瓜子上市。2017 年 3 月小黄袋每日坚果上市,标志着洽洽正式进入品牌换新阶段。

4. 技术创新实施困难

为满足当今行业不断提高的食品安全指标、消费者日益增长的食品口感等需求,洽洽不断地进行技术创新和改革。2018 年 5 月,洽洽"干坚果贮藏与加工保质关键技术及产业化"项目荣获 2017 年国家科学技术进步奖二等奖;8 月,洽洽成为坚果行业首家入选"国家健康品牌计划"的品牌;9 月,洽洽被正式授予"国家坚果加工技术研发专业中心";9 月,洽洽入选工业和信息化部认证的"2018 年智能制造试点示范项目名单"。

5. 市场饱和

国内食品零售市场经过多年发展,加之网购风潮的冲击,用户需求目前已基本达到饱和状态。洽洽基于这一现状,积极开发海外市场。目前,洽洽食品的海外市场份额占其总销售额的 10% 左右,未来目标 30%~40%,面向俄罗斯、中亚、东南亚等 43 个国家和地区。官方数据显示,洽洽在东南亚市场已经完成了多数国家的经销商开发,客户群体也由起初的海外华人扩展至国外当地消费者。

二、"洽洽食品"品牌创新营销具体策略

1. 创意平台营销

作为线下零售行业的领头企业,面对互联网时代的冲击,洽洽食品入驻淘宝、天猫等商城,运营自主官网、微博、微信账号,用户可直接点击购买,并增添多种新型营销模式,如软文推送、满减优惠、限时抢购、热点追踪、积分换购、抽奖营销、微信群裂变营销、博主试吃等。在全民直播的热潮中,洽洽以诙谐幽默为代名词,结合企业文化、产品特点,针对不同话题及定位,设立不同的洽洽官方抖音号及快手号,以此扩大受众人群,将流量最后引至主营账号。此外,洽洽还将构建抖音及快手平台商品橱窗,以方便消费者在日常浏览视频时进行购买,以场景营销的理念提高洽洽坚果的交易率。

2. 创意产品营销

不同的产品具有不同的接触点,即品牌与用户能够接触的地方,是用户对产品感官上的全面了解。以坚果为例,洽洽目前推出主打"掌握关键保鲜技术"的每日坚果小黄袋系列、撞果仁系列、小蓝袋坚果系列,包含七日装坚果小礼包、孕妇营养款、年节礼盒等系列。面对人们与日俱增的品质及口感需求,不断地创新技术、提升产品品质,成为企业成功运营的中流砥柱,以提高其占领市场的营销能力。

3. 创意热点营销

随着移动互联网和社交媒体的出现,我们已进入了一个信息冗杂的时代,流量飞速增长的同时带来的热点事件,在受众脑中留存的时间越来越短,抓住热点机遇是品牌营销推广尤为重要的一步。研究内容包括话题事件借势营销、合作媒体热点营销、联名合作、影视软广、自建热点造势营销等。对于某些定期热点,洽洽在"3·7"女生节、"11·11"网购狂欢节等节日热点进行促销,并提前进行营销预热,增强消费者的印象。洽洽联合时尚品牌太平鸟推出上海时装周联名款T恤衫,既响应了洽洽坚果"更时尚、更快乐"的企业口号,也赋予洽洽坚果品牌更加丰富的企业内涵,使得洽洽坚果20年老品牌焕发活力。2019年洽洽每日坚果小黄袋植入热剧《逆流而上的你》,成为年轻白领群体中流行的时尚零食。

4. 创意体验营销

"互联网+"时代消费者在购物过程中越来越注重情感因素的维系,购物也是一个缓解压力的过程。虽然目前网络购物占据市场,但与实体店相比,网上购物暂时还无法满足体验式服务这一需求。因此,在多数情况下,没有建立以差异化顾客感知价值为核心的体验式服务理念,消费者参与感低,无法完成对品牌的形象树立。经过多年的经营,"洽洽食品"建立了良好的品牌形象。

2016年6月,首届"洽洽葵花节"启动;2018年1月,首创高铁站年味小馆,打造"洽洽式"陪伴,从多角度融入消费者生活。

(资料来源 "互联网+"背景下传统企业转型及品牌营销创新策略研究——以"洽洽食品"为例.周雨航、张浚哲,有改动)

问题:

1. 传统企业互联网转型通常会经历四个层面:①传播层面:网络营销。②渠道层面:电子商务。③供应链层面:C2B。④价值链层面:互联网思维重构。从案例提供的信息来看,"洽洽食品"互联网转型经历了哪些层面?

2. 从"洽洽食品"品牌创新营销措施来看,"洽洽食品"应用了哪些互联网思维?

☆实训专题

1. 互联网思维体系包括9个要点:用户思维、简约思维、极致思维、迭代思维、流量思维、社会化思维、大数据思维、平台思维和跨界思维。选择一家企业比如小米等,分析这家公司运用了互联网思维体系中的哪些要点。

2. 任选一个企业或者一款产品,尝试以互联网思维为指导为其提供网络营销措施。

第三章 网络营销环境分析

☆ 学习目标

1. 理解网络营销活动与网络营销环境的关系。
2. 了解网络营销环境与传统的营销环境相比有哪些特点。
3. 掌握网络营销环境的构成,区别网络营销宏观环境与网络营销微观环境。
4. 掌握网络营销宏观环境与网络营销微观环境的构成要素。
5. 理解长尾理论的含义。
6. 理解长尾理论总结出的互联网商业模式的九个法则。
7. 理解长尾理论对网络营销的三大影响。
8. 理解中国营销模式的三次变革及每次变革的营销特点。

☆ 引导案例

员工当起微商"掌门人"成店小二

"今日目标还差一点点,请在今晚9点半前下单""0门槛,限时9.5折,扫码进入商城"……近期,朋友圈里一下冒出了好多"店小二"。

针对新冠病毒疫情给线下零售带来的冲击,安踏、特步、七匹狼、金牌厨柜等行业龙头企业纷纷启动线上营销模式,通过朋友圈、微博、抖音等平台推荐商品。

全员开微店 开拓全新线上营销模式

安踏体育在新冠病毒疫情刚开始的几天就推出了"全员零售"项目,超过3万名员工和经销商伙伴参与,纷纷"参战"开微店。"积极开拓全新线上营销模式,全员推动,让团队从危机中走出一条创新之路。"安踏集团执行董事、专业运动品牌群CEO吴永华说。

截至2020年2月,安踏集团中国大陆各品牌门店还有近一半无法实现正常营业。新冠病毒疫情期间,安踏多个业务部门全线专攻电商业务,24小时不打烊。为配合线上销售,安踏集团采取7×12小时的物流服务,协助各品牌将线下商品按规划、有步骤、分阶段转为线上商品;启动紧急预案,加大力度推动中央退货仓的方案落地,为各品牌库存快速周转提供解决方案;IT团队紧急开发业务系统新功能,统筹资源保障线上业务,如FILA商城官网、O2O货通等。同时,安踏还借助品牌代言人、签约运动员录制运动短视频,鼓励消费者在家运动,与消费者广泛互动。为让更多员工学习线上销售知识,安踏还特地为员工提供线上学习课程,为员工"充电"。

据安踏集团后台数据显示,从1月底到2月16日,集团电商人工接待咨询超过45万人次,超过2019年同期水平。集团1月电商业务超额完成目标,2月销售也有望达成预期。

"掌门人"为产品代言 实现快速增加分销

除安踏以外,特步、七匹狼也纷纷启动线上销售。特步相关负责人介绍,2019年下半年他们就推出线上零售平台"特步运动+",并给近600家门店开通线上小程序。受新冠病毒疫情影响,特步在1月25日就启动了紧急预案,在短短两周又给终端增开了超过3 000家"特步运动+"。目前线上销售运行良好,单个代理公司的单日销售持续增长中,基本可以弥补线下缺口。同时,特步将上线特步微商城,开拓线上分销业务。

七匹狼在主流电商平台上,通过网红推荐产品,实现快速增加分销的效果。"昨晚错过秒杀的朋友,今晚7点再来一波!"七匹狼的"掌门人"周少雄也化身微店"店小二",多次在其朋友圈推出七匹狼旗下的各种新款产品。新冠病毒疫情期间,七匹狼还采购了口罩机流水生产设备以及优质原材料,转产进入口罩生产,目前民用一次性口罩最高日产可达10万只。

此外,金牌厨柜总裁潘孝贞也在微信上为自家产品代言。近期,金牌厨柜在全国范围内启动"天网计划1号行动",喊出"决战线上,全员营销"的口号,并邀请专业老师对加盟商进行线上实操培训,多地先后启动线上直播营销、微信团购等活动。

(资料来源 员工当起微商"掌门人"成店小二.东方财富网,2020-2-24,有改动)

引导问题:

1. 疫情的突发给安踏带来了哪些挑战?
2. 面对疫情突发这种环境的变化,安踏如何应对?

第一节 网络营销环境概述

任何企业的营销活动都离不开不断变化的外部环境。网络营销是在一定的环境背景下进行的,环境因素的变化推动了网络营销策略的变革,网络营销环境分析是企业制定和实施网络营销策略中一项必不可少的工作。在网络环境下,市场形态发生了很大变化,虚拟市场突破了传统市场的限制,也带来了诸多挑战。企业必须对网络营销环境和发展趋势进行判断和预测,为制定全面的网络营销策略提供坚实的依据。

一、网络营销环境的含义与构成

网络营销作为营销的一种运作模式,其营销环境也是一个综合的概念,由多方面的因素组成。企业的网络营销环境是指影响企业网络营销活动及其目标实现的各种因素和动向。与市场营销理论非常相似,根据各因素与企业开展网络营销活动的相关程度不同,企业网络营销的环境也可划分为两个层次:宏观环境和微观环境。宏观环境是指给企业网络营销造成市场机会和环境威胁的主要社会力量,包括社会文化、经济、政策和法律、科技与教育、自然环境等。微观环境是指对企业服务其网络顾客的能力构成直接影响的各种力量,包括企业本身及其市场营销渠道企业、顾客、竞争者和社会公众等。但是,由于网络营销环境与传统市场营销环境的不同特点,网络营销环境分析与传统市场营销环境分析又有一定的区别。

二、网络营销环境特点

网络营销依托网络平台进行,网络在信息传递、网络技术发展等方面的特性无疑会给网络营销环境带来有别于传统营销环境的新特点,表现在以下方面。

(一)网络世界的互动性

互联网双向信息沟通的特点,使得网络具有极强的互动性,这种互动的特性使得网络营销在信息沟通上较之传统营销具有极强的优势。

营销的顺利开展是建立在营销双方进行信息交流和沟通之上的。在传统营销中,沟通方式多为单向的信息发布,如电视、报刊、广播、各种形式的广告牌、宣传单等。这些形式限制了消费者接收信息后的反馈行为,或使其反馈具有较长时间的滞后性,还阻碍了有强烈需求的消费者进一步索取相关信息的行为。

在网络营销中,沟通双方同处于网络平台,信息沟通建立在信息传递快速、双向、便捷、实时的互联网技术之上,因此,相对于传统营销来说,营销双方可以实现实时的、双向的信息沟通。在此条件下,消费者的主动性得到了鼓励和增强,消费者逐步具有了信息获取的主动性。上述这些变化充分表现在消费者在网络营销中对信息的获取和反馈上,如主动进行信息查询,主动提出信息获取要求,主动与生产厂商直接沟通等。沟通的双向性使消费者能够真正参与到营销过程之中。当消费者主动寻找信息、寻求信息、及时反馈时,也为营销企业提供了服务消费者的机会,对企业提出了如何更有效地满足消费者在信息服务方面需求的问题。针对这种情况,网络营销企业在与消费者进行信息服务、信息沟通时也采取了不同层次的服务手段。

1. 信息发布与反馈

在网页上发布企业及企业产品的有关信息供消费者浏览,在获取信息的同时,网页上有简单的信息反馈通道。

2. 培养兴趣与消费者教育

在上述信息服务内容之外,企业还在网页上展示与产品、企业、行业、消费群体有关的知识,并把这些知识的传递融于网页中,在潜移默化中影响消费者,培养消费者的兴趣,进行消费者教育。

3. 建立关系

除以上服务之外,网络营销企业针对消费者的需求,在网站上提供实时与企业交流的专门渠道,提供网上订购、网上付款等交易过程,为消费者提供相互交流的场所,建立消费者数据库,提供个性化信息服务。企业通过这些服务方式和手段,努力与消费者建立深层次的客户关系,使消费者成为企业的终身客户。

(二)网络世界的虚拟性

网络技术给网络营销提供很多与传统营销相类似的营销场景,如商品种类众多的网上商店、可爱的电子宠物乐园、可供休闲娱乐的电子游戏厅等。但网络营销环境不是真实的环境,是利用网络技术营造的一种虚拟的环境。在这个虚拟营销活动场所中,参与活动的人群却是真实世界中的消费者,使得这个虚拟的环境具有真实的作用。

由于网络技术的特点,在这个虚拟环境中,网络消费者的地理位置、所处地区的时差、国籍等不再是交流的障碍,人们可以按照自己的需要和兴趣聚集在一起,自发地组成一个个网络社区。同时,企业也可以把自己的有关内容搬到网络上,并利用互联网在全球范围内进行企业的经营,形成灵活的、虚拟的、全球化的企业。

(三)网络世界的平等性

进入互联网要求企业遵守网络协议,共享网络中的资源,这为所有企业提供了平等进入和竞争的环境。这种环境给很多在传统营销中无法实现跨国贸易的中小企业提供了机会和条件,也给大公司带来了竞争。

对于消费者来说,任何人都可以随意访问任何一个站点,可以按照自己的意愿接收信息和表达观点;在网络中消除了身份、地位、地理位置、时间等阻隔,能够实现信息共享、机会均等。

在网络中,信息发布者和信息接收者的地位很容易随着信息双向传播的特点而发生变化。当消费者通过互联网提出自己的观点和见解时,他就成为一个信息发布者。因此,信息发布者和接收者之间的界限不再明显,消费者也可以掌握信息传播的主动权。

第二节 企业网络营销环境分析

一、网络营销宏观环境分析

网络营销的宏观环境包括给企业带来市场机会和环境威胁的各种外部力量,可用 PEST 环境分析模型(见图 3-1)进行分析。

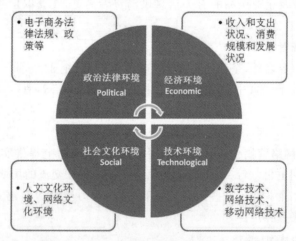

图 3-1 企业网络营销宏观环境 PEST 分析

(一)政治法律环境

企业的网络营销决策受其政治和法律环境的制约和影响。政治和法律环境是那些制约和影响社会上各种组织与个人的政府及法律机构等。政府对信息化和电子商务的态度与政策是对网上经营形成压力和动力的源泉。

网络营销以及整个电子商务活动作为一种新兴的商业活动形式,必须遵循统一的游戏规则,才能顺利开展。各国的社会制度、政治、法律、经济、文化状况千差万别,因此各国之间的合作、协调极为重要。

企业必须懂得本国和有关国家的法律和法规,才能做好国内和国际网络营销管理的工作,否则,就会受到法律的制裁。网络营销不仅要了解传统市场营销的相关法律,还要了解互联网和电子商务的相关法律。

网络营销是一种新的商业形式,旧的法律无法解决新出现的问题,因此迫切需要建立新的法律体系。在网络营销中涉及的法律问题主要有隐私权的问题、域名抢注的问题、电子签名的认证以及黑客侵犯等问题。

(二)经济环境

一个国家(或地区)的经济发展状况对网络营销有重要影响。首先,一个国家(或地区)的信息化基础建设需要投入大量的资金;其次,信息化的普及以及电子商务的开展要求某一地区的经济水平相对发达。

还有一个牵涉的问题是金融体制。不论是什么样的营销方式和手段,最终要归结到用户与营销者之间的价值互换,即用户与企业之间的资金结算。网上支付能否顺利实现不仅决定了营销的结果,而且制约了营销工作开展的范围和深度,从广义上它直接影响了整个网络商业的发展水平。网上支付的实现除了需要有一个技术的解决方案,客观上还需要一个发达的金融体系的支持。

一个国家(或地区)的收入对网络营销也有非常重要的影响。只有人们的收入水平不断提高,才能在更广的范围内进行计算机或其他网络终端的普及,使更多的网民参与进来,形成规模效应,进而大幅地降低网络消费的成本和提高网络服务水平。

此外,一个国家或地区的消费规模和发展状况也对网络营销有重要影响,具体影响因素包括整个国家或地区的经济规模和发展水平、网络市场的开放程度等。

(三)社会文化环境

网络营销还受到一个国家或地区的网络人口环境、社会环境和文化环境的影响。

1. 网络人口环境

市场是由消费者构成的。网络人口,即网民,其规模和需求的变化对网络营销有显著的影响。按照中国互联网络信息中心的定义,网民通常是指平均每周使用互联网超过1小时的公民。网上市场主要由这部分消费群体组成。立足于营销角度,可以从网民结构、对网络的态度及其规模等方面分析网民的基本特征。

第一,网民结构特征。

网民年龄分析。一般来说,网民可分为低龄儿童用户、青少年用户、中青年用户及老年用户,针对不同年龄阶段的用户在不同时间和不同地区的集中分布情况及发展趋势,可以对不同的网络市场需求进行预测,从而为企业制定网络营销策略提供依据。如在某地区,如果网民向青少年或中青年发展,则娱乐网站、体育网站、游戏网站以及婚恋和房地产网站都会盛行;如果网民向低龄儿童发展,那么玩具网站、儿童教育资料及培训网站会盛行;如果网民向老年发展,则与健康、保健品有关的网站会盛行。这些不同年龄段网络用户的变化为网络企业进行有针对性的网络广告和宣传提供了依据。

网民受教育程度分析。近年网民明显地从高学历群体向中低学历用户转变,说明网络的大众化趋势越来越明显。如我国网民中,具备中等教育程度的群体规模最大,其中初中学历网民占比超过13%,并继续向低学历人群扩散,反映出我国网民向大众化发展的走向,这说明网络已经成为普通人的娱乐、消费工具。

网民性别分析。一般情况下,男性网民占比大于女性网民,但是企业要关注这一状况正在不断变化。根据近年的调查数据,网民性别结构越来越趋向均衡。女性网民的持续增长,给提供女性产品和服务的企业带来了许多机会。

第二,网民对网络的态度。

网民在不同的社会环境下,会对网络包括网络购物表现出不同的态度。有时候这种态度是积极的,企业可以增加促销力度;有时候这种态度是消极的,企业就应维护好自身形象,增强客户网上消费信心。所以,企业应根据网民态度变化特点,把握网民对网上销售的接受程度,制定灵活的营销策略。网民对隐私保护的态度也值得关注,担心购物隐私被泄露,会影响网民网络购物的信心。网站平台基于用户购物终端Cookie里存储的信息,可以全面获取网民的上网行为,是精准营销的基础。但是网站平台的这种行为存在越权之嫌,对网民来说也存在财务隐私泄露的风险。分析网民对隐私保护的态度有利于企业制定相应的营销策略。

第三,网民增长趋势。

新技术不断涌现,使上网方式多样化,上网设备多元化。既可以有线上网,也可以无线上网。因此,大大提高了网民随时使用网络的可能性。目前全球网民增加迅速,尤其是使用移动互联网的网民,先进的移动互联网技术、便捷的登录方式已使无线上网变得越来越流行。我国已经成为世界上网民最多的国家,并持续增长。网民规模为网络营销提供了较大的规模优势和市场潜力。

2. 社会环境

社会环境因素是指网络营销所针对的不同国家、地区或民族由于长期的文化传统所积淀的各种风俗习惯、消费观念、伦理及家庭观念与国际化环境结合后形成的各自独特的社会和人文环境。企业在网络环境下开展营销活动,必须重视各种社会因素,认真研究不同销售区域的消费观念和购买行为的差别,努力改善同客户的关系,使网络营销向个性化价值取向发展。另外,不同消费者对网络营销的反应是不同的,一部分消费者习惯了现实的交易,而对网络虚拟交易不习惯,需要做好消费引导,让他们逐步接受和习惯这种交易模式;而另一部分消费者可能有过网上消费,但由于假冒伪劣产品使其利益受到损失,从而不愿意再在网上消费,需要在交易之前做到交易双方充分信任。利用商誉比较好的电子商务平台进行交易,有利于维护好与消费者的关系,增强消费者网上购物的信心。

3. 文化环境

文化环境对网络营销的影响主要来自两方面:一是人文文化环境的影响,二是网络文化环境的影响。

1)人文文化环境

人文文化环境的影响是指不同国家或地区由于历史文化背景不同而使得使用网络的倾向有所差异,如欧美国家的网民在网上更关注足球或棒球等体育节目,而在我国,人们对政治新闻、娱乐类网站比较感兴趣。因此,在开展网络营销活动时应因地而异,根据当地的人文文化特色制定和实施营销策略。

2)网络文化环境

随着网络的发展,网络本身也形成了自身的特色文化:

a.虚拟性:超越现实,存在于网络世界隐匿真实的表象。

b.超时空性:传统的物理时空观被彻底消解,传播速度快,传播范围广,随时随地,无地域界线。

c.开放性:面向所有人,零限制(年龄、学历、职位、民族,等等),展现出草根文化。

d.自由性:形成了一个消解了社会种种制约力量的自由、平等的生存场所。人们能够真切地体验到各类在现实生活中无法体验到的生存状态;毫无遮掩的言论,随心所欲的行动,在网络面具下得到尽情的表达。

近些年网络文化更加表现出网民尤其是"90后"及"00后"年轻人极为旺盛的自我表达愿望、更加鲜明的个性和对更多参与感的需要。年轻人的审美情趣呈现出一种更娱乐化、通俗化、猎奇性的状态。所以目前的网络营销必须增强自身的娱乐性、通俗化、新奇性,融入社交元素,提高受众在营销活动中的参与感。近几年较为成功的营销实例,如杜蕾斯系列的文案、上海彩虹室内合唱团走红、网易云音乐的UGC评论承包地铁站等都符合以上特点。

☆ **案例3-1**

上海彩虹室内合唱团走红

上海彩虹室内合唱团无论是内容生产还是传播模式,都和传统合唱团大相径庭。其戏谑搞怪的内容是对音乐合唱艺术的颠覆,而呈现方式也不是以传统合唱团剧场演出为主,而是在微博、哔哩哔哩、网易云音乐这些社交性比较强、内容娱乐化的互联网平台上来传播。听众在欣赏完后,可以即时进行评论,发表自己的观点。网易云音乐营销的成功同样如此,听众不再只是单纯地接收音乐信号,还可以积极参与到享受音乐的过程当中去。

(四)技术环境

技术环境是互联网生成和发展的内生力,数字技术的迅速发展推动着网络营销环境的快速改变。一方面使网民结构发生了变化,出现了大众化趋势,移动终端客户也迅速增长;另一方面使网络营销的范畴得到进一步拓展。数字技术的提高使得企业可以在网上用视频进行立体的产品功能展示和产品说明,并可与消费者在线进行实时交流,第一时间把握消费需求变化。移动网络技术的发展,使更多的人参与到网络中来,移动购物、移动视频、移动办公和移动金融等,大大开拓了网络市场潜力,使网络交易的规模得到迅速扩大。网络供应链系统的革新使网上交易平台支付风险大为降低。技术环境的发展变化必然推动着有技术基因的网络营销模式的变革和发展,每一次数字技术、网络技术的飞跃必将给网络营销带来新的机会。

二、网络营销微观环境分析

网络营销的微观环境主要包括企业、供应商、竞争者、消费群体、营销中介。

(一)企业

从企业网络营销的角度出发,企业内部环境分析主要侧重于产品特性、财务状况、企业领导人对网络营销的态度、企业内部网络营销资源的拥有和利用状况等。这些都是与企业网络营销有重要关系的因素。

1. 企业领导人对网络营销的态度

企业领导人对网络营销的认知态度直接决定着网络营销能否深入进行。其对电子商务部门重视程度较高时，就会激励下属一起描绘企业电子商务愿景，通过充分授权和责任落实并建立学习型组织，和下属一起全力以赴，以先进成功的网络营销企业为榜样，以简明公正的企业体制为依托，打造企业的未来。

2. 财务运作状况

企业的资金流关系着企业能否正常运转，并对投资者的信心至关重要。一般来说，影响企业运转的财务状况一般有以下方面：有关企业原料供应、组织生产、存货控制以及产品定价等方面对企业经营业绩有较大影响的资本控制策略；有关企业生产效率高低的技术设备状况，包括网络营销的设备状况，这对企业能否做到生产成本领先至关重要；企业存货的控制能力，在现代网络供应链环境下，产品随时都可能过时，这就需要企业尽可能地实现零库存，建立现代企业物流；企业信用体制的健全状况，这主要是指企业的资金流动状况能否满足正常的企业运转需要。

3. 产品或服务质量

无论在网络市场或传统市场，具有竞争力的产品及个性化的服务都是推动企业强力发展的源泉。企业应通过网络营销平台提供和接收有关本企业产品的信息和反馈信息，不断地依据需求开发适销对路的产品和服务。

4. 企业网络营销自有媒体

企业网络营销自有媒体指企业拥有信息传播控制主动权的媒体，包括企业开发建设的网站、APP、小程序、社区，以及企业在社会化媒体上拥有的博客、微博、微信公众号等。与企业网络营销自有媒体建设相关的一系列因素包括企业对自有媒体的控制和利用状况、利用自有媒体进行宣传推广的方式和力度、自有媒体服务的专业化水平等。

（二）供应商

供应商指为企业生产提供特定的原材料、辅助材料、设备、能源、劳务、资金等资源的供货单位。对于原料及网络供应商来说，一方面原料供应商提供的商品如果处于垄断地位，或缺乏有效替代品，或者买方非供方主要客户，或买方转换成本高，或者供方掌握更充分的供求信息等，都容易对企业的生产成本造成影响；另一方面，网络供应商对网络企业来说至关重要，它所提供的服务水平，包括供应的及时性和稳定性、价格稳定性、供货质量保证等，直接决定着网络企业的营销运营水平，因为供应商的服务水平与网络消费的安全性和便捷性密切相关。原料及网络供应商对企业的成本及赢利能力有很大影响。

（三）竞争者

在网络环境下，市场竞争愈加激烈。一方面，在网络市场中竞争者的相关信息在网上呈现，使产品的优缺点很容易比较出来，促使企业尽可能改善自身的产品和服务，大力进行产品创新；另一方面，由于网络营销的投入成本低及网络便捷的特点，越来越多的企业利用网络开展营销活动，使参与竞争的企业数量急剧增长，加剧了企业在生产规模、网络品种展示规模和资源水平等方面的竞争。

(四)消费群体

消费群体的需求是企业微观环境分析中重要的组成部分,能否准确地认识企业主要的消费群体需求是企业制定和实施网络营销策略能否成功的关键。消费群体的需求分析主要包括消费群体的主要需求、网上行为特点、影响其网上行为的主要因素等。在进行消费群体需求分析时,首先应明确企业的主要消费群体,然后逐一进行分析。在分析过程中还可以借助相关的市场调研工具,进行线下或网上的消费者调查。

(五)营销中介

营销中介是协调企业促销和分销其产品给最终顾客的企业,包括中间商和服务商。中间商包括经销商、经纪人、代理商。服务商包括运输公司、仓储公司、保险公司、银行、财务公司、广告公司、市场研究公司、网络服务机构等。网络环境下,营销中介呈现出全新的面貌。网络分销渠道可以分为直接渠道和间接渠道,网络的便捷性和互动性使其成为企业进行直销的有效通道,间接渠道则是通过电子中间商实现分销。

网络市场的服务商相比于传统市场有很大的变革。新型的物流公司囊括了运输和仓储功能,物流服务成本和质量直接影响商品的价格和顾客体验,物流系统的网络化、数字化、自动化给企业营销活动带来了诸多便利,新的物流理念,如京东到家的物流众包,也给企业带来了新的体验。互联网金融颠覆了传统金融行业的服务,小额贷款、众筹等服务为中小企业融资带来了便利,扩大了企业营销活动的空间。随着网络技术的发展,程序化购买广告成为广告主青睐的广告形式,借助技术手段购买的合适时段合适人群合适媒体广告位的曝光,实现了精准广告,极大地推动了企业网络营销的发展。数据挖掘技术的发展使市场研究公司得以更精准地把握市场需求、竞争及其发展动向,从而为企业提供更有效的营销数据。网络服务,包括域名申请、网络空间服务(如网络存储服务、网络托管服务、虚拟主机服务等)、企业基础应用服务(如企业管理应用托管服务、在线支付和身份认证等),表现出良好的市场前景,为企业提升品牌形象和快速发展创造了机会。

第三节 长尾理论和网络营销

一、长尾理论以及提出的背景

(一)长尾理论的含义

长尾这一概念最早是由美国《连线》杂志总编辑克里斯·安德森(Chris Anderson)在2004年10月发表的《长尾理论》一文中提出来的。长尾理论是过去20年里对互联网商业模式变革影响最大的一个理论,它用来描述诸如亚马逊之类网站的商业和经济模式,其主要内容是只要产品的存储和流通的渠道足够大,需求不旺或销量不佳的产品所共同占据的市场份额可以和那些少数热销产品所占据的市场份额相匹敌甚至更大,即众多小市场汇聚可产生与主流市场相匹敌的市场能量(见图 3-2)。

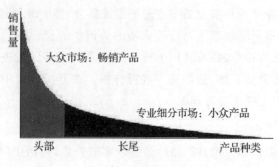

图 3-2 长尾理论示意图

☆ 案例 3-2

美国在线音乐的长尾现象

美国在线音乐的音乐库里有 10 万首歌,即便是最后面的那第 10 万首歌,每一年都有几千人去点击它。也就是在互联网的环境下,帕累托法则(二八法则)失效了。那些被认为是次要的、无人问津的 80% 的产品和服务,甚至非常尾端的服务,仍然在这个世界上找到了它的消费者。

(二)为什么在互联网时代会出现长尾理论

为什么在工业革命时代有二八法则,互联网领域里会出现长尾理论呢?

安德森说,最重要的问题是,在工业革命时代,要把一个音乐卖给消费者,该怎么办?要做个碟片或者做个录音带,然后通过全国分销、省级分销、市级分销、零售店,铺到店面。只有通过这样铺货的方式,终端消费者才能够买到那个碟片,否则的话无法找到它,无法触达。需要在全国建立一个庞大的营销网络。第二个问题是,即便把它铺到了所有的乡镇,那这个镇上的人怎么知道哪个店里面有哪个产品,哪一首歌曲现在全国人民最喜欢听呢?需要做广告,做传播。所以,渠道和传播是工业革命时代所有物理商品能够畅销的最重要的原因。有哪些企业能够把货铺到全国的每个角落?有哪些企业能够花钱在全国投放广告,让全国人民都知道?它一定是头部 20% 的企业。所以二八法则就是在一个物理空间,分级营销渠道和中央式传播模型下所产生的一个必然的结果。

但是在互联网时代发生了一个巨大的变化,所有虚拟商品出现在一家在线音乐网站的成本基本为零。它不需要建立一个多层级的营销传播网络。那么全世界的人要听到这种音乐的成本是多少?也可能是零。因为可以通过搜索的方式,在一个新闻门户的免费信息和资讯中了解到它,然后点击和收听它,成为它的拥有者。这个时候渠道和传播模型跟物理产品形态下的模型相比发生了根本性的变化。安德森说,由于关注的成本大大降低,人们有可能以很低的成本关注正态分布曲线的尾部,而且关注尾部产生的总体效应,甚至会超过头部。

这就是互联网给所有尾部小众产品所带来的巨大的福利,不需要成为那些头部,而能够成为一个小而美的公司为那些小众的消费者服务,而且因为专注获得更大的利润率。所以大公司对商业世界的专制统治能力被瓦解了。

☆ 案例 3-3

长尾理论改变了谷歌的盈利模式

受到长尾理论影响最著名的一家公司就是谷歌。谷歌创办以后成为北美最大的一家搜索公司,但在很长时间里,它找不到盈利模式。这对谷歌来讲,是一个特别困扰的事情。最好的赚钱模式只有广告,把注意力贩卖给那些愿意为注意力买单的人。那么谁愿意为注意力买单呢?就是大型企业,那些品牌公司。这个是在长尾理论诞生前谷歌所走的道路。

当时的谷歌总裁施密特受到长尾理论的影响,重构了谷歌的广告模式,意识到未来的对象不是那些大公司,应该是那些小公司。来谷歌搜索的人在搜索什么呢?在搜索那些长尾知识,一些想要知道但还不知道的知识点。当这些知识被搜索出来以后,就意味着有需求,这个需求就有可能通过商品或者服务来帮助兑现。那么哪些商品在什么时候在谷歌上呈现给谁看呢?当搜索发生的时候,这个商品就会即时呈现,这就是后来谷歌所形成的广告模型。在施密特这个变革发生五年后,谷歌主要的广告投放者由那些大型公司变为85%是那些中小公司,甚至是那些从来没有在传统媒体、互联网上投放过广告的中小企业。也就是,当消费需求被长尾化的时候,广告主也被长尾化了。

二、长尾理论总结出的互联网商业模式的九个法则

安德森在《长尾理论》中总结了未来互联网商业模式的九个法则。

(1)数字化仓储是降低库存成本的最佳方式。

我们原来在哪里存储商品?在哪里分发?在物理环境下,我们通过各级分销商,到最后终端的柜台、专卖店或者商场。今天这些都不需要,只要在网上开一个商店,数字化的商店是降低库存最好的方法。

(2)挖掘消费者心理数据,让他们参与生产。

今天全世界的互联网仍然符合这个逻辑。消费者在哪里?不知道。消费者在互联网上通过搜索,通过阅读的方式找到产品,他的所有轨迹都可以通过大数据挖掘,通过跟踪的方式来触达。而他所有的消费行为、购买行为、评测、分享等,又可以成为商品迭代和进步的一个最重要的依据。也就是,大数据像能源一样重构了制造商和消费者之间的关系。所以未来的商品迭代的依据是什么?是消费者在互联网上所形成的所有的数据足迹。

安德森说,挖掘消费者心理数据,让他们来参与生产,是商品获得成功和迭代的重要法则。

(3)从多个传播渠道挖掘潜在需求,深入长尾。

消费者的需求会越来越圈层化,越来越细微化,也就意味着它越来越长尾化。所以要在互联网的环境下,通过数据挖掘的方式,建立消费者的行为足迹,通过这个足迹微妙的变化,来洞察消费者的需求,来进行产品迭代。

(4)不要试图生产一款适合所有人的商品。

在互联网环境下,所有人都会被圈层化,都有自己的个性。它不再是一个专制环境下被那些大公司、大品牌、中央式传播模式所主导的商业氛围,每个消费者的主权都掌握在自己的手上,因为消费者搜索什么、购买什么都是由他们自己说了算。所以消费者的主权在互联网环境下得到了一种民主式的薄发。企业只要在互联网环境下,找到那些喜欢自己产品的人,为他们

服务,就是一家非常好的企业。

(5) 要建立更加灵活的定价策略。

(6) 要在企业和顾客之间形成共享信息的机制,达到双赢的效果。

传统意义上,顾客在一个书店买了一本书,就走了。书店老板不知道他什么时候再来买书。但是在互联网环境下,当他在一个线上书店购买完图书以后,他就跟老板建立了一种即时性的关系,老板知道他的地址,知道他的ID,甚至他什么时候又来了,又浏览了哪些书,老板也知道。所以,企业要洞察消费者的消费行为,和顾客之间要形成共享信息的机制。

☆ **案例3-4**

亚马逊与顾客之间形成共享信息的机制

亚马逊在很早的时候有一个非常成功的尝试:当你在亚马逊书店里面买了某一本书,或者看了某一本书的时候,它会同时向你推荐相关的图书。你买了一本欧战的书,它会告诉你,在我们店里还有很多其他的关于欧战的书,你要不要再来买一本? 你买了一本心理学的书,它会告诉你,我们还有很多其他心理学家写的书,你要不要来买一本? 当你把这本书买回去以后,你写了阅读心得,你会分享到亚马逊上,然后这个分享又会被亚马逊作为资产分享给其他对这本书感兴趣的人。所以在这样的环境下,通过信息流动的方式,消费者跟消费者之间、消费者跟企业之间、企业跟平台之间形成了一种信息共享的关系,这种共享就使得整个销售和商业的效率得到了极大的提高。

(7) 要结合自身产品的特点,考虑产品之间的"和"与"或"的关系。

(8) 要借助长尾效应,根据市场自身淘汰结果来做出相应的反应,让市场来替企业做事。

这讲的是一种反应性机制,就是当企业认知到长尾理论的存在的时候,企业要非常珍惜消费者的每一个行为和每一个反应,让这些行为和反应成为进一步的商业产品提供、商业服务提供的一个来源。

(9) 要重视免费的力量。

安德森著有《免费:商业的未来》一书,他认为,在互联网环境下,免费商品和服务的提供不再是一种推销的手段,而是一种战略安排。

在互联网上提供一个免费的商品,会产生巨大的消费者流量,而这个流量本身可能比免费提供的商品更加重要,因为随着用户的不断增加,有可能在海量用户的基础上形成一种从来没想到的商业模式和盈利可能性。

☆ **案例3-5**

360利用免费策略进入杀毒软件行业

在中国地区得到安德森启发的公司有周鸿祎的360。在360进入杀毒软件行业之前,这个行业已经存在十多年了,有很多的竞争者。2008年,周鸿祎推出了他的360杀毒软件。他的攻击能力是什么呢?是免费。仅仅用了不到一年的时间,免费的360软件系统安全卫士成了全国市场占有率第一的杀毒软件。当它拥有了两三亿用户的时候,它还卖杀毒软件吗?不卖。它卖广告,它卖游戏,现在这家企业已成为一家上市公司。它今天是中国的第十大互联网上市公司,它只用了一招,叫作"免费"。

三、长尾理论对网络营销的三大启示

1. 最大的影响就是流量为王

因为帕累托法则失效了,所以互联网出现了一种可能性,那就是通过免费的方式获得海量的用户,当拥有亿级甚至几十亿级用户的时候,就形成了对这些海量用户贩卖各种各样商品的可能性:可能是一个广告,可能是一个游戏,或者因为有无穷的流量,可以对流量中的每一个人贩卖他所需要的长尾性的商品。这是第一个重大的启迪。

2. 长尾理论对制造业产生了革命性的影响

安德森说,我们已经摆脱货架的容量限制了,摆脱了统一化模式,没多久也会摆脱大规模生产的容量限制。那么接下来的问题是,那些长尾的消费者所需要的产品,有没有可能进行个性化的生产呢?

因为消费者是长尾的,会有各种各样的需求,所以就不能提供全世界一样的包、一样的西装、一样的家具给他,能不能为他定制一件西装呢?这时候对生产线就造成了一种倒逼。制造业真正开始响应个性化定制是 2011 年。现在全中国几乎所有的西装公司都能够生产定制化的西装,全中国几乎所有的家居公司都能够生产柔性化的定制化家具。这些变化就是源自互联网和消费者之间关系改变后,信息化革命所挖掘出来的这些消费者倒逼了制造业的变革。

3. 如何找到这些长尾消费者

头部的 20% 很容易找到,但是尾部的 3% 和 5% 在哪里?怎么能够找到他?长尾理论告诉我们,用好的内容。如果能够生产出好的内容,这个内容在互联网环境下就能够以零成本的方式,传播到完全无法想象的一个角落。它可能是北京,可能是铁岭,可能是海边小渔村。一个好的内容,早年是图文,后来是短视频,在未来可能是直播。在 4G、5G 环境下,好的内容的呈现形态会发生变化,但是它的逻辑是一样的。

当内容产生流量,流量找到这些长尾消费者的时候,一个新的商业哲学就诞生了,就是小众即一切。就像安德森在十多年前所说的,你不需要生产一款适应所有人、讨好所有人的商品,你只要能够找到一小部分的人,那些小众就是你的一切。当这些人被找到的时候,长尾环境下就可能形成一个圈层,圈层就能够形成一种非常小而美的商业模式。

☆ **案例 3-6**

"85 后"如何实践"内容即流量,小众即一切"

一个"85 后"的年轻人,在抖音上做了一个产品,叫作"大众萨克斯"。萨克斯是一个特别小众的产品,全中国 14 亿人中,萨克斯的爱好者加在一起不会超过 100 万人,1‰ 都不到的一个消费者群体。在平时环境下怎么能够找到这 100 万的萨克斯爱好者?在抖音里面,通过每天吹两分钟萨克斯,教大家一些小知识,他找到了。"大众萨克斯"有 5 万用户,他针对这 5 万人卖一个 80 块钱的知识付费产品和萨克斯管的管头,在一年里有 1000 万元的收入,而且用户还在不断地增加。这个特别小众的平台,就开拓出了一个特别大的市场。所以,"内容即流量,小众即一切"这样的逻辑在工业革命时代是不成立的,但是在移动互联网时代,在长尾理论的推动下,我们会发觉一个人只要有自己的爱好,有一个专业的技能,在互联网环境下有可持续的内容生产能力,他就能够在茫茫人海中找到那些跟他一样的人。

所以,长尾理论虽然过去了16年,但在今天的移动互联网环境下,仍然是一个黄金法则。因为第一,它提示了互联网的流量商业模式的出现;第二,它先验地提出了大数据对企业和消费者之间关系的影响;第三,它为制造业的革命创造了新的空间。

第四节 中国营销模式的三次重大变革

从时代变迁看中国的营销模式,回顾过去四十年,市场环境、消费形态、媒体结构、流通结构等外部因素发生翻天覆地的变化,中国的营销模式发生了三次变革创新:第一次,2003年前,现代零售渠道(以连锁店、超级购物中心等形态)对传统的批发流通渠道的革命;第二次,2003—2013年,平台电商对商业地产零售的革命;第三次,从2014年移动电商元年开始,微信商业化对平台电商的革命。

一、第一次变革——传统营销

第一次变革发生在1993年之后,邓小平南方谈话后,民营经济再次走上前台,以百货商场、个体零售为驱动力的"公司热"为标志,一大批消费品、耐用品、百货商场等品牌崭露头角,跨国零售连锁攻城略地,代表着现代流通渠道对传统国有、集体流通体制的替代。

1993年之前,国有、集体五交化、供销社等依然是流通主渠道,个体户("倒爷")是新生的活跃力量,但仅仅是补充与非主流。1993年之后的10年,现代零售彻底颠覆了国有渠道,变成了流通主渠道。与渠道结构变化对应的,则是媒体结构的变化,以央视加地方卫视的"1+N"为代表,并进而形成媒体黄金资源的垄断,电视取代过去的报纸、广播成为影响力最大的媒体。

这个时期的营销模式有以下几个特点:

渠道为王:无论是什么规模的企业,将产品放到消费者最容易接触的零售终端,是驱动销售的第一要素。渠道进场费与相关销售服务人员费用,是比央视标王更高的费用投入。这就是渠道的门槛,也是营销资源配置的第一优先级。

市场下沉:中国市场的大广深杂、渠道类型终端数量的梯级分布,都给中国企业达成销售提供了大纵深的运营空间,很多一、二线城市看不见的产品,在三、四线市场卖得风生水起。

深度分销:由厂家的业务员、导购员负责对各类经销商覆盖的终端进行拜访、拿订单、铺货、理货、生动化、促销、导购等市场服务,各类分销商只是物流配送商(邮差经销商)。为了最好的陈列、最大的排面、最显眼的海报位置,业务员、导购员必须频繁拜访终端,与店主建立良好的关系,与竞品业务员发生当面争执或不照面的竞争。

心智占位:这个阶段品牌驱动力的核心,并不是创意,而是知名度,可以说,知名度越高,就越有利于实现上述渠道覆盖。而获得高知名度,在这个时代的媒体环境下,选择强势媒体、黄金时段、明星代言是最有效的手段。

这个时代的营销模式形成一个"耦合体",即上下三板斧组合。"上三路"的三板斧是明星代言、产品概念或品牌定位创意、央视广告(配合卫视热点节目),集中投放可以制造一鸣惊人的效果。"下三路"的三板斧是产品包装/VI设计(产品化妆术、扮靓)、招商、深度分销。上下三板斧若能协同促进,可以快速成就超级品牌,如王老吉(加多宝)等。

二、第二次变革——传统互联网营销

2003年,淘宝横空出世,到2009年,平台型电商井喷式爆发,电商模式呈现多形态、全品类、全覆盖的特点,中国市场营销进入第二次大变革时期。

这个时期,综合性电商平台(例如淘宝、1号店)和垂直性电商平台(例如麦包包、梦芭莎)呈现爆炸性增长,同时出现了线下搬线上型电商:2010年开始,制造企业、传统零售连锁企业也加入电商浪潮,这种线下品牌"上线"(触电)的风潮,几乎就是将所有实体店销售的消费品"搬到"网络上去,这是一场更加庞大的"销售革命"。

2003年起的10年,是中国市场环境发生第二次重大变革的10年,这个时代没有完全颠覆传统零售渠道,却让传统零售承受着巨大的压力。这个时代的营销模式可以归结为以下5个要素的革命,彻底颠覆了传统的线下营销模式。

1. 快递消灭渠道

电商时代,经销商、分销商等套路完全不需要,任何网店都可以绕过实体分销渠道,将产品直接送到消费者手上,层层渠道环节成本全部消灭,招商、进店、陈列、理货等销售技术都不再需要。

2. 网银支付消灭终端

支付宝及银联卡网上支付体系的完善,等于在消灭传统终端的交易职能,收款效率高到柜台收银无法比拟的水平。

3. SNS(社交化媒体)消灭传统媒体

互联网的出现,就是创造了一个新媒体世界;电商的崛起,让互联网广告消解传统电视的媒体影响力;到社交化媒体(微博等)兴起,传统媒体在影响电商消费者方面,已经完全丧失了效力。

4. SEO(搜索引擎优化)消灭广告

电商时代,广告的重要形式之一是做SEO,SEO不是简单的广告投放,而是可以带来成交的流量驱动力,广告就是销售,媒体变成了渠道。

5. 客户端消灭逛街

电商催生了"宅消费",逛街、逛商场变成在PC等终端上浏览、搜索、下单,客户端消灭了逛街的需求,逛街更多的不是为购物,而是休闲娱乐社交。

这个时代的营销三板斧,是爆款、流量、转化率。除了爆款可以勉强与传统营销里的"单品决胜"类比之外,流量、转化率及其技术,是传统营销完全不知所云的新概念。

三、第三次变革——移动互联网营销

随着移动设备的普及和微信的出现,中国市场营销进入第三个大变革时期,即移动互联网营销时期。这个时期的营销模式可总结为以下几个方面。

1. O2O

O2O(online to offline),线上与线下的双向互联,将实体经济与线上资源相融合,消费者在线上购买商品与服务后,去线下享受服务,使网络成为实体经济延伸到虚拟世界的"前台"。其商业模式为在线营销+客流到店。

2. SoLoMoCo

SoLoMoCo 即社会化(social)的、基于地理位置的服务(location based services, LBS)的移动(mobile)商务(commerce)，微信电商是领军者。

社会化营销是指依托社会化媒体，主要通过构建核心用户资源，聚集一定的用户之后，开展相关业务的营销模式。

基于地理位置的服务是利用各种类型的定位技术(GPS)来获取定位设备当前的所在位置，通过移动互联网向定位设备提供信息资源和基础服务。

☆ 案例 3-7

LBS 应用——Starbucks 新推出的 Mobile Pour 服务

你在路上走着，突然想喝咖啡，通过 Mobile Pour APP，允许星巴克知道你的位置，点好你要的咖啡，然后你就接着走你的，走啊走，不一会儿一位星巴克服务员就会给你送来咖啡。目前该服务已经在美国的 7 个大城市展开。

3. LEC(local EC)

LEC(local E-commercial)是本地服务电商，如餐馆、百货、零售店借助各种电商工具，实现最短距离、社区化的深度服务，从而将本地客户从平台电商手里争取过来。LEC 的服务优势将击败平台电商的快递效率。

4. 365×24 小时的场景销售

进入移动互联网时代，全天候、全时段的销售成为可能，所有企业都将从这种销售机会与销售时间的延长中获利。

5. C2B

C2B(customer to business)的意思为消费者到企业，即先由消费者提出需求，后由生产企业按需求组织生产。通常情况为消费者根据自身需求定制产品和价格，或主动参与产品设计、生产和定价，产品、价格等彰显消费者的个性化需求，生产企业进行定制化生产。

这种模式意味着企业可以通过对客户需求的柔性响应，从成本和效率两个方向优化，在顾客性价比最优化的前提下，获取稳定利润。

四、三次变革的关系

三次变革不是简单的"代替"关系，而是"互补"关系，三次变革诞生三种营销模式：①传统的推拉结合（渠道为王）的营销模式；②电商化网上流量拦截的营销模式；③社交化电商营销模式。

形象点说，在实体零售时代，拦截顾客的战场是卖场的货架；在电商时代，拦截顾客的战场是 PC 端的互联网流量；在移动互联网时代，拦截顾客的战场是智能手机等移动流量。

【本章小结】

任何企业的网络营销活动都离不开不断变化的网络营销环境。企业的网络营销环境是指影响企业网络营销活动及其目标实现的各种因素和动向。我们把企业网络营销环境划分为宏观环境和微观环境。宏观环境是指给企业网络营销造成市场机会和环境威胁的主要社会力量，包括社会文化、经济、政策和法律、科技与教育、自然环境等。微观环境是指对企业服务其网络顾客的能力构成直接影响的各种力量,包括企业本身及其市场营销渠道企业、顾客、竞争者和社会公众等。网络营销环境与传统市场营销环境相比具有不同的特点。工业经济遵循的是二八定律,而互联网环境下随着渠道成本和传播成本的极大降低甚至为零,长尾现象越来越普遍。长尾理论的核心是指众多小市场汇聚可产生与主流市场相匹敌的市场能量。长尾理论告诉我们,企业在进行网络营销时"流量为王",应为消费者提供个性化定制以及重视"内容为王"的法则。随着环境的变化,中国的营销模式发生了三次变革,即传统营销、传统互联网营销和移动互联网营销,每次变革都有各自的营销模式,三次变革表现为互补关系。

【关键词】

网络营销活动	网络营销环境	网络营销宏观环境	网络营销微观环境	PEST
长尾理论	小众市场	主流产品	流量为王	C2B
传统营销	渠道为王	市场下沉	深度分销	LEC
传统互联网营销	SNS	移动营销	O2O	SoLoMoCo

【问题思考】

1. 网络营销活动与网络营销环境的关系是什么?
2. 网络营销环境与传统的营销环境相比有哪些特点?
3. 网络营销环境的构成要素包括哪些?
4. 网络营销宏观环境和微观环境的构成要素包含哪些?
5. 什么是长尾理论?长尾理论总结出的互联网商业模式的九个法则是什么?长尾理论对网络营销具有哪三大启示?
6. 中国营销模式发生了哪三次变革?每次变革时都有哪些营销特点?

☆ 案例评析

4 000家门店关闭,5 000名导购变微商,红蜻蜓是如何完成自救的?

一场新冠病毒疫情如飓风过境,让中国整个经济市场都面临洗牌,随着马太效应加剧,不断倒逼企业寻求新的生存空间和机遇,有的迷茫,有的哭穷,有的跨界,更多品牌则是选择了绝地求生,迎难而上。

在此次新冠病毒疫情下,有着"中国真皮鞋王"的红蜻蜓线下4 000家门店接连关闭,痛定思痛之后,它靠着奋力一搏成功地打了一个漂亮仗,通过云复工,把5 000名导购转移到线上,日销售额突破200万元,由此重新盘活了业务。

那么,红蜻蜓具体是怎么做的呢?

一、把店搬到网上去!红蜻蜓日销售额突破200万元

在新冠病毒疫情发生之前,作为成立25年的传统鞋企,红蜻蜓主要靠线下门店获利,新冠病毒疫情之后,红蜻蜓4 000家门店关闭,不但没有了盈利,还得支付店租、员工工资及其他成本开支。

面对困局,红蜻蜓的老板钱金波果断地做出了决定:把线下门店搬到线上去、搬到社群中去,让红蜻蜓长出翅膀来,让导购员在家也能开工。这次行动,在红蜻蜓内部的代号为"蜻蜓大

作战"。

红蜻蜓仅仅用1天时间就在线上建成了网上商城,推出了微信小程序,同时还启动了微信会员群,2天内线下导购就在全国组建了近400个200人以上的社群,从而把空闲的5 000多名导购利用起来,全员线上上岗。

2020年2月14日,老板率先在朋友圈吆喝,配上文案"钱金波推荐,大家捧场哦!",卖起了鞋(见图3-3)。紧接着8 000名员工积极跟进,化身微商,在微信群中进行活动信息宣传,通过推介文案把用户引流到小程序上的线上商城。通过社群裂变传播,情人节这天,红蜻蜓销售额成功突破百万元。与此同时,红蜻蜓公司指挥部还通过任务书来规范门店导购行为,并发布悬赏令激励终端,每天即时排名、即时奖励,每天的销售冠军都在变化。

据说,最高的员工日销售额高达68 000元,当天能获得的奖励就有七八千块钱。这样的举措大大激发了员工销售的能动性和积极性。

在启动社交零售业务仅仅6天之后,红蜻蜓线上销售成绩就突破了百万元,接着是150万元、200万元,2月29日的销售额达到了214万元,通过把门店搬到线上,红蜻蜓在此次战"疫"中成功盘活了现金流。

图3-3 钱金波朋友圈

二、淘宝直播成2020年最大机会,红蜻蜓积极布局直播带货业务

除了这次的新冠病毒疫情大作战,红蜻蜓早已经有不错的离店销售经验,2019年天猫"双十一",通过离店交易,红蜻蜓各门店的发货订单量达到12 000单。

不只是天猫旗舰店、社交零售，红蜻蜓还盯上了淘宝直播这个巨大的风口。

据老板钱金波介绍，红蜻蜓正筹备成立专门的直播部门，外部也在联系MCN机构，利用外部培育或者签约优秀直播主播的方式，建立直播这条新的业务增长线。

实际上，淘宝直播成为新冠病毒疫情期间许多国货品牌数字化自救的关键一步：淘宝2月"机会"报告显示，淘宝直播新增商家数环比飙升719%。其中直播商家获得的订单总量，以平均每周20%的速度增长，成交额比上一年翻倍。

新冠病毒疫情发生以来，上海品牌林清轩通过淘宝直播，业绩从下滑90%到实现上一年同期的145%；2月24日，湖北品牌良品铺子成为首个淘宝直播"官宣"上市消息的"2020年新零售第一股"；安徽品牌溜溜梅，与淘宝主播薇娅合作，单场销售份数超10万，销售额不减反增，同比增长264%；北京品牌中粮福临门，每天经淘宝吃货、聚划算百亿补贴等收获9 000名新访客。

随着越来越多的品牌将主战场转移至淘宝和淘宝直播，越来越多的导购变身主播，淘宝直播或成2020年最大增长机会。

而红蜻蜓也积极跟进，目前正在与淘宝大学合作，加快培养直播能手与网红，帮助加盟商和代理商推进直播业务的发展，最终形成微信社群＋微信小程序＋直播带货的私域流量池闭环。

三、总结

红蜻蜓的自我救赎，其实只是这场新冠病毒疫情中众多企业的一个缩影。新冠病毒疫情像一个放大镜，让人们重新审视企业该做出什么样的改变，才能更好地趋利避害，走得更加长远，红蜻蜓给我们做了一个很好的示范。

在新冠病毒疫情发生之前，作为传统企业的红蜻蜓处于比较安稳的状态，但这次新冠病毒疫情就像蔓延的浪潮，推着品牌商们往前走，为传统线下实体加速转型新零售强行按下了快进键。

从红蜻蜓的身上，我们不仅能看到传统实体店品牌的希望，同样也能看到挑战和危机。未来，线上化、社交化都是实体零售行业转型的方向，如果不懂得提前布局、加速转型，被淘汰是必然的。

很显然，此次新冠病毒疫情冲击的不仅仅是企业本身，还有品牌的思变能力。企业必须要在风险到来之前建立好风险防控机制，布局多渠道的收益方式。

（资料来源 4 000家门店关闭，5 000名导购变微商，红蜻蜓是如何完成自救的？廖一帆，https://www.sohu.com/a/379369982_659623，2020-3-11，有改动）

问题：

1.根据案例提供的材料，指出哪些宏观环境和微观环境因素的变化冲击了红蜻蜓，你认为最主要的因素有哪些？（不超过3个）。

2.搜集相关资料，对红蜻蜓的网络营销自有媒体进行盘点和评价。

3.搜集相关资料，结合网络营销环境分析以及中国三次营销变革的特点，为红蜻蜓的营销策略提供建议。

☆ 实训专题

1.选择抖音上的一款火爆的小众视频,利用长尾理论解释其走红的原因,同时试着利用长尾理论总结出的互联网商业模式的九个法则对这款视频的发展策略提供建议。

2.利用本章学过的第三次变革的营销模式特点,为传统的餐饮业分别基于O2O、LBS、SoLoMoCo和C2B营销模式提供网络营销策划要点。

第四章

网络营销调研

☆ 学习目标

1. 理解网络营销调研的概念。
2. 理解网络营销调研的特点。
3. 了解网络营销调研的过程。
4. 掌握网络营销调研的方法。
5. 掌握网络市场调查问卷的设计。

☆ 引导案例

天猫九洲鹿旗舰店的精准定位

淘宝网店中的著名家居品牌九洲鹿是意迈电子商务公司旗下品牌。由于意迈公司在电子商务领域有过许多探索,其企业目标、部门架构和运营管理,与网络零售有天然的契合之处。因此,在进入网络市场之后,九洲鹿很快将协同优势转化为营造品牌的力量。

首先,九洲鹿调研了淘宝网上十几个品牌的床上用品销售资料,包括其款式、价格、销量等信息,决心抢占淘宝网床上用品销售冠军的位置。于是,九洲鹿以每天2 000元的代价买下淘宝网上80多个与床上用品相关的关键词,其中蚊帐的关键词高达20多个,让需要购买蚊帐的消费者能够在第一时间找到九洲鹿。

其次,九洲鹿在市场调研领域力求完善与细致。在与客户一对一对话的过程中,九洲鹿慢慢积累了全面的消费者喜好和需求的一手资料,最终将之变成一套系统的数据库。相对于个人卖家,九洲鹿更加了解不同类型客户在购买床上用品的时候会关注哪些因素(不同年龄、不同层次、不同性别的客户关注的焦点往往会有所区别),从而能尽量满足每一个客户的购物需求,让客户真正感觉到物超所值。

通过依靠键盘和鼠标建立起更加全面和高效的数据库这一举措,九洲鹿成为淘宝网上销售居前的床上用品经销商。目前,九洲鹿网店每月的销售额都非常可观,顾客回头率高达70%。意迈公司的经理表示,九洲鹿是网络上最大的蚊帐销售商,销售数量超过公司在上海的所有门店销量总和。旺季的时候,每天可以销售800顶。同时,九洲鹿也是淘宝网上凉席销售量最大的店。

(资料来源 网络营销:理论、工具与方法.秦勇、陈爽,人民邮电出版社,2017,有改动)

网络营销与推广——理论、策略和实践

引导问题：
1. 九洲鹿旗舰店的成功离不开什么？

第一节 网络营销调研概述

市场营销调研是市场营销工作当中的一个重要环节，借助市场营销调研可以更准确地、更好地了解市场和消费者，为营销策略的正确制定提供依据。随着互联网信息技术的发展，网络营销调研也随之产生，并且凭借着更加便捷、更加广泛等特点正逐渐成为企业主要的调研形式。

一、网络营销调研的概念

传统的市场营销调研是企业针对特定的市场环境，对所需调查的资料数据进行系统的设计、收集、整理、分析和研究的一系列活动。网络营销调研则是指基于互联网系统地进行设计、收集、整理、分析和研究的过程。具体而言，网络营销调研内容主要包括企业外部环境、消费需求特征、企业产品和服务相关信息、竞争对手及行业竞争状况、企业形象信息等，调研对象主要针对消费者、竞争者、合作者及行业中立者等。

二、网络营销调研的特点

与传统市场营销调研相比，网络营销调研具有一些互联网赋予它的独有的特点。

1. 没有时空的限制

传统市场营销调研要受到区域与时间的限制，而网络营销调研可以同时在全球进行，而且可以24小时全天候进行，这是网络营销调研与传统营销调研方式相比所独有的优势。比如要了解各国对手机的需求情况，如果用传统的调研方法，其难度是非常大的，需要在各国寻找不同的代理分别进行，这将花费大量的时间和精力。然而，如果用网络营销调研，就只需在一些著名的全球性广告站点发布广告，把链接指向自己的调研表就行了，省时又省力。

2. 低成本耗费与较高的效率

网络营销调研在信息采集过程中省掉了印刷问卷、派出访问员或邮寄问卷的工作，且不必由专人值守，不受上班时间的限制，节省了大量的人力、物力、财力和时间。利用网络进行调研，只需要一台能上网的计算机即可。调研者在互联网上发出电子调查问卷，由网民自愿填写并提交，然后通过统计分析软件对被访问者反馈来的信息进行整理和分析，另外信息的检验和处理工作也都可由计算机自动完成，极大地提高了效率。

3. 网络信息的及时性和共享性

网络的特点之一是传输速度非常快，所以网络信息可以迅速传递给连接上网的任何用户，而且调研信息经过统计分析软件初步处理后，可以马上看到阶段性的调查结果，而传统调查结论的形成，需要全部问卷都收回后，经过很长一段时间才能实现。这正是网络信息及时性的体现。同时网上调研是开放的，任何网民都可以参加投票和查看结果，所以网络信息具有共享性。

4. 网络调研的交互性和充分性

通过互联网的各种即时通信工具,被访问者和访问者可以进行很好的交互,拉近两者距离,可以充分地、无障碍地表达自己的建议意见,同时被访问者还有充分的时间进行思考,并可以自由地在网上发表自己的看法,不会受到思考时间和访问员记录能力的限制。

5. 调研结果的可靠性和客观性高

与传统营销调研相比,网络营销调研活动的被访问者通常是自愿参与调研活动并回答问题的,所以回答问题相对更认真一些,使问卷调查的结果可靠性更高;再者,因为不需要面对面,针对一些敏感问题,获得的调查结果可靠性更高。

6. 可检验性和可控制性

网络营销调研是利用互联网进行信息的收集,因此可以有效地对采集信息的质量实施系统的检验和控制。这是因为:首先,在网上的调查问卷中可以加入规范的指标解释,这样可以避免由于被访问者对指标理解不清或访问员的解释口径不一致而产生调研误差;其次,问卷的复核检验可以由计算机依据设定的检验条件和控制措施自动实施,从而有效地保证对调查问卷100%的复核检验,保证检验与控制的客观公正;最后,通过对被访问者进行身份验证可以有效地防止信息采集过程中的舞弊行为。

第二节　网络营销调研的过程和方法

网络营销调研和传统市场营销调研一样,需要遵循一定的步骤和方法,以保证调研结果的质量。一般来讲,调研的过程包括明确调研目标、确定调研对象、制订调研计划、收集信息、分析信息和提交调研报告。调研的方法主要包括直接调研法和间接调研法。

一、网络营销调研的过程

(一)明确网络营销调研问题和调研目标

企业做网络营销调研之前,需要明确所要调研的问题,确定调研目标。比如,企业需要了解自身发展情况,调研问题应为有关企业知名度的问题和产品品牌、产品满意度及品牌形象相关问题;企业在新产品开发及上市阶段,调研问题应为顾客的需求及市场潜力等问题。只有明确了问题和目标,才能有的放矢,不至于在互联网上大海捞针。

(二)明确网络营销调研的对象

根据所确定的调研问题,确定调研的对象,如企业的产品消费者、竞争者、合作者或中立者等,尽可能考虑周全。比如企业在新产品开发及上市阶段,调研问题已经确定为了解顾客需求和市场容量等问题,那么既要针对消费者进行调研,也要针对竞争者进行调研,以找到与竞争对手的差异化优势。

(三)制订网络营销调研计划

这一步需要针对资料的来源、调查方式和方法、工作安排和费用预算等做出明确的计划。

1. 资料的来源

企业首先需要明确在收集信息时,是针对原始信息进行一手资料收集,还是针对加工过的二手资料进行收集,或者两种信息都需要收集。

2. 调查方式和方法

1)调查方式

明确调查方式主要是确定对象的范围,一般分为全面调查和非全面调查。全面调查是指调查对象是全体,非全面调查则是指调查对象并非全体。常见的全面调查有普查和报表调查,非全面调查有抽样调查、重点调查和典型调查。其中,抽样调查是按照随机原则,在调查对象中抽取一部分总体单位作为样本,并根据样本资料推断总体数量特征的一种调查方式,也是实际中最常用的一种调查方式。如果采取抽样调查的方式,那么具体的样本容量、抽样程序也需要进一步明确。

2)调查方法

在确定调查对象的范围之后,具体通过何种方法来找到对象获取数据,这就是调查方法。常见的一手数据的调查方法有问卷调查法、网上观察法、采访法等,二手数据的调查方法有利用搜索引擎调研、利用行业网站调研、利用电商平台调研等。

3. 工作安排和费用预算

规划好调研工作的具体工作安排,如时间安排和人员安排,把调研任务落实到个人或团队,以更好地推进调研工作。

(四)收集信息

企业根据制订好的计划开始实施,收集各类调研信息。因为是利用互联网,所以收集信息相对于传统市场调研更为便捷。

(五)分析信息

收集信息后,围绕调查目标对相关信息进行加工提炼。企业在数据加工时可以借助数据分析技术,通常使用的统计分析软件有SPSS和SAS,当然网络营销调研人员需要具备较高的数据分析能力才能保证分析结果的质量。

(六)提交调研报告

调研报告的撰写是整个调研活动的最后一个阶段。报告不是数据和资料的简单堆砌,而是需要把与网络营销关键决策有关的主要调查结果描述出来,并且内容易于理解,以此作为网络营销决策的依据。

二、网络营销调研的方法

网络市场调研的方法主要分为网络市场直接调研法和网络市场间接调研法。

(一)网络市场直接调研法

网络市场直接调研是指为了特定目的,企业在互联网上收集第一手资料或原始信息的市场调研方法。直接调研的方法主要有问卷调查法、观察法、实验法、专题讨论法四种,基于互联网使用最多的是网络问卷调查法和网上观察法,在这里主要介绍这两种方法。

1. 网络问卷调查法

网络问卷调查法是将问卷在网上发布,被调查对象通过互联网完成问卷调查并将结果反馈给企业的调查方法。网上问卷调查一般有三种途径,具体如下。

第一种是企业把调查问卷放在自己的站点或问卷调查平台或其他相关企业和组织的站点上,让用户自愿参与调查。企业可以给予适当的奖励来提高网民参与调查的热情,以达到调查数量上的要求。

第二种是将问卷链接通过博客、微博、微信、QQ等社会化媒体进行传播,可以吸引更多网民参与调查。

第三种是通过电子邮件的方式将问卷链接发送到目标用户的邮箱中,运用此方法时,必须注意礼节,并给予用户适当的补偿,如赠品、抽奖等。

2. 网上观察法

网上观察法是指企业在一定的自然情境下对网民行为进行观察和监测,从而分析其消费需求、消费习惯、消费行为等的调研方法。观察法往往被认为是最客观的方法,但是短时间和小样本都将影响观察法研究结果的质量。企业可以利用软件(如Cookie)对网民的网络行为进行全方位观察,通过分析抓取客观的网民行为数据获取消费相关数据。

(二)网络市场间接调研法

网络市场间接调研是指企业利用互联网发掘和了解顾客需求、市场机会、竞争对手、行业潮流、分销渠道以及战略合作伙伴等方面的情况,针对特定营销环境进行简单调查设计、收集资料和初步分析的活动,即企业利用互联网收集和整理与企业经营相关的二手信息资料的方法。

互联网上有着海量的二手资料,企业在互联网上进行间接调研时主要利用搜索引擎、相关网站及电子商务平台等进行资料收集。

1. 利用搜索引擎

利用搜索引擎,通过检索相关关键词来获取想要的二手资料。搜索引擎会根据输入的关键词进行搜索并对结果进行排序,得到关键词相关网页,通过访问这些网页,获取调研者需要的相关信息。

2. 利用相关网络数据库

利用网络数据库可以获得比较宏观的资料。国际上比较大且比较流行的联机检索情报系统有美国的Dialog系统(www.dialog.com)和Orbit(www.questel.orbit.com);我国的相关数据库有CNKI、万方数据库等。

3. 利用相关专业网站

企业可以从某些专业网站集中收集相关信息。如需要了解一个地区人口情况,可登录政府的人口调查网站进行相关信息收集;如需了解一个地区的购买力水平,可以登录中国经济网搜索有关统计信息。

4. 利用电子商务平台

企业在电子商务平台的调研可以根据自身产品的特点,从各类主流的电子商务平台着手,比如阿里巴巴、淘宝网、京东、拼多多等。

第三节 网络市场调查问卷设计

一、调查问卷的基本结构

调查问卷一般包括3个部分:开头、主体和结束部分。开头部分主要包含标题、问候语和填表说明。调查问卷需要有一个醒目的标题,能让被调查者快速明白调查意图;问候语主要说明调查者的身份、调查的目的、调查结果的使用与保密措施等,以引起被调查者的兴趣,同时解除他们回答问题的顾虑,并请求当事人予以协助。填表说明则是明确填写问卷的要求和方法。

主体部分主要包括被调查者信息、调查项目两个部分。被调查者信息主要是了解被调查者的相关资料,以便对被调查者进行分类。一般包括被调查者的姓名、性别、年龄、职业、受教育程度等。通过这些内容可以了解不同年龄阶段、不同性别、不同文化程度的个体对待被调查事物的态度差异,在调查分析时能提供重要的参考,甚至能针对不同群体写出多篇有针对性的调查报告。调查项目是调查问卷的核心内容,是组织单位将所要调查了解的内容具体化为一些问题和备选答案。

结束部分是在调查问卷最后,简短地对被访者的合作表示再次感谢,以及关于不要填漏与复核的请求,强调本次调查活动的重要性并再次表达谢意。如:"对于您所提供的协助,我们表示诚挚的感谢! 为了保证资料的完整与翔实,请您再花一分钟,翻一下自己填过的问卷,看看是否有填错、填漏的地方。谢谢!"

二、调查问卷设计应注意的问题

问卷的内容很大程度上会影响到最后的结果。好的调查问卷能够让调查所要达到的效果完美实现,而不好的调查问卷则可能会适得其反。设计调查问卷时有以下几大注意事项。

1. 忌提不必要的问题

明确调查目的、选准调查对象、确定好调查内容是设计调查问卷的基础。调查问卷的问题应直接为目的服务,问卷问题应紧紧围绕主题提出,层层递进,环环紧扣,与此无关的问题均不应列入。

2. 忌措辞不得体

问卷的语言要符合被调查人群的表达习惯和思维习惯,应考虑文化程度、年龄、职业、地区等因素,注意使用适合被调查者身份、学识水平的词句或用语,尽量做到通俗易懂,慎用学术语言和书面语。如果受访者只有小学文化水平,问卷的语言就应多采用生活化、口语化的语句,以便于他们准确理解。若不顾受访者的具体情况,用复杂的、书面化的句子,很可能致使受访者理解困难,无所适从,拒绝答题或无效答题,从而影响调查的资料采集。

3. 忌含义笼统

含糊的问题只会得到含糊的答案,每个问题都应设计得具体、明确,避免歧义,使所有受访者对这个问题都有同样的理解。如:"你每月消费的伙食费是多少?"在这个题干中有一点让人感到无所适从——"每月消费",每个月的消费数有可能是不一样的,有时需要大笔支出,该月的消费就高,此题干并未排除该类情况,导致受访者无法准确作答,如果改为"每月平均消费"就好得多。

4. 忌带诱导性

问题的设置要具有中立性,不带有提示或主观臆断,提问应创造自由回答的气氛,避免诱导性。受访者在有外界影响的情况下,往往会选择符合问卷偏好的答案,而不是他自己真正的意思表达。比如:"人们都说 A 牌洗衣机比 B 牌洗衣机好,您是不是也这样认为?"受访者选择时可能会更多地倾向于前者,从而夸大了 A 牌比 B 牌好的比例。如改为"您认为 A 牌和 B 牌洗衣机哪个更好?",这样提问更为客观。

5. 忌题支不准确

在题支设计中,涵盖的问题一定要准确、穷尽,要避免题支设计的不准确、不穷尽或处于同一维度的情况。题支不准确,不恰当地使用含糊的形容词、副词,特别是在描述时间、数量、频率时使用"有时、经常、偶尔、很少、很多、几乎"之类的词语,则可能因为不同的人对同一个可塑性概念的不同理解而失去题支设计的意义。

6. 忌题序排列不恰当

问卷设计好后,问题顺序的安排也就有一定的规律可循。正确的排序应前后连贯,先易后难,合乎问题之间的逻辑。否则受访者可能会因为问题一开始就太难、太散或本末倒置等而终止被访。

【本章小结】

网络营销调研是企业针对特定的市场环境,基于互联网,对所需调查的资料数据进行系统的设计、收集、整理、分析和研究的一系列活动,具有无时空限制、低成本耗费与较高的效率、及时性和共享性、交互性和充分性、调研结果的可靠性和客观性高、可检验性和可控制性等几大特点。

网络营销调研的主要过程包括明确调研目标、确定调研对象、制订调研计划、收集信息、分析信息和提交调研报告。调研的方法主要包括直接调研法和间接调研法。其中,直接调研法有问卷调查法、观察法、实验法、专题讨论法;间接调研法主要利用互联网收集和整理与企业经营相关的二手信息资料。

一份完整的调查问卷应当包含开头、主体和结束 3 个部分。设计主体问题时忌提不必要的问题、忌措辞不得体、忌含义笼统、忌带诱导性、忌题支不准确、忌题序排列不恰当。

【关键词】

网络营销调研　　直接调研法　　间接调研法　　调查问卷

【问题思考】

1. 简述网络营销调研与传统营销调研的联系与区别。
2. 常用的网络间接调研法有哪些?
3. 调查问卷的开头部分应当如何撰写?
4. 设计调查问卷时的注意事项有哪些?

☆ 案例评析

消费意愿强烈：2020中国知识付费用户行为调研分析

当前，随着社会竞争越来越激烈，中产阶层以及职场人士普遍追求社会地位、阶层快速上升的途径，以免被社会淘汰，而知识付费行业发展速度也越来越快。

一、2020年中国知识付费用户消费行为数据分析

艾媒咨询分析师发现，2020年，约有九成的中国在线学习用户购买过知识付费产品；用户购买最多的是专栏订阅和付费讲座或课程类的付费产品，其他依次为付费文档或文章、社区直播、付费问答等（见图4-1）。

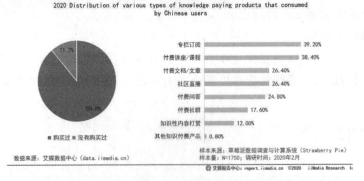

图4-1 2020年中国知识付费用户消费行为数据分析

艾媒咨询分析师发现，从中国用户对知识付费产品的消费金额来看，约33.3%的用户每月花费100～500元，46.8%的用户每月花费500～2 000元。总的来看，中国消费者对知识付费产品的消费意愿强烈，而且支出水平普遍较高。

二、2020年中国知识付费用户消费意向数据分析

艾媒咨询分析师发现，2020年，约有82.0%的中国用户认为其购买过的知识付费产品比较符合或完全符合他们的期望；此外，有85.6%的用户表示愿意将他们购买过的知识付费产品推荐给其他人（见图4-2）。

三、2020年中国在线学习用户行为数据分析

艾媒咨询分析师发现，2020年，中国在线学习用户倾向于学习职场技能和专业技能；此外，分别有45.6%和40.8%的用户在线学习专业知识和生活兴趣类的内容（见图4-3）。

另外，新冠病毒疫情期间，知识付费行业迎来新机遇，有63.1%的中国用户购买过知识付费产品（见图4-4）。

数据显示，2020年1月20日至2月6日期间，中国用户购买最多的知识付费产品是职场技能类和专业知识类的内容（见图4-5）。

艾媒咨询分析师认为，由于新型冠状病毒疫情的暴发，许多企业延迟复工，职工假期延长，加之外出受限制，因此许多用户借助这一机会在线学习不同的知识与技能来充实生活；此外，疫情的暴发使中国商业经济受到很大的损失，企业与职工精神压力增大，对于知识付费产品的需求也同步增大。

第四章 网络营销调研

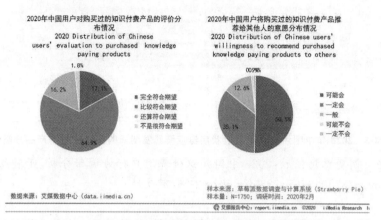

图 4-2 2020 年中国知识付费用户消费意向数据分析

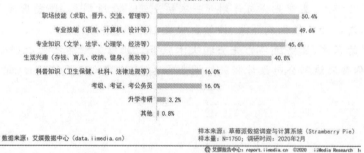

图 4-3 2020 年中国在线学习用户行为数据分析

- 在2020年春节，新型冠状病毒疫情防控期间，中国线下实体商业受到很大的冲击，而互联网产业却透露出许多发展机遇；

- 疫情暴发期间，有63.1%的中国用户曾购买过知识付费产品。

图 4-4 2020 年春节期间中国用户对于知识付费产品的购买情况

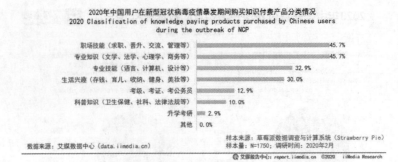

图 4-5　2020 年中国用户在新型冠状病毒疫情暴发期间购买知识付费产品分类情况

（资料来源　消费意愿强烈：2020 中国知识付费用户行为调研分析.干货收割机，https://www.sohu.com/a/375948767_728793，2020-2-26，有改动）

问题：

1. 如果我们所调研的项目可以引用以上调研分析，此种调研方法属于什么？
2. 你还知道哪些常用的网络间接调研渠道？

☆ 实训专题

1. 近年来，一种名为"10 元快剪"的理发经营新模式悄然在全国各地兴起。因其仅提供最基本的"修剪"服务，故而耗时短（10 分钟左右）、价格低（10 元一次），更不推销预付卡，受到了不少市民好评。基于此模式，某创业公司计划开一家快洗店。众所周知，理发店提供单独洗发服务，此服务除了洗头发之外还提供掏耳朵、按摩和吹发型等服务，价格在 25 元以上。此公司拟针对有专门洗头需求的客户，提供简单的洗头和吹干服务。此项目的市场可行性还未知，所以需进行市场调查，请你帮助这家公司设计相关的调查问卷，弄清楚此项目的可行性。

第五章

网络用户画像和网络用户行为分析

☆ 学习目标

1. 理解和掌握用户画像的含义。
2. 理解用户画像的用途。
3. 了解用户画像的建设过程。
4. 理解网络用户行为的新特征。
5. 理解网络消费者的购买决策过程。
6. 理解影响网络消费者购买行为的主要因素。

☆ 引导案例

从"人工推荐"到"知你所想",一款银行 APP 的智能迁徙

从线下物理网点迈向手机银行,零售银行主战场在潜移默化之间完成了一次宏大迁徙。最显著的例证是,我国 18 家头部银行——6 家大型商业银行、12 家股份制银行总共开发了超过 170 款 APP,甚至中国银行一家就拥有 36 款 APP。与此相对照,根据中国银行业协会统计,银行业平均离柜率已从 2012 年的 54.37% 上升至 2018 年的 88.67%,多家银行的离柜率已经高达 90% 以上。趋势显而易见,传统增长红利渠道日益崩塌,APP 成为银行迫切需要争夺的新大陆。移动化转型已经成为行业共识,但是"如何转"又成为一个新问题。如何获客和活客,是移动互联网时代手机银行 APP 面临的共同痛点。

如果手机中装有足够多的银行 APP,你就不难发现,它们中的大多数似乎是"孪生兄弟"——账户查询、转账、购买理财产品、申请贷款、生活缴费、网点预约,构成了一款银行 APP 的标准模型。同质化带来的是非常相似的应用界面,尤其是农商行、村镇银行的手机银行 APP,界面几乎完全一样。这种"千人一面"的特征同样也反映在早期银行 APP 的设计上。早期的推荐产品主要靠平台运营人员依靠业务知识进行手工配置,策略投放也是基于场景相关性的固定位置展示,用户访问此场景时,将会"千人一面"地展示这些商品。

正如当年媒体业普遍挣扎于线上化转型之时,今日头条凭借着智能算法推荐技术,在巨头

林立的资讯分发领域中异军突起。当下,为了提升用户黏度和活跃度,正有一些银行开始实践"今日头条模式",在其移动端提供智能推荐的"千人千面"服务。发行国内第一张真正意义上信用卡的老牌股份制银行——广发银行正是其中的典型。目前,广发信用卡"发现精彩"APP累计注册客户约4 500万户,绑卡客户约3 000万户。

2017年广发卡"发现精彩"APP内部就开始探索智能化方向,截至2020年5月,基于用户行为、搜索数据、商品属性等特征数据,其饭票业务、商城业务等都已实现了个性化推荐并且获得了明显的成效。"发现精彩"APP首个推荐模型——饭票实时模型上线后,用户点击率提升了40%。个性化推荐代表着银行业在移动端的一次重要探索,即从银行APP向互联网APP边界的探索。

在"发现精彩"APP中,"千人一面"正逐渐被个性化推荐替代,实现用户的"知你所想"成为目前的最新定位。广发卡个性化推荐业务的迭代进度如下:

2018年12月底,广发卡"发现精彩"APP的首个推荐模型——饭票实时推荐功能上线,用户打开饭票首页,可以看到"发现精彩"APP为他们专属推荐的附近商户。

历经四个月的筹备,2019年"发现精彩"APP相继上线了广发商城"看了又看""猜你喜欢"功能,为用户提供商品的智能推荐服务。

2020年,"发现精彩"APP计划实现全场景一站式推荐服务,即整合众多业务和推荐模型,为用户提供混合推荐功能。如用户打开"发现精彩"APP时映入眼帘的会是一个"瀑布流",给每个用户提供相匹配的饭票、商城、分期、小发播报等定制化服务和内容。

(资料来源 从"人工推荐"到"知你所想",一款银行APP的智能迁徙.钛媒体,2020-5-12,有改动)

引导问题:
1. 广发银行"发现精彩"APP能够实现"千人千面"个性化服务的基础是什么?
2. 什么是用户画像?除了个性化推荐外,用户画像还有哪些其他用途?

第一节 用户画像

随着移动互联网技术的不断发展,面对海量的手机用户,以用户为中心的理念愈发凸显,如何利用大数据技术建立用户画像并为企业营销所用是一个非常重要的问题。

一、用户画像的概念

用户画像(user persona)最早是由交互设计领域的Alan Cooper提出,是指现实中目标用户的具体表示,又被称为用户角色,是基于大量目标用户的行为、动机构建的用户标签体系,这是对代表一类用户的典型用户的特征刻画。随着对用户研究的深入,平台对单一用户的特征了解十分模糊,为深刻地了解用户,用户画像(user profile)的概念随即出现,是指基于特定使用情境下真实的用户行为数据所形成的描述用户属性及其行为的标签集合,有助于更细腻、多维度、具有时效性地分析用户。简而言之,用户画像是根据用户的社会属性、生活习惯和消费行为等信息而抽象出的一个标签化的用户模型。

构建用户画像的核心工作是给用户贴"标签",而标签是通过对用户信息分析而来的高度精练的特征标识,可以理解为用户画像的实质是用户信息标签化。当把用户的所有标签综合来看,就可以勾勒出该用户的立体"画像"了。当然除了贴标签之外,在建立标签时还会同时设立此标签的权重,其中标签表征了内容,表示用户对该内容有兴趣、偏好、需求等;而权重则表征了指数,表明用户的兴趣、偏好指数,也可能表征用户的需求度,可以简单地理解为可信度、概率。

二、用户画像的用途

用户画像可以精准地定位目标群体以及他们的特征。它为各方面的工作展开提供方向,大到营销推广的战略制定、内容平台的选择考量,小到如何写一篇文章、如何回复客户的留言。用户画像在企业不同的发展阶段承担着不同的使命,可以具体应用于企业初创期、成长期和成熟期三个阶段。

(一)初创期用户画像的应用

企业成立之初,往往产品还未成形,面对市场上的竞争对手,要想差异化地立足于市场,创造出符合市场需求的产品,就需要对消费市场进行市场细分,明确每个细分市场的特点,以便精准切入市场,找到突破口。而此时利用用户画像可以很清楚地描绘出每个细分市场的特点,如细分市场的用户喜欢什么样的款式和材质、用户的平均消费水平怎样,帮助企业找准用户定位。所以在这个阶段,用户画像主要应用于业务经营分析以及竞争分析,影响企业发展战略。

☆ 案例 5-1

利用用户画像进行产品定位

某公司想研发一款智能手表,面向 28~35 岁的年轻男性,通过在某电商平台中进行分析,发现材质为"金属"、风格为"硬朗"、颜色为"黑色"/"深灰色"、价格区间为"中等"的偏好比重最大,那么就给新产品的设计提供了非常客观有效的决策依据。

(二)成长期用户画像的应用

这个阶段企业的产品已推向市场,各项数据处于一个上升期,企业可以得到用户的大量多维度数据,每一次和用户的交互都会产生数据,而这些数据均有可能隐藏着用户需求。所以企业在这一阶段需要利用这些数据刻画用户画像,从而进行精准营销和精细化运营,以提高营销效率和提升用户体验。

1. 精准营销

精准营销是用户画像或者标签最直接和有价值的应用。用户画像为商家的精准营销提供了足够的信息基础,能帮助商家快速找到精准用户群体,以及分析、挖掘用户需求。当基于用户需求去推送信息时,用户的接受度最大化,精准营销也能以最大程度达到其目的。

☆ 案例 5-2

亚马逊利用用户画像精准推荐产品

亚马逊通过用户的浏览轨迹智能地向不同用户推荐不同的促销产品,以提高转化率。以韩寒的新书上市为例,亚马逊会筛选出购买过韩寒书籍的用户、浏览过韩寒书籍的用户以及参与过"喜欢韩寒还是郭敬明"的投票活动并且选了韩寒的用户,分析这些目标用户群体的共同特征,为其定制最适合的促销方式。比如,大多数用户的浏览轨迹数据以及购买行为数据显示他们更倾向于邮费低的配送方式,这说明目标用户群对运费价格比较敏感,那么此次的营销邮件主题可以定为"韩寒新书(免运费)"。

2. 精细化运营

随着产品功能的增多和用户的增多,用户需求的多样化和产品服务的多样化之间就存在了匹配和不匹配、选择与不选择、喜欢与不喜欢的矛盾。而精细化的运营就是通过用户分群,对不同需求的用户匹配不同的服务和内容,从而满足其个性化的需求,从而更好地完成运营中拉新、促活和激活的工作。既然要给用户分群,我们就要给用户建立画像,更好地区别不同特征的用户的不同需求。

☆ **案例 5-3**

某电商平台运营人员利用用户画像进行精细化运营

某电商运营分析人员从平台上筛选出一批高活跃度用户,对这批用户的"加入购物车"行为事件的分布情况进行分析,看出大部分用户加购次数在1~3次,仅有少量的用户加购5~10次。加购5~10次的用户比加购1~3次的购买欲望更大,于是把这些加购了5~10次的用户单独列出,仅针对此部分用户发放红包、优惠券等,以促进下单。

(三)成熟期用户画像的应用

企业进入成熟期后,有了稳定的运作模式,市场地位也趋于稳定,这时候需要通过迭代产品找寻新的增长点和突破口,而用户画像可以为寻找新的增长点提供方向。如当产品转型时,老用户会有什么样的反应,离开还是成为新的核心用户;新产品预计会有多少用户导入;结合老用户需求,新产品有哪些功能不能被遗弃,等等,都可以由用户画像来提供一定的决策依据。

☆ **案例 5-4**

某手机厂商根据用户画像进行产品迭代

某手机厂商的目标用户中商务群体居多,根据分析得知此类用户的较大痛点为手机没电和需要利用手机办公,于是在下一次产品迭代时,调整方向为扩充电池容量、强化内置办公功能等。

三、用户画像的建设过程

用户画像的实质是给用户贴标签,一个比较成熟的画像系统,会有成百上千的标签。形成这些标签大致需要经历三个步骤,即数据收集、行为建模和接入数据提取构建画像(见图5-1)。当然这些标签不是一次完成的,而是随着业务的发展需要逐步补充完善,最终呈现在大家眼前的就是一棵庞大的标签树。

(一)数据收集

数据是构建用户画像的核心依据,只有建立在客观真实的数据基础上,生成的画像才有效。一般需要采集的数据有两大类,一类为用户静态数据,一类为用户动态数据。

第五章
网络用户画像和网络用户行为分析

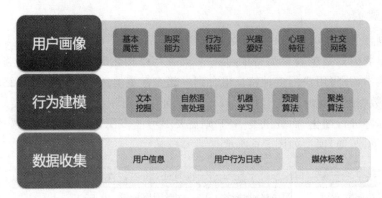

图 5-1 用户画像构建过程

1. 用户静态数据

静态数据主要包括用户的人口属性、商业属性、消费特征、生活形态、CRM 五大维度,其中人口属性包括年龄、性别、地域等;商业属性包括收入、职业、所属行业等;消费特征包括各类产品购买情况;生活形态包括生活习惯、娱乐爱好等;CRM 则为用户的客户状态、会员状态、生命价值等(见图 5-2)。这些数据的获取方式有多种,平台的数据后台是最为直接也是较为精准的一种方式。如果数据有限,则需要定性与定量结合补充。定性方法如小组座谈会、用户深访等,主要是通过开放性的问题了解用户真实的心理需求。

图 5-2 用户静态数据

2. 用户动态数据

用户网络行为动态跟踪主要包括三个维度:场景、媒体、路径(见图 5-3)。其中,场景主要包括访问设备、访问时段;媒体则指某一时段下用户具体访问的媒体,如资讯类、视频类、游戏类、社交类等;路径指用户进入和离开某媒体的路径,可以简单理解为用户的站内与站外行为,如是通过搜索导航进入还是直接打开该 APP 进入,离开时是站内跳转到其他网页还是直接关闭。

图 5-3 用户动态数据

（二）行为建模

当对用户画像所需要的资料和基础数据收集完毕后，需要根据用户行为，构建模型产出标签、权重，也就是将原始数据转化为特征，是一些转化与结构化的工作。这一步将得到的数据映射到构建的标签中，并将用户的多种特征组合到一起。标签的选择直接影响最终画像的丰富度与准确度，因而数据标签化时需要与用户画像的功能与特点相结合。如电商类 APP 需要对价格敏感度相关标签进行细化，而资讯类 APP 则需要尽可能多视角地用标签去描述内容的特征。内容偏好度（美妆、服饰）模型如图 5-4 所示。

行为	行为对应标签权重
访问文章页	内容分类标签 1　文章附属标签 0.5
访问产品页	产品 1　产品分类标签 1　品牌 0.5
访问品牌页	品牌标签 1
访问标签页	标签词 2
收藏文章页	内容分类标签 1　文章附属标签 0.5
收藏产品	产品 2　产品分类标签 1　品牌 0.5
申请试用产品	产品 3　产品分类标签 2　品牌 1
用过产品	产品 4　产品分类标签 2　品牌 2
搜索标签	标签词 3
分享页面	内容分类标签 2　文章附属标签 2　产品标签 2

图 5-4　内容偏好度（美妆、服饰）模型

（三）提取构建用户画像

有了数据和模型之后，最后一步就是将数据接入模型，提取内容构建用户画像，而最终生成的画像可以用图 5-5 等可视化的形式展现。当然用户画像并不是一成不变的，因而模型需要具有一定的灵活性，可根据用户的动态行为修正与调整画像。

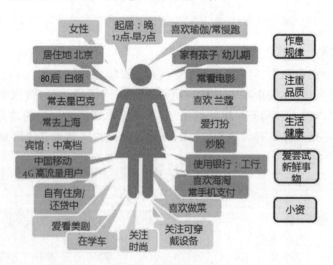

图 5-5　用户画像示例

构建用户画像的目的是充分了解用户,进而为产品设计和运营提供参考,因此用户画像的构建一定是要为运营规划、运营策略制定服务的,如果做出来的用户画像无法指导产品设计或者运营规划及策略制定,那么这个用户画像一定是失败的。

拓展阅读 5-1

第二节　网络用户行为分析

随着网络经济的迅速发展,网络消费成为主流消费形式,截至 2020 年 3 月,我国网民规模达 9.04 亿,互联网普及率达 64.5%,其中,网络购物用户规模达 7.10 亿,占网民整体的 78.6%。可见大部分网民已经成为网络消费者,并且在 7.10 亿网购消费者中有 7.07 亿是通过手机进行购物,移动消费地位日益凸显。

一、网络消费者行为概述

网络消费者是指以网络为工具,通过互联网在网络市场中进行消费和购物活动的消费者群体。与传统消费者的消费模式相比,在网络环境下,消费者行为呈现出了一些全新的特征。

1. 年轻化

从 2019 年中国网络消费者的年龄分布来看,约 33.3% 的用户年龄分布在 31～40 岁,25.3% 的用户为 26～30 岁,11.9% 的用户在 19 到 25 岁之间。因此,中国网络消费者总体来说偏向年轻化,19 到 40 岁的网络消费者就占比 70.5%。

拓展阅读 5-2

2. 个性化

网络消费者在个性表达方面的要求最为突出,因为网络消费群体年轻化,这些年轻人拥有不循规蹈矩的成长历程,以独特的言行举止和另类的生活方式成为环境的焦点,相信自己是独一无二的。在团体中,希望自己成为焦点。

拓展阅读 5-3

3. 乐趣化

网络消费者在网上购物的过程中可以获得大量的娱乐信息,与有相同兴趣爱好的朋友相结识,灵活的支付方式和快捷的物流保障,大大增加了网络消费者的购物乐趣。随着商品市场的供求不平衡,商品数量种类暴增,借助互联网,用户可以接收大量商品信息,因此在商品选择过程中不只看商品的核心价值,更注重消费体验。网络消费者喜欢体验新的购物方式给自己带来的新鲜感和趣味感,并且更愿意分享体验过程来展示自己。

☆ **案例 5-5**

茶饮品牌的趣味捣蒜舞获赞 300 多万

"桃最"是珠海的一家以植物胶原蛋白为主题的茶饮品牌,老板通过一段趣味捣蒜舞,在抖音获得了 300 多万的点赞,在珠海当地可谓人尽皆知。该店还结合周杰伦演唱会的噱头,在抖音上发起凡是拍跟周杰伦相关视频并@桃最娘子的,线下会送他们一杯奶茶的活动。当日演唱会后很多人过来领奶茶,活动当日的营业额提升至常态的150%以上,而且每天都有200个左右的@。

4. 情感化

互联网减少了信息不对称,增加了消费者与企业的沟通渠道,消费者开始掌握话语主权,从被动转向主动,从单向接收转向双向交流。网络消费者希望与企业平等对话、互动交流,愿意参与到企业品牌建设中,成为传播者及主动创造者,这样企业品牌和消费者就是对等的朋友关系,而建立友谊是需要有情感交流的。消费者愿意与企业品牌交朋友很大程度上取决于企业品牌与自己拥有一致的三观,比如有正确的价值观和社会责任感。

☆ **案例 5-6**

ROSEONLY 一生只送一人

ROSEONLY是一家经营高端玫瑰及珠宝的互联网鲜花品牌。品牌成立之初创立了"信者得爱,爱是唯一,一生只送一人"的品牌理念,用万里挑一的奢侈玫瑰和高级手工珠宝献给相信真爱的情侣。ROSEONLY很好地给玫瑰花增加了情感因素,吸引着同样相信"真爱是唯一"的消费者。

二、网络消费者的购买决策过程

在传统营销市场下,AIDMA模型由美国广告学家刘易斯提出,后经众多学者不断发展,产生了传统市场消费者购物的成熟流程,并成为消费者行为学领域经典的理论模型之一。AIDMA即attention(注意)、interest(兴趣)、desire(欲望)、memory(记忆)、action(行动)。AIDMA模型可以很好地解释实体经济里的购买行为,但是在互联网时代,消费者更容易受到社交圈的影响,如微信朋友圈、买家的评论等,而不单单仅受到广告的刺激,而且网络消费者往往更倾向于主动地去选择加工所搜集的信息,而不是被动接收信息。因此,在互联网影响下,此模型演变为AISAS理论(见图5-6),即attention(注意)、interest(兴趣)、search(搜索)、action(行动)和share(分享)。此模型充分体现了当代网络消费者的个性特征,追求新奇、与众不同的产品,如果对某个产品感兴趣会主动搜索相关信息,然后决定是否购买,同时在购买后会将自己的购物体验分享给更多的朋友。

三、影响网络消费者购买行为的主要因素

影响网络消费者购买行为的主要因素有如职业、经济状况、所处生命周期阶段等个人影响因素,也有如参考群体、营销组合因素和配套服务等社会影响因素。

(一)个人影响因素

1. 职业

从职业来看,不同职业有不同的需求和不同的偏好,对网络消费者的购买行为产生着影响。例如办公室白领会有较多的时间上网挑选商品,一般购买时间较长;而如医生这类职业的人则缺乏长时间比较商品的机会,一般购买时间较短。

2. 经济状况

从经济状况的角度看,整体经济和个人收入都会对网络消费者的购买行为产生影响。在一

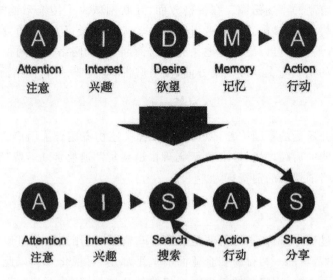

图 5-6　AIDMA 模型转向 AISAS 模型示意图

般情况下,收入高的人群会提高消费支出,网络消费会同比扩大。网络消费者会在稳定的经济形势或可支配收入增加的情况下增加网络上的消费,反过来,也会在不好的经济形势或可支配收入减少的情况下减少网络上的消费。

3. 所处生命周期阶段

从所处生命周期阶段来看,如果一个家庭以年轻人为主,则网络消费更加旺盛;而如果一个家庭的年龄结构偏高,则网络消费就会相对萎缩。另一方面,一个人在不同的生命周期阶段的需求偏好也是不一样的。例如少年阶段可能更加倾向于在网络上购买食品,而成人阶段则更加倾向于衣物等生活必需品。

4. 个性与自我概念

随着经济的发展,消费者更注重自我个性的追求。而当前网络消费者群体多以年轻用户为主,他们对产品的具体要求越来越独特,从产品的设计到包装,再从使用到售后服务,不同的消费者有不同的要求,个性化越来越明显。

5. 消费者过去的消费经验

消费者亲身的购物体验,比任何感觉、认知更直接可靠,也是消费者是否会重复购买的决定性因素。有过愉快满意的网络购物体验之后,多半愿意继续网络购物。同时,过去的购物经验不仅仅影响消费者本人的购买意向,还会通过购后评价等方式影响其他消费者的购买行为。

(二)社会影响因素

1. 参考群体

参考群体是一个很重要的外部影响因素,这里的参考群体不仅仅是朋友、家人、同事这些群体,还包括网络上的虚拟群体,如买家评价、社区种草、直播测评和网红推荐等。

2. 营销组合因素

营销组合因素即从产品、价格、渠道和促销四个方面来考虑对网上消费行为的影响。

在产品方面,即便是网购普遍的今时今日,不同的产品仍在一定程度上影响着消费者的网购行为。根据艾瑞公司对网上购物各类别商品市场份额调查的有关数据,标准化程度高、有统一规格的商品占有较高的市场份额。在价格方面，互联网减少了传统渠道的许多中间环节，使得网络价格更具优势，对价格敏感的消费者吸引力较大。在渠道方面，随着越来越多的网络渠道可以触及消费者，消费者可以更便捷地买到所需商品，并且网络渠道的视觉友好性和操作方便性也会影响用户的消费行为。在促销方面，网络广告、电商节、平台促销活动都会影响到网购行为。

3. 网购配套服务

随着物流和服务质量的不断完善，像"次日达"等快速物流提升了用户的网购体验。同时很多平台为了免除网购的后顾之忧，推出"7天无理由退换货""退换货0运费"等配套服务，也在很大程度上影响了网络消费者的消费行为。

【本章小结】

在网络营销的过程中，最离不开的便是洞察用户需求，而用户画像可以精准和快速地分析用户消费习惯，让消费者的一切行为在企业面前似乎都是"可视化"的，以此来深入挖掘客户的更大商业价值。简而言之，用户画像是根据用户的社会属性、生活习惯和消费行为等信息而抽象出的一个标签化的用户模型，可以为企业的产品定位、精准营销、精细化运营、产品迭代等各方面工作提供决策依据。用户画像的构建过程有数据收集、行为建模和接入数据提取构建画像。值得一提的是，用户画像的构建需要建立在用户行为和应用场景之上，才能将用户画像的作用发挥出来。

7.1亿的庞大网络消费者呈现出年轻化、个性化、乐趣化和情感化的新特征。由于互联网的介入，用户可以更主动地获取信息，更方便地分享传播购买体验，传统AIDMA理论被AISAS理论取代，即attention（注意）、interest（兴趣）、search（搜索）、action（行动）和share（分享）。在网络市场下，影响网络消费者购买行为的因素除了有职业、经济状况等传统因素外，还加入了个性因素、网络参考群体、网络促销手段和网络配套服务等新因素。

【关键词】

用户画像　　　用户标签　　　精准营销　　　精细化运营　　　千人千面
网络消费者行为　　　影响网络消费者行为的因素

【问题思考】

1. 什么是用户画像？
2. 用户画像的主要用途有哪些？
3. 网络消费者呈现出哪些新特征？给企业的营销启示是什么？
4. 请阐述什么是AISAS模型。

☆ **案例评析**

乐纯酸奶在视觉上是如何打动用户的？

以乐纯为代表的一批消费升级品牌，反映了现在的审美趋势是精益、简化。从小清新到"性冷淡"再到断舍离，实际上都在说明年轻网络消费者的审美变得越来越简单。好的包装绝不只是好看的、酷的，它要能满足消费者的需求，同时还能传递出品牌理念和价值观，解决问题，这是

第五章
网络用户画像和网络用户行为分析

包装的本质。

在消费者注意力稀缺的今天,如何让消费者第一眼就记住你?在消费者发现品牌这一步,视觉设计的重要性不言而喻。下面从5个角度分析酸奶行业的网红——乐纯,是如何成为酸奶行业的一道清流的。

1.和杂志一样的产品包装(水平思维)

很多人说,我们的产品很好,但就是营销不好……然而,营销4P理论第一个讲的就是product(产品),乐纯深知这个道理,于是在打磨产品这一步,他们花了很多心思,从包装材质到设计,都与传统酸奶产品有很大差异(见图5-7)。乐纯并没有受限于传统思维,认为食品包装就是要把LOGO放大,草莓口味的就放大大的草莓图片等,而是重新思考包装是什么。乐纯认为包装的本质,就是一张传递产品和品牌价值的纸。

图5-7 乐纯包装图

a.透明的杯子,增强健康、自然的印象。

b.包装正面:口味用插画风格展示,而不是实物。

c.包装背面:插画与文字结合,向消费者讲述产品的故事,和那些古板的产品说明相比,消费者当然更青睐。

这背后是水平思维:将两个平行的、毫无关系的东西的属性在包装设计中做一调换,在调换过程中产生包装创新。如装在蛋糕盒里的鲜花等。乐纯没有把包装当作食品的包装(写明卖点、配方、产地),而是将它视为一种与消费者沟通的纸质的载体,沿着这个思路,思考生活中哪些纸质的载体给人特别的阅读体验,自然就想到杂志了。水平思维是进行包装创新的一个重要方法。

2.一眼就记住的物流包装

乐纯的物流包装是一个黄色帆布袋。上面除了LOGO,没有多余信息(见图5-8)。消费者拿在手里,是非常具有在朋友圈分享的欲望的,成功促进了二次传播。

3.纯粹的实体店装修风格

乐纯门店装修也保持了简洁风格,以白色为主,辅以木质材质,给人一种纯粹、自然、健康、环保的感觉,让每个到店的消费者加强了对乐纯酸奶"纯""健康"的认知。

4.治愈系的线上视觉

不管是微信公众号,还是电商商品详情页,乐纯都坚持输出高水平的视觉,消费者从中感受

图 5-8　乐纯物流包装图

品牌的用心,从而与品牌建立了情感关联。其实,乐纯在表现食物视觉上是向米其林餐厅主厨取了经,为了让食物看起来就很美味,令人垂涎欲滴,米其林主厨会将不同的天然食材叠加,放大细节,这样,即使再小的食物也有了立体感。

5.重新定义品牌吉祥物

我们经常看到各个品牌出各种吉祥物,觉得这样可以让品牌变得更萌更有趣,但那些设计粗糙、没有灵魂的吉祥物真的打动不了人。看看乐纯是怎么做的:乐纯认为吉祥物的本质是将一个品牌"人格化"。那人的本质是什么呢?有自己的性格、家庭背景、工作背景、社会关系以及心理活动。如果没有这些,吉祥物最多就是一个玩偶。于是,乐纯将产品拟人化成不同的"人",并赋予他们性格、职业、背景和人生故事:宅男椰子和他的玫瑰女朋友;呆萌的黄柠弟弟和青柠哥哥;搞笑的香草和栗子绅士特工;希腊酸奶宝宝和他的宠物蜜蜂。乐纯把这些吉祥物的故事连载在产品包装上,不少用户为了收集,开始不断回购各种口味。就像我们会买麦当劳的开心乐园餐获得免费玩具一样,这些吉祥物故事的存在,直接拉动了酸奶的销量。

为此,乐纯公司内部做了一个《乐纯设计七问》,清晰地展示了在这一过程中,乐纯是如何践行用户驱动的。

a.请描述这个设计针对的用户人群有哪几个,哪个是主要人群。

b.请问这个设计会出现在什么场景下?

c.请思考这个设计要实现哪些目的。

d.您建议设计师用哪些策略来实现以上目的?

e.结合问题 a~d,请用一句话描述这个设计完成的"用户故事"(××用户,在××场景下,看到、接触到××设计,因为××策略,该用户实现了××目的)。

f.是否有设计师需要知道的限制?

g.您建议设计师在这个设计上投入多少时间?

与此同时,在号召用户参与环节,从买到后的体验、品尝时前前后后的体验里,剖出详尽的细节表。在消费升级的时代,尤其是在快消品领域,以用户为驱动来做产品,是网红品牌吸引用户的关键。

（资料来源　从多维度看网红品牌乐纯酸奶的模式.营销航班，https：//www.niaogebiji.com/article-17533-1.html,2019-8-1,有改动）

问题：

1.乐纯酸奶在产品包装上的设计符合网络消费者的哪些特征？

☆ **实训专题**

1.利用互联网二手数据进行整理分析，构建购买螺蛳粉群体的用户画像，并分别阐述不同购买人群的消费特征。

第六章

网络营销战略制定

☆ 学习目标

1. 理解和掌握网络市场细分的概念、作用、标准与原则。
2. 掌握网络市场细分的步骤。
3. 理解和掌握网络目标市场的概念。
4. 理解和掌握网络目标市场的选择策略及营销策略。
5. 理解网络目标市场营销策略选择的影响因素。
6. 理解和掌握网络市场定位的方法与策略。

☆ 引导案例

滴滴代驾再开 15 城　将推专项细分代驾

　　滴滴代驾 2015 年 8 月宣布,继 2015 年 7 月 28 日上线北、上、广、深、杭等 10 个城市后,滴滴代驾再开 15 城。8 月 7 日起,成都、福州、哈尔滨、合肥、济南、昆明、青岛、厦门、沈阳、石家庄、太原、天津、长春、长沙、郑州等 15 个城市的车主可使用滴滴代驾。

　　据滴滴快的方面透露,从 2015 年 6 月中旬开始接受注册,截至 2015 年 8 月,滴滴代驾全国注册司机数量已突破百万。本次上线的 15 个城市,注册司机总量超过了 34 万人。滴滴快的代驾事业部总经理付强表示,中国代驾服务的渗透率明显偏低,国内代驾市场发展潜力还很大,其中,商务代驾、旅游代驾、汽车后市场等代驾细分领域都还有很大的发展潜力。付强表示,自滴滴代驾上线以来,平台上出现了不少跨城市的订单。而且这类长时间订单的数量在不断增加。

　　此次滴滴代驾上线城市以省会城市和旅游城市为主,代驾需求人群分布较为集中。为了让更多的消费者能够更好地体验滴滴代驾,滴滴将在所有上线城市同步展开"首单免费"的体验活动,所有新用户第一次使用滴滴代驾,在 100 元以内将全部免费。这一优惠不限时段。

　　未来滴滴代驾将从本土化发展的方向着手升级服务水准,结合各个城市的特色,推出代驾专项细分业务。例如在昆明、青岛等旅游城市,将为代驾司机增加旅游文化的培训专项,在提高服务水准的同时,深化城市内涵。

　　为了帮助深夜回家的司机节省车费,滴滴代驾司机端开发了"结伴返程"功能。完成订单后,司机点击"结伴返程"按钮,即可开启该功能。功能开启后,司机可看到周围同时开启该功能的小伙伴。双方联系后,可"搭伙"来节省回家车费。在代驾需求旺盛的城市,滴滴代驾将率先尝试为夜间做生意的司机提供专属的"夜行巴士"服务。在保障代驾司机与客户的人身安全方面,滴滴代驾上的每一笔订单都拥有一份最高300万元的代驾平台责任险。此外,滴滴代驾还在司机端增设了"紧急帮助"菜单栏。该菜单栏可以一键呼叫120、110以及滴滴代驾平台的客服电话,寻求帮助。

（资料来源　滴滴代驾再开15城　将推专项细分代驾.中国新闻网,2015-8-7,有改动）

引导问题：

1.案例中滴滴代驾是如何进行市场细分与定位的？

2.思考：如何进行市场细分与目标市场选择？市场定位有何作用？

企业必须对市场信息有深入的了解,从而有效地进行市场细分并制定目标市场战略,同时对自己所提供的产品或服务进行准确的市场定位。网络营销战略制定主要涉及两个紧密相关的层面：第一个层面主要包括市场细分、确定目标市场以及市场定位；第二个层面主要包括网络营销组合策略。市场细分(segmentation)、目标市场选择(targeting)和市场定位(positioning)合称STP战略。

第一节　网络市场细分

一、网络市场细分的概念

市场细分概念最早由美国营销学家温德尔·史密斯于20世纪50年代中期提出。他强调企业要根据购买者需求的不同对市场进行细分,进而将一部分具有某种共同需求特性的市场作为目标市场,并努力满足这部分需求,最大限度地提高经济效益。

网络环境下,顾客的需求发生了很大的变化,个性逐渐增强,差异性日渐突出。而随着生产工具和技术的不断改善,产品的品种种类极大丰富,为满足顾客新的需求奠定了基础。为了在复杂的环境、激烈的竞争中占有一席之地,企业要提高自身的经济效益,必须进行市场细分。

网络市场细分是指企业在调查研究的基础上,依据网络顾客的需求、购买动机与习惯爱好等方面的差异性,把网络顾客划分成不同类型的消费群体。这样,网络市场就可以分成若干个细分市场,每个细分市场都由需求和愿望大体相同的顾客组成。在同一细分市场内部,顾客需求大致相同；在不同细分市场之间,顾客需求则存在明显的差异。企业可以根据自身的条件,选择适当的细分市场作为目标市场,并据此拟定最适合企业的网络营销方案和策略。

☆ 案例6-1

恰恰涉水电商,抢占网络炒货细分市场

"洽洽"是国内知名的瓜子炒货品牌。2010年,洽洽在深圳证券交易所挂牌上市,市值接近80亿元。洽洽食品董事长陈先保表示：十年前,散装炒货市场竞争就非常激烈,各路散装品牌厂商为了抢占中低端市场自相残杀,市场一片混乱,然而高端炒货市场却无人问津。于是他毅然

放弃了中低端市场,转而苦心钻研高端炒货市场,并于数年后推出了洽洽高端瓜子产品。没想到洽洽的高端产品一经推出,便得到了市场的热烈响应,高端市场的空档期帮助洽洽快速占领了全国市场,奠定了洽洽瓜子的市场垄断地位。

陈先保明白,今日洽洽的平稳、快速发展,源于洽洽不断追寻创新发展的执着精神。对于已经占据了50%~60%市场份额的洽洽瓜子来说,要想进一步在线下市场实现突破创新,无论从资金还是人力上的投入,都是难上加难。

随着电子商务平台细分市场的蓬勃兴起,陈先保看到了新的发展契机。网上炒货细分市场的空白正如当年高端炒货市场一样,蕴藏着极大的商机,尽早抢占网上市场,就尽早拥有新的突破和领先机会。

(资料来源 洽洽涉水电商 抢占网络炒货细分市场.中国广播网,2012-6-27,有改动)

二、网络市场细分的作用

网络市场是一个综合体,是多层次、多元化的消费需求的集合,任何企业都不能独自满足。网络市场细分可以帮助企业认识和研究网络市场,从而为选择网络目标市场提供依据。具体而言,网络市场细分有以下几方面的作用。

1. 有利于企业发掘市场机会,开拓新市场

通过网络市场细分,企业可以深入地了解市场消费群体的需求差异,寻找目前市场的空白点,并在综合分析各子市场的竞争状况和潜在购买力的情况下,结合企业自身实力,发现新的市场机会,开拓新的市场。

2. 有利于企业优化资源配置,取得最佳营销效果

任何一个企业的人力、物力、资金等资源都是有限的。通过细分市场,企业可以了解不同细分市场消费群体对产品的需求状况、购买能力及同行竞争者的情况。这样,企业可以根据各个细分市场的外部环境与本企业的经营实力进行反复权衡比较,从而选择对自己最有利的市场,将企业营销预算在不同细分市场上进行合理的配置,把资源用于恰当的地方,避免企业资源的浪费,取得最佳营销效果。

3. 有利于准确制定和调整营销方案,增强企业应变能力

通过网络市场细分,市场变得小而具体,消费群体的需求也更清晰明了,同一细分市场中顾客有着许多共性,企业可以制定有针对性的营销策略,从而保证营销活动的成功实施。此外,在网络细分市场上,市场信息获取和反馈都比较及时,企业可以相对容易和快速地了解与掌握各细分市场消费群体需求的变化,以及顾客对营销措施的反应,从而相应地制定和调整营销策略,使企业在复杂的网络市场中具有较强的应变能力。

三、网络市场细分的标准

网络市场细分的基础是网络消费群体需求的差异性,它是根据一定的标准区别消费者的不同需求的过程,是一种存大异求小同的市场分类方法。该方法不是对网络产品进行分类,而是对同种网络产品下需求各异的消费群体进行分类,以识别具有不同需求的消费群体的活动。

当前网络交易的两大主要模式B2C和B2B所针对的网络消费群体分别是网络顾客和网络企业,这两类群体的需求差异明显,因此其市场的划分标准也有所不同。

(一)B2C 市场细分标准

在 B2C 领域,市场是由以满足生活消费需要为目的的顾客构成的。由于引起顾客需求差异的因素有很多,因此在实践中,企业一般综合运用多种标准来细分市场,而不是采用单一的标准。具体而言,B2C 市场细分的标准主要有四类,即按地理因素、人口因素、心理因素和行为因素进行市场细分。

1. 地理因素

按地理因素细分,即按网络顾客所处的地理位置、气候、人口密度和城乡环境等因素来细分市场。虽然企业能凭借互联网全球性的特点打破常规地理区域的限制,但是处在不同地理环境下的顾客,对于同一类产品往往具有不同的需要和偏好。例如,京东将全国分为华北、华东、华南、西南、华中、东北六大物流中心,覆盖了全国各大城市,并在西安、杭州等城市设立了二级库房,服务京东客户。一般来说,地理因素具有较大的稳定性,与其他因素相比,较容易辨别分析。然而地理因素毕竟是静态因素,不容易划分得很详细,因为生活在同一地理位置的顾客需求仍然存在较大差异,还必须综合考虑其他因素,才能准确地进行市场细分。

2. 人口因素

按人口因素细分,即以人口统计变量(如年龄、性别、家庭规模、家庭生命周期、收入、职业、受教育程度、宗教、种族、国籍等)为基础细分市场。顾客需求、偏好与人口统计变量有密切的关系。例如,一般而言,儿童需要玩具、食品、童装、儿童读物;老年人需要营养品与医疗保健用品等;女性是服装、鞋帽、化妆品消费的主力军;男士对汽车、电子产品更加敏感和热衷;单身人士网购的频率比两口、三口之家要高得多;收入水平很高的顾客才会经常购买高档服装、名贵化妆品、高级珠宝等消费品,等等。人口统计变量容易衡量,有关数据也相对容易获取,这也是企业经常将之作为市场细分标准的重要原因。

3. 心理因素

受社会阶层、生活方式、个性特点等心理因素的影响,顾客往往有不同的购买心理,从而形成不同的消费需求。例如,有些顾客追求时尚、时髦;有些顾客追求社会地位;有些顾客追求朴素大方;有些顾客追求个性。顾客的心理统计信息有助于企业定义和描述细分市场,设计符合顾客心理特征的产品表述和展示。例如,个性烫画服饰网站为年轻人设计更加夸张、色彩鲜明、诉求与众不同的 T 恤,吸引追求个性的年轻人购买。

☆ **案例 6-2**

江小白:年轻就要不同

据尼尔森报告,年轻化、大众化、多样化成为白酒市场新的增长点。在这一背景下,来自重庆的江小白酒业突破常规,主打新青年市场,借助社会化传播,展现了全新的白酒定位和不一样的营销方式。

白酒品牌几乎都带有"传统、文化、历史"的厚重感,而江小白从名字上就凸显了品牌的亲和力,具象到一款卡通人物形象上,削弱了白酒产品的粗犷感。微博是其主要传播阵地,"我把所有人都喝趴下,就是为了和你说句悄悄话",这类情绪化和场景式的文案,再加上讨喜的漫画配图,引发了许多年轻人的共鸣。

除了社会化的营销路线外,江小白还与众多当代青年艺术家合作,将艺术画作同酒瓶结合,开启了一场艺术展。艺术作品是艺术家的情感表达,而酒同样是宣泄情绪的载体,两者的契合增添了品牌的文艺气息,年轻化但不失内涵,没有传统白酒的历史感,却多了现代艺术的层次感。

江小白成功把握消费者诉求,紧密联系当今潮流并以互联网推动,成为如今白酒行业不可忽视的年轻力量。

(资料来源　江小白:年轻就要不同.黄琼莹,2016,有改动)

4. 行为因素

行为变量是构成细分市场的最重要因素。网络顾客的购买行为因素包括购买时机与方式、寻求利益、产品或服务的使用状况以及用户对品牌的忠诚度等。例如,从购买时间来说,顾客有一定的购买习惯,节日期间礼品的购买量要比其他时间大得多;从购买方式来说,顾客的购买行为可分为集中购买和分散购买等。确定行为因素是有效建立细分市场的最好出发点,企业可利用这些典型特征合理安排产品的促销活动。

在网络营销条件下,顾客个性化需求日益突出,导致网络市场细分更"细",经营的难度也有所增大。传统的细分市场标准并不能完全奏效,具体表现在细分的标准发生变化以及细分的程度有所不同等。例如,除了上述传统的细分标准之外,企业还可以按照是否上网、上网能力、上网时间等新的细分标准对目标顾客进行分类。

(二)B2B 市场细分标准

许多用来细分 B2C 市场的标准,同样适用于细分 B2B 市场。但由于生产者和消费者在购买动机与行为上存在差别,因此,除了运用上述 B2C 市场细分标准外,还可以运用其他标准来细分 B2B 市场。网络企业市场细分的标准有以下几个。

1. 最终用户

依据产品的最终用户细分企业用户群,强调的是某种产品在某个行业的最终用途。不同的使用者对同一产品和服务追求的利益可能有所不同。例如,我国著名的电子商务运营商阿里巴巴将其服务的顾客分成不同的类别,大的类别就有采购、销售、代理、合作四种。企业可以根据用户的不同,设计和开发出不同结构的服务模块,制定不同的营销策略,从而使网站结构更合理,全面地展示服务的企业及产品,以满足不同用户的需要,并且提供相应的售前、售中、售后服务。

2. 用户规模

在 B2B 市场中,大顾客的数量少,但每次的购买量往往很大;中小顾客的数量多,但每次的购买量很小。用户规模不同,企业的营销组合方案也应该有所区别。网络营销中,借助顾客数据库,企业可以按照用户的采购数量实行分类管理,制定不同的营销策略。例如,"中国鞋业互联网"的服务对象主要是温州地区的企业。由于温州是中国的鞋都,有大量的制鞋企业及与制鞋相关的产业的企业,规模大的知名企业和为数众多的中小企业具有不同的需求模式,因此可以根据这一特征进行划分,为不同规模的企业制定相应的营销推广方案。

3. 行业特征

行业特征是网络企业市场细分的重要标准。网络企业可按行业分为机械及工业制品、化工、商业服务、农业、电子电工、纺织、皮革、计算机和软件等 30 个行业。不同的行业,其规模及相应的产业链等特征鲜明,因此需要针对其特征制定差异化的营销策略。

☆ 案例 6-3

京东、阿里发力工业 B2B

2017 年 5 月 10 日,京东提出"JD-Business"战略,要打造非生产资料领域最大的一站式商品供应平台,进军工业品市场。9 月 5 日,京东企业购正式上线工业品频道,携 200 家品牌提供采购服务,并通过京东企业级供应链完成多品牌工业品订单的统一送达。

8 月 21 日,阿里巴巴正式宣布推出 1688 工业品品牌站,汇集了 150 多家品牌,成为工业品采销平台。10 月 20 日,阿里巴巴正式宣布推出 1688 超级店,打造工业品市场基础设施,其中 12 家品牌商和 B2B 平台作为首批超级店入驻。与阿里巴巴此前推出的工业品品牌站相比,超级店更加突出商家的组货能力和服务,或在某些垂直领域的整体解决方案。

京东与阿里巴巴相继进军工业 B2B 领域,赋能该市场的采销两端和基础设施,推动工业 B2B 平台从单纯的产品销售模式向具备完整的采购服务体系发展。

四、网络市场细分的原则

实现网络市场细分,并不是简单地根据某一标准把消费群体视为需求相同或不同,更不是用多个细分变量的组合机械地创造市场。为了确保网络市场细分的科学性、有效性,在进行网络市场细分时必须遵循一定的原则。一般而言,网络市场细分有以下四个原则。

1. 可衡量性

可衡量性是指细分市场必须是可以识别和衡量即细分出来的市场,不仅要在范围上比较清晰,而且能大致判断出该市场规模的大小。另外,用来划分网络细分市场大小和购买力特征程度的变量,也应该是能够加以测定或者推算的。否则,细分的市场会因无法界定和度量而难以描述,市场细分也就失去了意义。此外,还必须注意几个细分变量之间的相关性及重叠性。

2. 可实现性

可实现性是指对于那些可供企业选择的网络细分市场,企业能够有效地到达并为之提供服务的程度。企业利用现有的人、财、物和技术资源条件,通过适当的网络营销组合可以达到占领目标市场的目的。这一方面是指企业能够通过一定的媒介把产品信息传递给细分市场的顾客;另一方面是指产品经过一定的渠道能够到达该细分市场。对企业难以接近的网络市场进行细分毫无意义。

3. 可营利性

网络细分市场的规模需要大到能够获利的程度,值得企业为之设计一套独立的网络营销规划。同时,这部分网络细分市场应具有一定的发展潜力,可以保证企业未来网络销售有长期稳定的利润。

4. 稳定性

网络细分市场必须在一定时期内保持相对稳定,以使企业能制定较长期的营销战略,有效地开拓并占领该目标市场,获取预期收益。如果细分市场变化过快,将会增加企业的经营风险和损失。

五、网络市场细分的步骤

运用一系列的细分变量,可以把一个网络市场划分为多个网络细分市场,确定主要细分市场的基本程序包括以下四个步骤。

1. 市场调查

对总体网络进行市场调查。调研人员通过与网络顾客进行线下交流或者线上意见交换收集信息，并将网络顾客分成若干个专题小组，以便了解他们的动机、态度和行为。市场调查的主要内容包括：对产品属性及其重要性等级的评价；对品牌知名度和品牌等级的评价；使用产品的方式；对产品类别的态度；人口变量、心理变量和宣传媒体变量等。

2. 确定细分变量，整理并分析数据

这一步是在第一步的基础上，对每个细分市场中的顾客特征进行深入分析，从而在数量和性质层面上理解顾客需求。研究人员可以运用因子分析法分析资料，剔除相关性较大的变量，然后用集群分析法划分出差异最大的细分市场。

3. 进行市场细分

根据网络顾客不同的态度、行为、人口变量、心理变量和一般消费习惯划分出若干个群体。由于采用了集群分析，每一个群体内部的相似性已经达到最大，而不同群体之间的差异性也达到了显著水平，企业此时可根据主要的不同特征给每个网络细分市场命名。

4. 细分市场评估和选择

企业运用科学的定量和定性分析方法，对选出的各个细分市场的规模、竞争状态及变化趋势等方面加以分析、测量和评价，并根据测评结果决定营销战略。需要区分两种情况：如果分析细分市场后发现市场情况不理想，企业可能放弃这一市场；如果分析细分市场后发现市场营销机会众多，需求和潜在利润令人满意，企业可根据细分结果提出不同的目标市场营销战略。

第二节 网络目标市场选择

一、网络目标市场的概念

网络营销目标市场是指网络企业在网络市场细分的基础上，结合自身优势及时对外部环境做出判断，在细分后的市场中识别、评价和选择的作为企业经营方向来开拓的特定市场。

网络目标市场选择是否恰当，不仅直接关系到企业的经营成果及市场占有率，而且直接影响到企业的生存与发展。因此，在对网络市场进行细分之后，企业要对各细分市场进行评估，分析各细分市场是否具备开拓价值。一般而言，企业考虑进入的目标市场，应具备以下几个条件。

1. 有一定的规模和发展潜力

足够的细分市场规模是企业获利的保证。市场规模过小或者趋于萎缩，企业进入后难以获得发展，此时应审慎考虑，不宜进入。同时，选择的目标市场的规模也要适应企业本身的实力，不能一味追求大市场，否则，常常会使企业力有不逮。这在现实中一般表现为：大企业对过小的细分市场不屑一顾，而小企业不敢进入大市场。因此，网络营销人员必须评估网络细分市场的规模大小对企业而言是否适当。同时，在信息时代，事物的发展速度极快，网络营销企业也应考虑市场本身的成长性所带来的影响。

2. 竞争者未完全控制

企业应尽量选择那些竞争程度相对较低、竞争者比较弱的市场作为目标市场。如果某个细分市场已经有了众多强大的竞争者,或者竞争者竞争意识非常强烈,那么企业要进入该细分市场就会十分困难。

3. 符合企业发展目标

即使网络细分市场的各项条件都十分合适,也得符合企业的发展目标,一个与企业长期目标相冲突的网络细分市场不应该列作企业的目标市场。另外,在符合企业目标的同时,还应考虑企业所拥有的资源是否能在细分市场内保持竞争优势,否则企业在经营时会力不从心。

4. 企业具有市场应对能力

对细分市场进行评估时还应考虑一些其他因素,例如网络细分市场内竞争者的挑战、供应商和网络顾客议价能力的影响、代替性产品和潜在进入者的威胁。此时,企业是否有能力采取积极应对措施非常重要。企业可以通过以下方式应对上述威胁与挑战:抢占市场占有率,借此降低成本,达成规模效应;以先入者优势创建强势的品牌形象;以虚拟社区和个性化服务等提高网友对网站的忠诚度;通过差异化策略和增值服务来突出本企业产品或服务的特色,吸引网络顾客购买。

由于不存在可以使所有网络顾客满意的产品或服务,网络营销企业针对特殊顾客群体的营销策略就显得更为重要。所以,网络市场细分和目标市场选择成为网络营销成功的关键。

二、网络目标市场的选择

企业在对不同的网络细分市场进行评估后,准备选择和占领目标市场时,有五种可供选择的网络营销目标市场策略。假设企业生产 P1、P2、P3 三种产品,把目标市场细分为 M1、M2、M3 三个子市场。

1. 产品市场集中化策略

产品市场集中化策略是指企业的网络营销目标市场集中于一个网络细分市场,这意味着企业只生产或经营一种标准化产品,并且只供应给某一客户群体。企业只选择 P2 产品在 M1 细分市场销售,如图 6-1 所示。例如,电子商务运营商中的一些行业网络服务商,像中国服装网、中国鞋业网等,它们的电子商务平台只为一些特定的目标企业服务,随着公司业务的发展,面向全国甚至全球开展业务。另外,企业通过生产、销售和促销的专业化分工,能获得较好的经济效益。如果细分市场补缺得当,企业的投资便可获得高报酬。采用这种方法风险较大,如果该目标市场出现不景气的情况,企业可能会面临亏损。这种方法通常为中小企业所采用,它可以帮助企业实现专业化生产和经营,在取得成功后再逐步向其他细分市场扩展。

2. 产品专业化策略

产品专业化策略是指企业将几个细分市场的客户群体作为网络营销目标市场,同时向几类客户供应某种产品。当然,由于客户群体不同,产品在质量、款式、档次等方面会有所区别。企业选择把 P2 产品分别在 M1、M2、M3 三个细分市场销售,如图 6-2 所示。例如,某显微镜生产商向大学实验室、政府实验室和工商企业实验室销售显微镜,而不生产实验室可能需要的其他仪器。又如,亚马逊网上书店向全球范围内的各类客户提供网络购书服务。企业采用这种方法,可以使企业在某个产品方面树立起很高的声誉,但是产品如果被另一种全新技术所代替,企业就会面临危机。

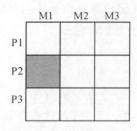
图 6-1　产品市场集中化

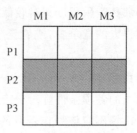
图 6-2　产品专业化

3. 市场专业化策略

市场专业化策略是指企业以同一客户群体作为网络营销目标市场，向其提供性能有所区别的同类产品。企业选择把 P1、P2、P3 三种产品只在 M1 细分市场销售，如图 6-3 所示。例如，某鞋厂只选择生产老年人这一消费群体所需要的皮鞋、运动鞋、布鞋、凉鞋，而不生产儿童、青年、中年所需的鞋类。企业提供一系列性能有所区别的同类产品专门为这个客户群体服务，能获得良好的声誉。但是如果这个客户群体购买力下降，则该目标市场就会有需求疲软的危机。

4. 选择专业化策略

选择专业化策略是指企业选择几个不同的细分市场作为网络营销目标市场，为不同客户群体提供不同性能的同类产品。企业选择把 P1、P2、P3 三种产品分别在 M3、M1、M2 细分市场销售，如图 6-4 所示。需要注意的是各个细分市场之间相关性较小，然而每个细分市场都有可能获取利润，都有着良好的营销机会与发展潜力。企业采用这种方法必须以这几个细分市场均有相当的开拓价值为前提。这种方法的优点是有利于企业分散经营风险，即使企业在某一细分市场失利，仍然可以在其他细分市场获取利润。

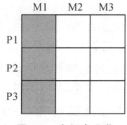
图 6-3　市场专业化

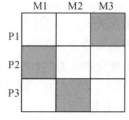
图 6-4　选择专业化

5. 全面进入策略

全面进入策略是指企业决定全方位进入各个细分市场，为所有客户提供他们所需要的不同性能的系列产品。企业选择把 P1、P2、P3 三种产品在全部的细分市场销售，如图 6-5 所示。一般来说，实力雄厚的大公司为在市场上占据领导地位，甚至力图垄断全部市场，常采用这种方法。例如 IBM 公司（计算机市场）、通用汽车公司（汽车市场）和可口可乐公司（饮料市场）。

三、网络目标市场营销策略

针对网络营销目标市场，企业通常采用以下四种营销策略。

1. 无差异营销策略

无差异营销策略也称无差别营销策略或同一性营销策略。其特点是用一种产品，采用一种

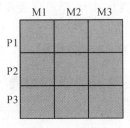

图 6-5　全面进入

市场营销组合,试图在整个市场上满足尽可能多的顾客需要,集中力量为之服务。这种营销策略的优点是经营品种少,批量大,可以节省细分费用,降低成本,提高利润率。但是,采用这种策略也有缺点:一是容易引起激烈竞争,公司获利机会减少;二是公司容易忽视小的细分市场的潜在需求。

2. 差异性营销策略

差异性营销策略也称选择性营销策略或非同一性营销策略。这种策略是指企业对市场进行细分,推出多种产品,针对各个不同的细分市场运用不同的市场营销组合,满足多个目标市场顾客的需要。采用这种策略的企业主要着眼于顾客需求的异质性,试图把原有的市场按顾客的一定特性进行细分,然后根据各子市场的不同需求和偏好,推出各种与其相适应的产品,采用与其相适应的市场营销组合分别予以满足。在消费需求变化迅速、竞争激烈的当代,大多数企业都积极推行这种策略。这种策略的优点主要表现在:有利于满足不同顾客的需求;有利于企业开拓网络市场,扩大销售,提高市场占有率和经济效益;有利于增强企业的市场应变能力。差异性营销在创造较高销售额的同时,也增加了营销成本、生产成本、管理成本、库存成本、产品改良成本及促销成本,使产品价格上升,失去竞争优势。

3. 密集性营销策略

密集性营销策略也称集中性营销策略。这种策略是指企业在市场细分过程中集中所有力量,以一个或少数几个细分市场为目标市场,运用全部市场营销组合为一个或几个细分市场服务。这种策略的优点是:企业可深入了解特定细分市场的需求,提供较佳服务,有利于提高企业的市场地位和信誉;实行专业化经营,有利于降低成本。只要网络目标市场选择恰当,密集性营销策略常常能为企业建立稳固的立足点,使企业获得更好的经济效益。然而,密集性营销策略也存在不足之处,主要是企业将所有力量集中于某一细分市场,当顾客需求发生变化或者面临较强竞争者时,企业的应变能力差,经营风险很大,可能陷入经营困境,甚至倒闭。

4. 个性化一对一营销策略

个性化一对一营销策略是指企业将每一个网络顾客都看作一个独立的目标市场,根据每个顾客的特定需求安排一套个性化的网络营销组合策略,以吸引更多的顾客。在电子信息时代,企业可以充分利用新技术和网络技术(如特制电脑数据库、机器人生产、电子信箱以及社交媒体等)。社交媒体的即时信息传递,使企业的个性化营销成为可能,实现了在买卖双方信息交互基础上的"一对一"或"点对点"的定制模式。现今的消费市场,小至贺卡、书籍、装饰品、化妆品、衣服,大至自行车、洗衣机、电脑、汽车、商品房,都出现了由顾客自行设计或个别订单按特定需求定制的营销方式。这种营销方式已经成为网络营销的主要趋势。网络企业实施该营销策略需要满足以下条件:网络顾客需求有较大的差异,而且网络顾客有着强烈的满足其个性化需求的要求;具有同种个性化需求的顾客规模足够大;企业具备开展个性化营销的条件;个性化营销对于交换双方而言都符合经济效益的要求。

以上几种策略各有利弊,分别适用于不同的情境。

四、网络目标市场营销策略选择的影响因素

企业在选择网络目标市场营销策略时,必须全面考虑各种因素,权衡得失,慎重决策。影响网络目标市场营销策略选择的因素可以归纳为宏观因素和微观因素两个方面。

(一)宏观因素

1. 人口因素

网络市场由有购买欲望并且有购买能力的人群组成,因此上网人群的数量决定了网络市场的规模。企业应当特别重视网络人口的增长情况,以及网络人口在网络上购物的欲望和结构,对网络人口的年龄、性别、职业、受教育程度、消费心理等方面进行有效的市场分析。

2. 经济因素

在网络人口数量确定的情况下,单位人口的购买力成为影响甚至决定网络市场规模大小的主要因素。这就需要企业在选择网络目标市场时,充分分析网络市场上不同层次顾客的消费水平。消费水平主要体现在网络顾客的收入水平、支出占收入的份额、支出结构以及支出结构的变化趋势等方面。

3. 网络营销的基本环境及其发展趋势

企业在选择网络目标市场时,还应考虑网络营销的基本环境,主要包括进行网络营销的基础设施、技术水平、支付手段以及相关法律法规。例如,网络线路的长短、覆盖面的大小、可靠性的高低、传递速度的快慢以及带宽都对网络营销的应用有着重要的影响。在网络营销的应用发展过程中,如果网络营销技术不能有效地解决安全、保密等问题,不能为用户提供安全的保障空间,那么用户对网络营销的应用就可能停留在某一发展阶段和水平。如果电子支付未能形成一定的规模,或应用范围非常有限,不能有效地实现网上支付,那么网络营销就不能完全实现,网络营销的应用就无法走向成熟。电子合同的签订、数字签名的法律效力、经济纠纷的解决、对网络欺诈及犯罪的惩罚依据等,都需要一个完整健全的法律法规体系加以认证、规范和保证。此外,网络营销作为未来营销的一个主要方式,能否得以实现,在多长的时期内得以实现,会达到一个什么样的发展水平,不仅取决于以上四个方面的因素,还取决于网络营销市场的发展状况,取决于网络营销市场交易主体和客体的范围、规模和水平。

(二)微观因素

1. 企业的实力

企业的实力主要体现在企业的网络技术水平、管理水平、资金储备、人才储备、网络设备先进性和网络营销能力等方面。如果企业在这些方面都很强大,那么完全可以采用无差异营销策略或差异性营销策略面向整个市场。但是如果企业自身资源和营销能力有限,无力将主体市场作为企业营销目标,就应当适当放弃一些市场,采用以某个细分市场作为营销目标的密集性营销策略。否则,一味地强调扩大市场,就会如同蛇吞象一般,使得企业因无法照顾到较大的市场导致自身竞争力的降低,甚至陷入无法正常运营的局面。

2. 网络产品的特征

网络产品的特征主要是指产品的相似程度,即产品的市场是否类似。如果企业所经营的产品具有相似或相同的特征,而顾客在需求和购买方面具有一致性,就存在具有相似性的市场,可以采用无差异营销策略;如果企业经营的产品具有较大的差异性,面对的市场不同,则宜采用差异性或密集性营销策略。

3. 网络产品的生命周期

网络产品在其生命周期中的不同阶段所面临的市场是不同的,竞争也有所差异,应当采取相对应的策略。在产品初入市场处于成长期阶段时,产品单一,面对的竞争者少,企业可采取无差异营销策略;产品进入成熟期后,市场竞争加剧,企业必须将市场细分,将一部分市场作为营销目标,采取差异性营销策略。

4. 营销竞争

竞争是所有商业活动必须面对的问题,但在商业活动中竞争状态是不断变化的,企业在选择网络目标市场时,应该考虑传统市场上与自己相关企业的状况,尽可能与这些企业配合。

5. 公众因素

网络本质上是一种媒体,受公众舆论影响非常大。公众是指网络使用者,既包括顾客、其他网民等群众团体,也包括政府、中介以及传媒机构等。网络营销活动必将受到公众的关注、监督和制约,企业在选择网络营销目标时必须考虑这些制约因素,因为这些制约因素可能会影响企业网络营销的效果。

第三节 差异化与网络市场定位

一、差异化与网络市场定位概述

网络市场定位指的是网络营销企业为产品或服务确定某些方面的市场地位,使本企业的品牌在目标市场顾客中形成某种区别于竞争者的形象,以更好地适应消费需求,巩固与顾客的关系。在同类产品或服务项目较多,竞争比较激烈的情况下,企业向目标市场推出的产品或服务项目就需要进行市场定位。价格、档次是市场定位的两大基本参数。同时,不同的产品和服务可以采用更具体的参数或技术标准,如价格、使用成本、性价比和保值性、质量、功能、外观、使用方法和售后服务等。

有效的市场定位离不开企业的重点定位战略,也就是说企业应该着力宣传一些会对其目标市场产生巨大震动的差异。例如,强调用料质量,强调功能齐全,强调价格低廉,等等。然而对企业来说,并非所有能给目标市场带来震动的产品差异都是有意义的或者是有价值的,也并非能产生最大市场震动的差异就是最优选择,这是因为每一种差异在可能增加顾客利益的同时,也可能增加企业成本。所以企业必须谨慎选择能使其与竞争者相区别的途径。用于市场定位的差异化应该遵循下列原则:

(1)重要性。

该差异化能向相当数量的网络顾客让渡较高价值的利益。

(2)明晰性。

该差异化是其他企业所没有的,或者是该企业以一种突出、明晰的方式提供的。

(3)优越性。

该差异化明显优于通过其他途径获得相同的利益。

(4)可接受性。

该差异化能够被网络顾客理解和接受,是顾客看得见的。在网络时代,信息传递的便利使得企业与顾客之间能够更好地沟通。

(5)独特性。

该差异化至少在短期内是其竞争者难以模仿的,能够保证企业在一定时期内的竞争优势。

(6)可实现性。

网络顾客有能力购买该差异化。例如,高端或特色产品或服务的推出通常会导致企业成本的上升及引发价格上涨,这时就必须考虑到市场上是否有足够的具备购买能力的网络顾客。

(7)营利性。

企业通过该差异化可获得较高的利润。

☆ **案例 6-4**

唯品会:差异化定位,填补市场空白

在我国,专业特卖场非常少见,专攻特卖的 B2C 网站更是几乎没有。以低廉价格淘到心仪品牌的产品,不仅外国消费者有这个需求,中国的消费者同样有这个需求,甚至更为迫切,但是我国并没有出现专业的、有规模的平台。用户购买打折产品的诉求长期存在,却长期得不到满足,于是市场出现了空白区域。唯品会正是瞄准了这个市场空白所带来的商机,将自己定位于"专门提供品牌特卖的网站",以低至 0.5 折的价格迎合了多数消费者品牌与优惠兼得的心理。

唯品会定位于品牌特卖,除了填补市场空白,还为各品牌商提供了一个体面地处理库存的平台,解决供应商自身所面临的问题,从而保证了货源的供给。

可以说,唯品会选择"品牌特卖"这片"蓝海"是其成功的关键一步。唯品会的聪明之处还在于,虽然专门做特卖,网站却不像商家甩卖那样给消费者一种非常廉价的感受。为了让消费者有更好的消费体验,让品牌供应商的库存消化得更为体面,帮助品牌商家消除库存只是唯品会的一部分业务,在唯品会现有的经营商品中,也包括销售一些品牌的当季新品以及网络特供品。

二、网络市场定位的方法

1. 特色定位法

特色定位法是指企业定位于自己的规模、历史等特色。例如,那些新进入网络营销行列的企业,或者是生产不太适宜在网络上销售的产品的企业,在网站内容和服务方面可以将企业网站定位为手册宣传型的站点形象;而那些本来就是与娱乐有关的企业,可以将网站定位为娱乐型站点。

2. 利益定位法

利益定位法是把产品定位在能为网络顾客提供某一特定利益方面。单从企业网站(作为一种产品)的角度来讲,大部分工业品的生产企业可以通过网站提供售前、售中和售后服务,实现网上业务进度跟踪,这时的网站在服务项目上定位于利益。

3. 使用/应用定位法

使用/应用定位法是将产品定位于最适合干什么或者应用在什么领域。例如,去哪儿网、携程网等专攻旅游机票的企业,就采用了典型的使用/应用定位法。

4. 使用者定位法

使用者定位法是将产品定位于专门适合某类人使用,可以开设一个只适合成人访问的网站,或者只适宜少儿访问的网站。例如,摇篮网是全球最大的中文母婴门户网站之一,从营养保健、智力开发到情感培养等多方面,为年轻的父母、准备做父母的夫妇提供从母亲怀孕到孩子六岁期间各个方面的知识和产品信息。

5. 竞争者定位法

竞争者定位法用于把自己的产品定位成在某一方面比某个竞争者的产品要更好些。

6. 产品类别定位法

产品类别定位法是将自己的产品定位在某个引人注目的产品类别上。例如,有很多食品销售网站,为了吸引网络顾客的光顾,常常从信息内容的角度出发,把网站定位为食物制作教学网站。

7. 质量/价格定位法

质量/价格定位法也就是我们常说的性价比,即把产品定位在最好质量/最低价格上,这通常是不同层次的顾客共同追求的特性。

三、网络市场定位的策略

网络市场定位作为一种竞争战略,显示了一种产品或一家企业与同类的产品或企业之间的竞争关系。定位策略不同,竞争态势也不一样。主要的定位策略有以下几种。

1. 避强定位

避强定位是一种避开强有力的竞争者的市场定位策略。对新进入某一市场的企业而言,如果市场上已经有实力很强、顾客认可度很高的企业,那么推出与其相似的产品或服务往往不利于打开市场。这时采用避强定位的优点是:能够迅速地在网络市场上站稳脚跟,在网络顾客或用户心目中树立起一种形象。这种定位方式的市场风险较小,成功率较高,常为企业采用。例如,360进入杀毒软件行业时就以终身免费为亮点成功争取到自己的顾客。

2. 对抗性定位

对抗性定位是一种与在网络市场上占据支配地位(亦即最强)的竞争者"对着干"的定位策略。企业试图提供与竞争者同等甚至优于竞争者的产品或服务,以期占领较佳的市场位置。例如,可口可乐和百事可乐长期实行针锋相对的营销策略,二者在竞争中相互促进和提升市场份额。显然,这种定位策略可能会产生危险,但不少企业认为它能够激励自己奋发上进,一旦成功就会取得巨大的市场优势。实施对抗性定位策略,必须知己知彼,尤其应清醒地估计自己的实力,不一定试图压垮对方,能够平分秋色就是巨大的成功。

☆ 案例 6-5

京东"双11"大战：卡位的胜利

2013年的"双11"是有史以来战况最为激烈的"双11"，各大电商从线上到线下都不惜血本地奋力拼杀，大部分电商网站针对天猫仅一天五折这一特点做出了针对性传播，比如苏宁易购的线下广告"一天怎么够？"1号店的"一天不够抢，三轮五折才够爽"等。作为电商网站的二当家，京东在这次营销中展现了不同的思路。

"双11"是天猫的根据地，从影响上来说，京东不大可能超过天猫。针对天猫在前几年"双11"期间为不少用户诟病的物流慢问题，京东有针对性地做了系列"不光低价，快才痛快"的传播，京东在线下的几幅广告创意十足，以迟到的刮胡刀导致顾客变成原始人，迟到的防晒霜导致顾客变成黑人这一搞笑的形式直指天猫的痛处。在北京地铁1号线与5号线的换乘通道上，京东更是将自己的广告放在了天猫广告的对面，以自己的优势凸显对方的劣势。京东同样在线上做了"不光低价，快才痛快"的话题传播，除线下的两幅广告外，做了更多适合网络传播的海报，使其线上线下的传播实现了对天猫的立体式狙击。

京东在"双11"战役的三天中，营业额超过 25 亿元，虽然与天猫一天内 350 亿元的营业额相比差距不小，但狙击的目的已然达到。京东在"双11"的营销上之所以令人印象深刻，最大原因在于采用"以己之长，攻彼之短"的卡位战略。

3. 填空补缺式定位

填空补缺式定位是企业寻找市场上尚无人重视或未被竞争对手控制的位置，使自己推出的产品能适应潜在目标市场需要的定位策略。例如，腾讯公司推出的"移动 QQ"服务开创了移动通信与互联网合作的新领域。这种策略通常在两种情况下适用：一是这部分潜在市场（即营销机会）没有被发现，在这种情况下企业容易取得成功；二是许多企业虽然发现了这部分潜在市场，但无力去占领，在这种情况下具备足够的实力才能获得成功。

☆ 案例 6-6

全影通过增长引擎转型，找寻红海中的蓝海

全影是一家典型的垂直细分领域平台型企业，基于大数据分析、移动互联网、虚拟现实技术等，构建了一个以服务影楼为基础、以婚庆消费者数据资源为依托的婚庆行业全产业链的服务平台，是中国最大的互联网婚庆服务与资源整合平台型企业。2009年，创始人董连山组成3人创业团队，开启创业旅程。他们通过前期的调研发现，婚庆行业是一个巨大的市场，处于该行业中的影楼盈利水平高，全影可以通过影楼进入婚庆行业。全影开始寻找影楼的"痛点"，发现影楼普遍存在人才招聘难的问题，因此全影开始做人才网，专门为影楼招聘、人才求职服务。

2010年，全影学校网成立以支持人才网发展，推出了网上培训、行业论坛、行业咨询等服务项目。在服务影楼的过程中，全影发现影楼还有创建网站的需求，但是当时提供该项服务的企业不熟悉影楼行业且收费高，因此在 2012年10月推出全影自助建站，通过免费的方式迅速占领市场，受到众多影楼的青睐。全影为了快速获取用户的第一手数据，用免费模式打破行业格局，迅速吸引全国大型高档影楼，之后小影楼也纷纷入驻全影。全影快速获取大量影楼的数据后，基于数据挖掘，不断优化和完善服务，调整和升级产品，实现了企业的快速成长。

4. 求新定位

求新定位也称创新定位,即寻找新的尚未被占领但有潜在市场需求的位置,填补市场上的空缺,生产市场上没有的、具有某种特色的产品。微软公司当年就是看到了计算机商业软件的空白,依靠开发商业软件确立了其在IT行业不可动摇的地位。采用这种定位策略时,企业必须明确求新定位的产品能否在技术上和经济上得到足够的支持,有没有足够的市场容量以维持企业的持续盈利。

5. 重新定位

市场定位很难百发百中,如果定位失败,则企业需要对销路少、市场反应差的产品进行二次定位。重新定位旨在让企业摆脱困境,重新获得增长与活力。该困境可能是由企业决策失误引起的,也可能是由对手有力反击或出现新的强有力竞争者造成的。不过,有的重新定位并非因为企业已经陷入困境,而是因为产品意外地扩大了销售范围。

实行市场定位应与产品差异化结合起来。定位要符合网络顾客的心理特征与行为模式,只有这样才能产生共鸣,强化产品在网络顾客心目中的位置。例如,茶叶营销网站把自己定位于"提供源远流长的茶文化的基地",就很容易吸引那些热衷于品茶的网络顾客。

☆ **案例6-7**

改变"老旧刻板"形象的海尔

一网友发微博称正在苦恼选购什么牌子的豆浆机,并"艾特"了几个豆浆机品牌官博。这条看起来毫不起眼的微博却引来200多个官微评论,吸引众多网友加入。最终家电老品牌海尔以近5万点赞量高居热评首位,在这一现象级的微博事件中拔得头筹。网友纷纷惊叹,原来海尔还卖豆浆机,海尔官微也可以如此"调皮"。

在人们的印象中,企业官微一般都是刻板的画风,产品推送、用户抽奖、品牌宣传等充满了整个微博。而在这个网络营销事件中,官微不再是一个冷冰冰的"官方声明",而是一个与用户对话的活生生的"人"。海尔作为一个"老"品牌,却勇于打破传统模式,将品牌人格化,通过与用户对话来顺应潮流。去模式化、去官方化,更加趣味化、年轻化,极大提升了用户对海尔的美誉度和接受度。

【本章小结】

本章首先对网络市场细分理论进行了详细的讲解,包括其概念、作用;然后介绍了网络市场细分的标准,分别讲述了B2C市场与B2B市场不同的细分标准,在此基础上,进一步明确了网络市场细分的四项原则——可衡量性、可实现性、可营利性和稳定性;最后讲述了网络市场细分的四个基本步骤。

在对网络市场细分的基础上,企业需进行网络目标市场的选择。企业对不同的网络细分市场进行评估后,有五种可供选择的目标市场覆盖策略,分别为产品市场集中化策略、产品专业化策略、市场专业化策略、选择专业化策略和全面进入策略。针对网络目标市场,企业通常可以采用四种营销策略:无差异营销策略、差异性营销策略、密集性营销策略和个性化一对一营销策略。

企业在确定目标市场后,需进一步确定市场定位。网络市场定位的方法包括特色定位法、利益定位法、使用/应用定位法、使用者定位法、竞争者定位法、产品类别定位法以及质量/价格定位法。网络市场定位作为一种竞争战略,显示了一种产品或一家企业与同类的产品或企业之间的竞争关系。定位策略不同,竞争态势也不一样。主要的定位策略有以下几种:避强定位、对抗性定位、填空补缺式定位、求新定位和重新定位。

【关键词】

网络市场细分	网络目标市场	网络市场定位	产品市场集中化策略
产品专业化策略	市场专业化策略	选择专业化策略	全面进入策略
无差异营销策略	差异性营销策略	密集性营销策略	个性化一对一营销策略
对抗性定位	避强定位	填空补缺定位	求新定位
重新定位			

【问题思考】

1. 影响网络市场细分的要素包括哪些方面?
2. 网络营销目标市场的营销策略有哪些?
3. 网络营销市场定位的策略有哪些?

☆ 案例评析

去哪儿网上线客栈民宿频道,布局酒店细分市场

2012年,在线旅游网站去哪儿网宣布上线一项新的服务——客栈民宿频道,为旅游者提供标准化客栈民宿线上搜索服务。由此,去哪儿网将可预订的酒店分为精品酒店、团购酒店、越狱酒店、客栈民宿等多种类型,为旅游者提供更多精准选择,满足不同用户的细分需求。

据了解,去哪儿网酒店频道各类产品所面向的消费者也有所不同,如逆向定价的越狱酒店面向追求新奇实惠的消费者,精品酒店面向高端消费者,客栈民宿频道的推出则面向广大驴友、背包客。去哪儿网一直在努力尝试为不同类型的消费者寻求最佳出行住宿解决方案。

国内的客栈民宿大多分布在风景秀丽的边寨古镇,如丽江、三亚、大理、阳朔、凤凰、平遥、鼓浪屿等地。随着近年来旅游浪潮的不断兴起,客栈民宿以其独特的魅力为广大旅游爱好者、休闲游客、背包客所追崇,其背后的市场潜力不容小觑。

去哪儿网将其强大的搜索引擎植入客栈民宿频道,为旅游者提供更多的客栈筛选维度。旅游者可按特色、价格、设施筛选客栈,这有利于充分挖掘客栈特色,使旅游者找到适合自己的独具特色的客栈。

从去哪儿网酒店频道的产品整体布局来说,客栈民宿频道的上线促使国内酒店市场进一步细分,让旅游者酒店住宿又多了一种选择。目前,国内客栈民宿市场在线上整合营销方面还处于探索期,去哪儿网客栈民宿频道的推出填补了这一市场空白,带领客栈民宿在线营销市场进入新的标准化时代,最终使旅游者受益。

(资料来源 去哪儿上线客栈民宿频道 布局酒店细分市场.艾尔文,http://www.sootoo.com/content/407993.shtml,2012-4-12,有改动)

问题:

1. 结合自己身边网民的情况,谈谈上述细分的合理性。

2. 不同企业有不同的网络市场细分方法和结果,试举一个著名公司的细分案例。

☆ 实训专题

面对微博、微信等新兴社交媒体的"围剿",传统BBS社区早已风光不再,纷纷没落,而移动互联网的兴起则加速了这个过程。甚至有业内人士称,这代表BBS时代的终结,微博、微信已经彻底取代了论坛的作用。

近年来渐渐淡出人们视线的论坛,随着天涯社区的上市逐步回到人们的主流视野。从目前主流论坛的发展情况来看,论坛虽老未死,随着互联网传播特性的发展,综合性大众化论坛朝精细化、专业化的方向发展,如汽车之家、威锋等汽车和手机论坛。请选择一个传统BBS社区完成下列任务:

1. 分析该社区现有的目标市场以及定位。
2. 为该社区制订转型计划,找到新的定位并设计方案进行定位的沟通与传递。

第七章 网络营销产品策略

☆ 学习目标

1. 了解电商产品的主要类目和属性。
2. 了解产品标准化和营销策略选择。
3. 掌握产品选择和开发策略。
4. 了解互联网品牌策略。

☆ 引导案例

刘碧辉和张育泰是电商专业同班同学,两人在毕业季都找到了自己满意的专业对口的工作单位。刘碧辉跟一品牌体育服装公司签订了合同,被分配到电子商务部工作。该体育服饰公司定位于大众的专业体育用品品牌,专注于为最广大的普通消费者提供最高性价比的专业体育用品,主要从事设计、开发、制造和行销自有品牌的体育用品,包括运动鞋、服装及配饰,公司产品品类繁多,款式多达数千种。张育泰喜欢具有创新精神的公司,他签约的是一个电商创业型企业,大概有10余名员工,企业不生产产品。实习的第一天,刘碧辉的经理安排他先熟悉一下公司自有的产品,并要求他提交一份对公司产品的理解报告。张育泰的经理则安排他先去阿里巴巴平台上找一些有C端消费需求的利润空间大的产品,并提交一份潜在可上架商品清单。

引导问题:

1. 为什么他们两位都是电商运营岗的人员,开始接触产品的过程却如此不同?你认为他们经理的安排合理吗?

第一节 产品属性分析

我们开展网络营销,主要目的是有效地通过网络的途径将商品信息传递给客户,提高客户的购买动力,吸引客户购买这些商品。产品所具有的各种属性是决定网络营销是否有效的一个要点,而营销过程就包括对产品的品种、规格、式样、质量、包装、特色、商标、品牌以及各种服务措施等可控因素的组合和运用。市场营销学里的产品策略讲究的是企业以向目标市场提供各种适合客户需求的有形和无形产品的方式来实现其营销目标。

产品的属性分析在市场营销相关书籍中已有详细分析和阐述,而我们开展网络营销最终大部分是在电子商务的平台上去成交,所以我们会从电子商务运营的角度去看产品的属性。在电子商务运营过程中,商品的类目和属性的管理是运营的基础,所以我们就要掌握商品的类目和属性的基础知识。

一、电子商务平台常见的类目与属性

(一)产品与商品

我们通常说的产品是指能够满足用户某种需求的事物,可以是硬件产品也可以是服务。产品是一个完整的概念,一般包括其满足用户需求的核心功能、外在的形式、配套属性、附加服务和潜在价值。例如一个顾客购买一件女性呢大衣,她需要的是御寒的核心功能,同时有品牌的LOGO、精美的外包装、整齐的熨叠、长期的打理服务,甚至需要穿着之后的美感和赞誉。工业品也是如此,一个产品是一个完整的集合,具有多种属性。

当一个产品进入流通环节被赋予价格属性之后就变为商品,在销售过程中一个商品还包括促销活动、运费等多种属性。例如在天猫平台上一款双面羊绒中长款女性大衣售价2 588元,下单立减300元,赠送1分钱洗衣服务等,这样就不单纯是只有产品属性,而是一个商品。

在电商平台上,商品的展示是站内营销的有效手段。每一个商品详情页都有商品的各类信息的有效展示,例如亚马逊的listing页面就是亚马逊网站上的商品详情页面,一个listing页面包括10个基本组成部分,分别是:

(1)商品图片。

亚马逊网站上的每件商品都需要配有一张或多张商品图片,亚马逊对商品的图片有严格的要求。商品的主要图片被称作"主图片"。商品的主图片显示在搜索结果和浏览页中,也是买家在商品详情页面上看到的第一张图片。图片对于营销非常重要,因此其质量不容忽视,应选择清晰、易懂、信息丰富并且外观吸引人的图片。亚马逊商品图片的基本要求为:图片必须准确展示商品,且仅展示待售商品。商品及其所有特色都必须清晰可见。主图片应该采用纯白色背景(RGB色值为255、255、255)。主图片必须是实际商品的专业照片,且不得展示不出售的配件、可能令买家产生困惑的支撑物、不属于商品一部分的文字,或者标志/水印/内嵌图片。图片必须与商品名称相符。

(2)商品标题。

商品标题是客户认识、了解商品的关键信息,需要简明扼要地描述商品。亚马逊商品标题的基本要求为:标题首位必须是品牌名,大小写要保持一致,不能全大写或者全小写,不能有任何特殊字符或标点符号。标题简明扼要,不要太长,不建议使用太多形容词或添加过多细节。不能有公司、促销、物流、运费或其他任何与商品本身无关的信息。

(3)商品价格。

(4)商品的配送方式和配送费用。

(5)卖点:商品的卖点描述。

(6)商品Q&A。

(7)商品信息:商品相关的辅助客户认知的信息。

(8)客户问答。

(9)商品评论。

(10)商品广告。

每一款商品通过卖家后台上传成功后,就会生成一个独立的listing页面,电商平台的商品页是吸引客户下单的有效营销途径,有效传递商品的各项功能属性,有兴趣的客户直接通过浏览listing页面了解所售商品并且下单。

(二)SKU

SKU是销售行业人员经常提到的词语。SKU开始是物流的概念,SKU(stock keeping unit)即库存量单位,用于库存进出计量,可以是件、箱、托盘等。后来被延伸到销售领域,在服装、鞋类、饮料等商品中使用较多,例如服装商品中一个SKU通常包含规格、款式、颜色等属性。电子商务领域的商品管理SKU是指一款商品,为便于识别商品,每款都算一个SKU,多种颜色,则有多个SKU。例如:一款衣服有灰色、白色、黑色三种颜色,则三种颜色的衣服属于不同SKU。

一般来说,SKU码有8个到12个字符长,每个字符对应它所代表的产品的一个独特特征,例如产品的类型、颜色、尺码、品牌、款式等。例如,服装零售商可能会创建一个8个数组成的SKU,其中前2个数字代表产品类别(如T恤、牛仔裤),接下来的2个数字代表款式(如苗条或常规体形),后2个数字代表产品的颜色,最后2个数字代表特定物品的库存数量(01、02、03、04等),具体取决于库存中有多少该特定商品。注意,不同的企业使用的SKU编码规则可能不同。常见的SKU码标识符包括的信息如下:

(1)产品类别;

(2)商店位置;

(3)产品供应商或品牌;

(4)产品特征;

(5)产品尺寸;

(6)产品颜色;

(7)产品款式;

(8)产品子类别。

具体是否需要包括这些信息,可以根据业务类型进行考虑。如果库存商品类别比较少,可能不需要在SKU编码中包含产品子类别或产品特征。如果有很多种类的库存,那么可能需要更复杂的SKU编码,以便准确地跟踪每个产品。如果客户经常询问某个特定品牌的产品,可在SKU编码中包含品牌标识符。

拓展阅读 7-1

在营销的过程中可以通过跟踪SKU库存的变化合理预测销量,当能够使用SKU数字准确地跟踪库存时,还可以更准确地预测销售和业务需求。可以采购更多的热销产品,同时减少甚至淘汰那些表现不佳的SKU产品。可以为最热销的商品设置醒目的显示。另一方面,也可为效果不理想的商品创建显示,以试图提高销量。还可以将相似的商品归为一组,那么,售罄的产品就可以找到替代品。对于零售企业所有者来说,SKU码是确保有效管理库存和实现销售最大化的关

拓展阅读 7-2

键。同样,在电商平台上的经营中,SKU 码也能很好地有效营销。在电商平台上可以通过查询产品的 SKU 码的算法将合适的产品显示为"您可能喜欢的相似商品",提高顾客的购买可能。电子商务日常运营中通常会遇到组合 SKU,主要是解决出售组合商品的问题。组合 SKU 的属性都继承主 SKU。组合 SKU 不同于套餐促销,套餐促销在订单中会展示多个商品,而组合 SKU 在前台是一个商品。组合 SKU 的应用场景主要是添加赠品、组合售卖,与前台的商品套餐有所区别。在订单解析成发货单时,组合 SKU 需解析成单一 SKU,方便仓库发货,更新库存。例如,SKU3 是一个组合商品,在前台售卖时是单个商品,下单之后仓库会解析成 SKU1 和 SKU2,并生成对应的发货单明细。

(三) 类目

在电子商务经营管理过程中经常会提到商品归属的类目,电商平台的类目分为前台展示类目和后台商品类目。前台类目是展示给客户看的类目,基本上采用一、二、三级类目来对商品进行分类,会根据季节、销售策略、活动等进行变动。后台类目是属于商家运营人员使用的、系统平台确定好的类目,属于基础数据,不随意变动,卖家运营人员添加商品时登录系统进行后台操作,将不同的商品归属于对应的类目。

不同电商平台在设置前台展示类目的时候会根据平台特点、经营商品的情况进行,每个电商平台略有区别(见图 7-1)。

图 7-1 天猫和京东前台展示的一级类目对比

从营销的角度,在类目管理上就需要注意准确发布商品,让客户更容易并快速地找到企业的商品。由于电商平台有展示给客户通俗易懂的能够引导购买的前台类目,又有后台商品管理所需要的专业分类后台类目,那么从营销的角度就要合理设置,更好地导向销售。

一个类目岗管理人员有多种职责和营销技能要求,例如:

(1)带领团队负责平台类目商品的规划与运营管理工作,包括电商活动策划、商品选品、详情页优化等日常运营;

(2)负责类目商品销售结构分析,挖掘类目的用户需求,推进新品的开发,提升类目商品丰富度、GMV、转化率,完成目标销售额;

(3)制定类目活动运营策略,选定活动品牌和主推款,支撑平台综合促销活动;

(4)类目商品营销标签的完善及类目场景化运营;

(5)跟踪及分析运营数据,及时调整内容(广告图/专题/活动/推荐品等)。

(四)属性

属性为商品的基本参数信息,每个类目的属性不一样,因此填写的选项也不一致,以各电商平台后台显示为准(见图7-2)。用户在前台浏览商品,从类目来到商品列表页,有几页,甚至几十页的商品,此时可以通过商品的属性选择,快速找到所需要的商品。可见,设置合理的属性至关重要。

商家在后台发布商品时要将商品的所有属性都填写完整,这样显示在前台的商品信息更加完整,更有利于商品被买家搜索到。

图7-2 淘宝后台商品属性示例

为了更好地营销商品,需要确定以下几个工作是否完成。

(1)商品属性有没有填写完整。商家发布商品的时候会发现,属性有必填和选填2种,一般来说,必填属性大多用于导购或者是和商品特质相关的,必须填写。选填的属性尽量填写,尽量丰富地把商品的信息展示出来,这样可以获取更多的搜索流量。

(2)商品属性是否都准确。属性的准确性也相当重要,属性填写不准确直接导致前台商品信息的不精准,导致顾客购买的障碍,甚至会引起投诉。为了尽量规避,在自定义的属性上事先标示好单位。

(3)商品属性够不够丰富。随着商品种类的丰富增多,需要对网站展示的商品属性项和属性进行长期的维护和优化。属性的丰富度越高,顾客可选择的余地就越大,才能帮助顾客真正快速地找到需要购买的商品。

二、标准化程度高低与营销策略

标品一般是指通过规格、型号或者参数可以明确表达出产品款式的商品,比如手机、电脑这类商品。反之,非标品一般是指通过规格、型号很难有效表达出特性的商品,比如服装鞋帽、家居产品等。

比如,选购一款台式电脑,一般通过CPU、硬盘容量、内存容量等几个规格参数就基本能确定这款商品的性能,再参考品牌的需求就可以选择购买。而选购一款连衣裙,虽然有标准的尺码规格,但消费者在尺码规格合身之外,还有很多审美上的需求,即使电商平台分类还有早春连衣裙、印花连衣裙、蕾丝连衣裙、真丝连衣裙、丝绒连衣裙以及棉麻连衣裙等,进入一项分类之后还是没办法直接确定消费者的需求,消费者还要从各自审美的角度对每一款进行挑选。

(一)标准化程度高的商品特性和营销特点

标准化程度高的商品,客户在挑选的时候对商品有一定的了解,对商品的功能需求已经比较明确,商家不需要对功能介绍太多,这时候品牌的营销显得更加重要。

标准化程度高的商品在市场的竞争中会趋于集中化,客户购买选择决策过程比较快,而此时的营销转化率也会更高。

如果是在电商平台上,客户会挑选符合参数规格的处于搜索页面首页靠前的商品,而且整体效果上搜索转换购买的比例高。

标准化程度高的商品影响买家购买决策的因素少,客户对品牌忠诚度高。

客户对标准化程度高的产品价格有一定的敏感度,如果竞争对手的品牌知名度基本一致,则会比较容易进入价格竞争,商品的销售利润会降低。

有较优资金条件的企业要在产品推广阶段投入电商平台的各种营销方案,争取品牌和商品的有效展示,并通过优惠券、买赠等多种形式提高商品的购买量,而较高的购买量将转换为一个有效的营销。当有一定成交量之后,并且产品销量比较稳定,则可以减少买赠等优惠力度,恢复到正常价格水平。

在电商平台,标准化程度高的商品,消费者搜索以品牌名、商品名和型号等为主,例如"华为""手机""P40"等。商家可以在电商平台重点投放能引导消费者进店的这些关键词。

(二)标准化程度低的商品特性和营销特点

标准化程度低的商品,客户在挑选的过程中没有明确的目标和指向,需要了解更多的商品之后才有可能下定购买决心。

如果是在电商平台上,不是显示在搜索首页的商品也有机会有效展示给客户,客户受营销的影响相对标品来说较弱。

标准化程度低的产品,客户在电商平台内的搜索以商品类目、商品属性或者其他长尾词为主,例如"连衣裙""真丝""韩版"等。非标品搜索转换购买的比例也比较低。

对于标准化程度低的商品,客户在经过长时间的挑选之后,购买的决策更加听从自我的选择,客户投入了时间,并已经与挑选的商品建立某种连接,这时价格等因素已经不重要,即使卖家没有给予促销的优惠客户也会购买。

在销售层面,标准化程度低的农产品难以进入电商渠道销售。在传统渠道分销过程中,从农田到消费者餐桌,农产品需要经历农民、经销商、大型批发商、商超或便利店再到消费者的层层转手,每一层都会推高终端销售价格,也进一步压低农民收入。考虑到非标品的网络销售问题,可将非标品标准化之后再开展电商业务,相应的营销策略也应该加以调整。

(三)营销策略

整体上看,在电商平台站内投放营销资源的时候,标品要投入更大的资源,争取在竞争激烈的同品类中更显突出。非标品则可以采取比较温和的营销投放,长期去获得自己的目标客户,争取获得长尾效应。

拓展阅读 7-3

第二节 产品的选择与开发

产品和服务的提供是企业实现销售利润的基础。市场是厂商与客户沟通的渠道,厂商需要更深入地了解客户需求才可以开发出更合适的产品,获取更多的利润。如何开发出适合市场需求的产品或者从供应商市场上挑选出合适的产品进行经销是企业要认真思考的问题。互联网时代提供的网络营销技术成为可以借助的有效工具,可以对产品特征、产品品牌、服务、属性类目等进行研究分析和有效传播,促成客户的购买。

企业考虑的产品问题通俗来讲就是生产什么或者卖什么,这是任何一个厂商开始经营的第一步。

一、企业条件和需求是新产品开发和选品的基础

生产制造型的企业和流通领域的企业对产品的开发和需求是不同的。生产制造型的企业会根据企业的研发能力、已有的产品线、现有的销售渠道以及本行业的发展趋势等条件去选择开发新的产品。生产制造型的企业要跳脱原有的行业领域有较高的转换成本,更多的是在原有产品上、所处的行业和领域中开展产品的创新。流通领域的企业则不同,流通企业销售的产品来源于其他供应商,流通企业可以根据销售能力选择市场需求度高的产品,可以跟随市场热点调整经营的产品,工作重点在于选品,选品过程受到的制约条件比较少。

资金条件也是企业开展新产品开发或者选品的过程中要考虑的一个重点。制造业企业新品开发要考虑到是否可以利用原有的生产线资源,需要增加的投入多少,企业的资金是否满足投入的要求。流通企业更多的是考虑资金是否满足供应商批量采购的付款要求,是否满足销售周期内资金流动性的要求。只有在了解企业的资金实力的情况下,才能明确自己的新产品开发和选品需要。

在电商领域,如果经销的产品大多是低价格、薄利润的产品,导致店铺利润率太低,那就需要开发几款高价格、高利润的产品来提高店铺的盈利能力。如果电商平台或网店的用户流量太少,那不妨开发几款低价引流产品,这样的产品可能不是店铺的利润来源,却能给店铺带来巨大的流量,从而带动其他产品的销售。电商领域的选品,平台还会考虑发展方向:若是垂直化的平台,就需要在同一个大类目里面进行产品开发;若是综合平台,就需要进一步丰富各类产品的组成。

二、确定产品进入的细分市场

客户需求在不断满足的过程中形成不同的细分市场,企业应确定自身产品准备进入的细分市场,对细分市场的客户进行深入的研究,从产品的角度进一步满足客户的需求,将有机会扩大产品的销售。每个产品满足的市场都可以被分割为许多个小市场,这其中每个小市场的用户群体和消费需求都各不相同,选择进入哪一个细分市场对于企业的经营业绩来说会有较大的区别。

拓展阅读 7-4

三、做好市场调查

市场调查可以对企业产品和准备进入的细分市场进行验证。市场调查可以了解这个细分市场的市场规模和市场容量、现有产品的竞争程度,以及细分市场客户对产品的品质要求。

开展市场调查的时候要善于运用网络工具,可以通过搜索引擎的关键词排名、关键词趋势、相关热词等对产品进行分析,从而确定市场,确定产品的细节类型和小类目,明确目标类目下热门且有潜力的商品的具体特征。

在进行市场调查的时候可以借助电商平台的公开数据。考察市场容量时,可以统计销量排名靠前的几个商家月销量是多少,总体的月销量是否处于上升的趋势中。考察市场竞争时,要分析前几名的商家是否已经占据较大的市场份额,是否已经形成市场的垄断,市场是否还有空间可以进入。考察客户对产品品质要求的时候,可以借助电商平台的客户评价,了解现有产品的问题以及可能的优化路径,为新产品创造卖点。

拓展阅读 7-5

四、产品差异化

每一个细分市场都有众多的竞争者参与,通过市场调查对产品的市场现状有了充分的了解,可以做一些差异化的选择让产品更具优势。产品的差异化可以体现在外观、功能、包装、组合、赠品以及促销政策上,差异化的最终目的是让产品具有其他产品没有的优势,从而更能吸引客户,提高客户购买的机会。

产品差异化还体现在不同企业的产品营销策略上,有些销售商集中企业资源将网络营销预算重点投放在一款产品上,追求单品销量,打造头部产品,形成行业内的爆款;有些企业是构建大而全的多产品线,通过规模效应提高客户浏览率,追求长尾效应,增加长期订单;有些企业专注于一个领域,深化该行业专家的形象,利用品牌和声誉增加用户黏性。

五、使用数据工具跟踪产品的销售

在产品进入正式销售之后要善于运用商业分析工具,跟踪和分析产品的销售情况,为产品的调整和促销提供依据。如果是从事电商领域的销售,可以购买各平台官方或合作方提供的数据分析工具,实时了解客户消费行为,从数据上找到产品改进和提高的地方。例如,企业的产品在阿里的平台上经营,则可以通过购买"生意参谋"服务来了解产品的经营情况。

拓展阅读 7-6

第三节　互联网品牌策略

品牌是一个组织的产品和服务区别于其他组织的产品和服务的综合属性。品牌除包含商标、名称、标志、图像等属性之外，还是一种市场行为。品牌是产品与客户之间的纽带，承载着客户体验，包含消费者对产品价值的认知，是利益关系、情感关系和社会关系的综合体验。

一、互联网环境下品牌传播的特点

1. 丰富的品牌传播载体

互联网上信息传播形态呈现多样性，可以通过文字信息、图片信息、音频信息、视频信息等承载产品和品牌信息（见图7-3）。企业在进行品牌传播时内容呈现方式更加丰富和饱满，达到更好的信息传递效果，让受众对企业产品和品牌有更全面和深刻的认知。

图 7-3　使用多媒体传播产品和品牌

2. 互联网传播品牌的能力强

传统的网站形式的传播已能有效地覆盖互联网用户，而社交媒体的出现使得互联网传播能力得以加强。一方面社交软件可以提高信息接收者对产品和品牌信息的真实性的认可，另一方面社交软件的裂变传播提高了产品和品牌的传播效率。

3. 产品和品牌信息的双向沟通

传统网络传播是品牌方"推送"产品信息，Web 2.0 时代，普通的用户成为信息的发布者，也可以通过评价成为品牌信息的构建者。消费者可以在电商网站上评论商品和品牌，可以在网络社区中与其他用户交流产品和品牌信息，分享购物体验与品牌感受，消费者的体验分享将影响潜在用户的购买。电商网站在商品推荐的时候也将消费者评价作为一个权重，用户的产品评价已成为众多商家在品牌传播过程中重视和常用的策略。

4. 互联网产品和品牌的信息泛滥

各方都参与到互联网信息的构建上，互联网上各类产品和品牌信息海量级别增长，而每个消费者的时间和注意力有限，"注意力"成为稀缺资源。占据互联网主流媒体的广告位置、KOL的宣传、网红带货等成为品牌和企业方更重视的品牌内容构建方式。

5. 创新品牌获得更多发展机会

由于传统媒体与互联网媒体具有一定的区隔，诸多依靠线下传统媒体建立的传统强势品牌无法在互联网上同步获取客户的认可，创新品牌和传统强势品牌同时开始在互联网上构建品牌，在同一起跑线上，创新品牌的价格和服务更具有优势，更有机会得到互联网上新的用户群体的认可。

二、基于互联网传播特点创建品牌

互联网环境下消费者注意力更容易被分散和被新品牌吸引，在互联网和电商平台上创建品牌要有明确的定位，直接传递产品品牌信息，有效地吸引品牌的目标客户群。可以借助互联网数据工具，分析消费者对品牌的期望，适当调整品牌内涵，不断创新，打造独具特色的企业品牌形象。

品牌建设的本质还是要使产品能够更好地满足消费者的需求，重视产品品质的建设，要有长远的战略去打造品牌。通过产品品质和客户服务对现有客户有效传播品牌价值，通过用户的传播再次强化品牌，起到事半功倍的效果。

适当投放新媒体资源，借助消费者喜好的新的传播方式开展营销工作，更多地吸引用户参与品牌活动，持续强化品牌内涵。提高消费者的品牌忠诚度，实现重复性购买，实现购买过程和使用过程中均有较高的满意度，并能在体验分享中为企业品牌建立正向口碑。

做好品牌正面信息的传播的同时，要注重对网络上品牌负面信息的管理。采取有效手段，合理引导，更多地从正面去讲述品牌。

【本章小结】

本章从介绍电商产品的主要类目和属性开始，对产品的标准化与营销策略选择展开分析，对产品营销策略形成初步的理解和框架。本章同时详细介绍产品的选择和开发策略，以及在营销过程中如何构建互联网品牌。

【关键词】

电商　产品　属性　标准化　策略　开发　互联网　品牌

【问题思考】

1. 列举电商平台的主要类目、属性。
2. 介绍标准化程度高或低的产品应该采取的营销策略。
3. 简述小规模企业的产品选择和开发策略。

☆ **案例评析**

跨境电商选品

1688网（www.1688.com）创立于1999年，为阿里巴巴集团旗下业务。根据易观分析按2018年收入的统计，是中国领先的综合型内贸批发交易市场，促进国内批发买家和卖家在服装、日用品、家装建材、电子产品、包装材料和鞋靴等多个类目下的交易。

在国内贸易方面，2019年3月，1688确立"新供给、新营销、新链接"的三新战略，结构化升级供给侧源头厂货，打造数字化流通渠道。截至2019年，1688已覆盖全中国644个知名产地的源头厂货，帮助这些工厂搭建数字化通路，提升数据应用能力，建立数据化营销矩阵，提升供应链协同效率，增进线上线下融合速度。

1688有淘货源、伙拼、厂货通、跨境专供、进口货源、工业品牌、淘工厂、档口尖货、实力优品、大企业采购的业务模块及商人社区交流模块（见图7-4）。1688成为国内众多淘宝卖家的进货渠道，同时也有许多到国外亚马逊开网店的卖家选择1688作为进货渠道。

图7-4　1688栏目

问题：

1.如果你准备到美国亚马逊上开网店，准备围绕一个类目开展网店业务，初期准备从1688上选择5个产品进货，请问你会选择哪个类目？展示你选择的5款产品，说明你的理由。

☆ **实训专题**

新产品开发

2009年8月12日晚，安踏发布公告，称其全资附属公司原动力，收购百丽国际拥有的FILA中国商标，负责在中国大陆、香港和澳门推广和分销FILA中国商标的产品。

据《21世纪经济报道》，安踏体育发布的2019年财报显示，安踏体育2019年实现营收339.27亿元，同比增长40.8%，净利润为53.44亿元，同比增长30.3%。营收构成上，安踏主品牌依然是安踏集团最主要的营收来源，2019年贡献营收174.49亿元，同比增长21.8%；同时，FILA品牌增长迅速，营收达147.7亿元，同比增长73.9%，营收占比已经接近安踏主品牌。毛利率方面，安踏体育2019年整体毛利率为55%，其中，安踏主品牌的毛利率为41.3%，FILA的毛利率为70.4%。可以看出，FILA已经成为安踏集团的新增长引擎，目前的营收占比为43.5%。按照现在的增速，FILA有望在2020年超越安踏主品牌，成为安踏集团的"现金牛"。

1.从安踏主品牌和FILA品牌的同一品类商品中各选择一个产品，比较两者网页的展示风格。

2.如果你是安踏主品牌的负责人，你是否考虑主品牌的产品借鉴FILA品牌的时尚运动风格？为什么？

第八章

网络营销定价策略

☆ 学习目标

1. 了解网络产品价格的特征。
2. 理解和掌握影响网络营销定价的主要因素。
3. 了解网络营销定价的程序。
4. 理解和掌握网络营销定价的方法。
5. 理解和掌握网络营销的定价策略以及每种策略适用的条件。

☆ 引导案例

《经济学人》杂志如何定价

欧洲有一本非常畅销的经济杂志,叫作《经济学人》(The Economist),它是全球目前发行量最大的政经刊物。几年前,受到互联网的影响,这家杂志要推网络版,然后他们就定了两个价格:如果购买网络版,要花56美金一年;如果购买网络版加纸质版,需要花125美金一年。这个发行政策推出以后,很多人都去买56美元的网络版,直接导致了纸质版销量的陡状下滑。

《经济学人》杂志评价世界经济时头头是道,可是轮到自己时还是一头雾水。于是《经济学人》就请了一个营销专家,让他看看到底犯了什么错。那个营销专家非常有才,他并没有改变《经济学人》现在的发行价格,只是在这两个价格之间增加了一个新的价格,即所有的读者购买纸质版的时候,需要花125美元。所以在读者面前出现了三项选择:买网络版要花56美元,买纸质版要花125美元,如果同时买网络版和纸质版,同样需要125美元。结果读者基本上都去买网络版加纸质版。

引导问题:
1. 为什么连《经济学人》杂志在定价时都一头雾水?
2. 企业在定价时要考虑什么因素?

第一节　网络营销定价策略概述

无论是传统营销还是网络营销，价格策略都是企业营销策略中最富有灵活性和艺术性的策略，是企业进行竞争的重要手段。在网络营销组合中，与产品、渠道和促销相比，价格是企业促进销售、获取效益的关键因素，关系到经营利润和经营目标的实现。

网络营销的价格策略是迄今研究最不深入，也是最为复杂和困难的问题之一。因为价格对企业、消费者乃至中间商来说都是最为敏感的问题，而网络上信息自由透明的特点使上述三方对产品的价格信息都有比较充分的了解，它的最终结果是使某种产品存在差异的价格水平趋于一致，这对那些执行差别化定价策略的公司会产生重要的影响。企业在定价时要考虑自身情况，如经营目标、资源配置以及资金运用情况，又要考虑顾客对产品的需求以及对价格的接受程度。

一、网络产品价格特征

在网络条件下，网络交易成本较为低廉，同时网上交易能够充分互动、沟通，网络顾客可以选择的余地增大及交易形式更加多样化，这些会造成商品的需求价格弹性增大。为此，企业应充分审视价格结构，再设计合理的网上交易价格。此时，价格的确定将受到较大的制约，但同时也为以理性的方式研究拟定价格策略提供了方便。网络产品价格特征主要表现在以下方面。

1. 透明化

在网络营销过程中，由于互联网的交互性以及获取信息的及时性、低成本化，顾客拥有更加丰富的信息资料，这就使得网络营销产品价格有透明化的特征。顾客可以通过浏览各个公司的网站、某些C2C网站以及专业报价网站，来全面掌握同类产品的不同价格信息，甚至是同产品在不同地区或不同零售店的价格信息。另外，还有类似大众点评网的网站，提供各个企业的价格信息、产品服务评价以及各个类型的排行，顾客可以做到对产品的价格心中有数，从而选择符合自己需要、价格与质量又相匹配的产品。

2. 全球性

当产品的来源或销售渠道在国内，或者在一定区域范围内时，就可以采用传统的定价方法。而当企业面对的是全球市场，即企业的目标市场是不同国家、地区时，网络市场的顾客可以不用考虑国家或地区的差距，在世界各地通过互联网进行直接购买，这就要求网络营销产品定价时必须考虑全球性市场范围的变化给定价带来的影响。

3. 低价位

网络产品的定价一般低于实体市场中产品的定价，这是由于一方面网络营销的产品从采购到销售减少了许多中间环节费用，相关广告费用、公关费用等都较低，产品可以通过邮寄方式直接到达顾客的手中；另一方面，借助互联网，企业降低了成本，从而使企业的降价空间变大。同时因为市场变得透明，消费者可以就产品及价格进行充分的比较和选择，拥有极大的选择余地。

因此网上产品价格比传统营销中产品的价格更具有竞争性,这迫使网络营销者以尽可能低的价格推出产品,增大消费者的让渡价值。若开发智能型网上议价系统,那么就可与消费者直接在网络上协商出双方满意的价格。

4. 逆向化

逆向化也称为顾客主导化,指的是顾客根据自己的需求,通过充分分析市场信息来选择购买或者指定生产自己满意的产品或服务,并以最小代价来获得这些产品或服务。简单地说就是顾客的价值最大化,顾客以最小成本获得最大收益。

5. 弹性化

网络使消费者拥有更多的信息,使其讨价还价的能力增强。企业必须以比较理性的方式制定和改变价格策略,根据竞争环境的变化不断对产品的价格进行及时、恰当的调整。另外,由于网络上的消费者有较强的理性,企业在制定价格策略时更要考虑消费者的价值观念。企业可以根据每个消费者对产品和服务提出的不同要求,来制定相应的价格。企业有必要开发自动调价系统,这种自动调价系统可以依季节变动、市场供需情形、竞争产品价格变动、促销活动等,自动调整产品价格。

二、网络营销定价应考虑的因素

影响企业定价的因素是多方面的,如企业的定价目标、企业的生产效率、国家的政策法规、消费者的接受能力、竞争对手的定价水平、供求关系以及供求双方的议价能力等。市场营销理论认为,产品价格的上限取决于产品的市场需求水平,产品价格的下限取决于产品的成本费用,在最高价格和最低价格的范围内,企业如何对产品定价,则取决于竞争对手同种产品的价格水平、买卖双方的议价能力等因素。可见,市场需求、成本费用、竞争对手产品的价格等因素对企业定价都有着重要的影响。

1. 需求因素

从需求方面来看,市场需求规模以及消费者的消费心理、感受价值、收入水平、对价格的敏感程度、议价能力等都是影响企业定价的主要因素。

2. 供给因素

从供给方面来看,企业产品的生产成本、营销费用是影响企业定价的主要因素。成本是产品价格的最低界限,产品的价格必须能补偿产品生产、分销、促销过程中发生的所有支出,并且要有所盈利。根据与产量(或销量)之间的关系来划分,产品成本可以分为固定成本和变动成本两类。固定成本是指在一定限度内不随产量或销量变化而变化的成本,变动成本是指随着产量或销量增减而增减的成本,两者之和就是产品的总成本,产品的最低定价应能收回产品的总成本。

3. 供求关系

从营销学的角度考虑,企业的定价策略是一门科学,也是一门艺术。从经济学的角度考虑,企业的定价大体上还是遵循价值规律的。因此,供求关系也是影响企业产品交易价格形成的一个基本因素。一般而言,当企业的产品在市场上处于供小于求的卖方市场条件时,企业产品可以实行高价策略;当企业的产品在市场上处于供大于求的买方市场时,企业应该实行低价策略;

当企业的产品在市场上处于供给等于需求的均衡市场时,交易价格的形成基本处于均衡价格处。因此,企业的定价不能过度偏离均衡价格。

4. 竞争因素

竞争因素对价格的影响,主要考虑商品的供求关系及其变化趋势,竞争对手的定价目标、定价策略以及变化趋势。在营销实践中,以竞争对手为导向的定价方法主要有三种:一是低于竞争对手的价格;二是随行就市与竞争对手同价;三是高于竞争对手的价格。因此,定价过程中,企业应进行充分的市场调研以改变对自己不利的信息劣势,对待竞争者则应树立一种既合作又竞争且共同发展的竞争观念,以谋求一种双赢结局。

5. 企业定价目标

企业的定价目标一般包括生存定价、获取利润定价、提高市场占有率定价和竞争定价等。

1) 生存定价

生存定价是指企业进入网络营销市场的主要目标是占领市场,以求得生存发展机会。目前网络营销产品的定价一般都是低价甚至免费,以求在迅猛发展的网络虚拟市场中占有立足之地。网络市场目前可分为两大市场:一是大众消费者市场,二是工业组织市场。前者属于成长市场,企业面对这个市场时必须采用相对低价策略来占领市场。对于工业组织市场,购买者一般是商业机构和组织机构,购买行为比较理智,企业在这个网络市场上的定价可以采用双赢的定价策略,即通过Internet技术来降低企业、组织之间的供应采购成本,并共同享受成本降低带来的双方价值的增值。

2) 获取利润定价

企业进入网络营销市场的目的是获取利润,企业可以分别选定获取投资收益、合理利润以及最大利润等作为定价目标。

3) 提高市场占有率定价

在网络营销中,低价格的战略往往是为了获得大的市场份额,这样可以保证产品的销路,巩固企业的地位。由于市场的不断扩大,一个企业可能获得可观的利润,但相对于整个市场来看,所占比例可能很小,或占有率正在下降。这个时候,企业就会采用较长时间的低价策略来扩充目标市场,尽量提高市场占有率。提高市场占有率的通常做法包括定价由低到高和定价由高到低两种。

4) 竞争定价

一个合理的网络价格水平,除了要进行细致的成本、盈利核算之外,还必须注意它是否能够满足竞争的需要。企业需要对市场上的产品进行细分解析后才能进行定价。企业可以通过稳定价格目标、追随价格目标和挑战价格目标来制定自己的竞争价格。

当拥有一种独特或者稀有的产品时,产品在市场上的唯一性可以形成产品的价格优势,继续保持高位定价也会提高产品自身的价值和在消费者心目中的威望。在网络市场中,这种产品唯一性的特点可能是短暂的,因为被模仿的可能性很高。所以,竞争的定价策略需要结合其他策略进行,如不断地发掘客户的需求,进行技术跟进,帮助客户达成一种对产品的依赖感等。

第二节 网络营销定价的程序和方法

一、网络营销定价的程序

在网络营销中,价格的决策流程可以分成几个相互联系而又各具特点的阶段。

(一)确定定价目标

不同企业有不同的定价目标,即使是同一企业,在不同时期也有不同的定价目标。因此,企业定价目标不是单一的,而是一个多元的结合体,企业在不同的定价目标下制定出的商品价格也各不相同。在网络营销中,企业的定价目标主要有生存定价、获取利润定价、提高市场占有率定价和竞争定价等。

(二)分析与测定市场需求

分析与测定市场需求是企业确定营销价格的一项重要工作。首先需要确定目标市场,究竟谁是我们的客户?谁是潜在的客户?可通过细分市场的方法来确定目标市场。然后对客户的需求进行分析,包括:市场需求总量、需求结构的测定,预计网络消费者可接受的价格,不同价格水平下人们可能购买的数量与需求价格弹性等。

(三)计算或估计产品成本

在线产品的原始成本将直接影响到产品的价格,是制定价格的最低经济界限。按在市场价格形成中的作用不同,价格成本可分为社会成本和企业成本。产品的社会成本,是指所有生产或经营该商品的同类企业成本的平均值,或有代表性的典型企业、地区的成本。社会成本是网络营销定价的直接依据。在激烈竞争的市场环境中,社会成本对市场价格的形成在客观上起着决定性的作用,因此应作为企业定价时的重要参考依据。企业成本是指企业在生产、经营过程中实际发生的成本。企业成本应尽量接近社会成本或低于社会成本。

(四)分析竞争对手的价格策略

了解和分析竞争对手是企业制定战略和策略的基础。为此,企业营销人员必须了解和分析以下问题:自己的竞争对手是谁?他们的营销目标是什么?有何优势和劣势?采取何种价格策略?实施效果如何?对本企业的影响程度如何?等等。这样,企业才能有效地防御竞争对手的进攻,并选择适当的时机攻击竞争对手,赢得生存和发展的空间。

(五)选择定价方法

定价方法主要有成本导向定价法、需求导向定价法和竞争导向定价法等。不同的定价方法各有其优势和适用条件。

(六)确定最终价格

需求与成本限定了价格弹性的延伸。在最高和最低界限之间,竞争、法律及伦理因素也将影响某一具体价格的选择。在产品正式进入市场之前,企业可能进行"试销售",以测试市场反应和根据消费者需要对产品做最后的改进,并征询消费者对价格的意见和建议。当一切准备就绪后,产品的最后售价就确定了。

(七)价格信息反馈

产品的售价应根据市场的状态、竞争者价格、替代品的状况进行适当的调整,因此,企业要经常收集价格的反馈信息,使产品的定价与消费者的价格期望相一致,以维持产品的市场占有率。

二、网络营销定价的方法

传统市场营销定价的基本原理同样适用于网络市场,但是,网络市场与传统市场又存在着较大的区别,这种差异导致了网络市场的定价方法不同于传统市场的定价方法。在网络市场中,成本导向定价法将逐渐被淡化,而需求导向定价法、竞争导向定价法将不断得到强化,并将成为网络营销中确定网络产品价格的主要方法。

(一)成本导向定价法

成本导向定价法包括成本加成定价法、盈亏平衡定价法和边际贡献定价法。

1. 成本加成定价法

成本加成定价法即在产品单位成本的基础上,加上一定比例的预期利润确定为其产品的单价。其计算公式如下:

$$产品单价 = 产品单位成本 \times (1 + 加成率)$$

其中:加成率为预期利润占产品单位成本的百分比,即成本利润率。

2. 盈亏平衡定价法

盈亏平衡定价法即保本定价法,指企业暂时放弃了对利润的追求,只求保本。这种方法主要适用于企业为了开拓网络市场,谋求市场占有率和保证实现一定的销售量目标的情况。其计算公式如下:

$$单位价格 = 总成本 \div 预计保本销售量$$

3. 边际贡献定价法

边际贡献定价法,即仅计算可变成本,不计算固定成本,而以预期的边际贡献补偿固定成本,获得相对收益的定价方法。所谓边际贡献,是指价格中超过变动成本的部分。

☆ **案例 8-1**

某企业的边际贡献定价法

某企业生产 10 000 件商品,全部变动成本为 6 000 元,固定成本为 4 000 元,每件商品的平均变动成本为 0.60 元,若按一般规律定价,商品的最低售价至少为 1 元,(6 000+4 000)/10 000 元=1 元。如果再加上一部分利润,商品价格就要超过 1 元。现在我们假设该企业考虑到特殊市场环境或出于网络营销的需要,在确定商品价格时,仅计算可变成本,不考虑固定成本,则商品的单价只要大于 0.60 元,就能获得边际贡献。如果商品单价能定为 0.70 元,企业就可获得 1 000 元的边际贡献,固定成本损失将减少至 3 000 元;如果能定价为 0.80 元,则边际贡献是 2 000 元,用于补偿固定成本后,固定成本损失则减少至 2 000 元。

(二)需求导向定价法

现代市场营销观念认为,企业的一切生产经营活动必须以消费者需求为中心。需求导向定价法是根据消费者对产品的感觉差异和市场需求状况来确定价格的方法,而不是直接以成本为基础。需求导向定价法包括购买者认知价值定价法、反向定价法和需求差别定价法。其中需求差别定价法既是一种定价方法,也是一种定价策略,在本章的第三节定价策略中专门论述。

1. 购买者认知价值定价法

购买者认知价值定价法是指根据购买者对产品价值的认知和理解来确定价格的一种方法。认知价值定价法的实施过程如下:首先,企业通过网络把商品介绍给消费者,让消费者对产品的性能、用途、质量、品牌、服务等要素有一个初步的印象;其次,企业利用网络通过广泛的市场调查,了解消费者对商品价值的理解,以此作为定价标准,制定出商品的初始价格;最后,在初始价格的基础上,预测可能的销售量,确定目标成本和销售收入,在比较成本与收入、销售量与价格的基础上,分析该定价方案的可行性,并制定出最终价格。

2. 反向定价法

反向定价法是指企业依据消费者能够接受的最终价格,计算自己经营的成本和利润后,逆向推算产品的批发价和零售价。这种方法不是以实际成本为主要依据,而是以市场需求为定价出发点,力求使价格为消费者所接受。

(三)竞争导向定价法

这种定价方法主要是为了竞争,以竞争者的价格作为定价基础,以成本和需求为辅助因素。其特点是,只要竞争者的价格不变,即使成本或需求发生变动,价格也不动,反之则反。竞争导向定价法主要有流行水准定价法、竞争投标定价法和拍卖定价法。

1. 流行水准定价法

流行水准定价法,即企业以同行业企业的平均价格水平为基准定价。在竞争激烈的情况下,这是一种与同行和平共处,比较稳妥的定价方法。

2. 竞争投标定价法

竞争投标定价法是招标单位通过网络发布招标公告,说明拟购品种、规格、数量等的具体要求,由投标单位进行投标,而择优成交的一种定价方法。投标价格根据对竞争对手的估计而制定,而不是按投标企业自己的成本费用制定,其目的在于赢得合同。所以一般低于对手报价。对于招标单位来说,竞争投标定价法扩大了招标单位对投标单位的选择范围,从而使企业能在较大范围内以较优的价格选择优秀的投标单位。对于投标单位来说,竞争投标定价法不仅增加了投标的营销机会,而且使企业能获得较为公平的竞争环境,为企业的发展创造了良机。

第三节 网络营销定价策略

价格高低直接影响企业的利润,关系着产品和服务的销售业绩。在互联网时代,顾客日益个性化的需要和信息获得的便利性迫使决策者站在决策的高度来制定价格,从而使价格既合理又富有竞争力。定价策略在实现企业整体目标的过程中具有战略地位,定价策略必须要能够配合营销组合策略,以更好地实现企业的战略目标。

一、低价渗透性定价策略

低价渗透性定价策略是以一个较低的产品价格打入市场,目的是在短期内加速市场成长,牺牲高毛利以期获得较高的销售量及市场占有率,进而产生显著的成本经济效益,使成本和价格得以不断降低。在网络营销中,产品借助互联网进行销售,比传统销售渠道的费用低廉,因此一般来说网上销售价格比传统的市场价格要低。具体来说,低价渗透性定价策略分为以下三种。

(一)直接低价策略

直接低价策略就是在公布产品价格时就比同类产品定的价格要低。它一般是制造商在网上进行直销时采用的定价方式,如戴尔公司的电脑定价比同性能的其他公司的产品低 10%~15%。采用低价策略的前提是开展网络营销,实施电子商务,这样才能为企业节省大量的成本费用。

(二)折扣低价策略

这种定价策略是指企业发布的产品价格是网上销售、网下销售通行的统一价格,而对网上用户又在原价的基础上标明一定的折扣来定价的策略。这种定价方式可以让顾客直接了解产品的降价幅度,明确网上购物获得的实惠,以吸引并促进用户购买。这类价格策略常用在一些网上商店的营销活动中,它一般按照市面上流行的价格进行折扣定价。例如,亚马逊网站销售的图书一般都有价格折扣。

价格折扣又可分为现金折扣、数量折扣、功能折扣、季节折扣、推广津贴等。为鼓励消费者多购买本企业商品,可采用数量折扣策略;为鼓励消费者按期或提前付款,可采用现金折扣策略;为鼓励中间商淡季进货或消费者淡季购买,可采用季节折扣策略等。

(三)促销低价策略

企业虽然以通行的市场价格将商品销售给用户,但为了达到促销的目的还要通过某些方式给用户一定的实惠,以变相降低销售价格。如果企业为了达到迅速拓展网上市场的目的,但产品价格又不具有明显的竞争优势,又由于某种考虑不能直接降价时,则可以考虑采用网上促销定价策略。比较常用的促销定价策略是有奖销售和附带赠品销售等策略。

二、定制生产定价策略

定制定价策略是在企业能实行定制生产的基础上,利用网络技术和辅助设计软件,帮助消费者选择配置或者自行设计能满足自己需求的个性化产品,同时承担自己愿意付出的价格成本。

个性化定制生产定价策略是利用网络互动性的特征,根据消费者的具体要求,来确定商品价格的一种策略。网络的互动性使个性化营销成为可能,也使个性化定价策略有可能成为网络营销价格策略的一个重要策略。目前这种允许消费者定制定价订货的尝试还处于初级阶段,消费者只能在有限的范围内进行挑选,还不能完全要求企业满足自己所有的个性化需求。

☆ **案例 8-2**

美国的汽车定制网站 Local Motors 的定制生产定价策略

美国的汽车定制网站 Local Motors 把一辆车的每个设计环节都挂在网站社区上,由网友来设计自己想象中的汽车,吸引了 5 000 多人参加,完成设计后限量生产、销售,第一款量产汽车是一款越野赛车,由平面设计师金桑洪(Sangho Kim)设计,车名叫拉力战神(Rally Fighter)。

三、使用定价策略

所谓使用定价,就是顾客通过互联网注册后可以直接使用某公司的产品,只需要根据使用次数进行付费,而不需要将产品完全购买。传统交易关系中,产品买卖是完全产权式的,顾客购买产品后即拥有对产品的完全产权。但随着经济的发展和人民生活水平的提高,人们对产品的需求越来越多,而且产品的使用周期也越来越短,许多产品购买后使用几次就不再使用了,非常浪费,因此制约了许多顾客对这些产品的需求。为改变这种情况,消费者可以在网上采用类似租赁的按使用次数定价的方式。这一方面减少了企业为完全出售产品而进行的不必要的、大量的生产和包装浪费,同时还可以吸引那些有顾虑的顾客使用产品,扩大市场份额。顾客每次只是根据使用次数付款,节省了购买产品、安装产品、处置产品的麻烦,还可以节省其他不必要的开销。如淘宝卖家使用的软件很多就是基于使用定价的。

采用按使用次数定价,一般要考虑产品是否适合通过互联网传输,是否可以实现远程调用。目前,比较适合的产品有软件、音乐、电影等。采用按次数定价对互联网的带宽提出了很高的要求,因为许多信息都要通过互联网进行传输,如果互联网带宽不够将影响数据传输,势必会影响顾客的租赁使用和观看。

四、拍卖定价策略

网上拍卖是目前发展较快的领域,是一种最市场化、最合理的方式。经济学家认为,市场要想形成最合理的价格,拍卖竞价是最合理的方式。随着互联网市场的拓展,将有越来越多的产品通过互联网拍卖竞价。由于目前购买群体主要集中在消费者市场,个体消费者是目前拍卖市场的主体,因此,这种网络营销价格策略并不是目前企业首要选择的定价方法,因为它可能会破坏企业原有的网络营销渠道和价格策略。比较适合网上拍卖竞价的是企业原有的一些积压产品,也可以是企业的一些新产品,通过拍卖展示起到促销作用。目前国外比较有名的拍卖站点是 eBay,它允许商品公开在网上拍卖,拍卖竞价者只需在网上登记即可,拍卖方将拍卖品的相关信息提交给 eBay 公司,经公司审查合格后即可上网拍卖。根据供需关系,网上拍卖竞价方式有下面几种:

(1)竞价拍卖:量最大的是 C2C 的交易,包括二手货、收藏品,也可以是普通商品以拍卖方式出售。例如,惠普公司将一些库存积压产品放到网上拍卖。

(2)竞价拍买:是竞价拍卖的反向过程,消费者提出一个价格范围,求购某一商品,由商家出价,出价可以是公开的或隐蔽的,消费者与出价最低或最接近出价范围的商家成交。

(3)集体议价:在互联网出现以前,这种方式在国外主要是多个零售商结合起来,向批发商(或生产商)以数量换价格。互联网的出现,使得普通消费者能够使用这种方式购买商品。

五、心理定价

心理定价是根据消费者不同的消费心理而制定相应的产品价格,以引导和刺激购买的价格策略。常用的心理定价策略有数字定价、声望定价、招徕定价等。

(一)数字定价策略

1. 尾数定价策略

尾数定价策略又称零数定价、奇数定价、非整数定价,是指企业利用消费者求廉的心理,制定非整数价格,而且常常以零数作尾数。例如某种产品的定价为19.99元而不是20元。使用尾数定价,可以使价格在消费者心中产生三种特殊的效应——便宜、精确、中意,一般适用于日常消费品等价格低廉的产品。

2. 整数定价策略

与尾数定价相反,整数定价针对的是消费者的求名、自豪心理,将产品价格有意定为整数。对于那些无法明确显示其内在质量的商品,消费者往往通过其价格的高低来判断其质量的好坏。但是,在整数定价方法下,价格的高并不是绝对的高,而只是凭借整数价格来给消费者造成高价的印象。整数定价常常以偶数,特别是"0"作尾数。整数定价策略适用于需求的价格弹性小、价格高低不会对需求产生较大影响的中高档产品,如流行品、时尚品、奢侈品、礼品、星级宾馆、高级文化娱乐城等。整数定价的好处有:可以满足购买者显示地位、崇尚名牌、炫耀富有、购买精品的虚荣心;利用高价效应,在顾客心目中树立高档、高价、优质的产品形象。

3. 愿望数字定价策略

由于民族习惯、社会风俗、文化传统和价值观念的影响,某些数字常常会被赋予一些独特的含义,企业在定价时如能加以巧用,则其产品将因之而得到消费者的偏爱。当然,某些为消费者所忌讳的数字,如西方国家的"13"、日本的"4",企业在定价时则应有意识地避开,以免引起消费者的厌恶和反感。

☆ 案例8-3

ROSEONLY采取愿望数字定价策略

ROSEONLY(www.roseonly.com),高端玫瑰及珠宝品牌,专注于打造爱情信物,以"一生只爱一人"为理念,打造鲜花玫瑰、永生玫瑰、玫瑰珠宝、玫瑰家居四大主线系列。在对这些产品线系列中的多款产品进行定价时采取了愿望数字定价的策略。例如ROSEONLY的永生玫瑰星座经典系列产品的售价为1314元,象征着能够持续一生一世的美好爱情。而永生玫瑰公仔系列产品定价一般为1520元,寓意为"我要爱你"。这些表示价格的数字表露出希望这些产品能够使得顾客的爱情天长地久或者持续一生一世的美好愿望。而这种定价方式也更容易抓住消费者的心理和情感,从而促进消费者的购买。

(二)声望定价策略

声望定价策略指根据产品在顾客心中的声望、信任度和社会地位来确定价格的一种定价策略。例如一些名牌产品,企业往往可以利用消费者仰慕名牌的心理而制定大大高于其他同类产品的价格,如国际著名的欧米茄手表,在我国市场上的售价从一万元到几十万元不等。消费者在购买这些名牌产品时,特别关注其品牌及标价所体现出的炫耀价值,目的是通过消费获得极大的心理满足。声望定价可以满足某些顾客的特殊欲望,如地位身份、财富、名望和自我形象,可以通过高价显示名贵优质。声望定价策略适用于一些知名度高、具有较大的市场影响、深受市场欢迎的驰名商标的产品。

(三)招徕定价策略

招徕定价又称特价商品定价,是指企业将某几种产品的价格定得非常之高,或者非常之低,在引起顾客的好奇心理和观望行为之后,带动其他产品的销售,加速资金周转。这一定价策略常为综合性百货商店、超级市场,甚至高档商品的专卖店所采用。值得企业注意的是,用于招徕的降价品,应该与低劣、过时商品明显地区别开来,必须是品种新、质量优的适销产品,而不能是处理品。否则,不仅达不到招徕顾客的目的,反而可能使企业声誉受到影响。

六、差别定价策略

需求差别定价法是指产品价格的确定以需求为依据,可根据不同的需求强度、不同的购买力、不同的购买地点和不同的购买时间等因素,制定不同的价格。需求差别定价法通常有以下几种形式。

1. 以顾客为基础的差别定价

根据不同消费者消费性质、水平和习惯等的差异,制定不同的价格。例如,会员与普通顾客消费折扣优惠之间的价格差异、特殊职业和其他职业之间的价格差异、新老客户之间的价格差异等。不同的消费者在购买商品时,由于各自的需求欲望有强有弱,各自的支付能力有大有小,以及其他的一些因素上也可能存在着差异,因而他们愿意支付的最高价格就会存在差异。根据消费者不同制定不同的价格,就可以在不同类别的顾客身上分别实现收益的最大化。

2. 以地理位置为基础的差别定价

同一产品在不同地区销售时,可以制定不同的价格。这种定价差异主要是因为地区的不同,使得同一产品在不同地区制定了不同的销售价格。例如,飞机头等舱与经济舱价格、演唱会不同区域票价、酒店不同街区价格、不同城市房价的差异等。

3. 以时间为基础的差别定价

同一产品在不同时间段的效用不同,顾客的需求强度也不同。在需求旺季时,可以提高价格;淡季时,可以降低价格。如淘宝的反季促销、预购打折等就是时间差别定价法。

4. 以产品为基础的差别定价

成本不同的相同质量的产品,企业不按不同成本的比例进行定价,而是按不同的外观、款式定价。比如营养保健品中的礼品装、普通装及特惠装。产品差异定价的根本原因是不同的风格和款式对消费者的吸引力不同。

网络营销实施差别定价可以获得更大的利润,但实行需求差别定价法要具备如下前提条件:一是市场能够根据消费者的需求差异进行细分;二是以较低价格购买某种产品的顾客,没有可能以较高价格把这种产品倒卖给别人;三是竞争者没有可能在企业以较高价格销售产品的市场上低价竞销;四是价格歧视不致引起顾客反感而放弃购买。

拓展阅读 8-1

七、免费价格策略

免费概念是互联网最深入人心的竞争策略,许多企业都借助互联网具备的这一特殊策略获得了巨大成功。在网络市场的初级阶段,免费策略是最有效的市场占领手段之一。目前,企业在网络营销中采用免费策略的目的,一方面是使消费者在免费使用形成习惯或偏好后,再开始逐步过渡到收费阶段;另一方面是想发掘后续商业价值,是从战略发展的需要来制定定价策略的,主要目的是先占领市场,然后在此市场上获取收益。因此,免费不仅仅是一种定价策略,更是一种商业模式。免费价格策略包括完全免费、限制免费和捆绑免费三种。

(一)免费价格策略的模式

1. 完全免费模式

完全免费是指产品从购买、使用到售后服务所有环节都实行免费。例如百度搜索对用户在进行搜索时实行完全免费的策略,百度并没有因为提供免费的服务而亏损,反而因此积累了巨大的用户量,为广告增收和增值服务打下了基础,而且针对这些用户还拓展开发了诸多其他产品,如百度文库、百度贴吧、百度视频、百度文学等产品,扩大了业务范围,获取更多的营业收入。

2. 限制免费模式

根据《免费:商业的未来》一书的作者克里斯·安德森(Chris Anderson)的观点,限制免费模式可以分为四种。

1)限定时间

比如 30 天免费,之后收费。Salesforce 公司就采取这种模式。这种模式的有利之处是容易实现,市场侵蚀的风险小;不利之处是许多潜在客户不愿意试用,因为他们知道 30 天试用期后就会收费。

2)限定特征

比如基础版免费,高级版收费。例如,QQ 基础版本免费,会员版本收费,会员拥有 80 项特权。基础服务免费、高级服务收费这种模式的有利之处是会使产品知名度最大化,当免费客户转变为付费客户时,他们有做出这种选择的理由(他们明白自己付钱购买的产品的价值),且有可能对这一品牌更为忠诚,对该产品的价格敏感度更低。不利之处是需要创造两种版本的产品,如果在免费版本中添加过多的特色服务,就不会有足够的用户转变为付费用户。而如果在其中添加的特色服务过少,同样也不会有足够的用户在使用相当长时间免费版本后转变为付费用户。

3)限定用户数

比如一定数量用户可以免费使用该产品,但超过这一数目则需要收费。这种模式的有利之处是易于执行、易于理解;不利之处是可能侵蚀低端市场份额。如目前不少在线培训公司打出这样的广告:某月某日之前报名的或前多少名报名者免费等。

4)限定用户类别

比如低端的用户可以免费使用该产品,高端的用户则需要付费。这种模式的有利之处是可以根据其付费能力向公司收取相应费用;不利之处是复杂且难于监管的验证程序。如微软 BizSpark 项目就是使用的这种模式,在该项目中成立时间少于 3 年且营业收入低于 100 万美元的公司可免费使用微软的商业软件。

3. 捆绑免费模式

对产品实行捆绑免费,即购买某产品或者服务时赠送其他产品。比如一些软件公司在销售成熟软件的同时免费赠送新软件,从而带动新软件进入市场。捆绑免费策略并不能为企业带来直接收入,其好处是让企业的产品迅速占领市场。如中国移动免费送一部手机,其条件是之后2年内客户每个月都要花很多钱打电话。

(二)免费产品的特性

网络营销中产品实行免费策略是要受到一定环境制约的,并不是所有的产品都适合免费策略。互联网作为全球性开放网络,可以快速实现全球信息交换,只有那些适合互联网特性的产品才适合采用免费价格策略。一般来说,免费产品具有如下特性。

1. 易于数字化

互联网是信息交换平台,它的基础是数字传输。对于易于数字化的产品都可以通过互联网实现零成本的配送,这与传统产品需要通过交通运输网络花费巨额资金实现实物配送有着巨大区别。企业只需将这些免费产品放到企业的网站上,用户可以通过互联网自由下载使用,企业通过较小的成本就可实现产品推广,节省了大量的产品推广费用。

2. 无形化

通常采用免费策略的大多是一些无形产品,它们只有通过一定的载体才能表现出一定的形态,如软件、信息服务(如报纸、杂志、电台、电视台等媒体)、音乐制品、图书等。这些无形产品可以通过数字化技术实现网上传输。

3. 零制造成本

这里所说的零制造成本主要是指产品开发成功后,只需通过简单复制就可以实现无限制的产品生产。这与传统实物产品的生产受制于厂房、设备、原材料等因素有着巨大区别。上面介绍的软件等无形产品都易于数字化,也可以通过软件和网络技术实现无限制自动复制生产。对这些产品实行免费策略,企业只需投入研制费用即可,至于产品生产、推广和销售则完全可以通过互联网实现零成本运作。

4. 成长性

采用免费策略的目的一般都是利用高成长性的产品推动企业占领较大的市场,为未来市场发展打下坚实基础。

5. 冲击性

采用免费策略的主要目的是推动市场成长,开辟新的市场领地,同时对原有市场产生巨大的冲击,否则免费的产品很难形成市场规模并在未来获得发展机遇。

6. 间接收益

企业在市场运作中,虽然可以利用互联网实现低成本的扩张,但免费的产品还是需要不断地开发和研制,需要投入大量的资金和人力。因此,采用免费价格的产品(或服务)一般具有间接收益的特点,即它可帮助企业通过其他渠道获取收益。

【本章小结】

网络产品定价具有透明化、全球性、低价位、逆向化、弹性化的特点。影响企业网络营销定价的重要因素包括企业的定价目标、企业的成本、消费者的接受能力、竞争对手的定价水平等。网络营销定价程序一般包括以下几个步骤：①确定定价目标；②分析与测定市场需求；③计算或估计产品成本；④分析竞争对手的价格策略；⑤选择定价方法；⑥确定最终价格；⑦价格信息反馈。

网络营销定价的方法包括成本导向定价法、需求导向定价法和竞争导向定价法。

网络营销定价策略包括低价渗透性定价策略、个性化定制生产定价策略、使用定价策略、拍卖定价策略、心理定价、差别定价策略和免费定价策略。低价渗透性定价策略包括直接低价策略、折扣低价策略和促销低价策略，常用的心理定价策略有数字定价、声望定价、招徕定价。差别定价策略包括以顾客、地理位置、时间和产品为基础的四种策略。免费定价策略包括完全免费、限制免费和捆绑免费三种模式。限制免费模式又可以分为限定时间、限定特征、限定用户数和限定用户免费四种类别。

【关键词】

成本导向定价法　　　需求导向定价法　　　竞争导向定价法　　　低价渗透性定价
个性化定制生产定价　拍卖定价　　　　　　心理定价　　　　　　差别定价
免费定价　　　　　　完全免费定价　　　　限制免费定价　　　　捆绑免费定价

【问题思考】

1. 影响网络营销定价的重要因素有哪些？
2. 网络营销定价程序的步骤有哪些？
3. 网络营销定价的方法有哪些？
4. 网络营销定价的策略有哪些？每种策略各有哪些适用条件？

☆ 案例评析

制定隐形鞋柜的价格策略

梅娅是远创金属丝制品公司新任的消费品部市场经理，她现在最重要的任务是为隐形鞋柜——一种用金属丝绕成的、可以挂在门后以节省空间的鞋柜——制定价格。

远创金属丝制品公司是上海一家老牌金属制品公司，专门制造用金属丝缠绕成的工业品或消费品，包括最后的镀彩或镀金。创业13年以来，远创公司逐渐发展成一家年销售额达1200万元的稳定企业。一年以前，梅娅被任命为公司消费品部的市场经理。公司有两个主要部门：消费品部和工业品部。工业品部主要承接顾客的订单，生产他人品牌的产品；而消费品部则是设计和制造远创公司自己品牌的产品。梅娅的职责就是开发"自己"的产品并在市场上推广它们。

一年来，梅娅主持开发了几个新产品，如CD架、碟子架、可拆卸书架等。她负责的最重要的产品是隐形鞋柜，这种产品特别适合于面积狭小的住房，它挂在门后的隐蔽处，一个鞋柜可以放二十几双鞋子。确切地说，这并不是什么新产品。几年前，工业品部就为别的厂家生产过非常相似的产品。实际上，正是因为看到这种鞋柜销售量惊人，远创公司才对消费品市场跃跃欲试，并直接导致了独立的消费品部出现。

梅娅已经卖了几千个自己的鞋柜给当地的百货商场，现在她觉得有必要通过网络营销渠道进行销售并展开全力促销。同时，梅娅意识到，销售渠道策略和价格策略密不可分，两样她必须同时做出选择。事实上，在上海地区的试销是令人鼓舞的，这种隐蔽式的鞋柜非常适合上海普遍存在的狭小公寓和单元住房，而工业品部以前的经验也预示着一个潜力巨大的市场。

第八章 网络营销定价策略

梅娅估算了一下,在合理的产量下,每个鞋柜的成本是56元,同类产品的零售价在190到390元之间。销售和管理费用大概每年30万元,这已经包括了梅娅的工资和其他办公支出。她预计在未来可以陆续推出其他产品,但是在下一年,她希望这种鞋柜可以为消费品部带来大约一半的销售量。

问题:

1. 你觉得梅娅的定价目标是什么?
2. 梅娅应该采取什么样的网络营销定价方法?
3. 梅娅应该采取什么样的网络营销价格策略?这种鞋柜定价多少才比较合理?为什么?

☆ 实训专题

1.登录天猫,搜索某一品牌与规格的产品,了解其价格,然后分别登录京东、苏宁易购搜索同一品牌与规格的产品,比较各网上商店定价的高低和策略,并填入表8-1。

表8-1 网站价格策略比较

产品名称与规格		
网站	价格	定价策略
天猫		
京东		
苏宁易购		

2.访问钻石小鸟(http://www.zbird.com/),熟悉定制定价策略。

3.访问美团单车、青桔单车和哈啰单车APP,分析各自的使用定价策略。

第九章

网络营销渠道策略

☆ 学习目标

1. 理解网络营销渠道的概念及其与传统营销渠道的区别。
2. 理解网络直销的概念及其优缺点。
3. 理解网络间接销售的概念,了解网络中间商的选择及网络中间商的类型。
4. 了解网络营销渠道的设计理念。

☆ 引导案例

电商"野蛮突击"汽车销售,意味着营销渠道增多

2019年7月8日,就在海马汽车股份有限公司的新品海马8S新车高调上市的同时,其创始人景柱时隔17年后,再次出山为其产品上台。

值得注意的是,创业老兵景柱归队后,对海马汽车的营销模式进行了颠覆:在海马汽车第四次创业的全新模式中,摒弃传统汽车4S店模式,将会采用电商为核心打造汽车产品的新营销,没有中间商赚差价。

(一)摒弃传统4S店模式

事实上,传统的4S店运营模式局限于整车销售、售后服务、保险金融等业务。当前车市整体遇冷,汽车行业也从增量竞争进入了存量竞争的年代。在此背景下,传统4S店模式弊病百出。

基于此,海马汽车在新车发布会上强调,联手京东创造"新物种",颠覆传统汽车4S店模式,开辟全新互联网直卖模式,从产品到服务再到渠道创新等多方面展开突围,开启了轰轰烈烈的第四次创业。

此前海马汽车官网上,海马将其旗下产品分成三大类,包括海马汽车、福美来以及海马新能源,海马汽车、福美来代表了其中两大车系。除了产品定位不明以外,销售系统的混乱也使得其止步不前。

2018年初,海马汽车曾将其年销量目标定为18万辆,但最终来看,累计销量67 570辆,同比下降51.88%,仅完成年销量目标的37.5%。数据显然并不好看。

中国汽车流通协会副秘书长罗磊表示,在业绩销量不理想的情况下,海马汽车确实应该寻求调整,但重心还应放在产品、技术,以及海马整个体系的构造与自主创新能力上。

第九章
网络营销渠道策略

罗磊分析,海马汽车摒弃了4S店模式可能有它的原因。海马汽车在整个市场竞争中,它的品牌力非常弱,产品也非常弱,很多经销商做海马汽车都出现了大面积亏损,很多经销商就不愿意去做这样的品牌跟产品。

(二)电商"野蛮突击"

记者注意到,目前市面上不乏有车企摒弃传统的4S店模式,从而采用多元化的销售模式。

在记者走访过程中,佛山地区广汽新能源4S店的销售人员一直推荐记者下载广汽新能源APP,来了解车型并且可以直接下单购买。"我们推出一个车企APP,新车的产品系数都有具体介绍,价格都是线上线下统一的。店铺主要是体验为主。"与海马汽车销售人员表述不同的是,上述广汽新能源4S店的销售人员表示,购买广汽新能源的车通过APP下单,无法在4S店直接购买。

不过,记者梳理发现,传统自主车企在销售新能源车时,往往仍然采用自身已有的4S店渠道网络,仅有少部分传统车企以及造车新势力已经开始试验销售、服务分离的模式。例如拜腾、蔚来等品牌均采用了直营的模式,而威马采用利于品牌店面布局的合伙人模式,广汽新能源则采用颠覆传统4S店的"链接生活型"渠道终端新模式。上汽、广汽新能源等车企也在不断加强与天猫等电商平台的合作。

反观互联网模式不断入侵传统4S店的汽车销售模式,而传统车企和经销商之间的矛盾却愈加突出。据记者不完全梳理,力帆、广汽菲克Jeep、观致、宝沃汽车也爆发过经销商集体维权事件。

有车企经销商向记者透露,近年来,有边缘车企为了提高销量,大力推动经销商大量进车到店内。不少经销商的仓库里还有200多台车,最少的也有将近20台车。维权的经销商中亏损最多的高达100万元。"高库存的模式给我们的压力很大,而且经销商的店铺成本、人工成本也高。"上述经销商表示。

也有车企内部人士向记者直言,通常二线城市的4S店一年的租金高达300万元,成本非常高。特别是在互联网时代,由于消费者习惯的改变,4S店往往在效率上以及用户体验上有所弱化。

"新势力造车企业尝试用互联网的模式来实现销售,这是无可厚非的。"罗磊认为,新能源汽车本身跟传统汽车有很大的区别,最大区别在于复杂程度要远远低于传统汽车,可能不需要定期到店进行保养。

罗磊补充,新能源汽车尤其是电动车,可以做到对质量状况或者运行状况的监控,通过安装一些传感器会实时监控到每辆车每个终端的运行状况。不过,新势力造车企业不得不建若干个城市的体验中心,来满足消费者对新能源汽车的观感要求,包括试车体验。

电子商务研究中心特约研究员、新零售商业分析师云阳子则认为,因为汽车这类大笔交易需要售后服务,而且决策周期长,体验店是必然存在的,只不过我们可以通过电商把4S店进行一下优化。线上电商可以把各类汽车相关参数放上网,让消费者有个大概的了解,然后再去4S店体验,也可以直接在网上进行预订。对于车企来说是利好,意味着营销渠道增多,4S店可以更集中于体验和售后服务。

(资料来源 汽车销售迎电商"野蛮出击"海马景柱淘汰经销商体系?中国经营网,2019-7-12,有改动)

引导问题:

1.你对海马汽车此举有什么看法?

2. 传统 4S 店模式与电商模式有什么不同？各有什么优缺点？

第一节　网络营销渠道概述

一、网络营销渠道的概念

著名市场营销专家菲利普·科特勒（Philip Kotler）在《营销管理》一书中指出："营销渠道是指某产品或服务从生产者向消费者转移时，取得这种产品或服务的所有权或帮助转移其所有权的所有企业和个人。"营销渠道又叫作分销渠道，即产品从生产者向消费者转移所经过的通道，涉及信息沟通、资金转移及事物转移等。

网络营销渠道则指以互联网为通道实现商品或服务从生产者向消费者转移过程的具体路径。它通过提供时间、地点、销售形式、产品和服务，为最终消费者创造价值。

网络营销渠道使信息沟通由单向变成双向，信息呈现更加透明，从而增强生产者与消费者的直接联系。企业可以通过网络发布有关产品的各种信息，也可以快速获得消费者的反馈消息；而消费者也可以通过网络直接了解企业的产品或服务，并获得更好的购物体验，做出合理的购买决策。因此一个完善的网上销售渠道应该有三大功能：订货功能、结算功能及配送功能。

二、网络营销渠道 VS 传统营销渠道

传统的营销渠道是指某种商品或服务从生产者转向消费者时所经过的途径，它按有无中间商可以分为直接分销渠道和间接分销渠道。直接分销渠道是指生产者把商品卖给用户的营销渠道，凡包括一个或一个以上中间商的营销渠道为间接分销渠道，如图 9-1 所示。

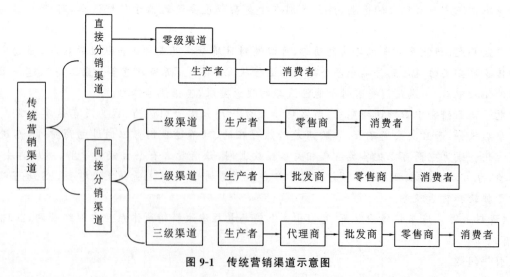

图 9-1　传统营销渠道示意图

网络营销渠道也可以分为直接和间接渠道,但与传统营销渠道相比简单很多,如图 9-2 所示。

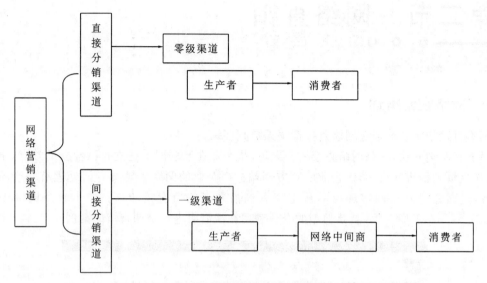

图 9-2　网络营销渠道示意图

网络营销的直接分销渠道也是零级分销渠道,但它的间接分销渠道也只有一级,即只有一个网络中间商来沟通买卖双方的信息,而不存在多个批发商和零售商的情况。

另外,传统营销渠道的作用是单一的,它只是把商品从生产者向消费者转移的一个通道。从广告和其他媒体获得商品信息的消费者,通过直接或间接的分销渠道买到自己所需要的商品,除此之外,消费者没有从渠道中得到任何其他的东西。这种营销渠道的畅通,一方面靠的是产品自身的品质;另一方面则主要依赖于广告宣传和资金流转的情况。

而对于网络营销渠道而言,它既是产品或服务相关信息发布的渠道,也是在线销售产品、提供服务的快捷途径,甚至可以作为企业间洽谈业务、开展商务活动的场所,以及对客户进行技术培训和售后的地方。

所以,企业是否开展网络营销,不仅仅是标志着一个企业的信息化水平和现代化程度,更重要的是网络营销能够给企业带来非常多的好处。

三、网络营销渠道的类型

在传统营销渠道中,中间商是营销渠道中的重要组成部分。中间商能凭借其业务往来关系、经验、专业化和规模经营给公司提供高于设立自营商店所能获取的利润,在广泛提供产品和进入目标市场方面发挥最高的效率。但是互联网的发展和商业应用改变了过去传统营销渠道的结构。网络营销渠道尽可能是短渠道,它根据是否有中间商参与交换活动分为网络直销、网络间接销售两大类。

第二节 网络直销

一、网络直销概述

网络直销指生产商通过网络直接销售渠道直接销售产品。

目前有两类做法,一是网络直接销售渠道,指企业在互联网上建立自己独立的站点,申请域名,制作主页和销售网页,形成企业的官方网站。由企业的网络管理员专门处理有关产品的销售事务,进而通过互联网实现商品从生产者到消费者的所有权转移。如小米商城(https://www.mi.com/,见图9-3),就是典型的企业利用在线商店进行全球直销的案例。

图9-3 小米商城

第二种被称为网络直复营销渠道,指企业委托网络信息服务商在网站上发布相关信息,并利用有关信息与客户联系,进而直接销售产品。虽然在这一过程中有网络信息服务商参与进来,但主要的销售活动仍然是在买卖双方之间完成。传统的直复营销渠道是借助电视、电话、邮寄商品目录等途径实现商品销售。随着互联网技术,尤其是移动互联网技术在信息传播和支付工具方面的应用,直复营销渠道的中介途径得到极大的扩展,比如各种社交媒体、短视频、订阅号、APP、小程序等,销售的个性化和即时性特征也得到充分体现。

二、网络直销的优缺点

(一)网络直销的优点

第一,生产者能够直接接触消费者,获得第一手的资料,开展有效的营销活动;第二,减少了流通环节,给买卖双方都节约了费用,产生了经济效益;第三,企业能够利用网络工具直接联系消费者,及时了解用户对产品的意见、要求和建议,从而使企业能有针对性地对顾客提供技术服务,解决问题,提高产品和服务的质量,并改善企业的经营管理。

(二)网络直销的缺点

当然,网络直销也有其自身的缺点。第一,自建直销渠道的成本高。合理利用现有的网购平台应该是直销企业的首选,同时也必须培养一个相应的网店运营团队。第二,目前互联网网购流量都集中在一些大的中介平台上,很多企业和商家自建的网站访问者寥寥,知名度不够,营销数额不大。第三,人才瓶颈明显。生产型企业在自销产品的时候,必须承担线上的工作,这样会加重生产者的工作负担,分散生产者的精力。生产型企业利用自身力量去拓展市场,绝对不如利用中间商资源拓展市场更有力度。

第三节 网络间接销售

一、网络间接销售概述

为了克服网络直销的缺点,网络中间商应运而生。中间商(中介机构)成为连接买卖双方的枢纽,使网络间接销售成为可能。

网络间接销售是指生产者利用网上中间商将商品供应给消费者或用户,中介机构介入交换活动。它根据网络中间商是否拥有商品所有权进一步细分为网络销售代理和网络佣金代理两种,这一点与传统渠道代理商的划分标准相同。

从经济学的角度分析,网络中间商的存在之所以成为必然,有以下几个原因。

(一)网络中间商简化了市场交易过程

如果在生产者和消费者之间增加一个中介机构,发挥商品交易结构集中、平衡和扩散三大功能,则每个生产者只需要通过一个途径(中介机构)与消费者发生交易关系,每个消费者也只需通过同一个途径与生产者发生交易关系。由此可见,中间商的存在,大大简化了交易过程。

(二)网络中间商使交易活动常规化

在传统的交易活动中,价格、数量、运输方式、交货时间和地点、支付方式等,每一个条件和环节都有可能使交易失败。如果这些变量能够在一定条件下常规化,交易成本就会显著降低,从而有效提高交易的成功率。

互联网的特性使得中间商可以全天候运转,避免了时间上和时差上的限制,买卖双方的意愿通过固定的表单统一和规范地表达;中间商所属的配送中心分散在全国各地,可以最大限度地减少运输费用;网络交易严密的支付程序,使买卖双方彼此增加了信任感。这些规范化的过程减少了交易过程中大量的不确定因素。

(三)网络中间商使买卖双方的信息收集过程更方便

在传统的交易中,买卖双方都被卷入一个双向的信息收集过程。这种信息搜寻既要付出费用,也要承担一定的风险。网络中间商的出现改变了这种状况,为信息的收集过程提供了便利。

实际上,网络中间商本身就是一个巨大的数据中心,它可能聚集了全国乃至全世界的众多厂家,也汇集了成千上万种商品,方便消费者从不同的角度进行检索。

二、网络中间商的选择

在筛选网络营销中间商时,必须考虑成本(cost)、信用(credit)、覆盖(coverage)、特色(character)、连续性(continuity),简称"5C"。

(一)成本

成本是指使用中间商信息服务的支出。这种支出可分为两类:一类是在中间商网络服务站建立主页或者店铺的费用;另一类是维持正常运行的费用。在两类费用中,维持费用是经常的,不同的中间商之间有较大的差别。

(二)信用

信用指中间商具有的信用程度。相对于其他基本建设投资来说,建立一个网络服务站所需的投资并不大,因此,网络中间商就犹如雨后春笋般地出现。目前我国还没有权威性的认证机构对这些服务商进行认证,因此在选择中间商时应注意它们的信用程度。

(三)覆盖

覆盖是指网络宣传所能波及的地区和人数,即网络站点所能影响的市场区域。对于企业来讲,站点覆盖并非越广越好,还要看市场覆盖面是否合理、有效,是否适合自己的产品与服务,是否最终能带来经济效益。

(四)特色

每个中间商都有其自己的特色,因而具有不同的访问群,也就是目标客户群体。因此企业应该研究这些目标客户群体的特点、购买渠道和购买频率,做出慎重的选择。

(五)连续性

一个企业想要使网络营销持续稳定地运行,就必须选择具有持续性的中间商,这样才能在用户或消费者心中建立品牌信誉和服务信誉。

除此之外,中间商总体规模、财力、文化素质、服务态度、工作精神等各方面因素也需要考虑。对于从事网络营销活动的企业来说,必须要熟悉、研究国内外网络营销中间商的类型、业务性质、功能、特点及其他有关情况,确保正确地选择网络营销中间商,顺利完成从生产者到消费者的整个转移过程。

三、网络中间商类型

随着电子商务的日益盛行,在互联网上出现了越来越多的新型网络中间商,因为这些中间商是在网络市场中为用户提供中介服务功能,所以也被称为电子中间商。在互联网上出现的新型网络中间商经过细分,主要有以下几种类型。但是,随着电子商务的发展,许多网络中间商已经不单单是某一种细分的中间商角色,而是综合了好几种类型于一体,比如淘宝、天猫、京东等,都兼具了下面好几种类型的功能。

(一)网络零售商

如同传统零售商一样,网络零售商通过购进各种各样的商品,然后再把这些商品直接销售给最终消费者，从中赚取差价。由于在网上开店的费用很低，因而网上零售商店的固定成本显著低于同等规模的传统零售商店，另外由于网上零售商店的每一笔业务都是通过计算机自动处理完成的，节约了大量的人力，使零售业从原来的劳动密集型行业转变为技术密集型行业，并使网上零售商店的可变成本也显著低于同等规模的传统零售商店。比如图 9-4 所示的朴朴超市 APP，就是网络生鲜零售商，没有实体店，在社区周边开设小型独立仓库，用来周转、储存、分拣商品。其客流主要来源于朴朴超市 APP 和朴朴超市小程序。

再比如图 9-5 所示的网易严选 APP，网易严选秉承网易一贯的严谨态度，深入世界各地，与全球最优质的供应商进行合作，目前已覆盖 10 大品类。从挖掘消费需求出发，按需定制，全程参与把控工艺生产环节，为消费者提供好价格、好商品和好服务的优质体验。

图 9-4　朴朴超市 APP

图 9-5　网易严选 APP

（二）虚拟商城类

虚拟商城是指包含两个及两个以上的商业性站点链接的网站。虚拟商城为需要加入的厂商或者零售商提供建设和开发网站的服务，并收取相应的费用，如租用服务器的租金、销售收入的提成或收取服务年费等。现在许多大型的网站都建立了网络商城，可以分为以下几个类别。

1. B2C/B2B/C2C 类

这类渠道是我们最耳熟能详的一类，尤其是 B2C 类综合商城，淘宝、天猫、京东、唯品会、苏宁易购等，我们日常生活中可能都有在这些平台上购物的经验；B2B 类分为综合 B2B 和垂直 B2B 平台，综合类的有阿里巴巴（见图 9-6）、慧聪等，垂直类的有找塑料网、找钢网等；C2C 类的有闲鱼和一些拍卖站点等。

2. 银行及第三方支付商城类

各大银行设立的平台，比如招商银行网上商城、工商银行网上商城、交通银行网上商城、建

图 9-6　阿里巴巴采购批发平台（https://www.1688.com/）

设银行网上商城（见图 9-7）等。除了网上银行支付，还有一些第三方支付平台，以其庞大的用户量也完全可以成为企业的销售渠道，比如腾讯财付通商城渠道、支付宝商城渠道等。

图 9-7　中国建设银行网上商城（https://buy.ccb.com/）

3. 门户商城类

门户网站旗下的线上商城，比如腾讯 QQ 会员商城、QQ 返利商城、新浪商城、搜狐商城、网易购物返现商城等（见图 9-8）。

4. 运营商商城类

随着移动互联网兴起及移动支付的普及，移动运营商也开始设立自己的商城体系，比如中国移动积分商城（见图 9-9）、中国联通积分商城、中国电信商城等。

第九章

网络营销渠道策略

图9-8 腾讯官方周边商城（https://mall.qq.com/）

图9-9 中国移动积分商城（https://jf.10086.cn/）

5. 积分商城类

积分商城的"积分"概念，指的是用户（更多指的是经过注册验证的用户）在消费后获得的一种奖励，从而实现客户关怀、客户忠诚度提升的目的。积分商城的"商城"概念，除了有传统常见的商家聚集成市的意思，更多指的是以基于互联网环境的电子支付、快递等工具进行交易的网络门店。积分是商城推出的一种会员奖励计划。商城内所有商品都参与积分返利活动，用户获得的积分可以在商城购物中直接作为现金抵用，购买商城内的商品。比如平安壹钱包（见图9-10）、网易邮箱积分商城、携程特约商户等。

（三）购物搜索渠道

随着电子商务在全球范围内的飞速发展，网上的商业信息正以指数级增长，面对网上浩瀚

图 9-10　平安壹钱包（https://www.yqb.com/mall/）

的信息，消费者不得不花费更多的时间和精力进行筛选和处理。智能代理（intelligent agent）就是利用专门的技术，根据消费者的偏好和要求预先为消费者自动进行所需信息的搜索和过滤服务。比如一淘、什么值得买（见图9-11）、聪明点、返利网、易购网、特价王、askyaya等。

图 9-11　什么值得买（https://www.smzdm.com/）

（四）网站导航渠道

网站导航渠道是对互联网上的网站进行分类并整理成目录的形式，使用户从中能够方便地找到需要的网站。比如360导航、hao123、265、114啦（见图9-12）购物频道等。

（五）互联网内容提供商

互联网内容提供商即在互联网上向目标客户群提供所需信息的服务提供者。这类站点提供了访问者感兴趣的大量信息，目前互联网上的大部分社交类、短视频类网站都属于这种类型（见图9-13）。现在大多数互联网内容提供商的信息服务对网络浏览者是免费提供的，其预期的

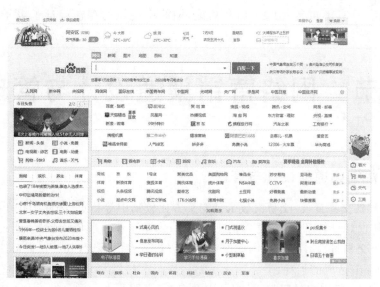

图 9-12　114 啦网址导航（https://www.114la.com/）

收益主要有以下几方面的来源：在互联网上向使用者免费提供信息内容，以促进传统信息媒介的销售，向需要进行信息传播者收取费用；降低信息传播的成本，从而可以提高利润率；为其他网络商家提供广告空间，并收取一定的广告费或销售提成。

图 9-13　哔哩哔哩网站 up 主（https://www.bilibili.com/）

（六）网络金融机构

交易的完成还需要得到金融机构的支持，例如网上交易过程中的信贷、支付、结算、转账等金融业务，网络金融机构就是为网络交易提供专业性金融服务的金融机构，现在国内外有许多只经营网络金融业务的网络银行，大部分的传统银行开设了网上业务，特别是近年来还出现不少第三方网络支付企业专门代理进行网络交易的支付业务，为网络交易提供专业性金融服务。

综上所述，电子商务的发展对中间商提出了更高的要求，传统意义上的中间商必须向网络中间商转型，以适应电子商务环境的要求。网络中间商使厂商和消费者之间的信息不对称程度明显降低，提高了网络交易的效率和质量，增加了网络市场的透明度，在电子商务的价值链中扮演着重要的角色,具有不可替代的作用和功能,网络中间商的存在促进了电子商务的应用和发展。

第四节 网络营销渠道设计与管理

一、网络营销渠道的设计与管理

由于 B2B 具备交易量大、交易次数少且购买方比较集中等特点,因此 B2B 市场中网络渠道建设的关键是建设好订货系统,方便企业进行选择;由于企业一般信用较好,通过网上结算比较简单。另外由于交易量大、次数少,因此配送时可以进行专门运送,既可以保证速度也可以保证质量,减少中间环节造成的损耗。

在 B2C 市场上,每次交易量较小,交易次数多,而且购买者非常分散,因此 B2C 市场中网络渠道建设的关键是结算系统和配送系统,这也是目前网上购物必须要面对的问题。由于国内的消费者信用机制还没有建立起来,加之缺少专业配送体系,因此开展网上购物活动时,特别是面对大众购物时必须解决好这两个环节才有可能获得成功。

在网络营销渠道方式中,企业把整个营销渠道运作过程看作一个系统,以消费者或用户需求为出发点,从增强营销过程的整体性和系统性,减少环节之间的障碍、矛盾与风险的角度出发,达到降低运营成本,提高营销效率和客户满意度的目的。

基于以上的考虑,网络营销渠道的设计更加需要注重观念的创新、运行组织与机制的创新,还有技术手段的创新。

在具体建设网络营销渠道时,还需要考虑以下几个方面的问题。

(一)从消费者的角度设计渠道

只有采用消费者比较放心、容易接受的方式来建设网络营销渠道才有可能吸引消费者网上购物。网络营销中渠道管理的首要因素应该是时间,网上购物的时间概念不再是以分钟来计算,而是以秒来计算的。在网上操作,3 秒的等待就已经令人难以忍受了。所以进行网上销售的企业必须使自己的信息反馈系统快捷而准确。只有这样才能保证渠道的畅通,提高消费者的满意度。

(二)购买过程要简单明了

设计购买或订货系统时,要简单明了,不要让消费者填写太多信息。在购物结束后,一次性进行结算。另外,订货系统还应该提供商品搜索和分类查找的功能,方便消费者在最短的时间找到需要的商品,同时还应提供商品详情信息。

(三)尽量提供多种支付结算方式

在选择结算方式时,应考虑到目前实际发展状况,应尽量提供多种方式方便消费者选择,同时还要考虑网上结算的安全性。

(四)建立完善的物流配送体系

消费者最关心的还是商品是否能快速、准确且完好地到达手中,因此建立快速有效的物流服务体系是非常重要的。

二、O2O渠道模式

O2O（online to offline），是指将线下的销售渠道与互联网结合，只要产业链既涉及线上，又涉及线下，就可通称为O2O。O2O渠道模式可以有以下三种类型。

（一）O2O线上线下初步对接

主要是利用线上推广的便捷性等优势把相关的用户集中起来，然后把线上的流量引入线下。例如，以美团为代表的线上团购和促销。这个过程具有单向性和黏性较低的特点，平台和用户的互动较少，基本上以交易的完成为终结点。用户更多是受价格等因素驱动，购买和消费频率等也相对较低。

（二）服务升级模式

服务升级模式即把线下的服务通过线上出售、购买、交易、点评形成的新商业模式。由于传统的服务行业一直处在一个低效且劳动力消化不足的状态，在新模式的推动和资本的催化下，上门送餐、上门生鲜、上门化妆、滴滴打车等各种O2O模式开始层出不穷。移动终端、微信支付、数据算法等环节的成熟，加上资本的催化，使用户数量出现了井喷，使用频率和忠诚度开始上升，O2O与用户的日常生活融合，成为生活中不可缺少的一部分。

（三）第三方服务公司参与运营，形成垂直细分领域的平台化模式

例如"饿了么"从早先的外卖服务到后来开放的蜂鸟系统，开始正式对接第三方团队和众包物流。以加盟商为主体，以自营配送为模板和运营中心，通过众包合作解决长尾订单的方式运行。配送品类包括生鲜、商超产品甚至一些生活服务类项目，实现平台化经营。

从表面上看，O2O的关键似乎是网络上的信息发布，只有互联网才能把商家信息传播得更快更广，可以瞬间聚集强大的消费能力。但实际上，O2O的核心在于在线支付。通过O2O模式，将线下商品及服务进行展示，并提供在线支付"预约消费"，这对于消费者来说，不仅拓宽了选择的余地，还可以通过线上对比从而选择最令人期待的服务。二维码、移动支付等支付技术和工具的不断涌现，为消费者解决了不少的支出成本，更促进了O2O模式的快速发展。

O2O的优势在于把网上与网下的优势完美结合，让消费者在享受线上优惠价格和信息速递的同时，又可享受线下贴心的服务。同时，O2O模式还可实现不同商家的联盟。了解多种线上和线下渠道的优势，对不同的目标消费者运用差异化的特色渠道，合理整合渠道优势，以实现全渠道的消费者聚合，甚至通过平台的企业联盟来获取顾客终身价值，这是企业管理营销渠道面临的极大挑战。

【本章小结】

网络营销渠道指以互联网为通道实现商品或服务从生产者向消费者转移过程的具体路径。网络营销渠道相比于传统营销渠道而言，突破了地理空间的局限，也减少了人为影响的因素，具有其独特的优势特点。

网络营销渠道可以分为网络直销和网络间接销售两大类。本章介绍了网络直销的概念及其优缺点、网络间接销售的概念以及网络中间商的选择和网络中间商的类型。

最后一部分对网络营销渠道的设计，尤其是O2O渠道模式的设计做了简要概述。

网络营销与推广——理论、策略和实践

【关键词】

网络营销渠道　网络直销　网络间接销售　网络中间商
网络渠道设计　网络渠道管理　O2O渠道模式

【问题思考】

1. 网络营销渠道有什么特点？与传统营销渠道有何不同？
2. 网络营销渠道有哪些类型？
3. 网络间接销售渠道中如何选择网络中间商？
4. 企业如何进行网络营销渠道的设计与管理？
5. O2O渠道模式包括哪些类型？

☆ 案例评析

分销大火，众多企业"磨刀霍霍"

近些年异军突起，甚至改变整个电商行业格局的，当属拼多多。拼多多崛起的商业模式核心词为"拼团砍价"——通过同一个圈层的用户快速扩散，由此形成依赖于熟人社交链的电商策略。而就近段时间来看，以"分享+普惠"为核心词的电商分销模式，正在加速流行。

在分销模式中，普通消费者可轻松成为"掌柜""卖家"等。他们通过分享企业的产品，来从中盈利。换句话说，消费者不再只是被动的购买者，而是成为主导者，有了更多的参与感。据悉，肯德基、七匹狼等企业都在试水分销，甚至部分电商平台也尝试在分销层面发力。为此，分享模式正在成为社交电商的又一主阵地。在强化消费者的参与感后，它正在让社交电商迈向一个新阶段。

打开"肯德基口袋炸鸡店"这一小程序，每个人都能通过这款小程序自由开店。而在将店内的肯德基特价产品销售出去后，开店的店主就能获得相应奖励——比如奖励红包、咖啡电子优惠券等。目前排行榜上人气最高的店是"明星店"，每个明星的带货能力都不错，动辄有数十万的销量。里面的产品有些还是很划算的，"肯德基口袋炸鸡店"算是一种很明显的分享模式了。

此外，七匹狼在2019年5月底正式上线"小七快赚"自营小程序。人们可通过绑定手机号成为七匹狼的分销商，并赚取佣金。赚取佣金的方式主要有三种：总佣金比例占商品售价的10%~40%；直接分享商品给他人，他人成功交易，"我"能赚佣金（占总佣金的7成）；发展下级，下级卖货，"我"也能赚取佣金（占总佣金的3成）。通过灵活制定的抽佣政策，七匹狼的分销做得还算不错。上线4天后会员数量突破10 000位，合伙人数达到5 818位。

大火的分销模式，正在让众多企业"磨刀霍霍"。通过分销模式，企业正在颠覆与消费者之间的传统交易模式，也在深度革新自身的运营思维，有望吸引社会全员参与其中。

除了上面提到的快餐、服装等行业的企业，就连电商巨头也按捺不住要在分销领域中分一杯羹。就在2019年5月下旬，部分淘宝的活跃分享用户收到一份来自淘宝的"淘小铺"邀约码，填写邀约码后就能开通新类型店铺——淘小铺。据官方介绍，淘小铺依托于阿里生态背景，基于现有淘宝消费者社区，通过整合多方优质供应链，让普通消费者轻松成为掌柜。成为掌柜后可自由进行优质货品的选择，分享商品售出后即可获得相应比例的收益。特色是有官方背书，人们无须承担发货和售后工作，进而实现真正的"一键创业"。

第九章
网络营销渠道策略

在众多企业和电商平台的合力下,分销模式俨然已经有了成为"当红炸子鸡"的潜力。在分销模式中,人们既是消费者,又可以成为主导者,进而实现收益与消费的双赢。这样一来,消费者在分销模式中的参与感就会大幅提升。而随着参与感的提升,消费者的动力也会随之大增,有望让分销迅速落地。值得一提的是,分销模式与消费者的信任度直接挂钩,因此商品基本上都有品质保障——这也让其展现出与拼团模式不同的一面。

从另一个角度看,分销模式或许与社交电商的本质更加契合:每个人都是主角和中心。随着分销模式的进一步扩张,其有望成为社交电商的新着力点。

目前,分销模式还在试水更多元的玩法。比如"肯德基口袋炸鸡店"之前就与《青春有你》展开合作,消费者可助力训练生开店,通过转发等形式支持自己喜欢的训练生,甚至还能帮助他们拥有线下专属的主题店。此外,七匹狼通过"小七快赚"也不仅仅是销售商品,更多的是希望打破服装行业的界限,对自身品牌形象进行宣传和推广。

可以预见的是,分销模式未来将衍生出更多具有可操作性的新策略。而依托于分销模式中的社交元素,企业能够借机实现多元裂变,不断尝试更多可能性。

(资料来源 从肯德基、七匹狼试水分销看社交电商的未来?康斯坦丁,2019-6-18,有改动)

问题:

1. 案例中体现的分销玩法是属于网络直销还是网络间接销售?
2. 结合自身体验,谈谈你对这种社交分销玩法的看法。

☆ 实训专题

1. 试找到一家进入电商领域的传统企业,比如特步等,分析传统企业是如何平衡线上和线下的销售渠道的。
2. 任选一个企业,试分析其当前的网络营销渠道策略,总结其优缺点,并给出你的对策和建议。

第十章 网络促销策略

☆ 学习目标

1. 了解网络促销的概念、特点及其分类。
2. 掌握网络促销的实施程序。
3. 掌握网络广告的特征、分类、计费模式和效果评估。
4. 了解网络公关的概念及公关策略。
5. 了解网络站点推广的概念及方法。
6. 了解网络销售促进的概念及方法。

☆ 引导案例

为挽救销量,"高冷"的苹果也加入"618"大促销

为挽救不断下滑的销量,一贯高冷的苹果也加入了"618"狂欢节,给出了有史以来最低折扣价。

2020年6月,苹果首次以官方形式参与国内"618"的折扣活动,被视作"618"狂欢节的标志。在优惠活动上,苹果天猫官方旗舰店 iPhone 11 等全线产品支持跨店满减并提供 150 元会场优惠券,相当于全场8折起。在平台补贴情况下,苹果全线产品在天猫或将达到全球官网最低价。

据天猫方面披露的数据,6月1日零点后仅用5小时,iPhone 在天猫的成交额超过5亿元,规模相当于 iPhone 在中国市场一天的成交情况。

同样,在京东平台上苹果的折扣力度也很大。其中,iPhone 11 64GB 的售价为 4 599 元,iPhone 11 Pro 的售价为 6 999 元,iPhone 11 Pro Max 的售价为 7 499 元。按照当前折扣计算,京东平台上的 iPhone 11 Pro Max 比原价低 21% 以上。iPhone SE 目前的销售价格为 3 069 元,低于最初的 3 199 元。

但值得注意的是,苹果的官方旗舰店和线下门店都未参与"618"折扣。此前,苹果对第三方卖家的价格控制十分严格,虽然第三方卖家会对苹果产品进行优惠活动,定价会更灵活,但官方亲自下场、折扣力度这么大的活动还是少有。

由此可见,受到销量下滑和疫情的双重影响,苹果不得不把希望寄托在已经从疫情中恢复的中国市场上。

据市场研究公司 Gartner 发布的最新数据,2020年第一季度全球智能手机销量同比下降了

20.2%，其中苹果的 iPhone 销量同比下降了约 8.2%。

由于苹果没有披露其任何硬件产品的单位出货量，因此来自 Gartner 研究公司的数据是基于供应链的"销售流通"和市场研究等指标。Gartner 估计苹果 2020 年第一季度 iPhone 出货量为 4 090 万部，低于去年同期的 4 457 万部。

Gartner 分析师称，疫情带来全球智能手机市场有史以来最严重的下滑，中国工厂暂时关闭使得大多数中国制造商和苹果都受到了严重影响。而且，由于全球封锁隔离政策，消费者也控制了不必要的支出。

随着中国从疫情中逐渐恢复，3 月中旬苹果门店开始重新营业，低迷的销量也开始回暖。特别是 4 月，在全球苹果销量锐减的情况下，国内 iPhone 销量达到 390 万部，环比增长 160%。

而海外情况比较严峻。一方面，以美国为例，直到 5 月底苹果才重新开放美国近 20 个州的 100 家商店。另一方面，伴随着美国各州的抗议游行活动，全美已经有多家苹果门店被洗劫一空。

（资料来源　为挽救销量，"高冷"的苹果也加入了"618"大促了．钛媒体，2020-6-2，有改动）

引导问题：

1. 谈谈你对苹果参加线上"618"促销活动的看法。
2. 网络促销与传统促销相比，有什么特点？哪些类型的产品更适合做网络促销？

第一节　网络促销概述

一、网络促销的概念及特点

促销(promotion)是指卖方向消费者或用户传递产品与服务信息的一系列宣传说服活动。企业通过这一系列活动，帮助目标顾客认识、了解产品及服务的特点和功能，引起顾客的注意和兴趣，激发顾客的购买欲望和购买行为，从而实现促进扩大销售的目标。促销的本质其实是与现有的和潜在的客户保持持续有效的沟通。

网络促销则指利用现代信息技术手段向网络市场传递有关产品信息，以刺激需求，引起消费者购买欲望和购买行为的各种活动。和传统促销一样，网络促销的核心问题也是如何为消费者提供具有价值诱因的商品信息以吸引消费者。

网络促销主要有以下三个特点。

(一) 现代网络技术与信息技术的支撑

网络促销实现的基础是网络技术和信息通信技术的发展完善。因此实施网络促销不仅要熟悉传统营销的知识和方法，而且需要掌握相应的信息与现代通信技术的手段和技能。

(二) 不受时间和空间限制

网络促销活动是在虚拟市场中进行，虚拟市场的载体是互联网，网上目标客户群体不受时间、空间限制，具有广泛性，促销人员一定要转变观念，突破传统思维，能够利用互联网思维客观地与虚拟市场的目标客户进行信息的沟通。

(三)具有全球性

互联网把所有的企业推向了一个统一的全球性市场,这是一个聚集了不同种族的人群、融合了多种文化成分的虚拟网络。所以企业一定要能够在这种多元文化的环境下,运用网络技术,针对性地从事促销活动。

传统促销主要有广告、销售促进、宣传推广和人员推销 4 种方式。网络促销是在网上开展的,相应的形式也有 4 种:网络广告、网络站点推广、网络公关和促销活动。其中网络广告和站点推广是主要的网络促销形式,目前网络广告已经形成了一个很有影响力的产业市场,因此大部分企业首选的促销形式就是网络广告。我们在本章后续小节中会详细讲解网络促销的各种形式。

二、网络促销的作用

目标客户购买行为的产生,有其自己的"内因",促销只是"外因"。因而促销的作用是催化、加速、促成和激励。其作用概括起来主要表现在以下 5 个方面。

(一)告知功能

企业提供各种促销形式,能够把企业的产品、服务、价格、理念等信息通过互联网传递给目标消费者,引起他们的注意,同时有助于消费者对产品的认识和记忆,增强购买意愿。

(二)说服功能

网络促销的目的在于突出本产品不同于竞争者产品的特点,通过各种有效的方式,解除目标消费者对产品或服务的疑虑,说服其坚定购买的决心,以扩大企业产品的销售。

(三)反馈功能

网络促销能及时地收集和汇总顾客的需求和意见,迅速反馈给企业管理层。这些需求和意见比较接近客户的真实感受,对企业经营决策具有较大的参考价值。

(四)创造需求

网络促销活动是一种心理战略和战术的促销活动,如果运作良好,不仅可以诱导需求,而且可以创造需求,挖掘潜在消费者,扩大销售量。特别是对新生事物感兴趣的网络客户群体,更容易被引导。

(五)稳定销售

在企业产品销售量波动较大、市场地位不稳的情况下,通过适当的网络促销活动,树立良好的产品形象和企业形象,往往有可能改变消费者对企业及产品的认识,提高产品知名度和用户对企业的忠诚度,达到锁定用户、实现稳定销售的目的。

三、网络促销的实施

企业在实施网络促销之前,首先要深入了解产品信息在网络上传播的特点,分析网络信息的接收对象,然后设定合理的网络促销目标,通过科学的实施程序,达到扩大销售的目的。

网络促销的实施程序可以分为以下几个步骤。

(一)确定网络促销对象

网销促销对象是针对可能在互联网上产生购买行为的消费者群体提出的。对企业来说,除了要明确自己的目标市场外,还要考虑其他相关的影响人员:

(1)产品的购买者。这里指实际购买产品的人。在有些情况下,产品的购买者和使用者不是同一个人,比如哥哥帮弟弟买玩具,这里的使用者是弟弟,但是购买者是哥哥。

(2)产品的使用者,指实际使用或消费产品的人。实际需求构成了这些消费者需要购买的直接动因。抓住了这部分消费者,网络销售就有了稳定的市场。

(3)产品购买的决策者。这里指实际决定购买产品的人。一般情况下,产品的使用者、决策者和购买者是一致的,特别是在线上环境下。因为大多数网上消费者都有独立的决策能力,也有一定的经济收入。但有些情况下,这三者可能是不一致的,也有可能其中两种和另一种角色是不一致的。比如上面的例子中,哥哥帮还是婴儿的弟弟买玩具,但是购买的决策者可能是婴儿的母亲或其他相关的成年人。所以,网络促销同样应当把购买决策者放在重要的位置上。

(4)产品购买的影响者。这里指对最终购买决策者可以产生一定影响的人。

(二)设计网络促销内容

网络促销的最终目的是希望产生购买行为,这是需要通过设计具体的信息内容来实现的。消费者的购买过程是一个复杂的、多阶段的过程,促销内容应该根据购买者目前所处的购买决策过程的不同阶段和产品所处的生命周期的不同阶段来决定。

(三)决定网络促销组合方式

所谓网络促销组合是指将网络促销的各种工具和方法,如网络广告、站点促销、网络公关及各种促销活动有效地整合,以实现整体促销效果的企业营销活动过程。企业开展网络促销组合时,应充分考虑产品类型、企业促销的目标、市场特点、顾客不同的购买阶段以及产品生命周期等因素,扬长避短,合理组合,以达到最佳的促销效果。

(四)制定网络促销预算方案

在网络促销实施的过程中,使企业感到最困难的地方是预算方案的制定。我们需要做到以下几点,才可能用有限的精力和有限的资金收到尽可能好的效果。一是必须明确网上的促销方法及组合方法。因为选择不同的方法和宣传渠道,价格也会不同。二是需要确定网络促销的目标。根据目标来策划投放内容的多少,包括文案的数量、图形的多少、色彩的复杂程度,投放时间的长短、频率和密度,广告宣传的位置、内容更换的时间间隔以及效果检测的方法等。三是需要明确目标用户群体。企业促销人员应当熟知自己产品的销售对象和销售范围,根据自己的产品选择适当的促销形式。

(五)衡量网络促销效果

最后我们需要对已经执行的促销内容进行评价,衡量一下促销的实际效果是否达到了预期的促销目标。充分利用互联网上的统计软件,及时对促销活动的好坏做出统计。效果评价要建立在对实际效果全面调查的基础上,通过调查市场占有率的变化情况、商品销量的增加情况、利润的变化情况、促销成本的降低情况,判断促销决策是否正确。同时,还应注意促销对象、促销内容、促销组合等方面与促销效果的因果分析,从中对整个促销工作做出正确的评价。

(六)网络促销过程的综合管理和协调

网络促销的成功必须依赖科学的管理方法。在衡量网络促销效果的基础上,对偏离预期促销目标的活动进行调整是保证促销取得最佳效果必不可少的程序。同时,在促销实施过程中,不断地进行信息沟通和协调,也是保证企业促销连续性、统一性的需要。

第二节 网络广告

一、网络广告的概念与特征

广告是确定的广告主以付费方式运用大众传媒劝说公众的一种信息传播活动。网络广告就是广告主以付费方式运用网络劝说公众的一种信息传播活动。简而言之,网络广告就是在 Internet 或 Web 上发布、传播的广告。

网络广告的五大要素为广告主、广告费用、广告媒体投放、广告受众及广告信息。这五个方面缺一不可。

传统的广告媒体,包括电视、广告、报纸、杂志四大大众媒体,都只能单向交流,强制性地在某一区域发布广告信息,受众只能被动地接收,不能做出及时、准确的反应。网络广告则由于具有更多技术的成分,因此也具有与传统广告不同的特点。

网络广告具备交互性、互动性、实时性、广泛性、可测量性、针对性、形式多样性、迅捷性等,还具备一定的价格优势。

二、网络广告的分类

网络广告的常用形式如下。

(一)品牌图形广告

品牌图形广告是网络硬广告最常见的表现形式之一,并且也是占市场份额最大的网络硬广告形式。它主要投放在综合门户网站、垂直类专业网站上,其作用是增强品牌广告的曝光率。品牌图形广告主要包括横幅广告(banner)、按钮广告(button)、鼠标感应弹出框、浮动标识/流媒体广告(moving icon & new flash layer)、画中画(PIP)、摩天大楼(sky scraper)、通栏广告(full column)、插屏广告(interstitial)、对联广告(bi-skyscraper)、视窗广告(pop-up window)、导航条广告(OOQA)、焦点图广告(focus picture,见图10-1)、弹出窗口(pop up)和背投广告(super pop under)等形式。

其中横幅广告称呼较多,如全幅广告、条幅广告、旗帜广告、网幅广告等,是以 GIF、JPG 等格式建立的图像文件,定位在网页中,大多用来表现广告内容,同时还可以使用 Java 等语言使其产生交互性,用 Shockwave 等插件工具增强表现力。横幅广告是最早的网络广告形式,最常用的是 486 像素×60 像素的标准标志广告。

(二)文本链接广告

文本链接广告是通过文字链接进入相应的广告页面的广告形式(见图10-2)。这种广告简

图 10-1 天猫首页焦点图广告

单,对浏览器的干扰最少,尽管难以产生图形广告那种视觉冲击效果,但对于那些有潜在需求的受众,其广告效果还是不错的。

图 10-2 文本链接广告

(三)电子邮件广告

电子邮件广告(见图 10-3)具有针对性强、费用低廉的特点,并且广告内容比较宽泛,特别是它可以针对具体某个人发送特定广告,这是其他网络广告形式所不能相比的。

图 10-3 电子邮件广告

(四)搜索引擎广告

搜索引擎广告是指广告主根据自己的产品或服务的内容、特点等,确定相关的搜索关键词,撰写广告内容并自主定价投放的广告。当用户搜索到广告主投放的关键词时,相应的广告就会展示(关键词有多个用户购买时,根据竞价排名原则展示),并在用户点击后按照广告主对该关键词的出价收费,无点击不收费。如图10-4所示是百度"Java培训"关键词竞价排名和搜索引擎优化的结果。

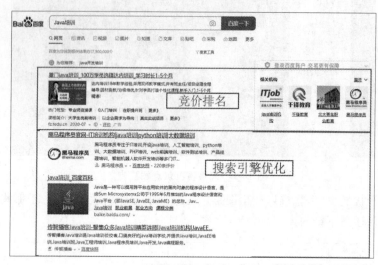

图10-4 搜索引擎广告

(五)富媒体广告

富媒体广告主要包括插播式、扩展式和视频类等形式。富媒体是由英文rich media翻译而来,它是一个压缩、传输,把表现形式标准化的技术。rich media并不是一种具体的互联网形式,而是指具有动画、声音、视频和交互性的信息传播方法,包含下列常见的形式之一或者几种的组合:流媒体、声音、Flash以及Java、JavaScript、DHTML等程序设计语言。富媒体除了提供在线视频的即时播放之外,内容本身还可以包括网页、图片、超链接等其他资源,与影音同步播出。这样,就大大丰富了网络媒体播放的内容与呈现的效果。

常见的富媒体广告形式还有浮层类、下推类、扩展类、视窗类、覆盖类、潜水游、摩天楼等多种灵活多变的产品形式,以适应各种产品、创意、网站的投放需求。

(六)视频广告

视频广告是以在线视频为载体的网络广告形式,包括视频贴片loading广告、视频直播插播类广告、视频组合创意广告、视频浮层广告、海绵广告、画中画广告、暂停广告、扩展走马灯等。视频网站作为广告主的重要营销工具,营销方式趋于多元化。

(七)目录分类广告

目录分类广告就是广告商按照不同的内容划分标准,把广告以详细目录的形式进行分类以供那些有明确目标和方向的浏览者进行查询和阅读(见图10-5)。由于目录分类广告都带有明确的目的性,所以在许多行业非常受欢迎。

(八)其他形式广告

除了以上列出的主要网络广告形式外,其实还有许多其他类型,它们也是网络广告主要形式的有效补充,比如数字杂志类广告、游戏嵌入广告、软件类广告、IM即时通信广告、微信微博

图10-5 360目录分类导航广告

广告、社区网站广告等也得到越来越多人的关注。

三、网络广告的计费方式

(一)按展示计费

CPM(cost per mille,cost per thousand,cost per impressions),每千人成本:这是传统媒体中的术语,每千人成本即为该媒体计算广告价值的基础。在互联网领域,CPM指网络广告每产生1000个广告印象数的费用,即如果一个网络广告的单价是10元/CPM,这意味着每1000人看到这个广告就要支付10元的费用。

(二)按行动计费

(1)CPC(cost per click;cost per thousand click-through),每点击成本:指广告投放过程中,以每点击一次计费。

(2)CPA(cost per action),每次行动收费:即根据每个访问者对网络广告所采取的行动计费的定价模式。对于用户行动有特定的定义,包括形成一次交易、获得一次注册、填写一份问卷或对网络广告的一次点击等。

(3)CPL(cost per leads):以搜集潜在客户名单多少来收费,即每次通过特定链接注册成功后付费的一个常见广告模式。例如,广告客户为访问者点击广告完成了在线表单而向广告服务商付费。这种模式常用于网络会员制营销模式中为联盟网站制定的佣金模式。

(三)按销售计费

(1)CPS(cost per sales),按销售分成:CPS是一种以实际销售产品数量来计算广告费用的模式。这种广告更多地适合购物类、导购类、网址导航类的网站,需要精准的流量才能带来转化。

(2)CPP(cost per purchase),每购买成本计费:广告主为了规避广告费用风险,只有在网络用户点击广告并进行在线交易后,才按销售笔数或件数付给广告站点费用。

(3)PFP(pay for performance),按业绩付费:是根据点击广告或电子邮件信息的用户数量来付费的一种定价模式。

(四)按时间计费

(1)CPD(cost per day),按天计费。

(2)CPT(cost per time),按时间计费,包括按天、按小时或者更长时间周期。

(3)包月广告:这种方式的优点是价格公开,计费简便。但这种方式容易忽略了广告效果的好坏和访问量的多少,因此容易产生纠纷。一般来说,大的网站容易采用CPM和CPC的方式,而中小站点则倾向于使用包月方式。

四、网络广告的投放

在考虑广告目标的整体要求、传播的对象、媒介的质量、产品的特性、费用的支出及国家法律法规的基础上,按以下因素考察网络媒体:网络媒体的目标受众是否与企业本身的促销目的相符合;网络媒体的内容是否契合企业和产品的要求;是否具有足够的技术支持系统;是否具备第三方的数据监测系统帮助做辅助分析;是否需要网络媒体帮助做营销策划服务,并考察媒体是否有能力做好策划服务;网络媒体是否有一定的创意表现,如图10-6所示。

图10-6 网络媒体的考察因素

总而言之,网络媒体的选择总体考虑是选择那些传达好、针对性强、效益显著的媒介。

五、网络广告的效果评估指标

网络广告效果评估是网络广告运作的最后一个步骤。利用它可以衡量网络广告是否达到了公司预期的目的,更好地把握今后的运作方向。一般的效果评估指标如表10-1所示。

表10-1 网络广告的效果评估指标

经济类指标	投放效果指标	媒体评价指标	受众接受程度指标
・广告费用指标(CPM/CPC……) ・广告效益指标(ROI……) ・市场占有率指标	・曝光率 ・点击率 ・到达率 ・转化率 ・交互率	・媒体的覆盖度 ・媒体的接收群 ・受众购买力 ・受众广告接触频率	・广告认知指标 ・广告识别指标 ・广告回忆指标 ・广告说服效果 ・广告延伸效果

第三节 网络公关

一、网络公关概述

公共关系(public relations,简称 PR)是指企业在从事市场营销活动中正确处理企业与社会公众的关系,以便树立企业的良好形象,从而促进产品销售的一种活动。

网络营销公共关系是在利用网络技术营销时,建立企业与各种客户之间的良好关系,实现促销目标的一系列活动,是公共关系在网络技术环境下的新发展。公关是一种重要的促销工具,它通过与企业利益相关者包括供应商、顾客、雇员、股东和社会团体等建立良好的合作关系,为企业的经营管理营造良好的环境。网络公关与传统公关功能类似,只不过是借助互联网作为媒体和沟通渠道。

网络公共关系主要由以下三个要素构成:网上公共关系主体(即开展网上营销的企业)、网上公关客体(指与网上企业有实际或潜在利益关系或相互影响的个人或群体)和网上公关中介(开展公关活动的媒介)。

二、网络公关方法

(一)与网络新闻媒体合作

互联网本身就具备媒体功能。目前网络新闻媒体一般分为两大类:一类是传统媒体上网,通过互联网发布媒体信息,比如《人民日报》电子版;另一类是纯网上媒体,它们没有传统媒体的依托,比如新浪网。对于前一类媒体,企业开展公共关系活动的手段与传统类似。对于后一类媒体,企业可以通过线上渠道多了解媒体关注的热点和报道重点,及时提供信息与媒体合作。

(二)宣传和推广产品

宣传和推广产品是网络公共关系的重要职能之一。我们有以下方式可以宣传和推广企业产品或服务:①通过企业网站的新闻主页发布;②制作视频新闻;③通过相关的邮件、BBS论坛等交互平台发布新闻。除此之外,企业也需要关注一些论坛和虚拟社区对企业或企业产品的评价和讨论,及时采取措施应对突发事件。

(三)建立沟通渠道,实施客户关系管理

我们可以在线上建立与用户沟通的交互功能,了解消费者对产品的评价和顾客提出但还没有满足的需求,保持与顾客的紧密关系,做好客户维系。

(四)开展网上公益

企业一方面可以通过网络号召与倡导公益活动,另一方面可以将自己公益活动的历史、成绩与未来规划通过网络传递给网络公众,从而树立企业有社会责任感的良好网络形象。非常多的成功的企业提供了许多免费的公益信息资源。如图 10-7 所示的微博公益"三八妇女节"活动——"女性公益节"(2020 年 3 月)。

图 10-7 微博公益"三八妇女节"活动——"女性公益节"

(五)危机公关

危机事件是指各种紧急的、意外发生的、对组织形象和经济利益有重大危害的突发事件。危机公关即是从公共关系角度对危机的预防、控制和处理。当企业形象受到损伤时,马上进行全面处理,使其能转危为安。现代网络社会,网络传播十分迅速广泛,企业危机瞬间可能成为全球舆论关注的焦点,处理迟缓,后果难以设想。

例如 2020 年 4 月,多家企业及个人深陷公关危机:天猫总裁疑似出轨;海底捞、西贝疫情复工后涨价;爱奇艺前有"公祭日内容不当",后"被质疑财务造假";同样因财务造假导致股价暴跌的瑞幸咖啡;小米副总裁常程发布低俗营销文案;中国银行原油交易穿仓;李国庆抢公章事件……每家企业都有各自的危机解决方式,如图 10-8 所示为海底捞和西贝餐饮的微博道歉。

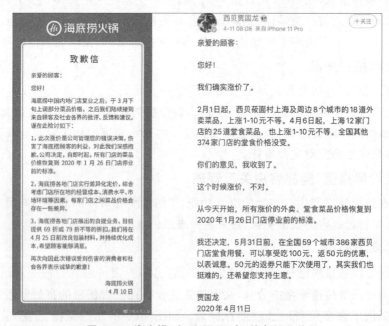

图 10-8 海底捞(左)和西贝(右)的危机公关

(六)通过网络实施软文营销

软文是指企业在各类媒体上刊登的可以提升企业品牌形象和知名度,或可以促进企业销售的一些宣传性、阐释性文章。网络软文以互联网作为传播平台,在企业形象宣传、产品市场推广与销售、品牌检核等方面发挥着较大作用。

第四节 网络站点推广

一、网站推广概述

网络营销站点是企业在网络市场进行营销活动的场所,能否吸引大量的目标流量是企业开展网络营销成败的关键。网络站点推广就是通过对企业营销站点的宣传来吸引用户访问,同时树立企业网上品牌形象,为实现企业的营销目标打下坚实基础。

站点推广是一项系统性工作,它与企业营销目标相一致。网站推广与传统的产品推广一样,需要进行系统安排和计划。一个网站想要保证比较好的推广效果及效益,推广前的一些准备工作是必不可少的。制订推广计划之前,需要对企业产品、企业竞争对手进行深入了解,善于分析,定时评估。

做了充足准备之后,可以制订合理的推广计划。推广计划不仅是推广的行动指南,同时也是检验推广效果是否达到预期目标的衡量标准。一般来说,制订推广计划的步骤如下:

(1)从产品出发,列出潜在客户群体。网站推广方案必须建立在对自身产品的定位分析和对目标人群的细分与充分了解的基础之上。只有对目标人群进行细分之后,才能选择适合不同人群的推广方法。

(2)选择网站推广方法及策略。根据收集的资料,确定网络推广方法及策略,详细列出将使用哪些网络推广方法,比如搜索引擎推广、微博微信、视频广告等,对每一种网络推广方法的优劣及效果等做出分析并确定具体的实施策略。

(3)明确每一阶段的目标。包括每天 IP 访问量、PV 浏览量、搜索引擎收录数、网络推广的实际转化等指标。

(4)工作进度及人员安排。依据方案制作详细的计划进度表,控制方案执行的进程,对推广活动进行详细罗列,安排具体的人员来负责落实,确保方案得到有效的执行。

(5)确认网络广告预算。网络推广方案的实施,必然会有广告预算,要通过规划控制让广告费用发挥最大的网络推广效果,定期分析优化账户结构,减少资金浪费,让推广的效果达到最大化。

(6)效果评估监测。安装监控软件,对数据来源、点击等进行监测跟踪,帮助企业及时调整推广的策略,并对每一阶段进行效果评估。

(7)不断完善网站推广方案。针对市场的变化、行业的变化、企业的变化实时调整、优化自己的方案,让网络推广效果最大化。

二、网站推广的方法

网络站点推广的方法如下。

(一)搜索引擎注册

搜索引擎注册是最经典、最常用的站点推广方式,当一个网站发布到网上之后,如果希望别人通过搜索引擎找到,就需要进行搜索引擎注册。简单来说,就是提交企业的网站基本信息(尤其是 URL)给搜索引擎入口(见图 10-9)。

图 10-9　百度推广提交入口(http://www.baidu.com/search/url_submit.html)

(二)建立链接

互联网的一个特点就是通过链接将所有的网页链接在一起。与不同的站点建立链接,可以缩短网页间的距离,提高站点的被访问概率。一般有在行业站点上申请链接、申请交互链接和向商务链接站点申请链接等几种方式。

(三)发送电子邮件

电子邮件的发送成本比较低廉,许多网站都利用电子邮件来宣传站点。利用电子邮件来宣传站点时,首要任务是收集电子邮件地址,通常是利用站点的反馈功能记录愿意接收电子邮件的用户地址或在自己的网站加入邮件列表功能,还可以用病毒式营销的相关策略收集邮箱地址。电子邮件能保持企业与客户的联系,增进信任,增强品牌意识并为未来的业务发展打下基础。

(四)发布新闻

及时掌握新闻性的事件,并定期把这样的新闻发送到企业的行业站点或者其他媒介上。

(五)提供免费服务

提供免费服务可以增加站点流量,但服务应当与所销售的产品密切相关,这样,在吸引潜在用户的同时也为企业形象做了宣传。另外,还可以在网上开展一些活动和游戏,也可以产生较大的访问量。

(六)发布网络广告

利用网络广告推广站点是一种比较有效的方式,可以和广告联盟的商家一起交换显示广告,起到相互促进的作用。也可以直接在适当的站点购买广告位发布网络广告。

(七)使用传统的促销媒介

传统促销媒介也适用于站点的推广,线上和线下结合的方式,通过传统的手段去宣传线上站点网址及内容。

第五节 网上销售促进

一、网上销售促进概述

销售促进主要是用来进行短期性的刺激销售。网上销售促进就是在互联网上用销售促进工具,采用各种富有创意的激励方式对顾客进行强烈刺激,以触发购买行为。

互联网作为交互的沟通渠道和媒体,具有传统渠道所没有的优势,在刺激产品销售的同时,还可以与消费者建立互动关系,了解顾客的需求和对产品的评价。网上销售促进的特点是:直接针对购买行为激励,并与网上销售活动紧密配合,产生"短、高、快"的销售效果。

二、网上促销活动的方式

(一)打折促销

打折促销是指网络促销活动中,为显示低价以刺激网上购物,或者为了调动本网站购物人气、增加流量而促进整体销售的促销策略。打折促销既有优势,又存在缺陷,因此在策划中应该特别重视科学性和艺术性。在策划打折促销活动时要有意识地引入主题内容,拟定较有品位的促销标题、宣传文案和口号。

比如2020年2月14日情人节,因为疫情原因,很多情侣不能一起过,西贝2020年的"亲嘴打折节"搬到了线上,用飞吻传递爱,如图10-10所示。

(二)有奖促销

有奖促销是传统营销常用的促销手段之一。线上有奖促销就是在站点上开展有奖竞赛、抽奖活动或参与有奖之类的活动,这样的活动可以给网站带来比较高的人气。开展有奖促销时,要注意促销对象是适合在网上销售和推广的,对于一些目前不适合在网上销售的产品,即使可以吸引大量用户访问,但转化率可能很低,达不到促销效果。

(三)赠品促销

赠品促销就是在顾客购买产品或服务时,赠送一些相关的产品或者小赠品,从而激发更多的主产品的销售。在赠品的选择上,一般要注意:①要让人容易获得;②赠品与产品有相关性;③赠品也要重视质量;④赠品也要考虑时效性和季节性;⑤赠品也是需要消耗成本的,注意成本的核算。

图 10-10　西贝的线上飞吻亲嘴打折节促销

（四）积分促销

积分促销是网站预先制定积分制度，顾客消费后按金额给会员累计积分，这样积分可以兑换产品或在以后的消费中当成现金使用。

（五）网络联合促销

由不同商家联合进行的促销活动。联合促销的产品或服务可以起到一定的优势互补、相互提升价值等作用，例如线上公司可以和线下的一些合作商家联合，达到线上线下互补的效果。

（六）免费资源促销

免费资源促销就是通过为访问者无偿提供其感兴趣的各类资源，吸引访问者访问，提高站点流量，并从中获取利益。免费资源促销适合于一些易于通过互联网传输的产品，例如软件商家允许顾客免费下载产品，在使用中对其他项目进行收费，或者商家靠广告收费。利用免费策略的时候要注意想清楚企业提供免费资源的目的是什么、提供什么样的免费资源比较合适、盈利点在哪里等问题。

（七）节日促销

电商商家们非常擅长做节日促销，甚至创造一些节日去开展促销活动，比如经典的"双11"、京东"618"等，光12月一个月份可能就有以下促销节日："双十二"、平安夜、圣诞节、大雪、冬至、全国大学英语四六级考试、世界足球日、拥抱情人节，等等。

（八）优惠券/红包促销

在消费者购物时，有时候会得到一些门槛红包或优惠券，或者消费一定数量后有一定的优惠券和红包，结算时可以直接抵扣，这样就可以提高用户的客单价，达到网络促销的目的。

（九）限时让利

"秒杀""限购""限时抢购"等各种促销字眼我们都很熟悉了，限时不但能够刺激消费者冲动购买，而且很大程度上为商城带来更多的关注和流量（见图 10-11）。

（十）预订促销

商家开展预订活动，消费者先付订金，再付尾款，同时可以将订金以几倍折扣商品价。预售模式本身也有助于商家精准锁定消费者，提前备货，更有效地管理上下游供应链（见图 10-12）。

图 10-11　秒杀　　　　　　图 10-12　预订促销

（十一）社交类型促销

在一些社交平台开展的促销方式,比如微信上。商家可以通过朋友之间的拼团促销(几人成团后就会有更低价格)或者直接通过点对点的营销推广自己的产品。

【本章小结】

网络促销是指利用现代化的网络技术向虚拟市场传递有关产品和服务的信息,以激发需求,引起消费者的购买欲望和购买行为的各种活动。本章第一节介绍了网络促销的功能和网络促销实施的步骤。

后续小节分别介绍了网络广告的概念和特征、网络广告的类型、网络广告的计费方式、网络广告投放及效果评估指标;网络公关的概念和特征、网络公关方法;网站推广的概念和特征、网站推广的方法;网络销售促进的概念及 11 种促销的方式。

【关键词】

网络促销　网络广告　网络公关　站点推广　销售促进　促销方式

【问题思考】

1. 网络促销的实施包括哪些步骤?
2. 网络广告有哪些计费方式?
3. 网络公关与传统公关相比较,其特点是什么?
4. 除了书中列举的销售促进方式外,还有没有其他促销方式?

☆ **案例评析**

打折为主的直播促销场并不适合所有产品

在"上位·2020亿邦直播社交电商云峰会"上,钟薛高联合创始人、副总裁周兵做了"'新生'品牌大战 你为什么记住了钟薛高?"的主题演讲。在他看来,直播并不适用于所有产品,同时直播也不是神药。

周兵认为,目前直播各行业头部 KOL 形成了寡头垄断形势,头部和腰部效果差距还是大。每个平台头部 KOL 就是一两家,如李佳琦、薇娅,这是直播的现状。

从消费者角度来看,周兵认为,消费者是在直播大势所趋里去感受、去看直播的行为,消费者更多在放松状态下,所以更趋向于性价比的角度,"简单来说就是折扣越高,产生消费的行为比例也会越高,变成了不促不销的状况。"

在他看来,直播也是一个场,这个场中必须要有对应的货和对应的人,这个场是以打折销售为主的促销场,并不适合于所有的产品。第一类产品是决策成本高的产品;第二类是普通标品;第三类是不便于展示产品使用方法、使用过程、使用结果的产品。

"直播不是神药,救不了品牌和产品的病。"周兵说道,一个品牌没有做好规划,贸然直播只会把品牌做变形,直播只会加速产品的生命周期。

周兵介绍了钟薛高的直播做法,一是理性选择直播对象,因为直播以品牌曝光度为主,选择直播对象非常苛刻。二是对产品做针对性处理,以定制产品系列为主。三是控制价格,尽量把产品定价维持在一定的价格区间范围内。

周兵同时介绍了钟薛高售后问题的解决:组建专门的售后团队,实现多部门联合;跟踪和调查直播售后,"售后服务我们把它摆在第一位。"

在他看来,直播必须要参与,但是每个平台、每个品牌怎样参与,需要认真思考,用自己的方式、行为理解直播。

(资料来源 钟薛高周兵:打折为主的直播促销场并不适合所有产品.亿邦动力网,2020-7-3,有改动)

问题:

1.针对案例中"直播不是神药,救不了品牌和产品的病"的说法你怎么看?

2.结合自身体验,谈谈你觉得直播促销可以有哪些玩法。

☆ **实训专题**

1.任选一个企业,试分析其当前的网络促销策略,总结其优缺点,并给出你的对策和建议。

第十一章

搜索引擎营销

☆学习目标

1. 理解搜索引擎营销的概念。
2. 理解搜索引擎营销的基本思想。
3. 理解搜索引擎的工作原理。
4. 理解搜索引擎优化的概念。
5. 了解搜索引擎优化的常用技巧。
6. 理解搜索引擎竞价排名的概念。
7. 了解搜索引擎竞价排名服务的使用过程。

☆ 引导案例

纯色视觉:婚纱影楼运用百度成功获得国外订单

长沙纯色婚纱摄影工作室成立于长沙市雨花亭沃尔玛后时代星座,一个70平方米的店面内,设施简单,条件艰苦。公司成员一共3人,创始人谭郅宸主理拍摄,并树立了公司的经营理念:把拍摄当成一种生活方式,把客户作为朋友真诚相待。纯色视觉对拍摄作品要求非常严格,作品不仅要具有形式美,更要体现生活内涵,反映人物的精神面貌;作品中的真情流露记录着人生感动。

长沙纯色视觉婚纱摄影工作室在运用百度推广短短2年的时间后,成功开启面向长沙高端婚纱摄影市场的第二家分店——进步视觉。总经理郭丽琼女士谈及这两年运用百度推广的经历,颇为激动。之前纯色视觉的发展问题就是,以口碑相传为主,配合发传单和摆外展的形式进行业务拓展,但是受众人群毕竟有限,对发展中的纯色视觉,推广效果相对较差。自从借力百度推广,很明显的感觉就是市场范围不断扩大,除长株潭地区,国外都有客户下订单。"有一位在美国工作的长沙人,决定回长沙结婚拍婚纱照,于是他通过百度搜索找到我们,并与我们在线上交谈,而且直接下订单付款。从那一次开始,为了更好地运用百度推广,我们专门成立了SEM团队,优化整体流程,提高客户转化率。现在百度为我们提供了1/3以上的客户来源,同时品牌效应也日趋明显,总体来说,百度是我们快速发展的一个强大驱动力。"

引导问题:
1. 案例中提到的 SEM 表示什么意思?
2. 你知道常见的 SEM 方法有哪些吗?

第一节 搜索引擎营销概述

搜索引擎(search engine)是根据一定的策略,运用特定的计算机程序从互联网搜集信息,在对信息进行组织和处理后,为用户提供检索服务。不管在 PC 时代还是移动时代,搜索引擎都是网民日常使用率很高的工具,截至 2020 年 3 月,搜索引擎以 83% 的网民使用率高居网民各类互联网应用第二的位置。

一、搜索引擎营销的概念

搜索引擎营销(search engine marketing)是基于搜索引擎平台的网络营销,在用户使用搜索引擎检索信息的时候将营销信息传递给目标用户。搜索引擎是连接目标用户和企业的桥梁,一方面,用户通过搜索引擎在互联网中寻找自己感兴趣的产品或服务;而另一方面,企业需要让更多的人知道它们,从而寻找途径将自己的产品或服务展示给目标用户,希望用户了解产品或服务并产生购买行为。所以,搜索引擎营销的基本思想是让用户发现信息,并通过点击进入网页,进一步了解所需要的信息。值得注意的是,虽然搜索引擎营销具有受众广、门槛低等特点,但是搜索引擎营销与企业网站密不可分,要以企业网站为基础,是网站推广的常用方法,在没有建立网站的情况下较少被采用。

二、搜索引擎的工作原理

为什么搜索某个关键词之后,搜索引擎会返回某种特定顺序的搜索结果呢?如何让企业的营销信息更早地出现在搜索结果里呢?要回答这些问题就需要了解搜索引擎的工作原理,以便更好地做搜索引擎营销。搜索引擎的工作原理可以简单概括为抓取网页信息、建立索引数据库、在索引数据库中搜索排序,如图 11-1 所示,具体详细步骤如下。

1. 抓取网页信息

搜索引擎利用能够从互联网上自动收集网页的蜘蛛(Spider)系统程序,自动访问互联网,并沿着任何网页中的所有 URL 爬到其他网页,重复这一过程,并把爬过的所有网页收集回来。

2. 建立索引数据库

搜索引擎将爬行得到的数据进行处理,提取页面中关键词信息,按照关键词建立索引,通过内容相关度、网页链接分析等算法对相关网页进行排序,并将结果存入索引数据库。

3. 分析搜索请求并返回排序结果

当用户在搜索引擎搜索框中输入信息请求后,程序会自动对用户输入的信息提取关键词并进行分析,并按照对应的顺序将检索结果展示出来。

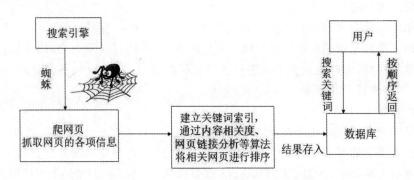

图 11-1　搜索引擎工作原理图

第二节　搜索引擎优化

搜索引擎营销的基本思想是让用户发现信息,并通过点击进入网页,进一步了解所需要的信息。要想在搜索结果中排名更靠前,使得用户更容易发现信息,搜索引擎优化不失为一个好方法。

一、搜索引擎优化的含义

搜索引擎优化,简称 SEO(search engine optimization),是指在了解搜索引擎自然排名机制的基础之上,对网站进行内部及外部的调整优化,改进网站在搜索引擎中关键词的自然排名,获得更多的展现量,吸引更多目标客户点击访问网站,从而达到互联网营销及品牌建设的目标。

搜索引擎优化具有优化周期长和成本低两大特点,之所以说优化周期长,是因为网站优化是一个长期动态的过程,需要不断调整,并且优化是一个长期积累的结果,不会马上呈现出效果。又因为搜索引擎优化是优化网站的自然排名,除了 SEO 工作人员人工成本外,几乎是免费的。

二、搜索引擎优化的技巧

每一个搜索引擎都有一套编辑、处理其所采集来的信息的技术,也就是算法,它决定收录什么网站、什么内容,并在顾客搜索的时候将内容以什么样的顺序展现给用户。虽然无法知道每个搜索引擎的处理算法,但是核心优化思路可以模拟用户浏览网页的喜好,因为搜索引擎也是一种互联网产品,用户的喜好便是搜索引擎的喜好。具体可以从站内优化和站外优化两大方面着手。

(一)站内优化

1. 网站结构优化

网站应该有清晰的结构和明晰的导航,这能帮助用户快速从网站中找到自己需要的内容,也可以帮助搜索引擎快速理解网站中每一个网页所处的结构层次。

1)扁平化的网站结构

网站的结构一般为树形结构,如:产品总首页—不同类产品分页—进一步产品说明页。所谓扁平化的网站结构是指树形结构的层级尽可能减少,以不超过3层为宜,因为层级越少,越有利于搜索引擎的爬行,同时也减少了顾客到达目标页的层级,使得用户不需要点击太多次就能到达目标页,从而降低了放弃率。

2)清晰的导航

清晰的导航有助于用户在网站中快速找到自己需要的内容,每个页面应该加上导航,方便用户知道自己所浏览的页面在网站中的位置,同时也可以快速浏览网站其他页面。当然网站导航最好使用普通文本链接,不要使用Flash、JS框架和Ajax等不利于爬虫抓取的形式。

3)域名优化

域名的长短、域名的级别和域名的年限等均对网站的权重和排名有影响,并且与自身企业有关、好记的域名名称也有利于用户的记忆和识别。

2. 网站页面优化

网页的重要内容同样最好用文字显示,而非图片或者Flash。除此之外,还有TDK标签优化,分别为title标签优化、description标签优化和keywords标签优化。

1)title标签优化

<title></title>标签存在于HTML文档的头部<head></head>标签中,它是搜索引擎非常看重的一个元素,常常被用来判断一个网页的主题是什么。该标签下的内容会直接显示在搜索结果中,直观地被用户看到。同时,当用户访问页面时,其内容还会显示在浏览器的标签页,如图11-2所示。

图11-2 <title></title>标签内容显示图

2)description标签优化

description标签也是HTML文档的头部<head></head>标签中的一员,用来描述页面的主题内容,此标签下的内容会在搜索结果页面中以摘要说明的形式显示出来,所以一段好的文字可以吸引用户点击以增加点击率,当然其内容在用户访问页面时无法看到,如图11-3所示。

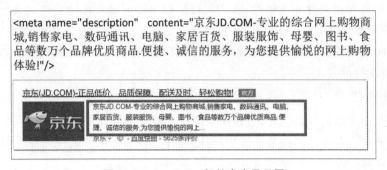

图 11-3　description 标签内容显示图

3）keywords 标签优化

keywords 标签同样是 HTML 文档的头部＜head＞＜/head＞标签中的一员,用来指明网页的主题关键字,此标签可以放置主关键词、相关关键词和长尾关键词,具有较高的权重。如京东网的 keywords 标签设置成＜meta name＝"Keywords" content＝"网上购物,网上商城,手机,笔记本,电脑,MP3,CD,VCD,DV,相机,数码,配件,手表,存储卡,京东"/＞。

关键词的选取至关重要,和消费者搜索意愿匹配度高的关键词可以让网站更靠前地出现在搜索结果中,所以在选词过程中可以根据消费者的购买决策过程（见图11-4）来设置关键词。以购买汽车为例,在买车的需求阶段消费者可能会搜"10万元左右家用轿车推荐",那么可以设置"10万元家用轿车"作为关键词；通过前期的搜索了解,消费者心中可能有偏爱品牌,那么在搜索信息阶段,消费者可能会搜索产品的参数,如"荣威550的油耗""新赛欧的配置"等；然后消费者可能进入评价选择阶段,会搜索"新宝来和朗逸哪个好"；当消费者决定购买之后,可能会搜"北京帕萨特4S店""买车注意事项"等。这样可以从用户角度择优选取核心关键词。当然这样得到的关键词是有限的,不一定符合众多消费者的需求,这时可以将核心关键词以别称、近义词、简称、品牌、价格、性能、细分品类等角度进行扩充,如"价格"扩展为"报价""多少钱"等,最后综合评定选取 keywords 标签里的关键词。

图 11-4　消费者购买决策过程

3. 网站内容优化

搜索引擎比较喜欢与用户搜索的关键词匹配程度高的网页,喜欢原创、有特色内容、更新度高的网页,因此网站内容优化主要也从这两个方面着手。

1）关键词部署

网站首页和主要栏目页面是一个网站的门面,搜索引擎给予它们相对较高的权重,因此可以将一些高搜索量的关键词安排到首页或者栏目页中。当然关键词的出现次数也不能太高,标准的关键词密度应该在2%到8%之间。所谓关键词密度是指这个关键词在这个页面占所有字数的百分比,比如"手机"这个关键词在当前页面一共出现10次,当前页面总字数是500个字,那么"手机"在当前页面的关键词密度是 $2\times10\div500=4\%$。

2）依据关键词来更新网站内容

网站内容要具有相关性和实用性，我们可以依据关键词或者长尾关键词来组织相关内容、扩写相关文章，这样既提高了关键词密度也做到了时常更新网页。持续更新的页面使得搜索引擎有新的网页可以抓取，如果爬虫多次抓取不到新内容，会降低此网站的排名。

拓展阅读 11-1

（二）站外优化

站外优化是指网站的外部优化，包括网站的外部链接和网站的品牌推广。所谓网站的外部链接是指其他网站或者外部网站的链接指向自己的网站，又称反向链接或导入链接。外部链接包含单向外链和双向外链。

1）单向外链

发布单向链接，可以选择权重高、排名好、流量大的网站，如百度知道、百度文库、各类论坛博客等，留下自己的网址。

2）双向外链

双向链接又称"友情链接"，增加友情链接同样有利于提升网站权重。通常情况下，友情链接一般不超过 50 个，同时在交换友情链接时需要考虑对方的网站权重、排名及收录量是否与自己的网站相对等，对方网站属性是否与自己具有相关性，不宜与网站综合表现情况不良的网站和完全不相关的网站做友情链接。

第三节　搜索引擎竞价排名

一、搜索引擎竞价排名的概念

搜索引擎竞价排名是搜索引擎提供商推出的一项付费营销服务，企业通过向搜索引擎提供商购买某些关键词，以达到在此关键词搜索结果页中获得较好排名的目的。由于企业众多，某关键词的价格是由众多企业竞价得来，并且企业购买此项服务的付费方式是按点击收费，即只有当消费者点击包含某关键词的链接跳转到企业网站时，企业才需要向搜索引擎支付对应关键词的费用。

二、搜索引擎竞价排名的使用

企业如果想使用搜索引擎竞价排名服务，则需要开通搜索引擎竞价排名服务后台，如图 11-5 所示，此后台的使用方式为充值使用，即开通搜索引擎竞价排名服务后，获得专属服务后台账户，往此账户充值一定费用后，开始购买关键词，按点击扣费，直至账户余额扣光。

想要使用好此后台，主要面对的问题有 3 个，即：应该选择购买哪些关键词？此关键词应该出多少价？购买之后效果如何？

（一）选择并评估关键词

在选择关键词方面，本章第二节已经论述过，这里不再赘述，主要通过站在消费者的搜索需

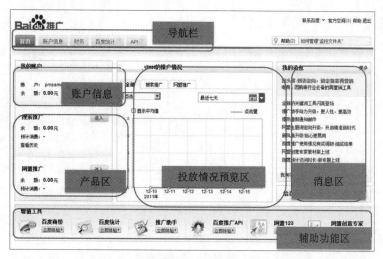

图11-5 百度搜索引擎竞价排名账户后台

求和搜索意图角度构想关键词,在构想了众多关键词之后,可以利用各种关键词研究工具来辅助决定到底购买哪些关键词。常用的关键词研究工具既有搜索引擎竞价排名服务后台提供的,也有第三方开发的。

1. 后台自带关键词工具

一般搜索引擎竞价排名后台会提供一个关键词工具,如图11-6所示。当在搜索框中输入某个关键词后,此工具会展示出此关键词的日搜索量和竞争激烈程度,并且还会推荐其他相关关键词。

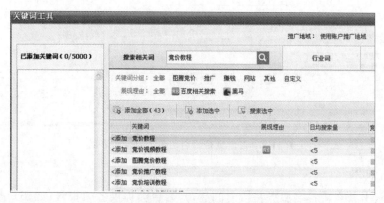

图11-6 百度竞价排名关键词工具使用界面

2. 百度指数

百度指数是以百度海量网民行为数据为基础的数据分享平台,利用百度指数可以研究关键词搜索趋势,洞察网民兴趣和需求,监测舆情动向,定位受众特征。通过此工具可以知道某个关键词每天有多少搜索量、值不值得购买,如图11-7所示。

(二)设置出价

当确定好购买哪些关键词之后,需要设置各个关键词的出价,具体出价多少,搜索引擎竞价排名后台会提供一个估算工具,当输入某关键词后,将预估的价格填入,设置相关投放地域之

图 11-7 百度指数

后,点击"立即估算"按钮,工具会给出估算结果。如图 11-8 所示,"网络营销培训"这个关键词如果出价 15 元,则排名大概在第三到第五名。理论上,影响搜索关键词排名最主要的因素是出价,价高者得最有利的位置,是百度竞价的最高标准,当然,在价格相差不大的情况下,账户的质量(比如累计消费、账户合理性、关键词与内容相关度等)也会起作用。

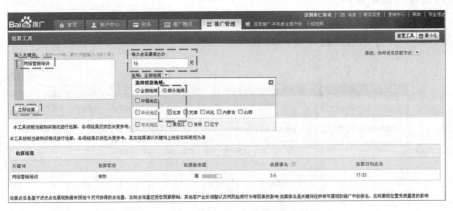

图 11-8 百度竞价排名估算工具使用界面

(三)评估效果

当使用搜索引擎竞价排名服务一段时间后,其后台会提供各项报告,如账户整体报告、推广计划报告、推广单元报告、关键词报告等,以评判使用效果(见图 11-9)。可以自定义报告时间范围来跟踪投放效果,以便调整后期投放内容。

【本章小结】

搜索引擎营销是基于搜索引擎平台的网络营销,在用户使用搜索引擎检索信息的时候将营销信息传递给目标用户,其基本思想是让用户发现信息,并通过点击进入网页,进一步了解所需要的信息。搜索引擎的工作原理可以简单地概括为抓取网页信息、建立索引数据库、在索引数据库中搜索排序。

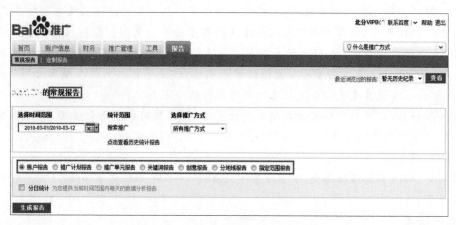

图 11-9　百度竞价排名报告生成界面

　　搜索引擎营销较为常用的两种手段分为是搜索引擎优化和搜索引擎竞价排名。搜索引擎优化是一个长期动态的过程,需要不断调整,并且优化是一个长期积累的结果,不会马上呈现出效果,且因为搜索引擎优化是优化网站的自然排名,除了 SEO 工作人员人工成本外,几乎是免费的。搜索引擎竞价排名是一种付费服务,效果较为立竿见影。

【关键词】

搜索引擎　　网页爬虫　　搜索引擎优化　　搜索引擎竞价排名
关键词　　　长尾关键词　友情链接

【问题思考】

1. 什么是搜索引擎营销?
2. 请简述 SEM 和 SEO 的区别。
3. 搜索引擎优化有哪些技巧?
4. 在使用搜索引擎竞价排名服务时,如何选取关键词?

☆ 案例评析

家电维修行业百度 SEM 代运营案例

　　深圳市赛亚创想科技有限公司成立于 2014 年,旗下主要品牌为增长超人,总部位于深圳。公司主营业务是为企业提供互联网营销解决方案(网站建设、广告代运营、转化率优化为主)。下面是增长超人在家电维修行业的 SEM 托管服务案例。在接到代运营需求后,增长超人主要以市场调研为基础搭建账户,具体如下。

　　一、市场调研

　　1. 需求分析

　　公开数据显示,在家用电器出现故障时,有 61% 的人选择找品牌售后服务,人们普遍认为"买的哪个品牌的家电,就找哪个品牌的售后",但也有 24% 的人会选择专业的维修服务公司。"专业"是家电维修行业受众需求的关键点,是企业的核心竞争力。

　　其次,根据市场调研,有 37% 的人更注重家电维修的方便快捷,有 26% 的人注重保修承诺,家电维修公司的名气也是人们的关注点,因为人们理所当然地认为品牌名气越大越专业。

收费透明占比不大,但费用却是人们最终选择哪家公司的关键。费用往往是各行各业的一大人群痛点,公开数据显示,有59%的人只愿意付占购买价格5%以下的维修费用,如果说购买价格是2 000元,他们只愿意付出100元维修这个家电,但还是有29%的人愿意出100~200元,8%的人愿意出200元甚至是300元以上的价格维修这个家电。

通过需求分析,更有利于公司初期制定投放策略、创意撰写和精细化运营,并且帮助客户调整服务价格以及提高转化能力。

2. 受众人群分析

经过调查分析,家电维修受众72%为男性,30到49岁年龄段需求高达78%。移动接入互联网较多。

二、账户搭建

1. 关键词划分

首先,关键词是竞价推广的根本,通过对行业和客户业务情况的了解,公司挖掘到了10 000多个关键词。这些是账户最初的关键词,但是十分混杂,很多客户的账户仅仅只是用关键词填充到单元里,单纯地为了满足百度账户结构的要求,但是只停留在"账户可以推广"这个阶段。为了广告效果能更好,公司将关键词进行了精细化的划分,如图11-10所示。

行业词	进口电饭煲修理	疑问词	哪有维修松下电饭煲
行业词	进口烤箱维修	地域词	龙岗空调维修
信息词	进口家电维修电话	地域词	罗湖进口家电维修
信息词	空调维修电话	公司词	进口家电维修公司
价格词	进口电饭锅维修多少钱	公司词	修空调公司
价格词	松下电饭煲维修费用	比较词	空调维修哪家好
疑问词	哪里有维修空调	比较词	空调维修哪家比较好

图11-10 关键词列表

2. 账户结构

家电有很多产品,所以根据不同的产品,将账户细分好,再将每个账户的关键词按词性进一步细分为单元(见图11-11),便于数据采集以及分析,更好地管理后台和优化账户。

3. 创意

根据需求分析,当家电出现故障时,大多数人希望能快速解决,不用自行拿到店面进行维修,同时希望有保修承诺,其次专业正规是客户的核心优势,所以通过分析提炼出以下营销点:快速维修故障、保修三个月、售后保修三个月、专业正规(见图11-12)。

同时根据前期的人群分析,有80%的客户来自移动端,所以投放重点应该放在移动端上。分析移动端广告显示情况,挑选了屏幕占比最大的闪投样式进行投放,这样能起到霸屏的效果。

三、测试优化

1. 初步效果分析

通过半个月的测试,流量开始趋于稳定的状态,关键词数量较原先拓展了3倍,展现量有了大幅度的提升。通过对关键词的拓展,加大了对广告的曝光,展现量增加了4倍,并且保证流量也是十分精准的。

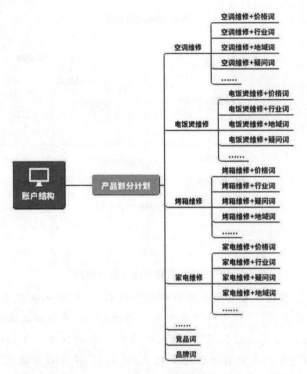

图 11-11　百度竞价排名后台账户结构设置

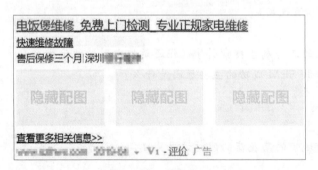

图 11-12　创意展示

2.关键词分析及优化

有了初步的数据之后,通过关键词四象限分析法,对关键词进行了分析。

将关键词制成四象限分析图,如图 11-13 所示。这四个象限分别代表关键词的不同属性:第一象限为高消费高咨询;第二象限为低消费高咨询;第三象限为低消费低咨询;第四象限为高消费低咨询。比如:高消费低咨询的"小家电维修",首先优化的方向是提高转化,查看该关键词匹配的流量是否精准、URL 是否正确、打开速度如何等;其次是降低消费,降低出价或者收缩匹配。

四、效果评估

通过对关键词的分析,并且对账户进行了一系列优化之后,公司对效果进行了一次评估:将合作前某一个月(随机挑选)与合作后第一个月的平均点击率、咨询 CPA、成交 CPA 三组数据进行了对比。

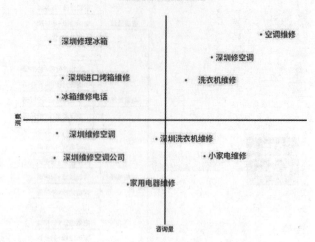

图 11-13 关键词四象限分析图

增长超人制作的创意相对客户原先的创意更为吸引人,点击率从 2.89% 提升至 4.23%,在展现量提升 4 倍的基础上,进一步增加了点击量。咨询 CPA(平均单次咨询成本)是检验广告效果的重要指标之一,经过公司精细化运营之后,平均单次咨询成本从 ¥136.84 降至 ¥38.41,减少了 71.93%。成交 CPA 比客户自运营时降低了 70.39%,单个成交成本仅需 ¥59.08。

(资料来源　家电维修行业百度 SEM 代运营案例. https://www.sohu.com/a/309627174_120092019,2019-4-22,有改动)

问题:

1. 该公司主要做的工作属于搜索引擎优化还是搜索引擎竞价排名?
2. 你认为该公司做 SEM 成功的主要原因是什么?

☆ **实训专题**

1. 请为你所在的城市的某花店的网站设置关键词。

第十二章

IM 营销

☆学习目标

1. 了解 IM 工具及 IM 营销的基本概念、特点和分类。
2. 掌握 QQ 营销的基本方法。

☆引导案例

拿下了 85% 的"00 后",QQ 到底是如何做到的?

早在 2018 年 1 月 18 日在京发布的《中国儿童参与状况报告(2017)》中就显示,我国中小学生拥有专用手机的比例达 75.9%,有 85% 的人拥有 QQ 号。可以说,QQ 拿下了大部分中小学生的社交生活。

发展到今天,QQ 依然能够圈占一代又一代年轻人,原因在于 QQ 已经构建了沟通、内容、支付三大社交板块。而依赖这三大板块,QQ 在不断地迭代升级自身的年轻化社交生态战略布局。

QQ 能黏住一代又一代年轻人的背后,首先依赖的是通过在社交沟通板块注入新技术,带给年轻人新的社交潮流玩法。过去 QQ 推出的激萌表情、斗图、阅后即焚、厘米秀等,各种二次元游戏化玩法均引发了年轻人的追捧。而从手机 QQ 上线的智图、高能舞室等功能也能窥见一斑。所谓智图即只要在 QQ 对话框里输入文字,就可以自动推荐,生成表情包。而表情包是年轻人社交沟通的润滑剂。

在智图的背后则隐藏了一套黑科技——它的关键技术是基于深度学习的精细化的用户情感分析,并综合运用了图像处理、OCR 等技术进行表情的处理和合成。

在人口红利消失的今天,许多互联网公司都在内容化。对 QQ 来说,内容对于最大化占据用户时间的战略意义非同小可。而目前 QQ 在内容方面的布局已经形成一整套体系,完成了从 NOW 直播、企鹅电竞到腾讯动漫、兴趣部落、QQ 看点、腾讯文学、QQ 阅读等产品布局。

据 QQ 看点负责人在腾讯全球合作伙伴大会上透露的数据,"95 后"人群在 QQ 看点平台上的占比已经接近 70%。而 QQ 看点与腾讯动漫、QQ 阅读等产品的联动效应,在不断沉淀并满足年轻用户碎片化在内容资讯上的需求。

而在今天流行的直播内容产品中,QQ 又有企鹅电竞与 NOW 直播双产品布局。NOW 直播拿出了"绿幕技术"这种黑科技,实现"技术让直播更有趣",满足年轻人对新鲜功能玩法的追求。而企鹅电竞则接纳了年轻的游戏玩家的内容消费与生产的需求。

值得一提的还有 QQ 兴趣部落。有研究指出,如今年轻用户最强的互动并不是在熟人好友之间,而是在同类型的人之间,他们更倾向于兴趣社交。而 QQ 当前的兴趣部落就是从熟人社交向陌生人与兴趣社交扩展,并因此沉淀了大量有价值的兴趣类讨论与话题内容的生产。

而其中,明星类部落活跃度也非常高,成了明星和粉丝双向互动的平台,并且强化粉丝与明星的连接效应,这种"星粉互动"的模式也满足了粉丝社群的存在感和社交需求。

可以知道,QQ 通过内容布局,迎合了"90 后""00 后"个性化、兴趣化、二次元等社交心理,构建了"内容+兴趣社交+粉丝文化"的立体化模式,这强化了社交生态的黏性,让年轻人趣味社交与内容多元化需求都可以在 QQ 上得以满足。

当然,无论是社交沟通的战略布局,还是内容生态板块的布局,都需要支付体系来做商业上的闭环。而 QQ 钱包作为 QQ 支付板块的重量级布局产品,也在培育更多年轻的消费者。如今 QQ 钱包打出的牌依然是年轻化,比如通过引入多种 IP 与 QQ 钱包合作,让支付行为变得有趣,如 2017 年 QQ 钱包就将小黄人 IP 移植到界面中。

在线下的支付场景方面,QQ 钱包扩展到影院、麦当劳及迪士尼游乐场等娱乐消费场景。QQ 钱包还支持北京等城市充值公交卡,在"QQ 钱包福利日"等活动中也针对年轻人所喜爱的休闲食品、餐饮、娱乐等领域进行重点补贴。

无论是从 QQ 引入动漫内容的线上内容支付场景,还是延伸到更多腾讯生态内的金融服务与线下支付场景的铺设,以及在年轻化战略上的不断推动,QQ 钱包在年轻群体中的影响力与潜力均不可小觑。

总体来看,QQ 一直在不遗余力地扩大年轻人衣食住行相关泛娱乐社交生态圈,再通过 QQ 钱包铺设支付底层设施,牢牢占据了"90 后""00 后"的时间与生活空间,甚至是各种消费需求。

年轻一代的消费习惯、生活方式、兴趣焦点正在塑造新的消费文化。如何打到他们的痛点,这是许多互联网公司正在焦虑的事儿。

马化腾曾经说过一句话:"有时你什么都没做错,就错在太老了。"而在"95 后""00 后"日渐成为社会主流的时代背景下,能否抓住他们的喜好,事关未来产品的生死存亡。

(资料来源 拿下了 85% 的中小学生,QQ 到底是如何做到的? 王新喜,2018-1-12,有改动)

引导问题:

1. 你现在是用微信多还是 QQ 多?为什么?
2. 你认为更年轻的群体,比如中小学生为什么更喜欢用 QQ?

第一节 IM 营销概述

一、IM 的内涵和特点

IM 为 instant messaging 的缩写,即"即时通信"或"实时传讯"。它是一个终端服务,指能够即时发送和接收互联网消息的业务。即时通信利用的是互联网线路,通过文字、语音、视频、文件的信息交流与互动,有效节省了沟通双方的时间与经济成本。即时通信系统不但成为人们的沟通工具,而且成为电子商务及工作、学习等交流的平台。

(一)常见的IM工具

目前常见的IM工具包括腾讯QQ、阿里旺旺、Skype、网易POPO等。其中腾讯QQ的市场占有率最高。

1. 腾讯QQ

先为大家普及一下QQ的起源吧。

1996年,三个以色列人维斯格、瓦迪和高德芬格聚在一起,决定开发一种使人与人在互联网上能够快速直接交流的软件。他们为新软件取名ICQ,即"I seek you"(我找你)的意思。ICQ支持在Internet上聊天、发送消息、传递文件等功能。

他们成立了Mirabilis公司,向注册用户提供互联网即时通信服务。ICQ的使用用户快速增长,6个月后,ICQ宣布成为当时世界上用户量最大的即时通信软件。在第7个月的时候,ICQ的正式用户达到100万,可谓在极短的时间内风靡全球。

1997年,马化腾接触到了ICQ并成为其用户,他亲身感受到了ICQ的魅力,但同样也看到了它在国内的局限性:一是英文界面;二是在使用操作上有相当的难度。这使得ICQ在国内的使用虽然也比较广,但始终没有普及,大多限于"网虫"级别的高手。于是马化腾和他的伙伴们便想开发一款中文版的ICQ软件,然后把它卖给有实力的企业。他们当时并没有想过自主经营,因为当时ICQ的盈利模式并不明确,但是需要的投入却非常巨大。

这时正好有家大企业有意投资中文ICQ领域,于是马化腾与张志东用了数月时间,开发出符合中国用户习惯的ICQ类似产品OICQ(open ICQ,QQ的前身)并投标,但是最后的结果却是没中标。如此,在机缘巧合下,马化腾决定自己做OICQ,而当时其给OICQ标的定价仅仅三十多万元而已。

OICQ信息收发及时方便,功能全面,具有即时信息收发、网络寻呼、聊天室、传输文件、手机短消息服务等功能,对传统的无线寻呼和移动通信进行增值服务。

如图12-1所示是腾讯公司早期推出的QQ注册界面及聊天界面。QQ具有好友聊天,即时发送信息、自定义图片和语音、视频,共享文件等功能,是中国使用量最大、用户最多的面向个人的IM软件。

2. 阿里旺旺

阿里旺旺是淘宝和阿里巴巴为商人量身定做的免费网上商务沟通软件/聊天工具,可以帮助用户轻松找客户,发布、管理商业信息,及时把握商机,随时洽谈生意,简捷方便。

目前按买家和卖家来分的话,买家这边是阿里旺旺,卖家整合成了千牛一站式工作平台,也包含了IM功能(见图12-2)。

3. Skype

Skype(见图12-3)是全球免费的语音沟通软件,采用点对点技术与其他用户连接,进行高清语音聊天。Skype于2011年10月正式被微软收购,成为微软一个独立部门。Skype是网络即时语音沟通工具,具备IM所需的其他功能,比如视频聊天、多人语音会议、多人聊天、传送文件、文字聊天等。

4. 网易POPO

网易POPO(见图12-4)是网易公司开发的一款免费绿色多媒体IM工具,不仅支持即时文

图 12-1 腾讯公司早期推出的 QQ 界面

图 12-2 阿里旺旺客户端产品

字聊天、语音通话、视频对话、文件断点续传等基本即时通信服务,而且提供邮件提醒、多人兴趣组、在线及本地音乐播放、网络电台、发送网络多媒体文件、网络文件共享、自定义软件皮肤等多种功能,并可与移动通信终端等多种通信方式相连。网易 POPO 融合了 QQ 与 MSN 的优点,在安全隐私功能方面略胜一筹。

(二) IM 的特点及分类

IM 一般有以下几种功能:在线聊天、视频通话、屏幕截图、群/讨论组、共享文件、邮箱服务、点对点断点续传文件、文件中转站等。

这些功能让 IM 工具具备了以下几个特点。一是即时性与同时性:IM 不同于其他类型的交流软件是因为它所需的时间更短且交流是即时的,并且可以多人使用网络传递文字、图片信息,或进行语音与视频交流沟通。二是具备高效性与实用性:IM 工具不仅可以实现个人与他人的交流沟通,而且可以实现企业内部的管理和外部的沟通等。在企业级应用中,IM 可以根据企业自身的特点,力求与业务流程相结合,与企业办公软件相结合,成为企业管理系统的一部分。三是具备一定的安全性,尤其是对于企业来说,安全性显得更加重要。

目前即时通信工具的类型有以下几种。

图 12-3　Skype 中文版官网

图 12-4　网易 POPO 信息界面

1. 个人 IM

个人 IM 主要是以个人用户为主，开放式的会员资料，以非营利为目的，方便聊天、交友、娱乐，如 QQ、新浪 UC、移动飞信等。此类软件通常以网站为辅、软件为主，免费试用为辅、增值收费为主。

2. 商务 IM

商务 IM 主要泛指以买卖关系为主的 IM 工具，比如阿里旺旺、慧聪发发等。其主要功能是寻找客户资源或便于商务联系，从而以低成本实现商务交流或工作交流。此类 IM 用户以中小企业、个人实现买卖为目的，也可以方便地实现跨地域工作交流，如 TradeManager（贸易通，阿里旺旺 IM 的国际版本）。

3. 企业 IM

企业 IM 有两种：一种是以企业内部办公为主，谋求建立员工交流的平台；另一种是以即时通信为基础，系统整合各种实用功能，如企业客户通。

4. 行业 IM

行业 IM 主要局限于某些行业或领域所使用，不为大众所知（如盛大圈圈，主要在游戏圈内使用），也包括行业网站所推出的 IM 软件（如化工类网站推出的 IM 软件）。行业 IM 软件主要依赖于单位购买或定制软件。

二、IM 营销的特点和优势

IM 营销是企业通过 IM 工具推广产品和品牌，以实现目标客户挖掘和转化的网络营销方式。

（一）IM 营销的特点

IM 营销是网络营销的重要手段，是进行商机挖掘、在线客服、广告或品牌宣传、病毒性营销、加强客户关系管理等的有效利器，它克服了其他非 IM 营销信息传递滞后的不足，实现了企业与客户无延迟、全方位的沟通。

无论是品牌推广还是常规广告活动，通过 IM 都可以取得很好的营销效果。它具有如下特点：

(1) 在线咨询，及时解决问题，提高交易的可能性。

(2) 精准化传播，可以精准锁定目标客户群。

(3) 形式多样化，吸引年轻一代的关注。

(4) 相对其他营销形式来说，IM 营销成本较低。

（二）IM 营销的优势

IM 营销与传统的营销方式相比，具有以下三个方面的优势。

1. 互动性强

无论哪一种即时通信方式，都会有庞大的用户群，即时的在线交流方式可以让企业掌握主动权，摆脱以往等待关注的被动局面，将产品或品牌信息主动地展示给消费者。

2. 营销效率高

IM 营销通过分析用户的基本信息，如年龄、职业、性别、地区、爱好等，以及兴趣相似的人组成的各类群组，针对特定人群专门发送用户感兴趣的品牌信息，诱导用户在日常沟通时主动参与信息的传播，使营销效果达到最佳。另外，即时通信传播不受空间、地域的限制，企业可以通过 IM 将信息及时地告诉消费者，有效传播率非常高。这些特性能让 IM 营销帮助企业实现在线咨询、即时互动、及时解决问题，并能主动发起沟通，有效扩大营销途径，使流量利用最大化，也极大地提高了交易的可能性。

3. 传播范围大

任何一款即时通信工具都聚集了大量的人气，并且以注重品质和高消费的白领阶层为主。即时通信有庞大的关系网，好友之间有很强的信任关系，企业任何有价值的信息，都能在即时通信工具中开展精准传播，产生的口碑影响力远比传统媒体要好。

三、IM营销的表现形式

IM营销的表现形式可分为在线客服、商机管理和集成应用三种。

（一）在线客服

在线客服是IM营销的核心表现形式,包括人工在线导购、人工客服咨询和自动咨询应答等形式。在线客服是联系目标客户与企业方的重要纽带,也是挖掘商机的直接载体。在技术层面,IM的在线客户服务又分为客户端和浏览器端两种类型。

（二）商机管理

中小企业IM营销往往与商机管理分不开,主要是通过IM系统在网站分析、访客管理等方面产生的宝贵数据和资源。商机管理是IM营销中的重要环节,也是IM工具在线客服功能所产生的成果汇总,对于后续的网络营销活动开展及客户资源管理,起着非常重要的过渡作用。

（三）集成应用

IM营销工具由于"每时每刻都在"的特性,在企业投入应用的网络营销工具使用频率上往往是最高的。IM营销工具作为企业实施网络营销管理的综合入口,还集成了相当多的各类应用,包括快速导航、集成登录、快捷搜索等。综合来看,在成熟使用IM营销的中小企业,其IM营销工具往往具有成为集成应用平台的趋势。

第二节　QQ营销

一、QQ营销

QQ营销是IM营销中的一种,因为腾讯QQ的市场占有率最高,平常做IM推广时,都是以QQ平台推广为主的,所以在实际工作中QQ营销发挥着重要的作用。

因为QQ本身的特点及其庞大的用户群体,QQ营销具备了高适用性、精准性、易操作性、低成本、持续性及高效性等特点。我们可以针对特定人群、固定人群或有针对性的项目进行推广,同时也可以对现有用户进行维护,对潜在用户进行深入的挖掘。

一个普通的QQ号,可以添加几千个好友,但是登录QQ时,用户第一眼能够看到的好友只有十几个,剩下的人是关注不到的。如果用户和这剩下的人相互之间不联系,天长日久就会逐渐淡忘,而那十几个一登录就能看到的,即使不联系也会有印象,甚至随着时间的推移,记忆会越来越深。

从营销的角度来说,如果我们能排在别人好友列表的前面,那么即使一年不联系,也能达到推广的目的,甚至效果还更好,这就叫"无声胜有声"。那如何提高QQ排名呢？

(1)开通会员。会员的排名要高于普通号码,名字还会加红,看起来更醒目,而且QQ会员可以添加的好友数量更多。

(2)将QQ状态设置成"Q我吧"。QQ的状态有"我在线上""隐身"等7种,其中"Q我吧"的优先级最高。如果普通号码设置成"Q我吧",那么排名比会员还要高。这种方式唯一的缺点就是收到 QQ 消息时,会直接弹出信息窗口。可以直接在 QQ 图标上单击右键,也可以通过"设置—状态"将 QQ 状态设置为"Q我吧",如图 12-5 所示。

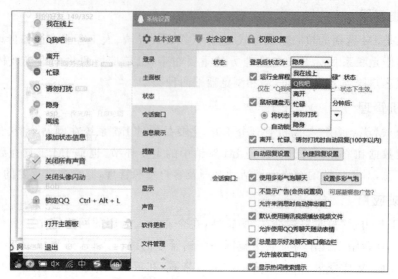

图 12-5　将 QQ 状态设置成"Q我吧"

(3)在名字前加特殊字符。QQ 是按照昵称首字母进行排序的,特殊字符的优先级要高于普通字母,比如在名字前加个空格,就会排在所有名字的前面。

(4)头像可以设置成公司的 LOGO 或专门的图片,如某某公司,要求字迹清楚、一目了然。

(5)昵称最好有一个专门的工作号,既可以拉近关系,又避免了客户没有修改备注而忘记名字。

(6)QQ 签名可以添加网站的链接、公司简单的介绍等。保持每天更新,这样才会在 QQ 空间以及动态里呈现出来,提高曝光率。

(7)QQ 空间与 QQ 是绑定的,所以如果有效地对 QQ 空间加以利用,营销的效果是非常显著的。

二、QQ 群精准营销法

现在企业做营销,找新客户的成本越来越高,难度也越来越大,尤其是传统企业。而实际上,QQ 就能帮助我们用很低的成本,在短时间内找到目标用户,甚至是大量的目标用户。而且操作起来还非常简单。

(一)确定目标人群

首先要确定想通过 QQ 寻找什么样的目标人群,比如男性或女性、学生或白领,在哪个地区,针对什么行业等。也就是需要定位到一个细分的群体,可以结合公司的营销战略来定。

(二)寻找目前 QQ 群

结合目标用户群的定位,分析在哪类 QQ 群中存在目标人群,得出一些关键词,然后在 QQ 查找页面用关键词搜索找到这些群(见图 12-6)。

图 12-6 "香港购物"QQ 群查找

（三）提取 QQ 群成员号码

有了一批精准的目标 QQ 群之后，需要将这些 QQ 群中的 QQ 好友提取出来，这一步可以通过相关的提取工具来完成，比如在线正则匹配（见图 12-7）。

图 12-7 从 QQ 群提取 QQ 号

这些 QQ 号码可以导入个人 QQ，也可以导入企业 QQ，也可以配合 QQ 邮件营销使用。在得到客户验证通过的信息之后，就可以向客户发送有价值的信息了。

（四）QQ 群推广

企业最常用的 QQ 营销方法，可能就是在 QQ 群中发广告了。这个方法最简单，如果操作得当，效果也还可以，但大部分企业在实操时做得并不好。为什么呢？因为很多人的观念还停留在单纯的群发广告阶段，这样做，除了被管理员踢出群之外，会收到什么效果呢？谁会没事津津有味地看群广告？就算看了，陌生人发的消息，谁敢相信？

而且 QQ 群不同于网站，它的信息是即时滚动的，如果只是机械地加群，发广告，然后被踢，几乎是没什么效果的。所以对于 QQ 群的推广，应该本着"一群一阵地"的原则，长期奋战。主要有以下几个要点：

（1）先建立信任后推广。现在的用户对互联网的群发信息是非常戒备的，而且反应也会比较谨慎。在群里，只有熟人发出的消息，大家才会放心地去看或点击。所以 QQ 群推广最开始可以先建立一点信任再开始推广，可以先和大家打个招呼，介绍这个群的定位，能给大家带来什么价值，大家能从这个群得到什么别人得不到的好处，还可以时不时地生活化地在群内聊天加深情感连接。如果时间允许，也可以在群里帮助大家解决一些力所能及的问题，起到信任搭建的作用。

(2)具体到人。推广是为了最终的效果,而不是比谁信息发得多。所以发多少个群不重要,重要的是转化率,重要的是多少群成员转化成我们的客户。

(3)广告少而精。在群里推广时,要根据产品特点和群里客户的特点确定发送广告的频率,切不可太频繁,否则可能会让用户反感。关键是价值的体现。

(4)在聊天中植入广告。QQ群营销可以以内容分享的方式为主,然后在分享的过程中植入广告,可能比硬性广告效果要好一些。

(5)在QQ群提升排名。用前面介绍的小技巧提升在群内的排名,提高曝光率对营销是有利的。

(6)利用强大的群邮件功能。QQ群有自带的群邮件功能,可以针对群内所有成员发送QQ邮件,这个功能非常强大,转化率也非常好。在发完邮件后,QQ会在电脑右下角自动弹出邮件提醒消息,保证群成员及时看到邮件内容。当然使用这个功能的前提是群管理员开通了群邮件功能。所以,如果可以,要么多建自己的群,要么就想办法让自己被设置成管理员。如果是群主或者是管理员,在发送邮件时可以用一个有效的标题形式——"群主推荐……"(见图12-8)。经过测试,此标题形式的邮件打开率相对较高。

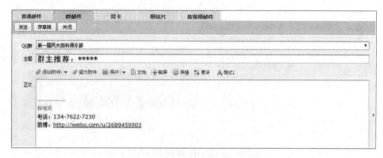

图12-8 群邮件标题设置

(7)利用持久的群文件功能。群文件功能是群的固定功能之一,我们可以将要推广的信息整理成软文、视频、电子书、图片等,上传到群文件中。注意,上传的文件不能是赤裸裸的广告,而应该是对用户有价值的内容,企业信息应该在内容有价值的基础上适当植入。

(8)申请成为管理员。管理员权限在群管理上有非常多的功能。

(9)建立QQ群联盟。网上有很多帮忙统一管理QQ群的企业,如果有一个高级群,可以申请加入,好处就是可以共用其他联盟群的资源。

(10)利用群的各种工具。我们要善于使用各种群工具,比如群公告、群相册、群活动、群直播间等,适当地利用这些小功能,能够给推广工作锦上添花。

三、QQ老客户复购法

QQ老客户复购法是指通过维护,与群成员建立良好感情,促成客户多次购买。采用此策略需要注意:第一,产品本身具有复购性(一般为快消品);第二,产品质量好,售后服务好。

一般是通过个人QQ和营销QQ对客户进行维护,建立良好的情感关系,最终促成客户的多次购买(见图12-9)。具体步骤如下:

(1)建立"个人QQ+营销QQ"的组合模式。

(2)吸引客户加为好友。将在其他渠道咨询过的人加为好友,以免以后找不到,形成二次

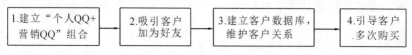

图 12-9　QQ 老客户复购法

推广。

(3)建立客户数据库,维护客户关系。提前为客户分类,如分为 VIP 客户、老客户、已成交客户、待跟进客户、新客户、有意向客户等。根据地域、所购产品、年龄等标签进行标记。应做到以下 4 点:①定期回访老客户;②客户更新信息时积极互动;③发送贺卡或者其他形式的祝福;④送有价值的东西或信息。

(4)引导客户再次购买。利用"营销 QQ"群发广告,新产品做好信息传播。

四、鱼塘营销法

在网络营销中,有一种策略叫作鱼塘策略。这种策略的核心思想就是像养鱼一样,先将目标用户圈起来,然后慢慢地培养与用户的关系和感情,最后择机进行销售。QQ 群是实现鱼塘策略的重要工具之一,这与现实中要养鱼需要先挖鱼塘是一个道理,QQ 群就相当于鱼塘。QQ 鱼塘营销法的实施步骤如下。

(一)建立"用户鱼塘"

(1)尽量多建高级群。高级群加的人更多,而维护一个 200 人的群和维护一个 2 000 人的群,时间成本是差不多的。所以尽可能地多建高级群。开通腾讯的 QQ 会员等服务即可建高级群。具体不同的等级开通群的数量可以参考腾讯会员页面。

(2)QQ 群的主题要鲜明。QQ 群要有一个明确的主题,并通过群名称和群简介体现。建群是为了将目标用户圈起来,甚至吸引目标用户主动加入,要达到这个效果,QQ 群的主题越鲜明越好。

(3)保持群活跃度。保持一定的群活跃度,但是也要注意不要太频繁地发消息。

(二)吸引潜在用户加入 QQ 群

通过利诱(如一些直接利益诱惑或者是免费策略)、群发邮件等方法吸引潜在用户加入 QQ 群。也可以用软文营销等方法,在微信、微博、论坛等一些平台上通过有价值的文章或广告去吸引用户。

(三)用户培育

可以分享有价值的内容和资源,帮助群内成员解决实际问题,引导讨论一些热点话题,多发一些能活跃群内气氛的图片或笑话,或者组织线下活动等。

(四)进行宣传,实现销售

进行产品宣传,实现销售。注意在发广告之前要先确定与群成员的关系不再陌生。发送时也要注意设定好频率,把握发送的度。

【本章小结】

本章主要介绍了 IM 的基本概念、工具、特点及分类,接下来针对 IM 营销做了其特点、优势和表现形式的介绍。在 IM 营销中,选取了范围最广的 QQ 营销进行详细阐述,主要介绍了 QQ

基本设置、群推广及鱼塘营销法等一些知识。

【关键词】

IM　IM营销　QQ　QQ营销　鱼塘营销　QQ群

【问题思考】

1. 你用过的IM工具还有哪些?
2. IM营销的优劣势分别是什么?
3. QQ推广中有哪些难点?

☆ 案例评析

QQ空间内容逻辑:年轻人说,它才是永立潮头的最in玩家

有人说,如果你哪天卸载QQ了,不是它老了,是你老了。五彩斑斓的文字、各式各样的"黑话",独成体系、秩序井然的社交礼仪,这里,是年轻人的国。

QQ空间的内容王国是披上华丽外衣的个性狂欢。个性化的自我展示,永远是吸引年轻一代蜂拥而至的蜜糖。

QQ空间坐拥各式糖果,向着想要发光发声的年轻人慷慨解囊。装扮设置、"说说"转发、展示游戏,从形式到内容,QQ空间的用户们利用无穷无尽的舞台诠释"我就是我"。

自我展示的"门面"是"说说"。"说说"功能原名为"心情",原本只是QQ空间个人主页的状态展示板块。随着信息碎片化时代的来临,只有寥寥数语的"说说"逐渐取代了日志,成为QQ空间用户生产内容的最大工厂。而QQ空间也在"说说"的展现形式上玩出了花样:传统白底黑字的"说说"成为"卡片",可以如同名片一般被装饰,字体的个性化设置上更有"喵呜体""炫彩字"层出不穷。

不仅"说说"本身可以体现主人"酷炫"的个性,"说说"的互动功能同样是自我展示的平台。在表现形式之外,内容依旧是展现自我的重要渠道。"非主流"盛行的年代,QQ空间一度被青春伤痛文学的转发刷屏。而同样是年轻人欲借他人之手表达自我,新一代QQ空间用户的玩法则更为含蓄:他们在"说说"中玩起了测试游戏。

"九宫格输入法按四次9,出来的四个字就是你的生活状态""打开你的歌单,第N首歌代表了你今年的情人节"……性格测试、造句游戏、个人信息问答,QQ空间用户们以游戏的方式传达自我。"我的情人节是《说散就散》"的潜台词,通常是"我的歌单里有《说散就散》,这首歌真的很好听"。

屏蔽了父母、长辈与老师,新生代便不再有隐私。对于拥有相同兴趣的"列表",他们无所不谈,共享喜忧。说不出口的秘密可以披上匿名的隐身衣,与现实朋友的纠葛可以向陌生人倾诉。QQ空间在私密与开放间达到了微妙的平衡,放任年轻人戴上各式面具,与素不相识者在舞池中狂欢。无论是漂泊在外又"宅"又穷的"空巢青年",还是现实情感已逐渐淡漠的互联网原住民,孤独永远是他们的心结,社交永远是最好的解药。

QQ空间也许便是其中之一。有人说,年轻人的人生只有两件大事:考砸了和失恋了。这两件无法与长辈分享、沟通的大事,在"说说"、留言板、评论区的互动之中轻松得到了消解。这里有无数的测试游戏被用以展现自我、彰显存在,也有无数秘密与"吐槽"助人博得关注、宣泄

情感。

化解悲伤,也制造快乐。论及功能产品的多样性与前沿性,恐怕没有一款社交产品可以与QQ空间匹敌。个性化展示有"说说"卡片;虚拟养成有空间宠物;"鬼畜文化"有"魔音说说";直播风口有NOW直播;短视频有微视板块……

杰克·凯鲁亚克的《在路上》怎么说的?我还年轻,我渴望上路。

(资料来源　QQ空间内容逻辑:年轻人说,它才是永立潮头的最in玩家.腾讯传媒,2018-4-9,有改动)

问题:

1. QQ营销如果要利用QQ空间,可以如何去做?
2. 试谈谈未来QQ营销的趋势是怎样的,你有什么好的建议?

☆ **实训专题**

1. 选一个产品,思考如何策划一份IM营销方案,QQ为主,其他方式为辅。

第十三章

微博营销

☆ 学习目标

1. 理解和掌握微博的含义。
2. 理解微博营销的特点和价值。
3. 理解并能够运用微博营销策略进行微博营销策划。

☆ 引导案例

支付宝"祝你成为中国锦鲤"引爆微博

支付宝作为第三方支付平台,致力于提供简单、安全、快速的支付解决方案,在十多年的发展历程中不断完善移动支付的综合性业务,已发展成为融合支付、生活服务、政务服务、社交、理财、保险、公益等多个场景与行业的开放性平台。2018年9月29日,为迎接国庆长假,进一步扩大品牌影响力,支付宝官方微博发起"祝你成为中国锦鲤"的抽奖活动。

此次抽奖活动的参与形式非常简单,分为两个部分:针对国庆出境旅游的用户,使用支付宝可能抽取到免单福利;对于没有出境旅游的用户,只需要转发该条微博就有可能成为"中国锦鲤",享受官方微博所有福利,其中包括免费拥有全球各地的奢侈品包、鞋服、化妆品,吃饭、旅游以及各类休闲活动免单等,还能接受美国陈纳德将军飞行学院的私人飞行员免费培训,让广大网友十分心动。此条微博一发出,阅读量超过2亿,周转发量超过310万,互动总量超过420万。

此次锦鲤转发活动大获成功,微博营销功不可没,其营销手段呈现低门槛、随机性以及互动性的特色,极大地提高了网友的参与热情,后续的话题讨论更增加了这次活动的独特性。此外,各种商家的点赞和留言支持、大V的话题互动、支付宝微信公众号的引流也整合了用户流量,即使用户在不同的终端也能了解到此次活动并参与其中。

引导问题:

1. 为什么支付宝官微的活动能引爆微博?
2. 什么是微博营销?如何才能策划一起成功的微博营销?

第一节 微博营销概述

当今社会,微博作为一个可互动的开放平台,凭借其独特的传播特性——信息的即时性、良好的互动性等优势深受广大用户喜爱。企业越来越重视微博,如何做好微博营销是每个企业都在思考的一个重要问题。

一、微博营销的含义

关于微博营销,百度百科的解释是:"微博营销以微博作为营销平台,每一个听众(粉丝)都是潜在的营销对象,企业利用更新自己的微型博客向网友传播企业信息、产品信息,树立良好的企业形象和产品形象。每天更新内容就可以跟大家交流互动,或者发布大家感兴趣的话题,这样来达到营销的目的,这样的方式就是互联网新推出的微博营销。"还有学者将微博营销定义为:"博主通过更新微博内容来吸引其他用户关注,并通过双方沟通和交流时的信息传递来实现营销目标的一种网络营销方式""是一种全新的以 Web 2.0 为基础的新媒体营销模式,企业可以通过利用微型博客,快速宣传企业新闻、产品、文化等,形成一个固定圈子的互动交流平台",等等。

由此可见,由于认识角度的不同,人们对微博营销的内涵有不同的理解,但也有共同点:微博营销是基于微博这一新媒体平台的营销,是与微博新媒体特点紧密联系,并与其他媒体有效整合的营销方式。

常见的微博账号有以下三类。

1. 政务官方微博账号

政务微博是政府应对突发事件的舆论利器。大量事实证明,突发事件常常会伴随谣言产生,带来巨大的舆论压力。作为信息汇聚中心,政府微博能够利用微博传播速度快、范围广的优势,在第一时间发布权威信息,澄清事实真相,为解决问题创造良好的舆论环境。微博相比传统媒体还有一个优势:可以随时随地发布信息而不必受媒体出版时间约束,不必走媒体发布流程,更加快速、有效。

政务微博是汇聚民声、表达民意的平台。微博有庞大的用户群,是民声汇聚之地。民众可以通过微博更方便地表达诉求、参与公共事务、发表观点和看法;政府可以通过微博平台对社会新事物保持敏感度,收集舆情、汇聚民意、征集看法,使民众意见得到有效关注,及时发现问题、解决问题。

政务微博开辟了群众监督的通道。微博的开放性和互动性使开通微博的政府机构和官员都要接受更广泛的关注和监督。

2. 企业官方微博账号

企业官方微博是企业重要的传播工具,也代表着企业的官方形象和官方话语权,甚至比官网更有黏性。微博的迅猛发展还带给企业海量的宝贵数据,只要用心挖掘,不仅可以清楚地了解消费者的性别、年龄、所在城市等社会属性,消费者的兴趣爱好、社交活动,甚至消费信息都以非结构化的形态散布在微博的各个角落。

3. 个人微博账号

个人微博比企业官方微博更容易运营,因为人的属性是无须刻意制造的,人性化的交流是天然存在的。个人微博运营的优势主要有三点:第一,以现实人际关系为基础,人际网络有现实人际关系做依托,更加牢固,传播效力更强。第二,个人微博的延伸性更强,无须专注于某领域。个人是具有真实情感的实体,从情感角度来看不容易产生距离感,粉丝会更加愿意倾听与交流。第三,个人微博的真实性更强。因为个人账号一般不存在团队运营的情况,比企业官方微博少了很多运营痕迹,让人觉得更加真实。

个人微博与企业官方微博完全可以相得益彰,很多粉丝是因为喜欢企业领导人而喜欢企业,很多时候个人微博成功的同时也成就了企业的微博营销使命。

二、微博营销的特点

随着微博作为一种创新的信息传播方式开始盛行,微博营销日益受到企业的重视。企业只要在网站上以实名注册一个微博,及时更新发布信息,就可以快速地在网络上建立起企业的品牌形象,准确有效地将企业的各种信息传达给潜在客户。企业需要把握好微博营销的特点,以便更好地进行微博营销,达到宣传推广产品和品牌的目的。微博营销除了覆盖范围广这一特点外,与其他营销方式相比,还有以下几个特点。

1. 立体化

从产品的角度来说,当今社会不仅产品同质化严重,而且新产品令消费者目不暇接,人们对商品的深入了解往往需要多种途径,在传递产品信息时,谁能做到将信息具象呈现,谁就可能激发消费者的购买欲望进而使消费者坚定购买信心并采取购买行动;从品牌的角度来说,要提高品牌的"三度",即知名度、美誉度、忠诚度,都离不开对品牌定位、品牌形象、品牌文化等的宣传,渠道的选择更是宣传工作的重中之重。微博营销可以借助先进的多媒体技术手段(如文字、图片、视频等)对产品进行描述,具有视觉上的直观性和冲击力,使消费者能够全面地了解有关产品和品牌的信息,这就是微博营销的立体化特征。

2. 低成本

营销策划中资金预算是非常重要的,与传统的广告相比,微博营销不需要繁杂的行政审批程序,也省去了企业支付给广告刊播平台的费用,这样不仅帮助企业节省了推广费用,而且大大节约了人力和时间成本。在微博上,企业可以发布任何与企业相关的文稿、图片、视频或者网站链接,免费进行企业宣传。

3. 便捷性

微博操作简单,信息发布便捷。只需要简单地构思,就可以完成一条信息的发布。这比发布博客要方便得多,毕竟构思一篇好博文要花费很多的时间与精力。

4. 互动性强

"微博营销的互动性首先体现在给消费者提供发言的机会,其次是可以直接为特定的潜在目标消费者量身定制个性化的信息,使得企业的网络营销活动更富有针对性和人情味。"微博具有社交网络的开放性,用户可以对企业微博进行评论、转发等,企业则可以针对特定的潜在消费者进行互动,通过对用户的回复,让用户感受到企业的人情味和趣味性,增强营销效果。

三、微博营销的价值

微博营销作为数字时代的一种重要营销形式,逐渐成为企业进行品牌形象塑造、宣传企业产品的重要途径。微博营销具有重要的营销价值,如果企业能够发挥其正面的蝴蝶效应,必将在激烈的市场竞争中占据一席之地。总体来看,微博营销的价值包括以下几个方面。

1. 提升企业的品牌知名度

唐·舒尔茨(Don E. Schultz)曾经说过:"在同质化的市场竞争中,唯有传播能够创造出差异化的品牌竞争优势。"对企业而言,微博是树立、推广自身品牌形象的绝佳平台。当企业在微博上以官方身份出现时,本身就是一次在大众面前的自我曝光和宣传。当然,企业在微博上介绍新产品,推出新服务,或者利用品牌代言人的微博来发布产品介绍,也是企业进行营销和推广的方式。

借助独一无二的交互方式和多渠道的传播方式,微博能够实现企业与用户之间的对话。微博上的粉丝往往是主动跟随者,因此企业能够获得用户的认同。这不仅能够增加信任,保证对话的质量,而且能提高产品和品牌的知名度与美誉度。

2. 维护和管理客户关系

微博的直接性和互动性使得企业可以很好地接触客户反馈,增加获取客户需求的机会,与客户建立很好的联系。事实上,企业可以通过微博平台开展售前和售后的服务,以此来优化客户体验,同时节省服务成本。微博不仅是企业和客户之间沟通的桥梁,而且是粉丝之间互相交流、沟通分享的平台。

随着信息获取渠道的多元化,客户的反馈意愿也逐渐增强,这迫使企业由以往的引导沟通方式向倾听沟通方式转变。再加上微博所具有的互动性,用户在微博上畅所欲言,企业可以利用微博收集到大量真实的客户反馈。企业可以通过搜索关键词来查看与自身相关的内容和评论,及时对客户的意见和建议做出回复,通过微博平台进行企业舆情监测。这就可以不断改进产品和服务,提升客户的满意度。

3. 实时监测传播效果

微博能使企业获取消费者的兴趣和偏好需求,企业还可以借助微博深入了解市场潜在机会以及竞争对手的优势和弱点所在,并以此为导向更精准地对如何更好地为消费者创造价值做出决策。

企业在微博上进行的各种活动都能够进行全程"微直播",还可以在特定的时间开展"微访谈",跟踪和记录用户对企业各种营销活动的反应,了解用户的看法和想法,及时对用户的反馈做出回应,对活动的传播效果进行直观和公正的评估监测。借助微博,企业可以收集分析粉丝的言论,获取粉丝的个人动态和潜在消费意愿。企业还可以在微博上利用第三方应用发起投票和调查,甚至可以针对调查中涉及的问题与用户进行一对一的沟通,提高调查的实时性和互动性以及调查的准确度。

4. 开展危机公关,树立良好形象

微博不仅是大众传播的载体,是传播交流的平台,而且作为社会组织,是企业成功进行营销的平台。微博之所以能在较短的时间内吸引到如此多的用户,与它能够帮助企业或政府实施公关策略、树立良好形象是分不开的。

微博是企业发布信息的重要渠道。微博以其沟通快速、开放、透明的特点以及相对软性的传播方式,成为企业预防和处理危机的理想工具。首先,企业可以通过微博及早发现危机的苗头,及时反应,主动沟通,防患于未然;其次,当危机发生后,企业可以通过微博把事实真相迅速、准确地呈现在公众面前,让公众了解得更全面、更客观;再次,企业可以通过微博随时掌握公众对危机的反应,表明企业的态度和立场,防止事态进一步恶化;最后,企业可以适时发布危机处理过程和结果,安抚公众情绪,重塑企业形象。因此,当企业面临危机事件时,微博是进行危机公关、表明企业态度和立场的一个有效途径,它可以使企业免遭危机事件的影响,甚至创造良好的口碑和企业形象。

5. 孵化网红,助力粉丝经济增长

随着泛娱乐化的蔓延和分享经济的发展,人物或内容的影响力资产将重构互联网话语体系,驱动创新势能增长,也在兼具社交和媒体双重属性的微博平台上催生了一批活跃的网红,他们能够创造或传播个性化内容,获得关注并聚集大量粉丝,并通过多种手段将流量变现,这已成为互联网经济产业链的重要一环。艾瑞咨询与新浪微博联合发布的《2018年中国网红经济发展洞察报告》显示,截至2018年4月,微博网红粉丝总人数达到5.88亿,同比增长25%,网红已成为连接粉丝群体与品牌的重要纽带。企业通过团队化运作,培育自身垂直领域的网红并让其与粉丝互动,引爆热点话题,增强网红与粉丝之间的黏性,有利于锁定潜在消费人群,提高产品转化率。

第二节 微博营销策略

网络时代的每一次技术变革都伴随着新的商机,从即时通信工具到论坛网站,从博客到SNS网站,互联网的创新推动了新营销模式不断涌现。微博因其独特的信息发布方式与广泛的社会影响力越来越受到企业的关注,微博营销做得好,有助于塑造良好的企业形象,提高品牌知名度,促进企业的发展。那么,如何做好微博营销呢?

一、互动营销策略

互动营销策略是指企业在微博平台上运用正确的方式,在合适的时机建立企业与消费者之间的良性互动。微博克服了传统媒介平台只有单向信息传播出口的缺点,企业可以在微博上通过各种吸引眼球的话题和活动促使用户积极参与评论和转发。可以说,微博的交互性使其成为企业与消费者之间沟通的桥梁。

企业利用微博做好互动营销,可以让消费者了解企业文化和产品信息,通过对企业微博的点赞、评论和转发表达自己的态度和观点,帮助企业完善产品或服务,乃至参与到企业的发展进程中,产生品牌建设的主人翁归属感。企业要了解市场需求,把握消费者动态,就需要与消费者进行直接沟通,利用微博的高效性、开放性、交互性等特点积极与粉丝交流。"企业也可转发一些具有代表性的用户留言、回复,展现企业与消费者的互动,拉近与粉丝的距离,提升企业亲和力。"

互动营销的最佳实践者当属小米公司。小米从创立之初就一直坚持"手机发烧友"的品牌理念,长期保持与广大发烧友的深度互动。从发布第一款手机到小米路由器、小米电视机等产品,无不是小米坚持与粉丝用户互动交流、不断改进的结果。在小米的官方微博上,每天都有大量的粉丝用户与小米沟通交流。一方面,粉丝用户在使用小米产品的过程中有任何问题和要求都可以直接反映给小米公司,得到解决和满足;另一方面,小米公司在与粉丝用户的互动中,可以了解产品的不足并加以改进,小米公司通过微博直接面对消费者,有利于全面把握消费者的需求。

企业与用户互动的形式多种多样,如不定期送小礼品、日常分享、新品折扣、互动性话题、直播福利、买家秀鼓励、意见征集与关怀等。以海尔为例,其发起的话题"美好生活在此刻"阅读量达 1.1 亿,参与讨论量达 18.9 万;"潮流生活智定义"阅读量达 5 255.7 万,参与讨论量达 16.9 万。其内容涵盖广告、微博转发抽奖、新品发布、明星代言等,尤其是"双十一""双十二"购物狂欢节,网友对此有着热烈而充分的讨论。"试试转发点赞这条微博,真的什么都不会发生""转发这条锦鲤,你将会有好运发生",此类趣味性较强的互动拉近了企业与用户的距离,让用户感受到企业的年轻活力。随着微博与淘宝平台的业务关联日益紧密,企业发出各种优惠券,不仅给用户让利,而且在保持客户满意度与忠诚度方面有重要作用。

二、情感营销策略

微博情感营销策略是指企业运用消费者普遍认可、信赖的人际传播优势,通过在微博平台上对目标用户实行情感分析、定位、互动、巩固等策略,挖掘、调动其情感需求,最终满足目标用户的诉求,实现营销目标。

我们知道,社会化媒体是建立在一定的人际关系链之上的,微博也具有基于人际关系的社会化传播特征,它的关注链就是建立在相识人群、信任人群或有共同价值观人群之中的。一条微博借助转发、评论等手段可在这些具有特定联系的社交群体中广泛传播,包含在内容中的情感因素也会随之扩散,这恰恰契合了企业进行情感营销的要求。

企业进行微博情感营销时,首先需要进行情感定位,确定微博情感营销的主题及内容。要做到这一点,需要分析大量的消费者信息,确定目标消费者并对其需求进行准确分析,只有这样,确定的情感营销主题才能吸引更多的目标消费者,也更容易使其成为忠诚消费者。其次,情感营销的微博内容需形成一个有独特人格个性的虚拟情感形象,文字力求亲切自然,贴近消费者。只有满足消费者情感需求的人性化营销,才会使消费者产生信任感。最后,企业要利用微博强大的互动特性与消费者建立长期的情感联系。通过及时回复消费者的疑问、解决产品问题等积极行为,使消费者逐步产生对企业的信任与情感,在潜移默化中形成长效营销。

最有特点的案例就是微博上以亲情、爱情、友情为主题的营销活动。比如假牙护理品牌保丽净在进入中国市场时,并没有将营销目标设定在使用假牙的老人身上,而是聚焦在25～39岁的主体消费人群身上,因为在销售产品的过程中,保丽净发现,有相当一部分消费者并不是假牙佩戴者本人,而是这些佩戴者的子女。子女在外工作,没时间陪伴在父母身边,内心通常会怀有一种愧疚感,保丽净决定利用这种愧疚感,从年轻人热衷的微博入手,将保丽净塑造成连接父母和子女情感的桥梁,吸引年轻人群关注保丽净并激发其购买需求。保丽净在父亲节、母亲节之际,从亲情的角度出发,从儿女的视角思考,先后在其官方微博上推出了"亲情距离测试"、"微家书"和"亲情视频"三部曲,得到大量微博用户的关注和点赞。据统计,活动效果远远超出了预期,保丽净官方微博的粉丝数量增长到6.5万,粉丝的质量与活跃度很高,共发送微家书18万多条,名人微访谈一小时间答次数达4 000多次,保丽净品牌曝光超过1.5亿次。由此可见,企业只要善于利用消费者情感开展微博营销活动,就可以获得巨大收益。

三、优质内容策略

优质内容策略是指企业利用微博发布经过设计的新颖营销事件或关注最近的热门话题,以优质原创内容和互动活动机制获得网友的转发和评论,吸引用户关注,从而达到提升企业知名度、打造企业品牌等营销目的的策略。有了微博这样一个与消费者零距离接触的交流平台,企业的负面信息与不良的用户体验很容易迅速传播,可能给企业带来不利影响。好的企业微博就像企业的新闻发言人,发布的信息更具参考价值和可信度,承载了品牌形象推广和监测的功能。因此,微博发布的内容必须是优质的,此处的优质不是语法、韵脚上的优质,而是指基于用户角度出发的一种考量,需要满足用户的审美和信息需求。

在进行微博内容创作时,企业需要注意以下几点。一是产品宣传避免单一的说教或者单向的传播,应巧妙利用植入式营销,突出消费者的感受,表现出乐于倾听和沟通的态度,尽量使文字简单、明晰、幽默、独特、口语化并带有时代特色。比如早期的微博流行语"凡客体"便是由凡客诚品网站的广告语演变而来的,博文营销使凡客诚品成功地扩大了品牌影响力,宣传了企业文化。二是多搞互动营销活动。企业在微博上开展的活动对于消费者具有抵挡不住的魅力,要策划活动的类型和方式,改进活动的奖品或者激励措施,这样才能带来更多的关注、评论和转发,活动中如果能做到情感与利益(如奖品)共存,就意味着活动策划得较为完美。三是推进在线客户服务。要做到定时、定量、定向发布内容,让消费者养成浏览习惯,当消费者登录微博后,能够想着看看企业微博的新动态,只有做好在线服务才能达到这个境界,企业要通过微博尽可能持续出现在消费者眼前。较为典型的案例就是杜蕾斯官方微博,其在微博上的运营手法可圈可点。微博用户关注杜蕾斯官方微博后,会看到很多有趣的、充满互动性的内容。无论是精心打造的"小杜杜"形象还是优质的微博内容,都极大地引起了网友的兴趣。同时优质的内容富有互动性,邀请网友参与相关话题的讨论并给予一定的奖品,进一步调动了网友的热情。因此,在微博运营中,优质的内容是关键,只有优质的内容才能吸引人,才能吸引网友积极参与。

四、意见领袖策略

在传播学中,活跃在人际传播网络中,经常为他人提供信息、观点或建议并对他人施加个人影响的人物称为意见领袖。意见领袖作为媒介信息和影响的中继和过滤环节,可以对大众传播效果产生重要的影响。微博营销的意见领袖策略是指企业微博通过锁定意见领袖,并引导意见领袖去讨论和传播与企业或者产品有关的事件、话题,快速、广泛地影响其他大量用户,从而达到提高品牌知名度或者其他预期的营销效果。

在互联网世界,意见领袖掌握着强大的话语权,时刻影响着数以万计的"围观"群众,每个意见领袖都有自己的粉丝群,其中既有名人也有草根。此外,不同领域的意见领袖之间关系密切,一个意见领袖对某一事件的关注,很容易引发互动频繁的其他意见领袖的转发与评论,可以迅速形成集聚效应,极大地加快信息的传播速度,扩大事件的影响力。然而,企业在使用意见领袖策略时应该注意,要选取和自己品牌形象相符合的意见领袖,否则会有一种生硬的感觉,适得其反。

意见领袖是微博舆论形成的节点,在微博事件的发生发展过程中起着至关重要的作用,企业如能灵活、恰当地运用意见领袖策略,将取得意想不到的效果。

五、多账号矩阵策略

多账号矩阵策略是指企业在微博平台上申请多个微博账号,建立多账号微博传播体系,形成一个强大的传播系统。

微博矩阵传播系统有三类:第一类是蒲公英式,它适合拥有多个子品牌的集团公司,例如阿迪达斯账号的蒲公英式系统(见图13-1)。第二类是放射式,由一个核心账号统领各分属账号,分属账号之间是平等的关系,信息由核心账号向分属账号放射,分属账号之间并不进行信息交互。这样的系统适用于地方分公司比较多并且为当地服务的企业,这类企业集团账号的构建模式被称为Hub模式,例如万达集团账号的放射式系统(见图13-2)。第三类是双子星式,企业老板账号很有影响力,官方账号也很有影响力,账号间形成互动。它适用于老板名人效应很强的企业,例如易观账号的双子星式系统(见图13-3)。这三类模式都属于初级矩阵模式。企业要想建立一个成气候的微博矩阵体系,除了主账号、子账号外,还需要很多小账号。这些小账号要站在消费者的角度,润物细无声地去影响消费者。企业需要在有效把握目标受众心理的基础上,综合运用各种传播媒介和手段来宣传推广微博,形成多重立体化的宣传网,扩大微博的影响力,使微博真正成为企业塑造品牌的有力工具。

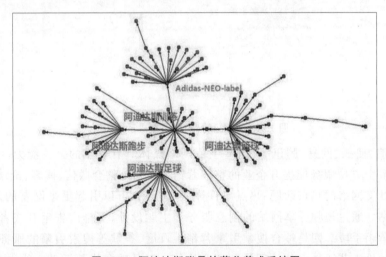

图13-1 阿迪达斯账号的蒲公英式系统图

六、整合营销传播策略

微博整合营销传播策略是指运用微博平台,综合海量信息与多重传播渠道的传播优势,通过事件营销、品牌推介等方式传播企业与品牌影响力。企业在进行微博整合营销时需要在有效把握目标受众心理的基础上,尽可能地调动各种资源,综合各种传播媒介和手段推广微博,提升微博影响力,使得顾客无论接触何种媒体都可便捷地了解到企业信息。整合营销传播理论在微博平台中的应用主要包括两个方面:一是企业微博内部的资源整合;二是企业微博与其他资源的整合。微博内部的整合包括企业的官方微博、企业管理者微博、企业子微博这三种资源的整合。企业将微博与其他资源整合时应该注重哪几方面呢?一是整合主流网络媒体。比如新华

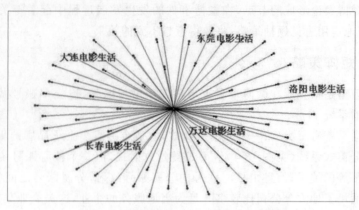

图 13-2　万达集团账号的放射式系统图

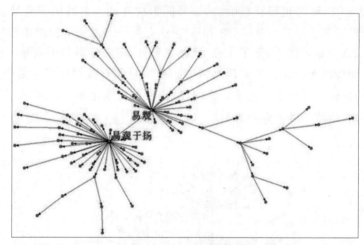

图 13-3　易观账号的双子星式系统图

网、人民网、新浪、搜狐、网易、腾讯等,这些主流网络媒体具有较强的公关能力,它们提供的策划、发布、监测等全方位服务能提升企业的整体营销力。二是整合微信、博客、论坛、社区等社交网络。通过与社交网络的热点话题、热点事件嵌入和互动,可以引起更多网友的关注。三是整合视频分享网站。通过视频分享网站的创意服务和主题设计,安排广告定制或者广告植入,也是比较常用的营销手段。四是整合搜索引擎营销。百度、谷歌等搜索引擎的服务全面而有效,通常能以较小的投入获得最大的访问量和商业价值。五是整合线下活动。线上为线下活动造势,同时线下活动吸引更多人参加线上活动,使线上线下很好地结合,通过裂变式传播实现信息的大范围传递,强有力地吸引媒体和消费者的关注。还可以将活动现场情况制作成病毒式视频,进行二次包装和传播,达到进一步扩大宣传的目的。

【本章小结】

移动互联网快速发展,极大地促进了"微"产品的盛行。微博作为其中典型的产品代表,受到越来越多企业和个人甚至是政府的青睐。如何通过微博帮助企业实现较好的网络营销效果,已成为很多企业在营销领域关注的重点话题。本章主要对微博营销的概念、价值、策略进行了详细阐述。

第十三章 微博营销

【关键词】

微博营销　　互动　　　　品牌　　　　立体化
危机公关　　意见领袖　　官方微博　　整合营销

【问题思考】

1. 什么是微博营销？常见的微博有哪几种类型？
2. 微博营销的价值有哪些？
3. 微博营销的策略有哪几种？

☆ 案例评析

杜蕾斯官方微博运营之道

杜蕾斯，人称"小杜杜"，是全球知名的两性健康品牌，曾隶属于英国 SSL 集团，2010 年被利洁时集团（Reckitt Benckiser）收购。利洁时是全球知名的消费品公司，致力于通过提供创新性的产品和解决方案，让人们的生活更健康、家庭更幸福。利洁时集团为伦敦证券交易所上市公司，是金融时报 100 指数的成分股，总部设在英国。2011 年 2 月，杜蕾斯开通新浪官微，截至当年 7 月，粉丝数量已经达到 16 万，如今杜蕾斯官微已成为最具影响力的品牌微博之一，也是微博营销最成功的代表。那么是什么使得"小杜杜"如此火爆呢？

一、了解粉丝口味，明确微博定位

杜蕾斯的微博营销之所以能这么火，跟它本身"源于产品又高于产品"的定位策略有很大关系。一开始，杜蕾斯新浪官方微博的形象定位于"宅男"，以传播性知识为主要内容，同时转发一些与产品相关的话题；之后逐渐变成一个"有一点绅士，有一点坏，懂生活又很会玩的人，就像夜店里的翩翩公子"。在这样的定位下，其涉及的话题范围更广，表达方式也更加轻松诙谐（见图13-4）。

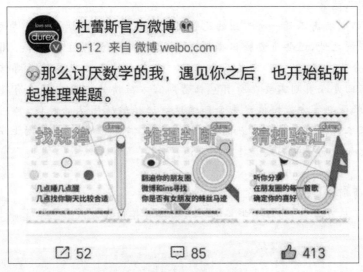

图 13-4　杜蕾斯官方微博案例一

二、用心制定微博内容,重视数据分析

通过观察杜蕾斯官方微博可以发现,与其他企业微博不同的是,它很少单纯评价自己的产品,也从来不推出任何与产品相关的促销活动,但是每天粉丝转发和评论数量过万。杜蕾斯发布的微博内容都是经过精细设计的,既不随意进行完成任务式的更新,又不会简单地跟风热点。微博运营团队每天早晨都要召开例会,讨论确定当日主题。每一条微博的内容确定后,运营团队会根据其是否符合品牌风格和杜蕾斯微博的定位进行三层审核。通过对一周杜蕾斯微博数量的统计发现,平均每天发布10条信息,原创内容在7条左右,其余来自网友的微博或转发的信息。据统计,每天有2万多条微博@杜蕾斯。每一条发布在杜蕾斯官方微博上的内容,都会在运营团队的资料库中归类存放。每5天进行一次评论数和转发数的统计,月底召开分析会,团队共同讨论哪些内容有吸引力、哪些欠佳。这样的数据分析不仅是对营销效果的评估和总结,而且会对后续的运营方式和内容调整产生重大影响。

三、利用意见领袖和热点事件展开营销

杜蕾斯官方微博及其团队关注了很多微博"大号",即粉丝量比较多的微博意见领袖,并通过技术手段预设了一些关键词,运营成员每十分钟便要扫描一次,捕捉与关键词相关的微博信息。"作业本怀孕"(见图13-5)是杜蕾斯另一个成功的微博营销案例。"作业本"是一位拥有30多万名粉丝的微博用户,他发表了"今晚一点前睡觉的人,怀孕"这样一条微博。由于"怀孕"是杜蕾斯预设的关键词,因此运营团队捕捉到了这条微博,立刻行动起来,进行了转发、评论、炒作,最后修改出品"祝天下有情人意外怀孕,没意外使用杜蕾斯"。

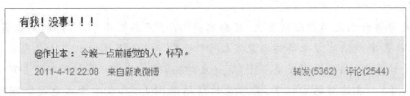

图13-5 杜蕾斯官方微博案例二

四、专业的团队运营

杜蕾斯微博的成功离不开一个专业的运营团队。博圣云峰的杜蕾斯微博运营团队有20人左右,除了新浪微博之外,还要负责腾讯微博、豆瓣等网络平台的运营工作。团队分工细致,仅涉及内容部分就分为内容、文案和回复几个工种。内容人员负责主要的微博信息发布,文案人员策划主题,两名回复人员则需要在所有@杜蕾斯官方微博的信息中筛选有趣内容,并回复部分网友的评论。杜蕾斯官方微博操盘手金鹏远说:"选择编辑团队的时候,特别在乎两点:一是他们的网感,要求本身得是网络上活跃的人,上豆瓣、上猫扑,知道怎么在网上说话;二是要求有某方面的专长,比如特别懂电影或者特别懂音乐。"

问题:

1. 你认为杜蕾斯微博营销成功之处在哪里?
2. 请结合某一热点事件,为杜蕾斯策划一次微博营销内容。

第十四章

微信营销

☆ 学习目标

1. 掌握微信推文营销对象属性分析方法。
2. 初步掌握微信推文写作。
3. 了解微信营销策略。
4. 了解微信小程序营销方法。
5. 了解微信搜一搜营销方法。
6. 了解微信支付营销方法。

☆ 引导案例

奢侈品一直存在一个非常冲突的现象:既要稀有,又要普及。稀有指的是,真正的使用者不希望他用的产品人人都有,这样才能显示自己的尊贵和独特。但相反又希望自己独一无二的装扮有人能识别,并且投以羡慕的眼神。这种"希望只有我有(稀有),但最好大家都懂(普及)"的心理是奢侈品消费者所共有的。

近几年,奢侈品品牌发现微信的出现,正好为消费者提供了一个"普及知识"的渠道。但当高冷的奢侈品纷纷入驻具有大众属性的微信时,新的问题也随之产生。对于这些具有上百年历史的奢侈品,如何既保持"稀有"的贵族气质,又能利用好微信这一"普及"性质的社交媒体呢?奢侈品微信号常常以讲故事的方式介绍品牌发展历程、创始人理念以及其他新闻动态。例如,Tiffany在微信公众号中以一段长文介绍了品牌创始至现在的传奇历程;迪奥以一个个缩略图串联了品牌传承的历史;而香奈儿则是以一个精心设计的 H5 界面介绍了香奈儿女士的传奇人生以及香奈儿品牌发展的大事记。甚至,讲故事的方式还会体现在这些奢侈品牌的服装搭配信息和美妆教程中,例如在香奈儿的微信公众号底部,品牌故事一栏中设有视频专区,而这个视频专区中就列举了香奈儿的《彩妆课堂》的一系列视频。奢侈品品牌分享产品背后的故事,也是将品牌理念与文化传递给大家。

(资料来源 92%的奢侈品牌已开通微信账号,微信营销到底该如何做? 虎嗅,https://www.huxiu.com/article/179560.html,2017-1-24,有改动)

第一节 微信概述

微信,是一个生活方式,超过十亿人使用的手机应用,支持发送语音短信、视频、图片和文字,可以群聊,仅耗少量流量,适合大部分智能手机。

这是微信官网上的一段文字,也可以理解为其自我的设定。而超过10亿用户的使用,信息的快捷传播通道,这些自然而然地成为各商家开展营销的必然选择,虽然这不是微信创始人张小龙的轻社交应用的初心。

《2019微信数据报告》显示,截至2019年9月,微信月活跃人数达到11.51亿,较上一年同期增长了6%,午饭前和下班后是用户使用微信的高峰期;微信公众号打开的高峰大多集中在晚上21:00,年轻人最喜欢看动漫方面的内容,中年人更倾向于看孕产育儿有关的文章;使用微信小程序的用户已经突破3亿大关,其活跃高峰与使用微信的高峰一样,都主要集中在午饭前后和下班晚饭后,年轻女性更喜欢在电商类的小程序上面"买买买",中年女性则喜欢通过小程序看一些文娱类的内容;除了购物和看新闻,微信用户还喜欢在晚上20:00点前后打开游戏小程序解解闷,在种类繁多的游戏小程序中,年轻人喜欢聚会桌游,青壮年喜欢经营农场餐厅,老年人独爱益智答题;在记录日常生活和感情的朋友圈中,男性更爱分享自己的工作和喜欢的游戏,女性更爱分享美食和情感;在微信功能越来越完善的今天,用户已经习惯于在微信搜一搜中搜索自己感兴趣的问题;根据微信支付的大数据分析,59%的男性会在吃饭时主动买单,但在超市百货购物时,57%的女性会主动买单。

从《2019微信数据报告》可以看出,微信推文、小程序、搜一搜以及朋友圈等值得商家重点借力开展营销工作。

第二节 微信推文营销

一、推文营销的对象

微信的社交属性也使其成为网络营销领域的强大渠道,受众类型的不同、目标人群的差异,让越来越多的微信公众号形成了各自的推文营销特点。

在推文营销策划的开始阶段首先要确定推文传播的渠道,是通过企业自有的公众号推广还是对外投放到商业公众号推广,不同的公众号粉丝对象不同,粉丝属性不同。微信公众号定位和风格各不相同,有定位为情感励志类的,有定位为搞笑趣闻类的,有为运动人群打造的微信号,还有影音娱乐类、旅游类、医疗健康类、数码科技类、餐饮美食类、女性美妆时尚类、时政资讯类等。每一个微信公众号都具有相对稳定性和受众区隔度,它的定位取决于面对的人群画像,根据用户的物理特征(如性别、年龄、职业、地区等)和用户行为特征(如兴趣偏好、性格特点、行为习惯等)来对目标人群进行画像分析,找到精准的群体特征,对其深入洞察和分析。一个好的文案,必须符合公众号粉丝的定位,这样通过公众号发推文的时候才可能打开率高、转换率高。微信公众号服务平台提供公众号的粉丝数量、用户性别分布、城市分布、使用手机类型分布、语言分布等信息,在选择投放的公众号的时候可以请潜在的投放对象提供其用户属性信息,这样可以合理判断其粉丝群体是否为本次营销的对象,进而做出更有效的投放决策。

☆ **思考**

"十点读书"是一个基于微信公众号的读书分享自媒体,旗下"十点读书会"等公众号通过图文、社群等多种形态将原创内容产品传递给用户。公司旗下拥有"十点读书""十点读书会""她读"等覆盖读书、娱乐、时尚等各领域的自媒体账号。请你分析"十点读书"旗下不同的公众号粉丝的属性区别。

由于每一个公众号的粉丝属性的特点不同,有些产品的营销需要覆盖全网用户,这时可以通过微信矩阵投放的方式覆盖更多的粉丝类别。通过多维度的投放,面向更广泛的用户群体,发挥推文的营销价值。当然多维度投放是针对需要营销的产品和服务的对象范围比较广泛的特点设置的,否则单纯追求投放数量就会造成营销成本的增加。

二、推文写作

通过微信推文的发布来达到提升产品销售、品牌价值、粉丝互动等商业目的,这就需要创造、组织、编辑和呈现出一份具有营销能力的推文。

拓展阅读 14-1

微信公众号推文可以使用文字、图片、音频以及视频等素材,最为常见的是通过文字和图片向读者展现出丰富的产品和服务信息。

微信订阅号是众多订阅号在用户端呈现的一个入口,即使服务号有独立展示,但在众多消息通知中也有可能不那么引起用户的注意,所以要有一个好的文案标题,能够吸引用户访问。微信推文常见的标题形式有提高参与感的提问式、直截了当的新闻标题式、故事叙事式、正话反说式、蹭热点式、发福利式,无论哪种形式目的都是让用户看到标题后能够被吸引并点进内容页面。

你喜欢以下哪种标题形式?
①肯德基的推文标题　　49元青春就位桶,给正在寻找位子的你
②京东618活动推文标题　　库存告急|618疯抢最后一天
③美丽说的推文标题　　一个带货能力甩杨幂和李佳琦三条街的女人!!!
④十点读书的推文标题　　知乎高赞:有哪些书看完后,会很后悔没早看到?
⑤混沌大学的推文标题　　不可错过!腾讯直播×混沌大学营销必修课!

推文的正文是营销的主要载体,通过标题吸引用户进来之后就需要利用正文的内容有效地将用户转化成消费者。正文的写作同样需要技巧。如果是福利帖不妨直截了当地发布福利信息;如果是品牌宣传帖就可以通过情境导入、氛围烘托的方式增加用户的代入感;如果采用提问式的标题则可以层层推进,逐步揭开谜题的答案。

微信公众号吴晓波频道的推文《拯救送礼苦手的七夕礼品指南|百匠优选》的正文,开头的内容代入感较强:

七夕又快来了,许多没有对象的人连看到电脑桌面的弹窗广告都会触景伤情。而有对象的人也在犯愁:又到了该送礼物的时候,今年买点啥好呢?

情侣之间送礼物可是门学问。感情进展到哪个阶段要考虑,对方的喜好更要考虑。万一送得不对,反而可能弄巧成拙。

百匠君为还在犯愁的你准备了下面几款富有巧思的好物,不仅可以送给另一半,也可以是犒劳自己的好礼物。

……

微信推文结尾可以是全文的总结,可以是对福利的强调,可以是购买链接,也可以引导用户关注企业的公众号,要善于在文末将游离客户进行有效转化。上述推文结尾部分如下:

甜蜜七夕
七夕将至,甜蜜蔓延
生活工作节奏虽快
但生活的仪式感不能少
甜蜜心意七折起

☆ 思考

如果你负责为某品牌口红编写情人节推文,你会如何开头和结束?

三、微信营销策略

张晓健、马宇洲对微信营销策略进行了研究,认为对于微信内容营销而言,其营销策略主要在于引导用户一步一步地按照内容生产者既定的步骤和环节顺利完成内容消费。因此,微信内容营销的策略也就是制定出引导用户行为的机制,让用户行为尽可能地顺利发生。

微信营销 AIDA 策略即引起注意(attention)—激发兴趣(interest)—勾起欲望(desire)—促成行动(action)。在这套内容营销策略机制中,按照用户顺利发生内容消费行为的步骤,首先通过选题和标题策略来引起用户的注意,当用户点进内文,通过说服机制激发出用户的兴趣点,让用户读下去,在这个过程中适当地用一些手段来勾起用户的购买欲望,促成消费行为。需要注意的是,这套机制能够不中断发生的前提是,要在每一个环节都避免失误,否则很可能让用户的消费行为不能顺利完成。比如说,通过标题吸引了用户看内文,但是文章并没有激发兴趣,用户自然不会继续去完成后续的消费行为。因此,该策略机制的核心在于保证整个链条的顺利发生。

微信公众号营销作为新媒体内容营销领域的重要阵地,也随着新技术的发展和对用户的深入洞察而不断发生变化,作为内容生产者和创作者,需要与时俱进,不断更新内容营销认知,掌握新方法和新技巧,才能游刃有余地应对新媒体日新月异的变化,为品牌营销持续助力。

第三节 微信小程序

微信小程序是微信推出的一种新的开放功能,从技术角度,开发者可以快速地开发一个小程序;从营销角度,小程序可以在微信内被便捷地获取和传播,同时具有出色的使用体验。

2019年"双十一",京东京喜小程序上线微信购物一级入口,依托这一超级流量入口,京喜不负众望地创下了单日成交6 000万订单的惊人成绩,其中超七成新用户来自下沉市场,对于面临流量枯竭的电商行业,其背后的意义不言而喻。在社交入口之外,小程序还拥有接近APP的功能潜力,可以插件形式实现丰富的营销及运营功能。除了常规的拼团、砍价、秒杀等功能,小程序还可添加抽奖、答题、组队红包等营销插件。而借助自带社交入口,小程序可以规避外链违规,以此实现裂变营销。此外,小程序还可设置会员卡、积分商城等功能,以此作为"拉新"之后的留存工具,帮助商家搭建并运营私域流量池。

小程序是一种不需要下载安装即可使用的应用,它实现了应用"触手可及"的梦想。用户扫一扫或者搜一下即可打开应用,也可在微信顶部下拉获取保存的小程序或近期使用的小程序。用户使用不用下载,使用之后不在手机上留存APP,体现了"用完即走"的理念,用户不用关心是否安装太多应用的问题。应用将无处不在,随时可用,但又无须安装、卸载。对于开发者而言,微信小程序开发门槛相对较低,难度不及APP,能够满足简单的基础应用,适合生活服务类线下商铺以及非刚需低频应用的转换。微信小程序能够实现消息通知、线下扫码、公众号关联等七大功能。其中,通过公众号关联,用户可以实现公众号与微信小程序之间相互跳转。

在人口红利瓶颈期,转向小程序战场是各超级互联网公司的重要战略。小程序依托于超级APP的巨大流量池,其功能会因自身流量和场景的差异而有所不同。而微信小程序坐拥中国最大的社交流量池,以较为克制的方式进行用户引流,为生活、娱乐、社交等场景赋能。随着社交电商时代的到来,小程序已成为商家瓜分流量红利的最佳工具,也正因此越来越多的商家将小程序视为下一个增长点。

微信小程序在渗透率和黏性方面都表现极佳。根据艾瑞i-Click 2018年8月抽样调研数据显示,1 416名被试者中使用过微信小程序的比例高达90.4%,其中近半数(48.7%)使用微信小程序的被试每天使用微信小程序的次数为5次以上。

根据艾瑞i-Click 2018年8月抽样调研显示,美食外卖、电子商务、综合资讯以及旅游出行小程序被更多的人认为其实用性大于APP。电子商务小程序中网络购物稳居主流。美食外卖小程序中美团点评占据半壁江山,快餐、奶茶类借势小程序增强商机。综合资讯类微博小程序一骑绝尘,头部效应突出。旅游出行类小程序月活跃设备TOP 5地位稳固,OTA小程序月活超APP端。

余庆泽、毛为慧、梁海霞认为,场景服务新业态是以需求为中心,通过媒体及技术进行信息传播,以场景连接人、事、物乃至未来的产业。人与商务场景连接是以社交场景下人与人的情感连接为基础,小程序把消费者与商家、商家与商家、消费者与行业(产业)连接起来,形成一个错综复杂、有序互动的网络,构建了人与商业的连接。

目前小程序主要应用场景有四大特征:

(1)刚需应用:以支付类为主,连接的线下应用场景有餐饮、交通出行等。

(2)工具类应用:以核心功能满足细分应用场景,碎片化、垂直化。

(3)连接线下低频服务,包括旅游出行、二手交易等。

(4)移动应用场景:具有分享功能,如小游戏、移动购物、内容服务等。

小程序在微信服务号、订阅号、朋友圈、社群的基础上,通过把用户与场景连接起来,把微信最初的"人与人"网络关系,拓展为"人与资讯(信息)""人与服务(产品)"等网络关系链。

1. 人与资讯

传统媒体借助小程序实现人与资讯连接，把媒体内容通过小程序触达用户。新华社"微悦读"小程序以"首页＋图视＋现场"的小而美的内容呈现形式，以内容生成配合分享页面，通过社交裂变，获取新增用户，并辅以直播、弹幕等形式与用户互动，提高年轻人用户的黏性。

2. 人与服务（产品）

携程小程序以多个小程序矩阵组成，形成"主场景—特色场景—个性化"场景接触点，为用户提供简捷高效的服务，实现用户与多元服务场景连接的营销生态。携程小程序用户快速增长，占整体用户规模的1/4。基于小程序场景连接，沉浸式用户场景体验、购物场景丰富性、闭环场景能力将得到增强，形成小程序新营销生态圈，实现个人化、精准化、移动化的服务，满足消费者的个性化需求。

第四节　微信搜一搜

2017年4月，微信事业群下成立了搜索应用部，负责微信搜索业务、阅读推荐业务、AI技术研究及落地、微信数据平台建设和数据能力的应用。由此开始微信搜索的业务，后续微信搜索变成了"微信搜一搜"，接入了众多类目的小程序，用户可通过主动搜索关键词获得公众号、小程序、游戏等二十多种信息服务内容。另外当用户在浏览公众号文章和H5时也可长按文字直接进行搜索。微信搜一搜在接入丰富的内容和服务后，希望通过合理的筛选及算法逻辑，维护生态的健康，让用户得到更优质的结果。

微信宣布开放品牌搜索功能，开通品牌搜索的商家将获得品牌官方区和微主页的能力，用户打开"搜一搜"或"小程序"，搜索品牌名称便可直达。搜一搜全面升级的同时，微信发布了品牌官方区2.0版本，新版本有定义配置品牌关键词、商品橱窗、直播、个性化营销区域等能力。微信搜一搜赋予平台更多电商能力。这源于微信搜一搜在微信生态中的定位——向用户和商户提供更多的连接，让用户通过搜索连接微信海量的账号、生态、服务、商品、品牌等更多内容。

一、微信搜一搜的搜索结果排序

影响微信搜一搜的搜索结果排序的核心因素主要有账号权威、内容优质、用户行为。

1. 账号权威

能够保持运营，不触犯微信公众号品牌规范，没有违规行为，持续在专业的领域进行创作。影响的因素有粉丝数、专业度、活跃度、更名历史、注册时间、原创率、发文频率、被转载率等。

2. 内容优质

标题合格，坚持原创，发布的内容具有极强的影响力。影响的因素有标题易读、正文通顺、内容时新、关键词合理、保持原创、配图清晰、粉丝评论等。

3. 用户行为

搜一搜尝试通过用户的点击、阅读停留、打赏点赞等方法，引入社交的影响，判断账号和内容的权威度。影响的因素有点击行为、点击逆序、点击位置、阅读时长、阅读完成率、评论互动、打赏、转发、关注等。

开展微信搜一搜网络营销过程要根据自身想要达到的推广效果去执行。

二、微信搜一搜的优化策略

(1)矩阵思维。

根据移动端屏幕大小不同,微信搜索中每个栏目首先会展现4~6个搜索结果。公众号矩阵可以帮助提升排名与结果数量,矩阵思维还可以起到过滤、裂变流量的作用。

(2)问答营销和产品知识化,企业需要良好的口碑才能让用户对品牌产生信任。

知识问答营销,能够让用户在遇到问题时搜索企业相关品牌信息,及时出现,可以快速地解答用户的疑惑,同时给用户输入有效的知识认知,让用户对品牌背景、品牌故事等越来越有兴趣。

2020年,搜一搜将开放服务搜索的能力,让用户更便捷地获得优质服务。商家配置后,小程序有机会在微信搜索结果页出现,把小程序在搜索结果页中置顶呈现,且把服务功能直接透出在结果页。搜索在中国诞生初期主要是端外搜索,当时延续了国外互联网的纯开源模式,出现了百度、搜狗等公司。但中国的移动互联网却先于国外,出现了超级APP。特殊的商业竞争环境,让APP之间有了墙壁,但好处是超级APP的平台对于内容和服务的质量有更强的掌控力和运营力。微信、支付宝做的端内小程序服务搜索,就是在这种背景下出现的,目的是通过搜索路径盘活端内服务。

微信搜一搜定位为操作系统和连接器。其搜索不仅要连接内容与服务,还要连接人。这背后分别对应着社交、公众号以及小程序三大业务。因此搜索资源往哪方倾斜,微信面临着比百度更加复杂的内部博弈。微信通过开放服务搜索,支持商家进行搜索关键词添加,在搜索运营领域迎头赶上,未来可能还有更多机制出现,方能让搜索运营功用最大化。

第五节 微信支付

微信支付凭借微信的高打开率成为线下最主要的支付工具,不论是早餐店、便利店还是五星级酒店,都是微信支付常见的使用场景,高频的使用使得微信支付成为商家端喜爱的开展支付前和支付后的各种营销的工具。

在微信支付商户平台的营销中心,微信支付为商户提供了代金券、立减与折扣、商户智慧营销三种类型的营销工具,每种工具都支持创建全场活动或指定单品活动。在创建活动规则的同时,这些营销工具也能帮助商户进行活动管理和数据统计,灵活配置活动,可以实现门店导流、促进二次消费、拉高客单价等不同诉求。

商户可以选择预充值或者免充值两种经费形式来进行营销活动。预充值:活动创建者需要把优惠的预算提前充值到商户余额中,活动中产生的优惠资金从余额中扣除,最终会跟用户实际支付的资金一起结算给商户,需要占用预算,但并不影响商户实收。免充值:活动创建者无须提前充值资金即可创建活动,用户享受优惠时,直接从当前交易商户订单实收金额中扣除,最终只跟商户结算用户实际支付的资金。

微信支付营销工具无须单独申请开通,接入微信支付并获得微信支付商户号后即可使用。登录微信支付商户平台,在"营销中心"左侧导航栏可以看到相关工具的操作入口。升级支付接口可登录微信支付商户平台获取操作指引。商户可在微信支付商户平台—营销中心创建代金券,并通过多种途径发放给用户。已领取到代金券的用户在下次使用微信支付时,如果满足商户所设置的代金券使用条件,则可以在支付时减价。商户可通过微信支付的多种免开发渠道,把创建好的代金券发放给用户,如需自定义发放形式,也可以使用相关接口进行开发。在营销中心设置立减优惠与折扣后,只要满足优惠条件,用户无须领取优惠凭证,即可享受立减类优惠。折扣活动也无须提前领取凭证,只要满足优惠条件,即可享受折扣优惠。

2018 年微信支付服务商大会上微信支付宣布开放"服务商数字营销新能力",为服务商提供应用于商户的广告营销管理引擎。在平台流量的高曝光下,配合社交行为、支付消费数据加持的精准投放,商户将获得流量和收入的双重提升。据了解,配合服务商数字营销能力的开放,微信支付将推出广告流量激励政策。对资格符合要求的商户,微信支付平台会根据笔数按月"奖励"广告投放经费;对于服务商,除了大幅增强运营能力外,每月根据其投放的广告消费情况及质量,也可以获得奖励。在服务商看来,对交易的洞察力和保障支付稳定的能力,是经营很重要的两个基础。服务商通过移动端实时查看每天、每月的交易数据,快速了解特约商户的交易情况、异常波动及行业和地域的分布,帮助服务商更好地开展经营活动。支付接口调用质量监控可以帮助商户随时随地了解支付系统的运转情况。在数字化时代,数据分析能力是核心竞争力,"新能力"将会使服务商更加贴近用户需求,帮助商户借助朋友圈广告能力将数据转化的价值触达用户。

2019 腾讯全球数字生态大会上,微信支付团队表示,将从基础的支付服务转向更丰富的智慧经营,基于微信支付营销能力,通过流量开放及数据助力,为商家和生态合作伙伴提供智慧经营"工具箱",挖掘和连接更多潜在顾客。优惠券和产品接口流量同时开放,券成为智慧经营的重要连接介质。微信支付将为商家提供更灵活、更丰富的发券渠道,例如朋友圈、支付完成页、线下扫码及 API 发券等渠道,都能成为激活潜在顾客的触点。基于微信支付精准的数据推荐,商家能根据不同商圈和客群的特点,自助配置优惠券,达到体验、转化、精准度三个方面的提升,更高效精准地挖掘流量。为了避免放置在小程序中的券缺乏提醒触点,商家还可配合卡包等微信原生提醒能力,激活更多潜在核销顾客。微信支付还将通过开放的流量政策,帮助商家实现店内店外、支付前后的全天候连接。

微信支付附近发券功能全面开放,附近发券是在微信支付"二维码收款"支付完成页向用户派发代金券,附近发券帮助商户在店外/线上精准触达目标客群,向顾客发放微信支付代金券,吸引客流到店或者吸引客流访问小程序,最终达成销售转化的目标。支持发放单张券或者券礼包(3 张券),支持全场券或者单品券,支持推广门店、推广小程序、推广门店+小程序。当推广小程序时,落地页可直接跳转小程序,缩短用户核销路径。支持多种定向人群方式,支持画像标签,支持基础画像标签,投放时可选择定向目标客群。目前,附近发券面向直连商户、普通服务商、特约商户开放,登录微信支付商户平台(服务商登录微信支付服务商平台)访问菜单"营销中心"即可找到附近发券功能。通过微信支付已开放的营销能力发放的代金券(包括但不限于朋友圈发券、扫码领券、支付有礼、API 发券、立减折扣、减至券),每成功核销一张券,奖励 5 次附近发券曝光配额(次数)。

微信支付与小程序的配合营销成为微信营销的主力工具。

【本章小结】

微信营销的目标对象不同,营销的手段内容也就不同,本章首先介绍微信推文营销对象属性分析方法,并对微信推文写作的标题、内容和结尾做了详细的介绍。本章对微信营销策略进行分析,并具体介绍了微信小程序营销方法、微信搜一搜营销方法、微信支付营销方法等。

【关键词】

微信　营销　粉丝　推文　策略　小程序　搜一搜　支付

【问题思考】

1. 选择一个微信号,分析其推文营销对象。
2. 比较微信小程序营销、微信搜一搜营销、微信支付营销的营销能力和应用场合。

☆ 案例评析

肯德基玩转小程序

2018 年 8 月,"肯德基拼一拼"小程序上线"万人拼团"活动(见图 14-1),通过销售电子卡券,吸引顾客到店核销。万人拼团后可将价格拉低至 1 元,拼团第一天,卡券 1 小时售罄,第二天,10 分钟售罄,第三天,7 分钟就售罄。

图 14-1　肯德基拼团小程序

而新上线的"肯德基口袋炸鸡店"小程序使肯德基同时拥有了"拼团"＋"分销"两把武器。每个人都能通过一款叫作"肯德基口袋炸鸡店"的小程序自由开店。只需要将店内的肯德基特价餐品售卖出去,店主便可有条件获得相应的奖励。进入"肯德基口袋炸鸡店"小程序,映入眼帘的是简明的三段式布局,分别是"我"的店、"明星的店"和店铺排行(见图 14-2)。在"我"的店中,每个人都能申请成为店主并装修店面,店内商品由肯德基指定。"明星的店"是肯德基代言人的炸鸡店入口。在店铺排行中则可以分别看到人气和订单量最高的炸鸡店——基本也都是明星店铺。

根据规则,每个口袋炸鸡店内产生的"已使用金额"达到 100 元,店主即可获得指定美食电子优惠券一张。好友通过店主炸鸡店每购买满两单,店主任意消费可得现磨拿铁咖啡中杯券一张。此外,指定美食电子优惠券限领 100 张,咖啡券则限领 10 张。

图 14-2 肯德基口袋炸鸡店

（资料来源 玩拼团又搞小 b 分销 肯德基要认真做社交电商.亿邦动力网,2019-2-19,有改动）

问题：

1.请你分析肯德基这两款小程序的主要营销机制，并为肯德基提出一个新的小程序营销方式。

第十五章

APP 营销

☆ 学习目标

1. 理解和掌握 APP 营销的含义。
2. 理解 APP 营销的策略。
3. 理解并能够运用 APP 营销模式,并进行 APP 营销策划。

☆ 引导案例

手机 APP 营销的模式,越来越创新多样。可口可乐就在香港推出了一个名为"CHOK 奖"的手机 APP(见图 15-1),通过电视广告与 APP 整合,和使用者做贴近的新型互动。

用户下载此款 APP 到手机后,在指定的可口可乐沙滩电视广告播出时开启 APP,当广告画面中出现可口可乐瓶盖,且手机出现震动的同时,挥动手机去抓取电视画面中的瓶盖,每次最多可捕捉到 3 个,广告结束时,就可以在手机 APP 中揭晓奖品。

"哇,那太 cool 了!"18 岁的时尚潮人 Heny 在与他的朋友分享最爱的手机 APP 时说,这让他想起了前几年打开可口可乐瓶盖,总是迫不及待看看上面是否写着"中奖"的情景。而这款手机 APP 也成为可口可乐突破传统线上、线下互动的关键点。而今,企业手机 APP 营销已经更多地成为品牌整合营销方式的一部分,并且出现在更多品牌的营销方案中,功能强大而无限扩展的 APP 正在为我们实现梦想。

引导问题:

1. 你认为可口可乐 APP 营销成功的地方有哪些?
2. 请你帮可口可乐 APP 设计一个 APP 营销方案。

图 15-1 可口可乐 APP 营销案例

第一节　APP 营销概述

一、APP 的含义

APP 即 application 的缩写，表示移动终端上的应用程序。在 PC 时代，用户基本上是通过打开网页来浏览信息的，在 PC 终端上很少提"应用"这个词，能够脱离网络开展的工作大多局限于软件，如微软办公软件、Photoshop 制图软件等。进入移动互联网时代以后，移动终端取得了更大的优势，个人化的应用提供了更加迅捷而愉悦的用户体验。如果说过去智能手机大多用于接打电话、收发信息、网上冲浪，那么 APP 的出现使其从工具转变成了人们的贴身顾问。

基于上面的了解，我们可以把 APP 理解为可以从应用商店下载的移动端设备的应用程序。APP 营销就是应用程序营销，是用第三方移动平台发布应用程序来吸引用户下载使用从而开展相应的营销活动。

二、APP 的分类

目前可供移动终端使用的应用数不胜数，经常使用的大体可以分为以下类型。

(1)影音娱乐类：腾讯视频、爱奇艺、网易云音乐、唱吧、斗鱼、喜马拉雅等。

(2)实用工具类：UC 浏览器、讯飞输入法、WiFi 万能钥匙、天气预报、闹钟、手电筒、计算器等。

(3)社交通信类：微信、QQ、微博、小红书、百度贴吧、Soul、易信等。

(4)教育类：得到、金山词霸、网易有道词典、考研帮、作业帮、扇贝单词等。

(5)新闻阅读类：腾讯新闻、今日头条、网易新闻、微信读书、懒人听书、豆瓣阅读等。

(6)拍摄美化类：抖音、B612 咔叽、美图秀秀、小影等。

(7)美食类：美团外卖、下厨房、盒马、京东到家、肯德基等。

(8)出行导航类：滴滴出行、铁路 12306、车来了、神州租车、交管 12123、高德地图等。

(9)旅游住宿类：去哪儿旅行、途牛旅游、携程旅行、爱彼迎、飞猪旅行等。

(10)购物比价类：手机淘宝、拼多多、唯品会等。

(11)商务类：天眼查、钉钉、口袋助理、有道云笔记、网易邮箱、应届生求职等。

(12)儿童类：宝宝知道、爱奇艺奇巴布、儿歌多多等。

(13)金融理财类：平安证券、中国工商银行、京东金融、随手记、融 360 等。

(14)运动健康类：丁香园、悦动圈、Keep、1 药网、美柚等。

(15)便捷生活类：链家、土巴兔装修、猫眼、大众点评、掌上电力等。

(16)汽车类：途虎养车、车轮违章查询、优信二手车、驾考宝典等。

(17)主题个性类：壁纸多多、魔秀壁纸等。

三、APP 应用商店

APP 应用通常需要在 APP 商店中下载，典型的 APP 应用商店有以下几种。

1. 苹果应用商店

苹果应用商店 APP Store 可以说是大家熟知的。持有苹果产品设备终端的用户需要到 APP Store 中下载自己需要的 APP。下载的方式有两种：一种是在设备终端的 APP Store 中输入密码直接下载；另一种是将设备终端与授权的电脑相连接，首先在电脑中下载好需要安装的 APP，再输入密码同步到相连的设备中。苹果 APP Store 只限苹果产品的用户使用，与其他设备终端不能通用。

2. 安卓应用商店

安卓应用商店与 APP Store 大体相似。在所有的应用商店中，安卓应用商店最大的优势在于它的免费 APP 应用的比例更高，这一点也会吸引不少用户使用安卓系统。

3. GetJar

GetJar 是世界上最大的独立手机应用商店，它与苹果、安卓应用商店最大的不同在于可以为多种手机应用平台设计提供应用，比如塞班 Windows phone、安卓等。极强的开放性与包容性，使得 GetJar 创造了仅次于苹果应用商店的总下载量。开放的设计与使用理念，可能会让 GetJar 在未来得到更充分的关注和应用。

第二节 APP 营销策略

一、APP 营销价值分析

1. APP 营销成本低、持久性强

APP 营销的首要优势就是低成本、高效益。相比于报纸、电视等传统媒体高额的广告费用，APP 只要完成一个有趣好玩的应用程序的开发就可以了。有趣的 APP 自然会吸引用户的关注，再借助社交媒体等新媒体的互动稍加推广，便可以收到良好的效果。其次，用户将 APP 下载到手机后，便很有可能持续性使用。现在人们无论去哪里都是手机不离身，一有空闲就会把手机拿出来玩。APP 营销抢占的就是用户的这种零散时间，只要用户不主动删除，APP 就会一直待在用户的手机里，品牌就有了对用户不断重复、不断加深印象的机会。

2. APP 创立了与用户沟通的新模式

目前，许多企业、政府机构、事业单位与用户的沟通与关系维系都采用特定形式的 APP。例如，2011 年 5 月，大众发起了声势浩大的立体化整合传播活动——"大众自造"，除了传统媒体以及线下活动的支持外，大众也推出了 APP 来覆盖移动应用人群。"大众自造"利用"SNS＋APP"的形式打造大型网络互动社区，形成企业与用户的深度互动，传递品牌诉求。除了企业之外，许多医疗服务机构也会采用特定的 APP 对用户进行统一管理与信息沟通（见图 15-2）。比如，医院的 APP 会为用户提供就诊咨询、预约挂号和缴费等服务。

图 15-2 医院 APP 界面

3. APP 可为每个用户提供单独的定制体验

APP 最大的优势就是可以尽情创新，定制营销新玩法，为不同的用户提供不同的体验服务。以橱柜行业的我乐橱柜为例，该企业认为，橱柜应当走定制化路线，把定制模式装入移动终端设备，让消费者先有直观的视觉感受，再来选择自己厨房的装饰风格。基于这个思路，"我乐厨房宝典"APP 应用于 2013 年初诞生，在行业内属独家首创。在这个 APP 应用中，我乐橱柜按照中国家庭最常见的户型，将设计师的原创产品"安装"到顾客真实的厨房里，共有模拟图 2 000 多幅。针对每一款橱柜产品，消费者只要点击不同的按钮，均可看到该产品在不同角度的立体效果。在该 APP 的升级版中，消费者还可以看到不同的装饰是否适用于自家的厨房。由此可见，个体化道路与个性化服务的 APP 设计将会有不错的发展前景，这种私人化定制将越来越受到用户的欢迎与喜爱。

二、APP 的营销策略

（一）APP 的功能定位要明确

APP 的开发设计者要考虑到用户的喜好、需求、习惯以及兴趣点，充分洞察目标消费者的生活方式特点，有效地找到产品与消费者的契合点，从而在 APP 的设计中既能体现产品或服务的特点，又可以吸引目标消费者的注意与兴趣，促进后期的产品推广。

那么，企业 APP 如何做到定位明确、功能突出呢？现阶段用户基数较大、用户体验不错的 APP 客户端有大众点评、美丽说、网易有道词典、高德地图等。不难发现，这些运行成熟、有一定客户黏度的终端应用，都有着自己明确的切入点。如美丽说，侧重于时尚、购物、女性话题的分享，每一个话题都有延伸和链接，形成了一个优质的闭环社交圈，牢牢地圈住了顾客群。

（二）为消费者提供最佳体验

有了明确、恰当的定位之后，是否具有超凡的体验是 APP 能否得到用户的认可与接受的重要因素。成功的 APP 应当具有自己独有的特性。比如，使用方便快捷、娱乐有趣生动、设计新颖抢眼等，APP自身的创意决定了它在市场中得到的后期反馈。所以说，在确定了前期的定位之后，具有创意的APP产品设计是另一个值得企业关注的关键点。富有创意的APP才能赢得客户的好感。

1. 增加APP的趣味性

趣味性强的APP会提高用户的参与度。iButterfly APP的趣味性就在于：当用户用移动终端设备的摄像头对准相关产品的优惠券时，在屏幕中呈现的便不是优惠券而是一只只翩翩飞舞的美丽的蝴蝶。这一创新运用了APP＋AR＋LBS的技术，有效地吸引了用户的目光，在投入市场后获得了广泛的关注与好评。又如，"Free WiFi"的热气球在首尔人口密集处飞行，吸引消费者连上WiFi，然后，系统会自动引导消费者安装一款名为"Emart"的APP软件，提供该在线商店的打折产品和优惠券。知名化妆品兰蔻早在2009年就推出了自己的APP，借助这一APP，使用者可以用最新款的眼影、口红、指彩等产品，在模特脸上涂涂抹抹，进行自由组合，以便观察是不是自己喜欢的效果。还有不少健身类的APP，如Yoga Fitness，利用虚拟的3D动画进行教学，从而吸引想学瑜伽的健身爱好者。诸多极具创意的APP为受众提供了良好的体验，吸引了受众，企业也达到了预期的目标。

2. 巧用AR技术

APP创意的实现，需要依赖于许多先进技术，比如AR技术。AR技术的特点是可以利用计算机生成能产生逼真的视、听、触和动等感觉的虚拟环境，通过各种传感设备使用户"沉浸"到该环境中，实现用户与环境的自然交互。这种技术的优势在于可以为用户提供一个虚拟世界，给用户带来不一般的体验环境。比如，沃达丰在德国设计了一款游戏类APP，通过该应用可以让街上的人捕捉分布在城市各个角落的虚拟怪兽。捕到怪兽就可以获得积分，凭积分可以到线下的商店换取奖品。还有利用AR技术开发的厨房模拟器，可以实现用空的煎锅来烹炒3D食材。这一技术的应用使得对APP的应用体验发生了跨越式的进步，成为未来APP设计发展的一大方向。

3. 关注用户需求，不断更新APP

艾瑞咨询发布的《2018年Q2中国互联网流量季度监测报告》显示，2018年第二季度22.1%的用户至少卸载1个APP，人均卸载APP数为8.1个。界面和用户体验差、内容同质化、频出bug、推送通知过多、广告窗口无法关闭等，是用户卸载APP的主要原因。因此，APP开发者还要注重对APP的运营和维护，收集用户反馈的问题，通过不断更新APP进一步优化用户的使用体验。

（三）注重APP的推广

解决了APP定位与体验问题之后，接下来比较重要的便是APP投入市场后的推广问题。目前市场上的推广方式较多，大体分为付费的广告宣传与免费的口碑营销两大类。线上线下付费的广告宣传是比较传统的推广方式，但不一定会使APP的宣传推广达到最好的效果。醉心于APP应用的大多是年轻的上班族，因此，做好推广前的消费者洞察，掌握目标消费者的人口统计特征，了解目标消费者的媒介习惯、生活习惯等是解决APP推广问题的前提。口碑营销、游戏互动等创新的推广方式在新媒体时代可能会收到更好的效果。

第三节 APP营销模式与推广

一、APP营销模式

不同的应用类别适合不同的营销模式,通常APP主要的营销模式有广告模式、植入模式、用户参与模式、购物网站模式和内容营销模式。

(一)广告模式

在众多的功能性应用和游戏应用中,广告是最基本的模式,广告主通过植入动态广告栏的形式进行广告植入。当用户单击广告栏的时候就会进入链接网站,通过网站内容可以了解广告主详情或者参与活动。这种模式操作简单,只要将广告投放到下载量比较大的应用上就能达到良好的传播效果,但是投放价格相对较高。

(二)植入模式

所谓植入模式是指将产品或服务的信息转化为某一个应用的一部分出现在该应用中,当用户下载该应用后可通过该应用看到产品或服务的信息。植入模式通常分为三种形式,即内容植入、道具植入和背景植入。

1. 内容植入

内容植入是指将产品或服务信息转化为应用的内容展现在应用中,比较典型的例子是较为流行的游戏类应用"疯狂猜图"。该游戏融入广告品牌营销,把NIKE等品牌名称作为游戏题目的关键词,既达到了广告宣传效果,又不影响用户玩游戏的乐趣,而且因为融入了用户的互动,广告效果更好。

2. 道具植入

道具植入一般出现在游戏类应用中,是将现实生活中的产品或服务作为游戏的道具出现在游戏当中。例如,在人人网开发的人人餐厅APP游戏中,将"伊利舒化奶"作为游戏的一个道具植入其中。

3. 背景植入

背景植入主要的应用类型是网站移植类和品牌应用类。依托的应用往往具有独特的增强现实功能,具体是指用户可以从应用目录中选择一个元素并将其客观地展现在用户面前。这种展现通常不是简单的2D平板照片,而是可以调整角度的、立体的,能够使该元素更形象、更真实、更有参考性。

(三)用户参与模式

用户参与模式是指企业APP具有很强的实践价值,可以让用户了解产品,增强对产品的信心,提升品牌美誉度。同时,这种模式也是最难实现的,除了对研发技术要求高以外,还需要与众不同的创意。

(四)购物网站模式

该模式是购物网站在手机端的新发展。由于互联网技术的发展,碎片化时间成为企业营销的重点,将购物网站搬到移动互联网上,用户可以随时随地地浏览网站,获取商品信息,进而下单。这种模式相对于手机购物网站的优势是快速便捷、内容丰富,同时为了促进购买,通常会有很多优惠措施,例如淘宝、天猫的手机专享价等。

(五)内容营销模式

内容营销模式需要通过优质的内容来吸引精准的客户和潜在客户,从而达到实现营销的目的。例如"汇搭"这款服装搭配软件,通过为消费者提供实实在在的搭配技巧,吸引有服饰搭配需求的用户,并向其推荐合适的商品,为用户提供了有实用价值的内容。

二、APP推广渠道

APP的推广渠道有很多,主要有应用市场推广、应用内推广、社会化网络推广、线下推广等四种。

(一)应用市场推广

应用市场推广是指将APP上传到各个手机应用市场进行推广的方法。目前手机应用市场较多,主要有手机厂商应用市场(如联想乐商店、华为应用商城、小米商城等)、手机运营商应用商店(如中国移动、联通、电信三大运营商)、手机系统商应用商店(如谷歌、iOS等官方应用商店)、第三方应用商店(如豌豆荚、应用宝等)和PC端常用的软件下载站(如天空下载、华军软件下载、百度软件中心等)。

(二)应用内推广

应用内推广是指通过其他应用进行推广的一种互推的方式,需要与其他应用进行合作或支付一定的费用来实现,主要推广方式可以分为以下几种。

(1)应用内互推:又称换量,就是通过与应用合作的方式互换流量,简单来说,就是在对方应用中植入自己应用广告进行推广,同时也在自己的应用中植入合作方应用的广告。

(2)消息通知推广:是比较重要的手机应用程序运营手段,通过向用户推送通知来提醒用户进行相关应用的下载,需要用户授权进行。

(3)广告弹窗推广:是一种在应用开启时弹出的广告形式,推广效果较好,但是用户体验较差。广告的焦点图通常放在应用内较为明显的位置,多为首页或频道首页,使用图片组合播放的形式,有一定的吸引力。

(4)开放平台:是指将网站的服务封装成一系列计算机易识别的数据接口对外开放,供第三方开发者使用的平台。企业可以将成熟的APP应用提交到互联网开放平台享受海量用户。目前主流的开放平台主要有腾讯开放平台、360开放平台、百度开放平台、人人网开放平台等。

(三)社会化网络推广

社会化营销是目前流行的网络营销方式,虽然社会化营销很难带来直接的转化,但是对于品牌宣传起到了举足轻重的作用。同时社会化营销的方式也是多种多样的,针对不同的社会化媒体,可以进行不同的推广,主要有以下几种方式。

(1)内容平台推广:例如,可以在百度百科、360百科建立品牌词条,或是在百度知道、搜搜问问、新浪爱问、知乎等网站建立问答。

(2)论坛贴吧推广:推广者可以以官方帖、用户帖两种方式发帖推广,同时可联系论坛管理员做一些活动推广,也可以发布产品相关内容,征求用户意见和反馈。推广者在发完帖后,应当定期维护帖子,及时回答用户提出的问题,搜集用户反馈的信息,以便下个版本进行更新改进。

(3)微博推广:利用微博将推广的内容、产品拟人化,讲故事,定位微博特性,坚持原创内容的产出。在微博上抓住当周或当天的热点跟进,保持一定的持续创新力。这里可以参考同行业运营比较成功的微博大号,借鉴他们的经验。关注业内相关微博账号,保持互动,提高品牌曝光率,必要时可以策划活动,转发微博等。

(4)微信推广:所谓微信推广也就是在微信公众号进行推广,通过找一些主题相似的APP的公众号进行推广。例如,推广一家医药商城APP,可以找到养生、保健等目标用户相似的公众号进行推广,提高APP的下载量。

(四)线下推广

线下推广的方式主要分为手机厂商预装和线下店铺合作两种。

(1)手机厂商预装:这种方式需要和手机厂商合作,在手机生产出来时预装应用。这种方式的用户转化率高,同时这类预装是最直接的发展用户的一种方式。但是用户起量周期也比较长,这是因为从与手机厂商的合作,到手机新品上市、用户购买需要一段时间,一般在三到五个月。

(2)线下店铺合作:线下店铺合作方式比较多样,除了在店铺灯箱、门头设置应用信息外,还可以为店铺提供带有企业APP信息的装置等。例如,e代驾为大量餐厅免费提供带有宣传信息的纸巾盒与牙签盒。

三、APP推广注意事项

在APP推广中,除了推广策略和推广渠道外,还需要考虑到一些注意事项,主要表现在数据、新媒体营销和市场调整上。

(一)数据

任何时候的推广都离不开数据,企业需要从数据中找到问题。在推广中,能正确反映一个APP的生存状况的一样是数据。通过数据能够找到优质渠道,获悉推广爆发的时间段,明白产品内容应该做什么样的调整。例如,在产品刚开始进行推广的时候,推广人员会初步选择部分渠道进行推广,而下载量和激活量等就会反馈出哪个渠道可以带来更优质的效果。通过对这些数据的分析,企业可以找到更加优质的渠道。

(二)新媒体营销

新媒体推广是比较考验推广团队能力的方式,需要做的是创意营销,通过创新的内容和广泛的媒体渠道来进行营销。例如,推广团队策划了一起事件进行宣传,这起事件就是新媒体营销在内容上的展现。在这个过程中,推广人员为了让产品得到更广泛的传播,找到了几个微博大V转发,通过多个媒体进行宣传,在贴吧、论坛进行话题讨论,这是新媒体推广操作中的一个个环节。而这整个流程才算是新媒体传播。在策划进行中,推广人员必须对市场有敏锐的嗅觉,做到对突发事件的及时调整,还要有多个预备方案来应对可能出现的各种情况。

(三)市场调整

市场调整的本质就是需要灵活使用推广方法。某种推广方式在某个阶段是成功的,但是不能保证这种推广方式时时都是成功的。企业要做的是找出合理的推广渠道并分析其特点,在市场变化时做出合理的调整,而不是盲目地跟风。假设 APP 在某一渠道上得到了很好的推广效果,那么就需要在这个渠道投入更多的宣传,以获得更多的用户,然后分析这个渠道的特点(同时包括用户特点),最后找出相似的渠道推而广之。

总之,APP 推广是有一定的规律可循的,摸清产品的生存规律,明白产品在什么阶段应该做什么样的准备,了解异常数据背后的意义再做出推广的调整是十分必要的。

【本章小结】

APP 是智能手机的应用程序。移动互联网时代,通过 APP,企业可以与用户建立一对一的客户关系,提供千人千面的界面,更好地满足用户个性化需求,对于企业进行营销与产品销售有重要的帮助。

本章讲述了 APP 营销的概念、常见的 APP 类型与应用商店种类,并对 APP 营销的价值进行了分析,从而提出 APP 营销的策略和具体的营销模式。通过本章的学习,读者应该了解基本的概念,理解相关策略和模式,并能针对某款 APP 提出相应的营销方案。

【关键词】

| APP 应用商店 | 定制 | 广告模式 | 植入模式 |
| 用户参与模式 | 内容营销 | 社会化网络 | 新媒体营销 |

【问题思考】

1. 什么是 APP 营销?
2. APP 种类有哪些?
3. APP 营销策略有哪些?
4. APP 营销有哪些具体的模式?

☆ 案例评析

Uber 是如何畅销全球的?

Uber 的 APP 能够在全球 400 个经济、文化、语言、交通、支付环境大相径庭的城市中顺畅游走,本身就是一个伟大的设计杰作!那么,Uber 是如何做到的?

Uber 产品设计总监 Ethan Eismann 在悉尼的设计会议上接受媒体采访时表示,Uber 的核心设计理念是让交通如行云流水,并透露了 Uber 产品设计上的一些秘诀。

1. 产品要入乡随俗

虽然 Uber 是最国际化的 APP 之一,但"入乡随俗"却是 Uber 的重要产品设计原则。以印度市场为例,Uber 上线前就已经意识到印度的信用卡普及率过低将是个大麻烦,决定在几个城市开始尝试现金支付服务,这个决定对于 Uber 来说可不容易,要知道 Uber 可是"无现金"平台,Uber 最核心的产品功能就是乘客一键叫车,到地摔门就走。此外,在孟买这样的城市,由于大量街道都没有门牌号地址,Uber 甚至为乘客叫车增加了街景拍照功能,方便乘客与司机沟通确认具体位置。

本地化的另外一个挑战是如何让 APP 像 AK47 步枪一样,在极端恶劣的环境中也能不掉链子。例如,在一些 3G、4G 信号较弱,或者覆盖不完善的地方,Uber 的产品设计团队需要确保即使 APP 离线一段时间也能准确运行。而对于移动数据资费较为敏感的发展中市场,Uber 的团队还需要对 APP 进行深度优化,最大限度地减少数据流量下载。

2. 设计师同时也是人类学家

Uber 是一个全球化的产品,但是面对多元文化和经济环境又要有本地化的适应能力,这对于产品设计团队来说是一项难度极高的挑战。

Uber 设计总监 Eismann 认为,Uber 的设计师最终都提升到了一个新的境界,他们不再是过去那些只会抠像素的"键盘侠",他们需要进化成经济学家、人类学家和社会学家。Uber 的产品哲学是"求同存异",在全球范围不同市场中保持产品 75% 的用户体验和用户预期是一致的,其余部分则针对本地市场进行定制。Uber 的核心产品开发团队在旧金山,但是在全球各城市都有本地化团队,负责定制开发,同时 Uber 还有专门的产品研究团队游走于中国和东南亚等市场,调查最佳实践和改进方法。

(资料来源 一个 APP 畅行全球 400 个城市,Uber 产品团队是如何做到的?IT 经理网,2016-7-18,有改动)

Uber 的营销案例:

Uber 似乎一直想告诉消费者,它不只是专车。一键呼叫 CEO,用 Uber 找工作、找对象,送外卖,领养小动物,这些都是 Uber 曾经展开的营销活动,而在纸醉金迷的终极名利场——戛纳电影节,Uber 再次将服务升级,推出了直升机送客项目。

据悉,直升机业务主要是往来机场和戛纳电影节的主会场(影节宫)之间,这也是每一位来参展旅客的必经之路,两地在不堵车的情况下,走高速大约 40 分钟,但是电影节期间,小城戛纳和机场大约要接待 20 万远道而来的客人,拥堵状况不可避免,而乘坐直升机,只需要 7 分钟即可到达(见图 15-3)。

图 15-3 Uber 营销案例

价格大约在 180 美元,一次可乘 4 人,虽然换算成人民币还是有点贵,但据悉一般乘坐出租车往返于机场和戛纳影节宫,也需要人民币 800 元,这样算下来,直升机只是贵了 400 块而已。其实此前 Uber 曾在法国巴黎和尼斯之间开展过飞机接送业务,一个小时的航程收费 9 000 美元。

对于明星而言,钱不是重点,如此霸气的出场方式值得拥有,而对 Uber 来说,通过这次活动盈利不是重点,通过明星引发社交媒体关注才是目的。

之后,Uber 在上海推出一键呼叫直升机服务,2 999 元一次的价格,20 位用户成为首批乘客。这次活动邀请了赵又廷作为首飞乘客,活动当天还有一对年轻情侣空中求婚。

　　Uber一键呼叫直升机活动可是赚足了眼球。不过有趣的是,Uber自己的微博主页,所有信息的点赞数加起来,也远不及赵又廷的微博点赞数,后者大概是Uber的27倍。

　　除了微博之外,很多媒体报道了这则消息。新浪等几十家媒体都选择了跟进报道。这几乎意味着,只要你在当天看新闻,多看几条就能知道Uber做了一键呼叫直升机这件事。

（资料来源　Uber的12个经典营销案例.搜狐网,2017-5-2,有改动）

问题:

1. Uber的APP在全球化营销中有哪些值得借鉴的地方?
2. Uber在进行营销时,有哪些成功之处?

第十六章

网络视频与直播营销

☆ 学习目标

1. 理解网络视频营销的概念。
2. 了解网络视频营销常见的营销模式。
3. 了解网络视频营销的特点。
4. 理解短视频的概念及特点。
5. 了解抖音平台视频分发机制。
6. 掌握个人抖音号运营方法。
7. 掌握企业抖音号常见的运营方式。
8. 理解网络直播营销的概念。
9. 了解网络直播营销的特点。
10. 了解直播营销的常见种类。
11. 了解互联网直播的发展历史。
12. 了解主流直播平台及其特点。
13. 掌握直播营销的流程。

☆ 引导案例

法国娇韵诗达人实力演绎神奇锁水

2018年9月,法国娇韵诗针对"不死鸟水精华"的全新升级产品——全新沁润奇肌保湿系列的推出,利用抖音短视频巧妙传递产品神奇锁水的特性,并有效将用户引导至天猫旗舰店形成转化,天猫旗舰店销量因此增长超20%。

一、抖音核心入口齐推

此次营销活动紧密结合新产品的独特卖点,在抖音核心入口齐推,开屏、发现页 banner、搜索页、活动话题等核心资源实现用户路径全覆盖,实现2 487万曝光量。

二、传递产品理念 发起个性挑战:#哇,水被我锁住了!

活动内容:高温烈日,仙女也变咸鱼干!全新法国娇韵诗"不死鸟水精华"给你带来强大控水力,牢牢锁住肌肤水分,摇启Q弹水光肌!让泼洒的水倒流,让雨水停在空中,让水珠随着手势移动……配合魔力控水贴纸,尽情发挥创意吧!使用贴纸的作品中点赞前10的用户可赢取沁润奇肌保湿系列套装1套,前11~50赢取不死鸟水精华正装1瓶。到法国娇韵诗天猫官方旗舰店找客服报上暗号"哇,水被我锁住了!"付邮费领取免费体验装1份(限量1万份,领完即止)。

活动效果:31万人参与,相关视频播放总计4.85亿次,挑战赛里提到的天猫旗舰店暗号加大了活动的引流。

三、品牌贴纸

贴纸的设计主要涵盖两个要素——精华水滴和产品主打成分不死鸟多肉,形象展示出产品功能及成分。贴纸的趣味性加大了用户参与活动的热情。

四、抖音达人

抖音优质KOL参与挑战,定制视频示范引导,实力演绎产品神奇锁水特性,从而引导更多用户参与活动。

引导问题:
1. 法国娇韵诗此次抖音营销应用了哪些营销方式?
2. 你认为此次短视频营销成功的原因有几点?

第一节 网络视频营销

随着网络基础设施的不断发展,互联网的内容形式也在不断更新,从文字到图片再到视频,信息量越来越大,可视性越来越强,表现形式越来越丰富。网络视频是在网上传播的视频资源,狭义上指网络电影、电视剧、新闻、综艺节目、广告等视频节目;广义上还包括自拍短片、视频聊天、视频游戏等。在这些不同种类的网络视频中,短视频发展最为亮眼,成为新时代的互联网社交平台和入口之一。

一、网络视频营销的定义及营销模式

所谓网络视频营销是指建立在互联网及其技术基础之上,企业或组织机构为了达到营销效果和目的而借助网络视频介质发布企业或组织机构的信息,展示产品内容和组织活动,推广自身品牌、产品和服务的营销活动和方式。

在中国主要的网络视频平台中,长视频的代表平台有优酷土豆、爱奇艺、腾讯视频、搜狐视频、哔哩哔哩;短视频的代表平台有抖音、快手、火山、西瓜、微视等。在这些主流视频平台中,企业借助视频进行营销的常见模式有广告推送模式、剧情化模式、UGC模式和视频互动模式。

1. 广告推送模式

广告推送模式是指投放视频贴片广告或视频播放器周边的广告为主的视频广告模式。贴片广告(见图16-1)是最早的网络视频营销方式之一,随着营销理念的发展,在用户体验至上的今天,贴片广告很容易被用户轻松跳过,所以演变出了创可贴广告(见图16-2)。创可贴广告是伴随着剧情的发展和推出与内容情节贴合的广告词,具有更好的趣味性。

图 16-1 优酷视频的片头贴片广告

图 16-2 《人民的名义》视频中的创可贴广告

2. 剧情化模式

剧情化模式是指围绕品牌或产品价值信息创作视频,通常有定制剧和微电影。定制剧是视频网站根据商家品牌定制的网络剧,如《全优 7 笑果》;微电影则是将品牌信息融入时间短、投资少、制作周期短的电影,如《啥是佩奇》。

3. UGC 模式

UGC(user generated content)即用户产生内容,这种模式是主要是调动民间力量参与制作视频,激发网友的参与积极性。比如日本某洗发水就曾经将视频广告的剧情编写权交给用户,让用户投票心中最想看到的剧情走向。又如王老吉在抖音上发起"开启美好吉祥年"挑战赛,以多元短视频内容,丰富"吉文化"内涵,将"过吉祥年,喝红罐王老吉"的品牌口号与春节大促场景深度关联。通过头部红人示范,引发普通用户模仿,从而提升话题热度。用俏皮贴纸、魔性音乐留住用户,激励用户主动参与进来,通过年轻用户的花式"打 call",提高王老吉春节礼品装的整体销量,持续引爆春节营销。

4. 视频互动模式

视频互动模式主要有两类:一类是借助技术,企业可以让视频中的主角与网友真正互动起来,用鼠标可以控制视频内容,提高视频的互动性和趣味性;另一类是借助视频弹幕与用户进行互动。

二、网络视频营销的特点

与传统视频营销相比,网络视频营销具有自身的特点。

1. 传播速度快

网络传播是以计算机通信网络为基础,进行信息传递、交流和利用,从而达到其社会文化传播目的的传播形式。网络传播融合了大众传播(单向)和人际传播(双向)的信息传播特征,在总体上形成一种散布型网状传播结构,在这种传播结构中,任何一个网结都能够生产、发布信息,所有网结生产、发布的信息都能够以非线性方式流入网络之中,所以网络视频的传播速度快。比如2019年1月一段小学校长带领学生跳"鬼步舞"的视频短短几日就在网上迅速传播开来。

2. 效果可测

借助互联网技术,视频播放的数据可以详细记录下来,比如我们可以直观地在视频下方看到播放量。如图16-3所示,该视频自上传以来有2.5万次播放量。借助视频平台后端还能准确知道这些播放量的用户画像。

图16-3 三防手机微电影视频在腾讯视频平台的播放量

3. 目标精准

与传统营销方式的一个最大不同是,网络营销能够比较精确地找到企业想找的那群潜在消费者。作为网络营销新兴的方式,网络视频营销则是更精准地发挥了这一特性。如YouTube上有"群(Group)"的设置,这是在网络上有着相同视频兴趣倾向的网民的集合。YouTube通过目标锁定(targeting)识别特定受众群,并通过有效的可行途径影响他们,发掘、培养他们的兴趣点。

4. 互动性高

互联网营销具有互动性,这一点也被网络视频营销所继承。YouTube视频创作者和网友之间的回复便很好地证明了这一点:用户可以评论视频,创作者也可以回复评论。另外,观看者的回复也为该视频造势,有较高争议的视频点击率也往往高调飙升。与此同时,网友还会把他们认为有趣的视频转贴在自己的博客或者其他论坛中,让视频广告进行主动性的病毒式传播,让宣传片大范围传播出去,而不费企业任何推广费用和精力。这一优势是电视广告不具备的。与此同时,与其他互联网营销形式不同,视频感染力更强,因此引起网友的主动传播性也更强。

5. 成本低廉

与传统电视广告动辄几十万元甚至上百万元的制作投放费用相比,网络视频营销成本较低,特别像短视频,制作成本和营销成本都大大降低。

三、短视频营销——以抖音为例

(一)短视频的概念及特点

短视频是指以新媒体为传播渠道,时长在 5 分钟以内的视频内容,其是继文字、图片、传统视频之后新兴的又一种内容传播载体,具备生产成本低、传播速度快、生产者和消费者之间界限模糊等特点。由于短视频的社交属性满足了用户对于人际交往的需要且短小精炼满足了人们碎片化阅读的需要,近几年短视频的用户数剧增,如图 16-4 所示,截至 2019 年 6 月,短视频月活跃用户数高达 8.21 亿,同比增长率高达 32.3%,增长势头迅猛。

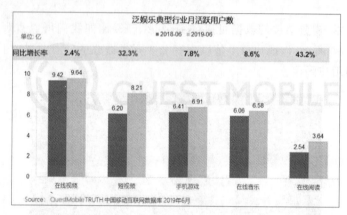

图 16-4　泛娱乐典型行业月活跃用户数

(二)抖音平台介绍

目前,短视频行业已步入稳定发展的成熟期,竞争格局也保持相对稳定。总体来看,除了 2011 年最早进入行业的快手以外,近两年,在互联网巨头的积极布局下,短视频行业内的主要竞争者还包括头条系的火山小视频、西瓜视频、抖音、阿里系的土豆视频等,百度系的好看视频、全民小视频等,腾讯系的微视、yoo 视频等,新浪系的秒拍、波波视频等,以及网易系、陌陌系、360 系、爱奇艺系、美图系等旗下的短视频平台,如图 16-5 所示。

发展至今,快手与头条系 APP 在短视频行业最具竞争力。从用户规模来看,2019 年 6 月,头条系的抖音月活用户规模高达 5.05 亿人,稳居行业第一;快手位居第二,月活用户规模为 3.35 亿人;头条系的西瓜视频和火山小视频的月活也在亿人以上,分别位居第三、第四;而其他 APP 的月活用户规模则明显落后于这 4 款 APP。因此我们重点来了解抖音平台的短视频营销。

抖音短视频平台是一款专注年轻人的 15 秒音乐短视频社区,用户可以通过抖音短视频 APP 分享自己的生活,同时也可以在这里认识更多朋友,了解各种奇闻趣事。抖音作为头条系旗下产品,也有一套基于用户和内容的个性化推荐算法。要做好抖音的营销工作,需要了解抖音的推荐机制,虽然没有办法完全知道抖音的具体推荐机制,但是可以在大方向上大致把控。在抖音看视频的主界面右边有几个按钮,分别是点赞、评论、转发。一个抖音视频能不能火,主要取决于这些。抖音推荐机制很大程度上取决于完播率、点赞量、评论量和转发量这四个指标,当一个视频经审核发出后,抖音会在小范围分发此视频,这四个指标很大程度上会让抖音判断

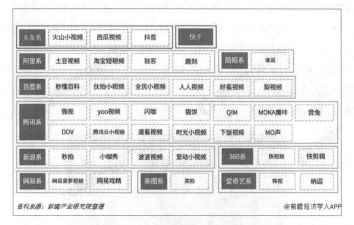

图 16-5 短视频行业主要竞争者

出此视频的质量好坏以及是否受用户喜欢,如果指标数比较高,则判定为受用户喜欢的视频,抖音会给这个视频分发更多的流量,推荐给更多的抖音用户,从而引爆短视频,如图16-6所示。

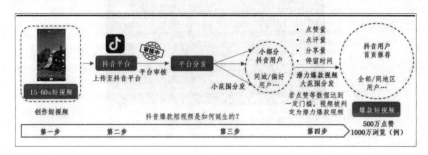

图 16-6 抖音平台分发机制图

(三)抖音个人号运营

由于抖音的去中心化推荐机制,视频的转化率并不取决于粉丝数的多少,只要内容具备足够的吸引力,人人都可能成为网红。这里我们来介绍抖音个人号的主要运营步骤。

1. 确定定位

在做抖音之前,要明确账号的定位,即目标客户是谁,想拍给谁看,能给这群目标客户持续性地提供哪个方面的内容。可以从自身兴趣爱好和特长着手,比如唱歌、游戏、脱口秀、画画、写字和手工等,如果没有特别的爱好或特长,可以考虑做较容易变现的内容,如美妆、服饰和美食等。

2. 注册账号及"养号"

注册完成的抖音账号从昵称、抖音号到个人简介都需要根据自身定位进行优化,特别是抖音的昵称,它相当于我们的品牌,取昵称最好能和所确定的类型搭边,如定位减肥的账号取名为"Mr.吴带你瘦"等。好的昵称容易让人记住,更有利于抖音号的粉丝增长。在注册账号后不要急着发内容,可以模拟普通用户行为,当刷到符合定位的内容时进行浏览、点赞及评论,使得抖音对此号进行标签化。

3. 制作内容及上传

在制作内容方面,除了要符合自身定位之外,应尽可能使每个短视频的信息点突出,如果能引起用户讨论或者情感共鸣则更佳。当然内容的清晰度和更新频率也很重要,抖音会给予一定的加分。在视频上传过程中,标题的撰写也有讲究。标题可以引导用户看完视频之后留言说点什么来与作者进行互动。当然标题除了给用户看,其实也是给平台看,比如标题内加上标签,以告知平台此视频内容的属性,让平台推荐给更多精准用户。如图16-7所示,"#舞蹈"是写给平台看的,让平台推荐给更多对舞蹈感兴趣的用户看;"你的两岁在干嘛呢?"是给用户看的,意在引导用户与之互动,以增加评论数。

图 16-7 抖音标题撰写示例

4. 后期维护

在视频内容上传之后,要注意与粉丝进行互动,比如有人评论,需要及时回复,并且回复的话语可以采用一问一答再发问的形式。比如有粉丝评论:"这个视频效果怎么拍的?"如果直接回复拍摄方法就无法刺激用户再评论,可以回复"你也想学吗?"通过再发问来引导粉丝在评论区再留言,以提高视频的评论数指标。

(四)抖音企业号运营

抖音企业号是抖音针对企业开发的"官方账号"功能。抖音企业号拥有蓝色"√"标识,能够发布1分钟长视频,并在主页放上官网跳转链接。抖音企业号的运营和个人号不同,个人号追求高关注度,而企业抖音号不能一味追求关注度,需要注意企业品牌形象,要塑造和宣传企业形象,才能获取用户,达到传播和转化的目的。企业抖音号除了更新日常视频内容之外,企业还可以通过发布广告、定制贴纸、与抖音达人合作、发起抖音挑战赛等方式来进行营销。

1. 发布广告

在抖音上发布的广告主要有开屏广告和信息流广告。所谓开屏广告,即在启动抖音 APP 时展现的广告,广告在启动抖音 APP 后会展现 5 s,广告播放完毕后进入"推荐"页面。开屏广告的展现形式为图片或视频形式,广告主可以根据自己企业的推广目标及推广需求选择适合自己的广告形式,其最大的特点是广告的展现时间为用户打开 APP 的第一时间,用户对广告信息的接收度高,同时,以相对酷炫的效果在 APP 启动时自动展现,给用户感官上的冲击非常强烈。

信息流广告是融入抖音"原生"视频当中,广告作为视频内容呈现在用户眼前。它最大的特点是将广告与产品完全融为一体,优化用户体验,降低用户看广告的抵制心态,提升广告效果。比如一款小说阅读APP"番茄小说"曾在抖音上投放信息流广告,视频开头是一位父亲阻拦儿子不要再去山上看那只"母狼",儿子执意要去,因此展开了激烈的争吵,儿子称那只"母狼"才是自己的母亲,若不是"母狼"的喂养,就没有现在的自己。争吵到激烈之处,儿子摔门而出。此时,父亲面露恐慌地说道:"不好!"视频到这里就戛然而止了,给故事后续设置了悬念,让观众揣测情节走向。"母狼"为何给孩子喂奶?儿子出门后,父亲为何如此恐慌?这其中到底隐藏着哪些秘密?此时再展示广告主体,从而引导用户下载"番茄小说"去观看完整内容(见图16-8)。整个广告以小说情节为主要内容,用户排斥度小,转化率更高。

图16-8 "番茄小说"在抖音上投放的信息流广告结尾

2. 定制贴纸

抖音贴纸广告是指品牌定制的抖音贴纸,用户在拍摄时,可在贴纸栏下载使用(见图16-9)。有2D脸部挂件贴纸、2D前景贴纸等几种类型。贴纸广告最大的特点在于用户主动使用,互动性高,可接受度好,广告形式生动,易于激发用户主动分享,达到再次传播和广泛使用的效果。

3. 与抖音达人合作

品牌邀请达人参与内容创作,在达人的优势内容中植入产品。与抖音达人合作和以往其他平台类似,可以由品牌商自选达人进行合作,但是抖音官方对待达人,尤其是目前拥有粉丝数量比较大的达人,有非常严格的广告限制,如果通过非官方渠道和达人合作,广告植入又比较明显,被官方限制的可能性非常大。因此与达人合作最好提前向抖音官方报备,提供大致预算范围,抖音官方会给出合适的达人和相关报价,确定合作之后可以由达人自行创作或品牌商提供视频拍摄。

4. 发起抖音挑战赛

抖音挑战赛(见图16-10)是抖音独家开发的商业化产品,其结合了抖音开屏、信息流、红人、热搜、站内私信、定制化贴纸等几乎所有的商业化流量入口资源,通过"模仿"这一抖音最重要的运营逻辑,实现了品牌最大化的营销诉求。

图 16-9　必胜客"黑黑黑"系列贴纸　　　图 16-10　ZUO 酸奶♯我才是好喝表情帝♯抖音话题首页

当然以上几种企业抖音号运营方式时常联动运作，如在发起抖音挑战赛后，让达人示范，吸引粉丝参与，同时推出定制贴纸，做到多维度齐发，全方位整合营销。

第二节　网络直播营销

自视频直播平台兴起之后，即时互动的视频化直播逐渐进入消费者的视野，近几年直播用户人数呈爆发式增长，根据 CNNIC 数据显示，截至 2020 年 3 月，我国网络直播用户规模高达 5.6 亿人，占整个中国人口的 40%，即全中国每 10 个人里就有 4 个直播用户。直播的兴起不仅改变了消费者的行为，也为企业的营销方式注入了新动力。

一、直播营销概述

（一）直播营销的概念

直播营销是指以现场营销的方式，让事件的发生、发展进程和制作以及节目播出保持同步开展的营销活动。这一活动将直播平台视作载体，以品牌提升或销量增长为目的。直播营销以"人、平台、内容"的有机结合为前提，以用户体验为基石，将交互式体验视作核心，强化了客户（包括潜在客户）的"现场感"，主播通过直播展现企业完整的营销内容，提升营销效果，达到营销目的。

（二）直播营销的特点

直播营销的核心思想为借助高速发展的互联网信息传播技术让产品信息能够在网络空间以音频信号的形式进行传递，让更多远程客户端上的用户借此实时收看。可以说，直播营销具有直观真实、互动实时、体验深入的特点。

1. 直观真实

直播营销以更为直接的形式面对消费者,所展示的内容大多为没有过度修饰的内容,是状态较为原始的内容,对商家而言可以更全面地展示产品,对用户而言,可以更清楚、更直观地看到产品的外观、功能和效果等信息,做出更优的购买决策,减少传统图文产品信息造成的买家秀和卖家秀的差别。

2. 互动实时

直播能够实现与用户的实时互动。相较传统电视,互联网视频的一大优势就是能够满足用户更为多元的需求,而直播则更加强了实时互动,不仅仅是单向观看,还能发弹幕交流,并与主播实时互动,甚至还能动用民意的力量改变节目进程。这种互动的真实性和立体性,也只有在直播的时候能够完全展现。

3. 体验深入

用户在直播中的体验更为深入,更易于产生情感共鸣。在这个碎片化的互联网时代里,人们在日常生活中的交集越来越少,尤其是情感层面的交流越来越浅。直播,这种带有主播"人设"的内容播出形式,能让一批具有相同志趣的人聚集在一起,聚焦在共同的爱好上,增加用户情感投入,增强用户体验,更易形成粉丝经济。

(三)直播营销的常见种类

大家耳熟能详的薇娅直播、李佳琦直播以及其他各类带货直播等从类型上来看均为"直播+电商",除此之外,常见的直播营销类型还有"直播+内容营销"和"直播+互动营销"。

1. 直播+电商

这类直播主要依托各电商平台,其主要目的是通过直播直接增加销售量,如天猫直播、淘宝直播、京东直播等。在电商直播平台上,直播的内容主要以店铺商品为主,并且直播平台与店铺商品相关联,用户可边看直播边购买商品。

☆ **案例 16-1**

"小朱配琦"公益直播"谢谢你为湖北拼单"

新冠病毒疫情发生以来,湖北农副产品走出去存在不少障碍,给农业生产、农民生活带来一定困难。为落实中央"支持湖北经济社会发展"的要求,助推优质湖北农副产品走出去,央视新闻新媒体 2020 年 4 月 1 日启动"谢谢你为湖北拼单"大型公益活动。

4 月 6 日晚 20:15,央视主播朱广权和淘宝主播李佳琦一同带给大家一场"谢谢你为湖北拼单"公益直播,本场直播的直播平台有央视新闻客户端、淘宝、央视新闻微博,两位主播向网友推荐香菇、莲藕、茶叶等湖北待销农副产品。这场直播约两个小时,1 000 多万网友在线收看,网友边看直播边下单,共售出总价值约 4 014 万元的湖北商品,许多产品一上架就被网友迅速抢光。

2. 直播+内容营销

此类直播并不看中某场直播当时的销售量,而是"放长线钓大鱼",以丰富的内容形式进行,提升品牌知名度、树立品牌形象或深度解析新产品等,所依托的直播平台主要以内容视频平台为主,如 bilibili、知乎等。常见的内容有新品发布会、新品体验或企业日常等,通过此类直播,企业可以带用户看到真实的自己、在变的自己,传递企业的品牌理念和价值。

☆ **案例 16-2**

2019奥迪电气化战略发布会

近年来,德国汽车制造商陆续推出多款豪华电动车,奥迪作为德国最悠久而伟大的汽车制造商之一,也将目标瞄准了豪华电动车市场,推出了品牌首款纯电动 SUV:e-tron。奥迪在开启电动生态的同时,需要在豪华电动车领域内打开用户认知突破口,找到高价位电动 SUV 对标的豪华品质感人群,提升 e-tron 的品牌价值认可,赋能产品价值。

2019 年 11 月 18 日,奥迪在知乎上发起了一场"2019 奥迪电气化战略发布暨奥迪 e-tron/奥迪 Q2L e-tron 上市"直播发布会,具体直播内容如下:

- 观看开场视频《当百年基因遇上电动科技》;
- 开场介绍 VIP 嘉宾;
- 一汽-大众汽车有限公司总经理刘亦功讲话——基于新四化趋势,谈新能源布局、研发生产体系;
- 观看视频《e-tron unveiling video》,发布会主角 e-tron 亮相;
- 一汽-大众奥迪销售事业部总经理 Marco Schubert 讲话;
- 观看视频《奥迪 e-tron TVC》;
- 周迅/张亚东出场;
- 一汽-大众奥迪销售事业部执行副总经理孙惠斌上台讲话——奥迪品牌电气化战略发布;
- Finale show 启动。

此次知乎 LIVE 发布会激发目标人群与奥迪 e-tron 一同用可持续发展的视角探索未来出行方式,进一步关注奥迪 e-tron 背后的益世价值。

3. 直播+互动营销

由于直播平台是作为社交工具而诞生的,所以企业在进行直播营销的时候,就会尽可能地发挥直播作为社交工具的优势,其中最大的优势在于实时互动,因此设计巧妙的互动环节可以增加直播的趣味性,提升直播效果。

☆ **案例 16-3**

六神×华晨宇:"清凉趴"直播互动营销

2017 年 7 月 3 日,六神"清凉趴"直播主要围绕劲凉 CP 产品、品牌主张、明星代言人三大核心打造一场有内容、有趣的直播活动,为此六神邀请了当下极具个人特色的主持人张大大和明星代言人华晨宇搭档,一同与粉丝直播互动,并通过现场两人的访谈、游戏、砸冰蛋等不同互动内容,不断掀起直播高潮。

六神将品牌主张、"劲凉 CP"、其他产品的卖点与功效都化为有趣内容融入直播的互动内容,利于观众更好地接收。前期将现场直播间根据本次主题进行改良打造,通过整体设计色调与冰山、干冰喷雾的结合,制造超强"凉感",从而契合劲凉 CP 想要诉求的产品利益点。有效让用户在享受与明星的近距离互动外,也能感受到品牌所要传达的信息,从而达到对品牌的认同,才是真正玩转粉丝经济。

二、互联网直播的发展历史

2019年,直播行业因为电商直播的迅速崛起再次成为关注焦点,成为互联网行业最火的风口之一。2020年,疫情扩散带来的用户居家、延迟复工复产等问题,更是进一步刺激了线上直播的发展。就直播行业的发展历程来看,自2005年直播平台初现,到如今已发展为相对成熟的生态体系。直播行业在经历了探索发展期、流量红利期、商业变现期后,直播战场由PC端转向移动端,直播内容也由单一的秀场直播向电商、体育、教育、社交等多领域渗透,目前已经进入了深度渗透阶段(见图16-11)。

图16-11 互联网直播发展阶段

(一)探索发展期

直播平台初现,PC端是主要流量入口。常见直播类型中,秀场直播为主,也有部分游戏直播。早在2008年,9158就已开创秀场直播模式,随后,YY、六间房等平台相继入局,秀场直播渐成规模。2014年,YY将游戏直播业务独立为虎牙直播,同年,AcFun直播独立并改名为斗鱼TV,定位游戏垂类,游戏直播开始进入视野。

(二)流量红利期

此阶段直播平台纷繁杂多,流量入口逐渐从传统PC端过渡至移动端。直播规模爆发式增长,2016年更是被誉为"直播元年"。以游戏为代表的泛娱乐直播是这一时期直播生态的重要组成部分。2015—2017年,4G技术普及,手机直播由于不受设备、场景等限制开始迅速普及,推动全民直播的出现;同时,由于直播功能的创新、直播平台以及资本的纷纷入局、政策支持,直播行业一度出现"千播大战"局面。其间,政府出台《电子竞技赛事管理暂行规定》等游戏行业相关政策,进一步推动了游戏直播的发展。

(三)商业变现期

行业稳定发展,流量红利渐退,政策监管趋于规范,电商直播于电商平台和短视频平台兴起,逐渐成为直播行业重要变现形式。虎牙等游戏直播平台也开始盈利。2018年,淘宝直播有81名主播成交额破亿元,超过400个直播间每月带货超过100万元;同年,虎牙首度盈利,全年营收46.6亿元,净利润4.6亿元。2019年,淘宝直播在"双十一"期间仅用了8小时55分,实现引导成交破百亿元;而虎牙也实现再度盈利,净利润增至7.5亿元,另一头部游戏直播平台斗鱼也扭亏为盈,全年营收72.8亿元,净利润3.5亿元。直播的商业价值凸显。

(四)深度渗透期

受疫情影响,线上化需求强烈,由于直播成本低、见效快,多行业青睐直播形式,加速直播行业的发展与渗透。2020年,疫情突发事件进一步拓展了直播的辐射范围。从直播平台来看,多个平台开发直播功能、开放直播流量入口、出台直播扶持政策;从直播品类来看,教育、汽车、房产等以线下运营为主的行业也开始试水线上直播；从直播主播来看，主播群体更加多元，除了直播达人，越来越多的明星、KOL、商家、政府官员等开始进入直播领域。

三、主流直播平台及其特点

随着直播行业的发展，直播的产业生态也随之形成并日益繁荣。直播生态系统由供应链方（如品牌商、工厂、原产地、经销商等）、直播服务商、主播、直播平台、其他支持服务商（如支付宝、微信、顺丰、中通等）和用户共同构成。其中，目前主流直播平台主要有电商平台（淘宝、京东、拼多多、蘑菇街等）和内容平台（抖音、快手、bilibili、虎牙等）两大类。电商平台的直播核心营收来源于佣金分成，而以游戏和才艺为主的泛娱乐内容直播核心营收来源于直播打赏。

内容平台常与电商平台合作，这种合作成为相互赋能、进一步培养自身平台用户内容或消费习惯的突破口。在合作中，两者相互补足，电商平台获得了更多外部流量与更多渠道给消费者"种草"，而内容平台资源位的使用效率、收入均得到了提升，所以我们可以看到电商直播平台内容化、内容直播平台电商化的现象。比如快手和抖音孵化出的新兴电商平台快手小店和抖音小店。图16-12所示为淘宝、京东、小红书、拼多多、快手和抖音这6个直播平台的主要特点。

平台	淘宝直播	京东直播	小红书	拼多多	快手	抖音
平台属性	电商	电商	内容+电商	电商+社交	社交+内容	社交+内容
电商载体	站内成交	站内成交	站内成交为主	站内成交	淘宝、天猫、有赞、京东、拼多多、快手小店、魔筷星选	淘宝、天猫、京东、抖音小店
带货KOL属性	头部主播高度集中，代表主播：薇娅、李佳琦	全力扶持商家自播与代表主播	美妆和时尚博主居多	目前以中小主播为主，顶级主播粉丝数约82万	代表主播：辛巴、散打哥、	代表主播：罗永浩、正善牛肉哥
带货商品属性	淘宝体系内全品类，价格区间广	全品类，依靠孵化超级红人+推荐优质产品	美妆类为主，商品价格偏高	低价白牌商品为主，家具生活类最多，其次为服饰食品	高性价比的白牌商品，较多，产业带直播比重较大	美妆+服装百货占比高，商品价格集中0-200元的，有一定知名度的品牌
带货模式	商家自播和达人导购模式	为超级网红提供优质商品	种草笔记为主，直播+测评笔记共同发力	直播更像是一种展示工具和服务形式	达人直播、打榜、连麦等	短视频+直播，内容驱动
机会点	内容矩阵、流量扶持以及强大的供应链	商家持续入驻和庞大的用户基础	用户活跃度与黏性高，流量精准，适合品牌ößs	与微信的生态系统打通，店铺私域流量或流量，转化率较高，带货能力强	擅长维护高价值的用户	用户的消费能力更高，内容驱动，品宣效果好
转化率	很高	未知	未知	较高	较高	中等
客单价	低中高	较高	较高	较低	中等	较低

图16-12 主流直播平台及其特点一览表

下面详细介绍这两类平台中的佼佼者。

（一）淘宝

淘宝直播于2016年3月试运营，5月正式推出。2017年淘宝直播单日直播场次规模上万，单日累计观看破亿。2019年天猫"双十一"淘宝直播引导成交额近200亿元，参与直播的商家已经超过50%。至今淘宝直播平台已是体量最大的直播带货平台，拥有庞大的用户基础，消费者每天可观看淘宝直播内容超过15万小时，可购买的产品数量60万种。淘宝直播是主要以购物为目的的沉浸式直播，用户的购物属性强，因此进店转化率较高。平台90%以上的直播来自于商家直播，带货商品为淘宝体系内全品类，但在销量拉动上，主要集中在头部主播的贡献，淘宝的头部主播代表人物有薇娅、李佳琦等。

(二)快手

快手 APP 主打"以人为本,去中心化",面向下沉市场用户,营造平民化、去中心化的社区氛围,于 2016 年 1 月上线直播功能,2017 年与主流电商平台开放合作,形成流量变现闭环,启动直播带货。依托去中心化的流量分配模式,快手的"老铁文化"具备较高的用户黏性和浓厚的社区属性,快手直播带货主要是在强社交信任关系驱动下的带货模式,主播通过作品连接用户,建立信任基础,积蓄流量池,赋能电商转化。快手直播带货品类以食品、土特产、生活用品、服装、鞋帽等为主,高性价比、非品牌产品居多。购买渠道为快手小店、摩筷星选、有赞、淘宝和京东等。快手的头部主播代表人物有时大漂亮等。

快手直播自身也注重提升生态服务水平,持续加码参与方的商业化进程,频繁与 MCN 互动并给予扶持。2019 年 6 月底,快手专门举办了 MCN 机构创作者闭门交流会;7 月上旬又发起"快成长计划"助力 MCN 机构,拿出上百亿流量补贴;7 月 23 日又在快手光合创作者大会上提出把"快成长计划"细分为"阶梯流量扶持"、"共创 IP"和"区域创作者联盟"。快手帮助 MCN 机构解决了很多过去 MCN 发展中遇到的问题,内部与用户的互动数据也获得了 MCN 机构的大力认可。当然快手直播除了发力直播带货外,还积极布局游戏直播领域,2019 年下半年,快手扶持游戏内容创作者、主播并频繁举办各大游戏职业赛事直播。

四、直播营销的流程

一场完整的直播并不是看起来的那么简单,它包含策划与筹备、实施与执行、传播与发酵、复盘与提升这四大环节,虽然不同类型的直播营销在这四大环节中的侧重点和内容有所不同,但整体直播流程万变不离其宗。

(一)策划与筹备

1. 明确直播目的

直播营销并不是简单随性的直播,而是具有很强目的性的直播,或提升销量,或提升品牌等。如果没有明确直播目的,可能这场直播虽然做到了好玩有趣,但是并没有达到企业的营销目的。因此,在直播之前应明确营销目的,以指导后续工作。

2. 分析项目自身

分析本次直播能给用户带来什么,是优质产品还是优势价格还是品牌理念,即分析自身产品特性,分析市场竞争者,找出自身最大优势,做好差异化定位,找准直播立足点。

3. 分析目标受众

锁定目标用户群,迎合用户的潜在需求,从用户的角度出发,为后续直播形式、内容的选择做理论支撑。

4. 设计直播方案

根据产品特色、目标客户需求、营销目的综合来设计合理的直播方案。完整的直播方案应包含直播目的、直播内容与形式、直播平台选择、直播硬件、人员分工、时间节点安排、预算费用等。

(二)实施与执行

1. 预热宣传

为了确保直播当天的人气,直播运营团队需要提前进行预热宣传,将直播亮点宣传出去,吸引粉丝，并鼓励粉丝提前进入直播间，等待直播开场。

2. 直播方案执行

执行环节是将方案付诸实践的重要环节，在正式执行之前需要进行硬件测试，尽可能排除非人员失误。正式执行时主播（主持人）、现场工作人员需要尽可能按照营销方案执行，将直播开场、直播互动、直播收尾等环节有序推进，注意直播突发事件，积极处理直播中用户的反馈。

（三）传播与发酵

直播结束并不意味着营销结束，直播团队需要将直播涉及的图片、文字或视频等内容继续通过互联网传播，让未观看直播的用户可以了解直播的内容。如果直播中出现了可以二次发酵的事情，也可在此事情上继续做文章，让直播效果最大化。表16-1所示为常见后续传播内容发布媒体列表。

表16-1 常见直播后续传播内容发布媒体列表

传播内容	选择媒体	媒体举例
视频	自媒体＋视频平台等	官方微博、土豆、优酷等
软文	自媒体＋论坛等	微信公众号、知乎等
表情包	自媒体＋社群	官方微博、QQ群、微信群等

（四）复盘与提升

直播后期传播完成后，直播团队需要对本次直播进行复盘，复盘内容通常包括：对直播数据进行统计并与直播前所确定的直播营销目的做比较，判断直播是否达到了预期目的；对直播过程中用户的互动进行分析和总结，提炼出用户需求；对本场直播的经验和教训进行总结，做好团队经验备份。每一次直播营销结束后的总结与复盘都是宝贵经验，可以为下一次直播提供优化的依据。

【本章小结】

网络视频营销是指建立在互联网及其技术基础之上，企业或组织机构为了达到营销效果和目的而借助网络视频介质发布企业或组织机构的信息，展示产品内容和组织活动，推广自身品牌、产品和服务的营销活动和方式。企业借助网络视频进行营销的常见模式有广告推送模式、剧情化模式、UGC模式和视频互动模式。与传统视频营销相比，网络视频营销具有传播速度快、效果可测、目标精准、互动性高和成本低廉的特点。

提到网络视频营销不得不提近几年火爆的短视频。短视频是指以新媒体为传播渠道，时长在5分钟以内的视频内容，其是继文字、图片、传统视频之后新兴的又一种内容传播载体，具备生产成本低、传播速度快、生产者和消费者之间界限模糊等特点。抖音作为头条系的一员，在短视频市场中极具代表性。抖音短视频平台是一款专注年轻人的15秒短视频社区，用户可以通过抖音短视频APP分享自己的生活，同时也可以在这里认识更多朋友，了解各种奇闻趣事。抖音推荐机制很大程度上取决于完播率、点赞量、评论量和转发量这四个指标。当一个视频经审核发出后，抖音会在小范围分发此视频。这四个指标很大程度上会让抖音判断出此视频的质量好坏以及是否受用户喜欢。如果指标值比较高,则该视频被判定为受用户喜欢的视频,抖音会给这个视频分发更多的流量,推荐给更多的抖音用户,从而引爆该视频。个人抖音号的运营主要包括确定定位、注册账号及"养号"、制作内容及上传、后期维护四大环节。企业抖音号的运营除了更新日常视频内容之外,企业还可以通过发布广告、定制贴纸、与抖音达人合作、发起抖音挑战赛等方式来进行营销。

　　网络直播营销是指以现场营销的方式,让事件的发生、发展进程和制作以及节目播出保持同步开展的营销活动。这一活动将直播平台视作载体,以品牌提升或销量增长为目的。直播营销以"人、平台、内容"的有机结合为前提,以用户体验为基石,将交互式体验视作核心,强化了客户(包括潜在客户)的"现场感",主播通过直播展现企业完整的营销内容,提升营销效果,达到营销目的。常见的直播营销类型有"直播+电商"、"直播+内容营销"和"直播+互动营销"。网络直播行业自2005年兴起至今,已经进入深度渗透期,形成了较为完整的直播生态圈。一场完整的直播并不是看起来的那么简单,它包含策划与筹备、实施与执行、传播与发酵、复盘与提升这四大环节,因此要做好直播营销需要认真做好每一步。

【关键词】

网络视频营销　　短视频　　抖音　　网络直播营销
直播+电商　　直播4.0　　淘宝直播　　快手直播

【问题思考】

1. 网络视频营销和网络直播营销的区别在哪里?
2. 请说出5个常见直播平台。
3. 请简述个人抖音号如何运营。
4. 直播营销就是直播带货吗?如果不是,请说出其他直播营销类型。

☆ 案例评析

李佳琦、薇娅、罗永浩等头部主播的选品规律

　　作为制造业大国,中国约有3 000万中小商家在电商平台卖东西,他们就像森林里的猎人,保持敏锐的嗅觉,时刻盯着新生的流量洼地。

　　即使线上购物渗透率已经超过了25%,电商公司依然在想尽办法扩大市场份额,直播是最新的成功尝试。不过,前段时间网红直播带货遭遇了挫折,先是一些主播"翻车",后是有媒体报道直播销售数据注水严重,先前的火爆局面稍有降温。

　　主播的收入一般包括"坑位费"和销售抽佣,头部主播的"坑位费"几万元起步。例如有媒体报道,头部主播李佳琦"双11"当天,零食品类的"坑位费"为6万元,佣金率20%起;美妆、生活类产品则按照佣金率的高低,"坑位费"有所不同,15万元起步。

　　在直播带货的当下,我们统计了几位头部主播(淘宝直播上的李佳琦、薇娅;抖音罗永浩)近一个月的直播数据。这几位主播各有特色。来看看哪些商品适合直播,哪些容易"翻车",头部主播的选品有哪些规律。

一、什么样的品类适合直播?

由于淘宝直播的公域流量特性,主播必须非常勤奋,尽量选择日播,并且播放时间也要足够

长,否则流量流失比较明显。所以我们可以看到,李佳琦和薇娅的直播往往长达 3 小时,并且几乎是日播。

淘宝因为 SKU 丰富,所以李佳琦和薇娅的选品也几乎覆盖全品类。相比之下,薇娅比李佳琦的品类更丰富,覆盖了更多母婴产品。

1. 李佳琦

近一个月内,上李佳琦直播间的共有 600 多件商品,其中销售额最高的 20 款产品中,美容护肤类占 7 席,食品占 4 席,个护器材和服饰分别占 3 席,如图 16-13 所示。这头部 20 款产品总共实现了 3 亿元的销售额。

销量排名	商品名称	商品大类	商品细分	价格	直播销量(估)	GMV(估)(元)	直播时间
1	罗莱家纺单双人空调被子	家居	床上用品	369	60123	22,185,387	6月29日
2	元气森林 0 蔗糖低脂肪乳茶 450ml*6 瓶装	食品	咖啡/麦片/冲饮	75.9	287362	21,810,776	7月8日
3	梦妆花语蜜意蜂胶面膜	美容护肤	美容护肤/美体/精油	298	66600	19,846,800	7月14日
4	Tripollar Stop Vx 家用脸部多极射频美美仪	美容护肤	美容美体仪器	4922	3944	19,412,368	6月15日
5	长沙文和友小龙虾 600g	食品	水产肉类/新鲜蔬果/熟食	118	143044	16,879,192	7月8日
6	斯凯奇男女 Energy 厚底运动老爹鞋	服饰	运动鞋 new	649	25929	16,827,921	6月12日
7	水星家纺全棉提花 100% 桑蚕丝单双人空调被	家居	床上用品	699	6799	16,038,841	6月15日
8	尚铭按摩椅	个护器材	个人护理/保健/按摩器材	13980	1097	15,314,120	6月16日
9	九阳全自动迷你榨汁机	3C 电器	厨房电器	179	85543	15,312,197	6月18日
10	Onitsuka Tiger 鬼塚虎运动鞋	服饰	运动鞋 new	413	32694	15,071,934	6月18日
11	橘客肉松沙拉华夫饼干 400g	食品	零食/坚果/特产	39.8	374891	14,920,662	7月8日
12	欧诗漫美白淡斑面膜	美容护肤	美容护肤/美体/精油	129.9	111571	14,493,073	6月29日
13	ALLIE 皑丽倍护防晒水凝乳防晒霜 90g+40g	美容护肤	美容护肤/美体/精油	398	35965	14,314,070	6月14日
14	玉泽积雪草修护干面膜	美容护肤	美容护肤/美体/精油	198	66915	13,249,170	6月17日
15	SKG 眼部按摩仪	个护器材	个人护理/保健/按摩器材	699	23777	12,578,033	6月18日
16	薇诺娜光透皙白淡斑面膜 12 片	美容护肤	美容护肤/美体/精油	436	28414	12,388,504	7月12日
17	Ozlana2020 春夏新款纯棉短袖圆领 t 恤	服饰	女装/女士精品	439	26936	12,363,624	7月4日
18	sisley 希思黎全能乳液	美容护肤	美容护肤/美体/精油	1800	6867	12,360,600	6月15日
19	轩妈家蛋黄酥红豆味 6 枚	食品	零食/坚果/特产	45	263883	11,874,735	7月8日
20	松下冲牙器	个护器材	美容美体仪器	799	13960	11,154,040	6月12日

图 16-13 李佳琦销售额前 20 名(数据来源:知瓜数据)

不过值得注意的是,7 月 8 日超高的单日 GMV(见图 16-14),是"零食节"创造的,可见零食品类在直播上多么受欢迎。李佳琦也为此提前准备了很久,包括邀请用户来提前选品。

在销售额末尾的 20 名(见图 16-15)中,我们可以看到"翻车"最多的是美妆类产品,占有 8 席,当然美妆也是李佳琦卖得最多的品类,总有一些选品失误,可以理解;还有 5 款食品、3 款美容护肤产品也不太受消费者喜欢。末尾 20 名的总销售额仅有 247 万元。

第十六章
网络视频与直播营销

图 16-14 李佳琦 GMV 高峰

销量排名	商品名称	商品一级分类	商品细分	价格	直播销量(估)	GMV(估)(元)	直播时间
1	OUAI 头皮身体磨砂膏 250g	美发	美发护发/假发	349	42	14,658	7月16日
2	BVLGARI/宝格丽茗珍中性古龙水	美妆	彩妆/香水/美妆工具	50	876	43,800	7月15日
3	Too Faced 蜜桃眼影盘	美妆	彩妆/香水/美妆工具	388	1013	50,650	7月6日
4	Living Proof 每日圆满晚安发膜 118ml	美发	美发护发/假发	265	210	55,650	7月16日
5	Too Faced 宿醉数星妆前乳	美妆	彩妆/香水/美妆工具	280	267	74,760	6月10日
6	今麦郎米范先生鱼香鸡柳香菇滑鸡自热米饭	食品	粮油米面/南北干货/调味品	29.9	1380	81,144	7月6日
7	乐吉福笋小样泡椒脆笋条 36克 X15包	食品	零食/坚果/特产	28.9	2918	84,330	7月6日
8	知味观绿豆糕	食品	零食/坚果/特产	19.9	2838	84,856	7月6日
9	祖玛珑发香喷雾 30ml	美妆	彩妆/香水/美妆工具	60	1553	93,180	7月18日
10	汉高 Pril 玉莹韩国进口食用级小苏打洗洁精 1.75L	日用品	洗护清洁剂/卫生巾/纸/香薰	79	1242	98,118	7月6日
11	origins/悦木之源灵芝焕能精华	美容护肤	美容护肤/美体/精油	490	212	101,760	6月17日
12	兰雀酸奶进口原味草莓低脂乳品 200g*12盒整箱	食品	咖啡/麦片/冲饮	69.9	1590	111,141	7月6日
13	妮维雅男女温润透白护肤美白身体乳	美容护肤	美容护肤/美体/精油	65	2198	142,870	7月6日
14	祖玛珑满室幽香香薰系列	日用品	洗护清洁剂/卫生巾/纸/香薰	100	1580	158,000	7月12日
15	BVLGARI/宝格丽男士淡香水	美妆	彩妆/香水/美妆工具	50	3594	179,700	7月15日
16	欧莱雅湿吻小钢笔 310	美妆	彩妆/香水/美妆工具	20	9594	191,880	6月14日
17	YSL 圣罗兰恒颜无瑕粉底液	美妆	彩妆/香水/美妆工具	50	4257	212,850	7月4日
18	珀莱雅红宝石精华液	美容护肤	美容护肤/美体/精油	259	7544	226,320	6月14日
19	Too Faced 液液融情哑光唇釉	美妆	彩妆/香水/美妆工具	155	7719	231,570	7月3日
20	梵高定制礼盒梅尼耶干蛋糕威化饼 260g	食品	零食/坚果/特产	59.9	3916	234,568	7月4日

图 16-15 李佳琦销售额后 20 名（数据来源：知瓜数据）

2. 薇娅

薇娅的选品更加丰富,侧重服饰类。薇娅每月都会有"服饰节",这也是单日GMV的高峰时刻,例如6月24日和7月19日都是薇娅"服饰节"。与李佳琦一样,薇娅在零食类目也表现不错,7月8日的"零食节"也出现了GMV高峰,如图16-16所示。近一个月内,薇娅共上线了1 100多件商品,其中销售额最高的20款产品(见图16-17)中,服饰类占8席,食品占4席。我们还能看到薇娅的前20名爆款中还有绿源电动自行车这样的产品,可谓选品更加多元。头部20款产品总共实现了4.9亿元的销售额。

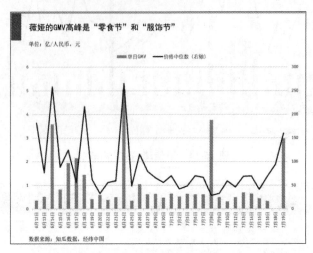

图 16-16 薇娅 GMV 高峰

销量排名	商品名称	商品一级分类	商品细分	价格	直播销量(估)	GMV(估)(元)	直播时间
1	天海藏麻辣小龙虾尾包邮	水产肉类/新鲜蔬果/熟食	食品	49.9	1037581	51,775,292	7月8日
2	喜临门官方旗舰店弹簧床垫	住宅家具	家居	3099	14491	44,907,609	6月12日
3	斯凯奇 Energy 男女运动厚底老爹鞋	运动鞋 new	服饰	649	68096	44,194,304	6月14日
4	迪士尼联名 ONE MORE2020 秋季新款米奇印花宽松卫衣女	女装/女士精品	服饰	339	102586	34,776,654	7月19日
5	Ubras 无尺码 V 领背心内衣无痕内衣	女士内衣/男士内衣/家居服	服饰	149	184284	27,458,316	7月19日
6	Ulike 蓝宝石 Air+冰点不痛激光脱毛仪器	美容美体仪器	个护器材	2099	12646	26,543,954	6月12日
7	ADLV 韩国潮牌甜甜圈女孩 T 恤	女装/女士精品	服饰	468	56134	26,270,712	6月14日
8	琪琪奥兰 UMF10+250g 新西兰原装进口麦卢卡蜂蜜纯正天然蜂蜜	传统滋补营养品	食品	239	65348	22,152,872	7月8日
9	MAX 美容仪 YAMAN Professional 美容 3MHZ 射频专属	美容美体仪器	个护器材	6999	2768	19,373,232	7月18日
10	泰国进口保税无糖即食燕窝孕妇妈滋补营养品 75ml*6	传统滋补营养品	食品	329	57862	19,036,598	7月8日
11	李子柒柳州螺蛳粉 3 袋装	粮油米面/南北干货/调味品	食品	39.7	542661	18,830,337	7月8日
12	英国摩飞多功能料理锅	厨房电器	厨房用具	1090	17218	18,767,620	6月12日
13	科沃斯地宝 T8 扫地机器人	生活电器	家电	3199	5803	18,563,797	6月16日
14	Skechers 斯凯奇女鞋熊猫鞋复古老爹鞋	女鞋	服饰	569	32397	18,433,893	7月19日
15	Ubras 大码背勾式抹胸文胸内衣无钢圈无痕	女士内衣/男士内衣/家居服	服饰	169	75364	18,011,996	6月14日
16	睡美人原名诗凡黎元气少女短袖上衣可爱纯棉 t 恤	女装/女士精品	服饰	159	103793	16,503,087	6月14日
17	周大生银套系 S925 蝴蝶结星星	饰品/流行首饰/时尚饰品新	饰品	609	26996	16,440,564	6月20日
18	绿源电动车 48v 小型电动自行车	电动车/配件/交通工具	交通工具	2299	6991	16,072,309	6月12日
19	水星家纺抗菌夏被	床上用品	家居	389	40533	15,767,337	6月12日
20	阿迪达斯官网 adidas 三叶草男女装运动外套	运动服/休闲服饰	服饰	479	19282	15,406,318	6月14日

图 16-17 薇娅销售额前 20 名(数据来源:知瓜数据)

第十六章 网络视频与直播营销

在销售额末尾的 20 名(见图 16-18)中,我们可以看到"翻车"最多的是首饰和食品,各占有 5 席,也是卖得越多,选品同样会出现失误;还有 4 款美发和美容护肤产品不太受消费者喜欢。末尾 20 名的总销售额仅有 57 万元。

销量排名	商品名称	商品一级分类	商品细分	价格	直播销量(估)	GMV(估)(元)	直播时间
1	童年时光甜橙王子维生素C	奶粉/辅食/营养品/零食	母婴	126.4	2	300	6月15日
2	洁丽雅兰宝可梦长绒棉加厚纯棉毛巾	居家布艺	家居	24.9	657	657	6月12日
3	卡尔文芝士咸蛋黄饼干 230g 盒	零食/坚果/特产	食品	29.8	2984	2984	7月8日
4	卡诗黑钻钥源发膜体验片装 15ml	美发护发/假发	美发	9.9	399	3950.1	7月10日
5	摩飞家用电动小型多功能碎菜绞肉馅料理机	厨房电器	家电	328	22	7216	7月16日
6	天海藏虾仁 300g	水产肉类/新鲜蔬果/熟食	食品	9.9	775	7672.5	7月8日
7	Hair Recipe 发之食谱苹果生姜滋润 530ml*2 洗发水	美发护发/假发	美发	189	47	8883	7月16日
8	膳魔师保温食物罐真空可爱焖烧杯蘑菇杯	餐饮具	厨房用品	188	60	11280	7月16日
9	兰蔻小黑瓶大眼精华眼霜 20ml	美容护肤/美体/精油	美容护肤	680	30	20400	7月15日
10	蒙牛纯甄小蛮腰轻酪乳白桃石榴酸奶 230g*10	咖啡/麦片/冲饮	食品	89.9	325	29217.5	7月16日
11	吉香居米奇榨菜真芯开味菜四川榨菜下饭菜 100g*2 袋	水产肉类/新鲜蔬果/熟食	食品	14.9	1994	29710.6	6月29日
12	薇娅 viya 定制银色项链	饰品/流行首饰/时尚饰品新	首饰	55	580	31900	7月15日
13	薇娅推荐膜法世家小口袋次抛面膜 5ml	美容护肤/美体/精油	美容护肤	98	370	36260	7月16日
14	薇娅推荐虎标颈肩霜 50g	洗护清洁剂/卫生巾/纸/香薰	个人护理	58	735	42630	7月15日
15	薇娅 viya 定制银色耳圈夹	饰品/流行首饰/时尚饰品新	首饰	55	1115	50175	7月12日
16	薇娅定制金色星星闪闪耳夹	饰品/流行首饰/时尚饰品新	首饰	39.9	1326	52907.4	6月20日
17	立顿纤扬静宁俪颜茶包冲泡冲饮袋泡茶 29 包	茶	食品	109	492	53628	6月15日
18	薇娅 viya 定制银色项链长度 50cm	饰品/流行首饰/时尚饰品新	首饰	69	786	54234	7月1日
19	薇娅 viya 定制银色钛钢耳钉圈	饰品/流行首饰/时尚饰品新	首饰	39.9	1465	58453.5	7月12日
20	Dior 迪奥旷野男士淡香氛经典男士淡香水	彩妆/香水/美妆工具	彩妆	100	588	58800	6月24日

图 16-18 薇娅销售额后 20 名(数据来源:知瓜数据)

由于卖服饰比较多,服饰属于非标品,比起美妆大牌商家规模整体偏小,这时候供应链管理非常重要。商家要备多少货?万一卖得太好货发不出来怎么办?万一卖得不好,库存如何处理?这些都是主播团队需要深耕的领域。

薇娅在直播时,如果出现售罄,会反复和商家沟通,确定他们几天内可以发货,即便预售时间也一般会控制在 7 天内,而且都会征求直播间观众的意见,在这方面非常小心。

3. 罗永浩

对于罗永浩来说,由于聚集了大量专属粉丝,流量有些私域性质,所以采取了周播的形式,直播次数相比李佳琦和薇娅大大减少,选品上 3C 数码侧重大。

最近 60 天内,罗永浩共上线了 300 多件商品。在销售额前 10 名(见图 16-19)中,主要是 3C 数码、小家电等,甚至还有白酒,男性特征十分明显。前 10 名共卖出了 3 500 万元总销售额。

在末尾 10 名商品(见图 16-20)中,包括 3 款个人护理产品,还有一些不成功的服饰和小家电,可以看出罗永浩不那么适合卖这些生活化的商品。末尾 10 名仅卖出了 27.3 万元的总销售额。

销量排名	商品名称	商品分类	直播到手价	直播销量(预估)(万件)	直播销售额(预估)(万元)	直播时间
1	飞利浦(PHILIPS) 家用净水器 Erie600	小家电	999	0.5893	588.7	2020/5/31 22:57
2	Ulike 冰点净毛器	个护器材	1599	0.351	561.2	2020/5/31 20:59
3	苹果官方货源机 iPhone11 Pro Max 256G 国行准新机	3C 数码	6899	0.0763	526.4	2020/7/18 0:00
4	石头(roborock)扫地机器人扫拖一体机	小家电	2499	0.1624	405.8	2020/5/31 21:32
5	利仁(Liven)电饼铛家用双面加热可拆洗煎饼烙饼锅煎烤机 25MM	厨房用品	199	1.9	369.7	2020/5/31 22:38
6	凯迪仕智能锁兰博基尼传奇联名指纹电子门锁密码锁	家居	2980	0.0851	253.6	2020/6/17 23:00
7	谷小酒红米粒浓香型白酒纯粮食 45 度 100ml 小瓶装酒	酒水	300	0.7031	210.9	2020/6/5 20:43
8	小度智能屏 1S 音箱蓝牙平板机器人	3C 数码	299	0.6905	206.5	2020/6/5 21:52
9	52°五粮国宾酒整箱(500ml*6 瓶)	酒水	1680	0.1152	193.5	2020/6/17 22:28
10	苹果官方货源机 iPhone 11 Pro 64G 国行 准新机	3C 数码	5299	0.0324	171.7	2020/7/18 0:00

图 16-19　罗永浩销售额前 10 名（数据来源：飞瓜数据）

销量排名	商品名称	商品分类	直播到手价	直播销量(预估)(万件)	直播销售额(预估)(万元)	直播时间
1	手机壳 iphone 11 透明硅胶情侣款薄防摔个性创意手机保护壳	数码配件	9.9	0.1417	1.4	2020/6/17 23:20
2	男士专用除螨爽肤皂	个护	1	2	2	2020/7/3 20:20
3	小野 wild 锤子短袖 T 恤男士	服饰	69	0.0321	2.2	2020/6/18 0:36
4	英得尔车载冰箱 T20 汽车小冰柜	小家电	2180	0.0011	2.4	2020/6/1 1:39
5	曼秀雷敦痘痘贴 acnes 乐肤洁隐形净痘贴	个护	63.8	0.0442	2.8	2020/7/10 21:50
6	小米有品家用厨房用品家庭清洁垃圾袋十件套	厨房用品	79	0.0375	3	2020/7/17 23:25
7	猿编程小学少儿编程零基础入门 7-12 岁暑期特训营	教育	9	0.359	3.2	2020/7/3 20:53
8	旺旺 国货零食大礼包 综合口味 1.1kg	食品	99	0.0333	3.3	2020/6/18 0:46
9	佳洁士清透蓝风铃锁白美白牙膏三支装(140g*3)	个护	49.7	0.0682	3.4	2020/6/5 22:03
10	韩国原装进口 ZEK 海苔 18 包共 84g	食品	59	0.0604	3.6	2020/7/17 20:12

图 16-20　罗永浩销售额后 10 名（数据来源：飞瓜数据）

不过,罗永浩的总流量下滑较为明显,观看人数的下滑也导致了销售额的下滑(见图 16-21 和图 16-22)。几次明显的"翻车"事故,比如把产品名字、参数读错,对产品本身不熟悉导致直播中的介绍没有吸引力,都带来了一定的负面效应,这说明直播电商不能以单纯的流量变现逻辑来看待。

总之,高毛利、体验性强、复购率高、冲动型消费的品类,在直播中有更好的转化效果。

另一个影响因素是消费者对价格的熟悉程度,例如美妆之所以卖得好,就是因为大多数女性都比较清楚价格,此时如果能有不错的折扣力度,很容易引发冲动型消费。但如果是一个大家对价格没有认知的新品类,效果就不一定好。

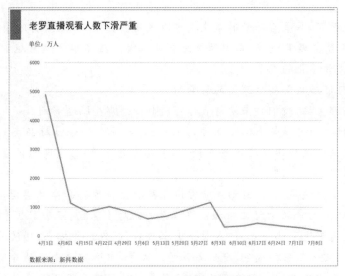

图 16-21 罗永浩直播流量下滑

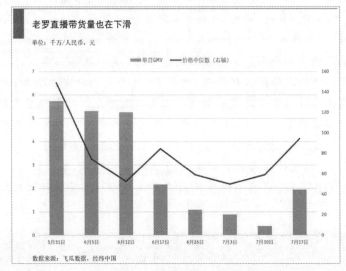

图 16-22 罗永浩直播销售额下滑

直播选品价格过高也是致命伤,吴晓波直播就在这一点上犯了错,他选了 26 个商品,囊括了零食、日用品、家电等多个类目,小到鸭脖,大到万元左右的橱柜和智能马桶,一下将直播间客单价拉高了几个档次。再加上表现力较差的干货知识讲解模式,导致直播体验也非常冗余。

对于复购率低的品类来说,做直播更像是一锤子买卖。因为在一次大流量导入之后,短期内的复购基本不大可能。如果店铺缺乏足够丰富的 SKU,整个店铺品牌的复购也会很缺乏,这些通过直播带来的流量,很快会流失掉。这种情况下,一次直播就只是一锤子买卖,很难产生更高的品牌溢价。

"目前,头部几位主播从选品到前期准备已经比较成熟,不太容易翻车。但直播其实也非常看主播的临场发挥,所以有一定的偶然性。"一位品牌创业者如此总结。

同样一款产品,最终销量如何,跟主播对产品的熟悉程度、认可程度、临场发挥、现场演示效果都很有关系。

比如同样一款面膜,如果直播的时候主播可以现场敷在脸上,然后再给予三分钟的讲解,与只是拿着一个包装盒在那里讲解,其中的差距会非常大。在品牌方越来越重视直播ROI的当下,主播也需要更成体系化的准备。

二、直播电商可能造成哪些更深远的影响?

分析完三大头部主播,我们再来看看直播可能会带来哪些深远影响。

我们认为,直播将为电商带来两个深远影响:一是打开了部分非标品类的线上渗透率天花板,例如珠宝;二是网红主播不断深入供应链,越来越靠近货源,而中国的供应链又十分成熟,这有可能会诞生新品牌。

在货架搜索式电商的时代,图文形式非常适合标准化程度高的商品售卖,最典型的就是3C及家电,它们有着统一的产品指标体系和价格体系。而对于珠宝、家居家具等品类,线上购物的渗透率很低。但直播改变了这一点。"在快手上卖玉石"成为新的热点,传统的图文形式无法介绍珠宝玉石的特点,比如石头的成色、标价差异的原因等,永远需要专业的导购人员与消费者深入沟通。而直播成为弥合沟通成本的有效方式,显著提升了珠宝玉石品类的购买转化率和线上渗透率。另一方面,网红主播为了观众"所见即所得"的体验感,不断深入产地,对于那些传统电商触及不到的领域有奇效。最初,珠宝/古玩是快手带货排位靠前的品类,例如主播深入生产基地,拿到一块翡翠后,把商品优缺点分析给粉丝听,征询有意向购买的粉丝,主播砍价,协商一致后,主播收取一定的代购费和佣金。这种模式还延伸到了拖拉机等品类。

在此基础上,下一个阶段的深入供应链,将带来C2M式的转变。当然,对于仅为品牌带货的李佳琦而言,自建供应链似乎暂时是一个性价比低的选择。但对于积累了自有供应链的团队来说,货品的重要性不言而喻。最近,我们已经能看到很多新消费品牌迸发出活力。例如自嗨锅、元气森林、完美日记、花西子、三顿半等,它们主要集中在食品饮料、美妆个护、小家电等品类,这些领域高毛利,可以支持较高的营销投放;并且制造门槛低,已有成熟的供应链,新品牌无须自建工厂,可依靠OEM、ODM模式迅速扩张。美妆、小家电、服装行业的知名代工企业如图16-23所示。

行业	知名代工企业
美妆	莹特丽、科丝美诗、诺斯贝尔等
小家电	新宝电器、宋腾实业、友嘉电器等
服装	申洲国际、联泰、联业等

图16-23 美妆、小家电、服装行业的知名代工企业

所以,初创品牌只要会设计和选品、懂营销和运营,就可以依靠代工,以轻资产的模式迅速扩张。甚至可以实现短周期、小批量的柔性供应。像美妆品牌完美日记,从2017年到2020年一共备案了近千个SKU,其中大多数为代工厂生产。直播的发达也将带动这些高"颜值"、高频、低单价品牌的销量,这些品牌本身也擅长通过新方式触达消费者,营销与销售链路都将更短。在娱乐中卖东西一直是品牌商的最高段位,美国著名的玩具公司孩之宝就是完美例子。

我们熟知的系列电影《变形金刚》,其实也可以说是孩之宝公司的产品宣传片。孩之宝先与

漫威合作推出了《变形金刚》的漫画版,后又与派拉蒙影业合作,拍摄了系列电影。玩具也符合高毛利、低单价、体验性强、冲动型消费的特点,《变形金刚》系列电影成功的展示,令孩之宝的产品销量大增。而我们在直播电商中也能看到类似的底层逻辑。换一个角度想,其实《变形金刚》是孩之宝公司的"超长宣传片"。

不过,火爆的直播电商最近开始爆出"翻车"或是"流量造假"的新闻,有人甚至质疑直播电商是否全是泡沫,我们觉得还远未到临界点。根据阿里巴巴的数据,其淘宝直播功能在2019财年产生了超过2 000亿元人民币的GMV,仅约占阿里巴巴总GMV的3%。这其实能说明直播电商还远未到头,随着未来新玩法的出现,还有很大的提升空间。

(资料来源　我们盯了李佳琦、薇娅、罗永浩直播间一个月,发现了这些头部主播的选品规律.馒头商学院,https://mp.weixin.qq.com/s/34zTdVyCpw7HeTvrDyjWTg,2020-8-18,有改动)

问题:
1. 上述案例中提到的直播营销属于哪种类型的直播营销?
2. 任选一主播,通过搜寻资料,分析其能成功带货的原因。

☆ 实训专题

1. 开通抖音个人号,结合自身确立此号的基本定位,并依据定位来优化抖音号的基本设置。策划与拍摄一个符合定位的短视频上传至抖音平台,并与网友进行互动。

第十七章 LBS 营销

☆ 学习目标

1. 理解和掌握 LBS 的含义。
2. 理解 LBS 营销的价值。
3. 理解并能够运用 LBS 营销策略进行 LBS 营销策划。
4. 理解并灵活运用 LBS 营销模式。

☆ 引导案例

凡客诚品试水 LBS 营销

2010 年,由韩寒、王珞丹代言的凡客诚品的户外广告(见图 17-1)发布后,一场寻找"我是凡客"主题的签到(check in)活动在网络上迅速传开。凡是在户外广告投放地点进行签到的网友,可获得"我是凡客"系列勋章。

据了解,凡是冒泡网的用户,即可利用冒泡网的地理位置服务(LBS)方式,在北京主要公交站点和北京各地铁站等站牌广告位置使用手机签到,"我是凡客"系列勋章受到"勋章控"的大力推崇,活动推出当日即吸纳上万人参与。

活动开展以来,用户通过签到形式,记录身边的"我是凡客"画面,分享给新浪微博、开心网、人人网等社交网络上的好友,线下线上双引擎推广,"我是凡客""凡客视频"等关键词曝光度大幅提升;"我是凡客"同名视频在 VANCL 官博的点击量超过 56 万次,评论数超过 12 万条。

图 17-1 凡客诚品 LBS 营销案例

(资料来源 VANCL 凡客诚品试水 LBS 营销.亿邦动力网,2010-11-25,有改动)

引导问题:

1. 企业可以如何利用 LBS 进行营销?

第十七章 LBS营销

第一节 LBS营销概述

LBS最初的概念是美国在20世纪70年代颁布的《911服务规范》中提出的,其要求在紧急情况下,警方可以跟踪到呼叫911号码的电话所在地。但当时基于位置服务仅仅局限在运营商层面上,LBS真正的发展,是随着3G网络、WiFi的铺设,以iPhone为代表的新一代智能终端的出现,以及快速分享、网络社交等概念深入人心而兴起的。

一、LBS概述

LBS是互联网技术、移动通信和空间数据库等多学科交叉发展、结合的产物。Web GIS,即Internet和GIS的融合。Web GIS是GIS技术的一个重要的应用方向。它用于对空间数据进行浏览、查询和分析。Web GIS分C/S和B/S两种架构:对于C/S架构,客户端也需要进行部署,客户端发出的请求需要服务器端与客户端的协作来进行响应;而对于B/S架构,用户请求的响应是在服务器端实现的,客户端不需要部署任何东西,只需要一个浏览器或者最多安装几个插件。当然Web GIS也存在着不足,如移动性和灵活性较差,一旦用户不能联网,相应的GIS服务也就无法获得。不过在移动智能终端设备以及无线网络的发展下,以上问题都在被渐渐克服。

移动互联网(mobile internet,MI),即互联网和移动无线网络的融合。移动互联网是一种通过智能移动终端,采用移动无线通信方式获取业务和服务的新兴业务,包含终端、软件和应用三个层面。移动互联网的终端层包括智能手机、平板电脑、电子书、MID等;软件包括操作系统、中间件、数据库和安全软件等。应用层包括休闲娱乐类、工具媒体类、商务财经类等不同应用与服务。随着技术和产业的发展,LTE(长期演进技术,4G通信技术标准之一)和NFC(近场通信,移动支付的支撑技术)等网络传输层关键技术也渐渐被纳入移动互联网的范畴之内。

Mobile GIS,即GIS和移动无线网络的结合。Mobile GIS是建立在移动计算环境、有限处理能力的移动终端条件下,提供移动中的、分布式的、随遇性的移动地理信息服务的GIS,是一个集GIS、GPS、移动通信三大技术于一体的系统。

数据的传输主要是通过无线网络实现,而连接无线网络与互联网主要是借助WAP协议与WWW协议实现的。Mobile GIS的主要特点包括移动性、客户端多样性、服务实时性、数据资源分散多样性以及信息载体的多样性。Mobile GIS是由移动终端、无线通信网络、地理应用服务器以及空间数据库组成的,Mobile GIS区别于传统GIS最重要的标志就是它把部分对空间数据的浏览、分析以及处理工作转到了用户手上拿着的终端设备上来,并且可以实时地与服务器进行通信,它解决了Web GIS移动性不足的问题。

以上三者再结合,便是LBS了。LBS是Mobile GIS的具体实现,首先用户通过移动终端获取自己的位置信息,然后通过无线网络将其发送回通信服务中心,接着通过WAP网关连接到地理信息服务器,服务器根据发送来的信息进行一系列的空间分析和运算,最终将处理后的数据发送回移动终端供用户查看。

二、LBS 定义

LBS 这个名词对于很多人而言可能很陌生,但实际上我们每天都可能在使用它。当你使用微信时,可以通过"附近的人"这一功能查找在你周围的人并给他们发消息;当你打开团购网站时,可以选择"离我最近"的筛选条件,网站会根据你的地理位置反馈附近的商家信息。这些都是当前 LBS 的常见形式。

LBS 是英文"location based services"的缩写,即基于地理位置的服务。全球手机运营商商业协会(GSM Association)将 LBS 定义为:基于目标用户的地理位置信息而提供有附加价值的商务和消费者服务。该协会将 LBS 应用的实现分为两部分:一是提供用户位置信息;二是根据该信息提供服务。

第二节 LBS 营销

一、LBS 的营销价值分析

1. SoLoMo 趋势下位置信息的重要性

关于 LBS,著名的《连线》杂志有一句名言:人们行走在一个这样的移动设备之上,它整合了互联网的数据,并能告诉用户附近的人或物……简单地说,位置改变一切。这句话道出了在移动互联网中利用位置信息的重要性。

2011 年 2 月,风险投资人约翰·多尔(John Doerr)首次提出了被视为互联网发展趋势的 SoLoMo 概念。SoLoMo 是由 social(社交)、local(本地)、mobile(移动)三个词组成的,代表了互联网的三种互不相同但又相互交织的发展趋势。当前移动互联网的兴起,正是 SoLoMo 趋势的集中体现。其中,移动互联网的兴起、用户生活方式的变化体现了移动化的发展趋势;以微博、微信为代表的社交媒体的相继兴起体现了社交化的趋势;LBS 的发展正是本地化趋势的集中体现。

纵观当前移动互联网的发展状况,随着智能手机及 4G 网络的普及,移动化得到了很大的发展;从 PC 时代就开始兴起社交热,社交化的趋势已经深入人们的生活,并且产生了十分重要的影响;唯有本地化的发展相对滞后。与前两者不同,本地化的实施需要网络平台方做大量的前期工作,完善本地的交通、消费、游乐等方面的数据,逐个收集数量庞大的商户信息,并搭建完善、快捷的服务平台;同时,本地化的发展还需要培育消费者形成通过移动互联网获取生活服务的习惯。这些因素导致当前本地化还有很大的发展空间。

从长远来看,本地化趋势必将越来越明显,并在消费者的生活中扮演越来越重要的角色。当移动互联网能够进入人们生活的每一个方面之时,人们生活的虚拟化会非常明显,可以在网络上完成大部分事情,但是包括衣食住行在内的很多问题还是必须在现实中解决,这就存在一个如何连接虚拟和现实的问题。LBS 正是虚拟和现实的一个非常重要的联系和纽带。通过移动互联网获取生活服务,在便利性、获取消费者信息、获取优惠等方面都具有无可比拟的优势。

2. LBS 平台作为移动流量入口的重要性

当前中国互联网三巨头 BAT(百度、阿里巴巴、腾讯)纷纷在移动市场布局,通过并购来弥补自身的不足,完善自身的移动产业链。腾讯"联姻"大众点评网,阿里巴巴收购高德地图,百度收购糯米网。从三巨头的大手笔收购动作中不难发现它们都在布局 O2O 这一事实。事实上,连接线上和线下的 O2O 模式已经成为互联网的另一个发展热点,根据用户实际地理位置提供服务的 LBS 正是实现线上和线下联动的一种非常重要的形式。

作为关联用户位置和线下商家的 LBS 平台,必将是非常重要的移动流量入口。位置化的泛移动搜索生态体系,必将能够满足人们衣食住行方方面面的要求。当利用 LBS 定位自身的地理位置,然后在应用中搜索去哪里吃饭、购物等成为一种普遍的用户习惯时,LBS 营销的重要性就不言自明了。在这种情况下,LBS 就像一个商家或者品牌的展示平台,商家、品牌只有在这个平台上才有最大的可能性被消费者看到。

二、LBS 的营销策略

1. 基于地理位置信息传播,有效提升营销精准度

在移动时代,移动化的生活方式正在成为越来越普遍的现象。在移动化的生活中,个人的地理位置信息是一个非常重要的变量。消费者的大部分消费行为都集中在一定的地域范围内。比如,上班族中午就餐最可能选择的是距离办公楼 20 分钟以内路程的餐馆。这种现象在大部分生活服务消费中都表现得特别明显。反过来说,与商家距离在一定范围内的人群也是最有可能消费的潜在消费者。在消费者提交位置信息后,通过 LBS 平台主动搜寻周边的生活信息,或者商家向一定范围内的消费者推送消费信息,无疑要精准得多。

基于地理位置是 LBS 营销最重要的特点。位置信息发挥着 O2O 的中间层作用,能够匹配商家和目标消费者,加速线上用户和流量与线下资源的聚合,帮助生活服务和电商企业实现基于智能终端的精准营销。尽管当前诸如百度地图、大众点评网等 LBS 平台更多地像平台方主导,它们会主动收集商户信息,商家的发挥空间有限,但实际上,许多 LBS 平台已经开始开放 API 接口,企业可以将自己开发的应用对接进入 LBS 平台。如今的地图早已不是单纯的指示地理位置那么简单,还是承载生活服务信息的重要平台。百度、谷歌、高德的 LBS 应用正是采用了平台化的运作手段,以地图为入口,通过开放 API 吸引第三方应用来增强用户黏性,它们拉拢商户,靠广告、电子商务等成熟的商业模式来赚钱。

2. 增加营销的实用性与娱乐性,提升用户体验

LBS 服务本质上是一个基于地理位置信息的生活服务门户。就现阶段影响力较大的 LBS 平台而言,基本上都将自身定位为生活搜索服务平台。用户打开一个 LBS 软件,是为了方便快捷地获取周边有用的生活服务信息。因此,企业进行营销时,不能强推广告意图明显的信息,一定要注意营销活动的实用性与娱乐性,给用户提供良好体验的同时,也带来实实在在的优惠。

例如,淘宝天猫曾在"双十一"推出的互动游戏"全民捉猫猫"(见图 17-2)便是"AR+LBS"营销的典型案例。在活动期间,用户打开手机淘宝,进入"天猫双十一捉猫猫"活动主界面,点击在捕捉范围内出现的喵公仔即可打开 AR 摄像头捉猫。用户走动或旋转,地图视角均会随即改变,以搜寻更多附近的猫。捉猫成功后,可获得抽奖机会,用户通过参与抽奖有机会获得现金红包以及必胜客、星巴克和肯德基的优惠券等奖品,与线下商场及其优惠结合起来,达到人人参与的目的,也为品牌、商店提供了一个绝佳的与客户互动的平台,娱乐互动性大大增强,提高了用户的消费体验,也很好地宣传了品牌,促进了销售。

图 17-2　淘宝天猫的"全民捉猫猫"游戏

3. 结合品牌 APP,提供更具场景化效果的用户体验

在企业自主开发的品牌 APP 里也可以利用 LBS。LBS 的应用能够有效地为广告活动、品牌游戏 APP 等提供更具场景化效果、更加真实的用户体验。这种场景化效果的原理是消费者在使用 LBS 时,到达现实中的某一位置,使用智能手机在应用中进行相关操作以达到线下和线上联动的效果。也就是说,在现实中品牌信息依然是在虚拟化 APP 中传播的,但是和传统的广告不同,这种传播还在一定程度上要求受众在现实世界中抵达某一地理位置。在虚拟和现实的结合中,受众能够获得更具场景化、更丰富的用户体验,在一定程度上能够促成消费者的现实行为,营销效果得以大大提升。

当前,品牌 APP 使用 LBS 技术的已有不少,使用者多为阿迪达斯、耐克、新百伦等运动品牌。这主要是由于在 APP 中使用 LBS,需要推动消费者的现实行为,不管是到品牌的某一门店,还是在城市中寻找虚拟道具,抑或在某个地点签到,都需要 APP,即品牌给消费者一个强大的吸引力,消费者才有可能被说服并行动起来。在这一过程中,如何激励消费者行动起来,并与品牌良性互动是个非常大的挑战。基于运动品牌的天然属性,其呼吁品牌受众运动起来的诉求比较适合 LBS 的运用,因此利用 LBS 展开营销也特别有优势。

三、LBS 的营销模式

根据 LBS 营销应用的领域不同,可将基于移动电子商务的 LBS 营销模式划分为签到模式、LBS+地图模式、LBS+O2O 模式、LBS+SNS 模式及 LBS+广告模式 5 种类型。

这些营销模式并非是相互独立的,如 Foursquare 公司的签到服务就发展成为典型的 LBS+SNS 模式。在此基础上已出现 LBS+O2O+SNS 模式,力求实现移动社交与线下消费的完美组合。大多数的 LBS 营销模式都拥有基于位置的数据推送功能,即需要 LBS+广告模式的支持。

(一)签到模式:最早的 LBS 营销模式

签到(check in)模式是指用户到达某地点,通过移动终端设备进行地理定位,在企业应用软件中留下该位置信息来实现签到,从而获得某种服务或利益。签到一方面能和其他用户形成即时互动;另一方面能对活动本身或者商家起到推广作用。这类模式可以细分为两类。

1. 交际活动、推广活动签到

这类签到活动包括音乐会、品牌推广、公益活动等。用户之间可以形成很好的交流互动,同时,能大大提高活动本身的关注度。

2. 商家优惠活动签到

这种签到的目的是借助LBS平台快速聚集消费者,而平台提供商也能够借助活动与商家分享收益。这样可以实现商家、用户和LBS服务提供商的共赢。企业通过构建一种签到的逻辑和过程,影响目标受众,使之产生有利于企业的行为和心理转变。如携程网、去哪儿网等旅游类电商就推出了住宿签到服务,当客户入住预订的酒店后,打开此类电商企业的手机客户端APP进行签到,即可获得现金折扣。通过签到,企业一方面通过折扣手段实现了产品的促销,另一方面也使客户能够更加熟悉自己的客户端应用程序,提升了APP的客户黏度,培养了客户的消费惯性。

在运用签到的营销模式时,LBS签到服务平台应该注意以下事项:

(1)用户需要主动签到以记录自己所在的位置;

(2)平台应通过积分、勋章以及领主等荣誉激励用户签到,满足用户的荣誉感;

(3)平台通过与商家合作,对获得特定积分或勋章的用户提供优惠或折扣的奖励,同时也是对商家品牌的营销;

(4)平台通过绑定用户的其他社会化工具,同步分享用户的地理位置信息;

(5)平台应鼓励用户对地点(商店、餐厅等)进行评价以产生优质内容。

(二)LBS+地图模式:最核心的LBS营销模式

大多数LBS应用都离不开地图功能的支持,基于LBS的手机地图应用可以说是目前最核心的营销模式之一。手机地图最常用的功能包括地点查找、路线导航和定位。随着人们对交通出行及本地生活服务需求的不断增加,手机地图中各类生活服务功能也逐步丰富。手机地图在地图服务基础上提供了大量生活服务信息,如附近银行、ATM位置分布、商铺、餐馆以及休闲娱乐场所等的查询。目前国内手机地图领域由百度地图和高德地图占据大部分市场份额。百度地图LBS开放平台每天接受定位请求次数超过150亿次,占据行业绝对领先地位。百度地图利用LBS和云计算技术实现对路线、路况的智能分析,在定位和导航过程中主动推送生活服务信息和商业信息。高德地图依靠与阿里巴巴的资源整合,承载的业务大幅提升。目前LBS+地图已经成为众多手机APP的标配功能,地图企业已由只针对个人用户的查寻服务发展成为面向个人与互联网企业的平台发展模式。各地图企业纷纷与互联网公司开展合作,手机地图逐步实现了从应用工具到基于LBS的移动位置服务平台的转型。

LBS+地图这一生活服务类营销模式依托消费者对于位置信息的依赖具备良好的发展前景。未来的LBS地图应用呈现出智能化、综合化趋势。如百度地图利用LBS和云计算技术,实时智能分析当前路况信息,制定更精准和畅通的路线,直接提升用户出行体验。而地图综合化应用趋势体现于导航过程中将实时定位和主动推送出行路线中的生活服务、商业信息相结合,便捷用户出行。

地图应用可以说是LBS营销的基础,LBS+地图模式几乎可以应用于所有电子商务领域。

1. 导航服务

导航服务是传统电子地图系统提供的基本服务。如高德地图、Google、百度等企业都提供此服务。

2. 生活服务

如餐饮、酒店、KTV、电影、打车都属于生活服务，此类生活服务通过地图软件，将自己的位置信息推送给用户，从而实现线上与线下的互动，刺激用户消费。

3. 持续定位

如运动类的跑步、走路数据的获取，还有物流类的车联网、公交换乘等服务的实现，均需要持续定位的支持。

4. 团购

如糯米团、窝窝团、美团、拉手网、团800等团购网站，或在自己的APP中嵌入了地图功能，或与地图企业合作，在地图企业的APP中嵌入团购功能。

5. 社交

目前，大多数社交类的应用都有支持用户通过地理位置信息在地图上寻找附近好友或陌生人的功能。

6. 穿戴

穿戴类应用在可穿戴设备中嵌入定位及位置信息发送功能，与用户端APP实现实时的数据传送，可实现在地图上显示位置的服务，成功的商业产品有360儿童卫士、QINMI亲觅手环等。

7. LBS游戏

LBS游戏可使地理上邻近的游戏用户随时组团对战，如水果派对、七圣都受到了年轻人的欢迎。

8. 移动支付

在移动支付中，如支付宝的AA支付，就需要用到定位功能。

（三）LBS+O2O模式：支持行业转型的LBS营销模式

O2O（online to offline）是指线上与线下结合的商业模式。O2O将线上的互联网营销与线下的商务机会结合在一起，让互联网成为线下交易的前台。近年来，移动支付的不断成熟使O2O的产业链变得更加完善，线上线下资源得到了进一步的整合。

LBS+O2O是传统团购模式的延伸和进化。LBS借助的是移动互联网，用户可以不受环境的限制，通过手机随时随地接入移动互联网。但传统的LBS签到服务提供的优惠与团购网站相比力度小，而且用户当次签到时可能实际并未去店内消费，没有给商家带来直接效益。网络团购折扣幅度大，能吸引大量消费者，为商户带来实实在在的客流，这是商户最终想要达到的目的。但团购网站大部分是本地化的产品服务，当团购项目涉及实体商家时，由于位置远的原因，很多人可能放弃本有兴趣的团购。团购自身优势再加上LBS服务，二者结合在一起能把同一时间、同一区域对同一件商品感兴趣的人集中到一起，能够提供低价、便捷、定位、及时的服务，这就形成了LBS+O2O这种新型营销模式和商业模式。

LBS+O2O不仅仅是传统团购模式的延伸。LBS能够在本质上把商家与用户快速且实质性地连接起来，让商家与消费者的实质距离缩短，消费者看到店铺信息后马上就可以和商家产生连接并消费。因此LBS是基础服务，可以和很多行业相结合，每个行业特性不同，拓展的方向和应用场景也不同。

目前,此类基于 LBS 的 O2O 营销模式主要应用于生活服务型企业,此类企业的 LBS 应用首先需要对用户的地理位置进行定位,再根据用户服务需求,如打车、旅游、住店等,对周边的生活服务商进行相应推送。常见的 LBS＋O2O 营销模式应用有如下几种。

1. LBS＋O2O 与餐饮行业的结合

LBS＋O2O 的商业模式在餐饮业已经具备了清晰的盈利模式,LBS 与餐饮行业结合起来可以很好地解决餐饮行业的营销问题。

一般利用 LBS 搜索美食的人都是要马上消费或即将消费的人,首先,LBS 可以帮助餐饮行业找到这些有需求的用户,从而提高营销的准确性;其次,LBS 营销更多的是口碑营销,上面的评论都是用户的实际消费体验,相比店家的自我营销(发放传单等)来说,LBS 营销的可信程度更高。消费者打开应用,弹出界面地图,出现附近美食,显示具体位置,用户可以按距离远近查看,也可以按热度排行榜单看,有商家电话可以直接拨打,甚至可以直接网上订位。

餐饮行业的 LBS 也可以和团购行业相结合,用户通过应用找到商家并进行团购,餐馆则和团购网站分成。用户可以对餐馆进行点评,通过应用分享到社交平台,进行更广泛的传播。利用 LBS 技术除了可以对商家、产品或者服务进行筛选,为消费者提供更好的用户体验之外,餐饮类的应用还可以更进一步。当用户进入餐厅后,可以自动生成该餐厅的菜单,点餐后,餐厅的后厨会自动收到订单并及时地处理,用餐完毕之后可以用手机支付订单。从选择餐厅到点餐到付款一气呵成。在整个流程中,LBS 的身影无处不在。

2. LBS＋O2O 与社区店的结合

LBS＋O2O 和传统零售型社区店的结合刚刚起步。每个超市都有自己的服务半径,可以通过 LBS 对附近区域的用户进行促销信息的推送,实现线上销售、线下送货或自提的服务。例如便利店中有新产品(比如季节性强的食品)售卖,通过手机 APP 向用户发送新品信息、优惠券、试用券等。消费者可以直接拿手机上的优惠券或试用券到实体店享受折扣消费和产品试用。不同区域的消费能力不一样,同样的便利店提供的商品不一样,投放的广告也不一样。

对于国内大多数便利店来说,迫切需要在不增加成本的前提下增加新的盈利点。通过电商平台获得流量、增加销售是一个不错的选择。但便利店都是小本经营,平均客单价不会很高,相应的利润就更少。而且订单越多,需要的送货员越多,成本也就越高,同时订单量的增多也可能会带来送货的延迟,便利店小商圈就失去了"快"的意义,用户体验也会下降。

例如,京东到家主要向用户提供 3 公里范围内生鲜、超市产品的配送以及外卖、鲜花和订餐配送等本地生活服务项目,并基于京东本身物流的优势与众包物流实现 2 小时内快速送达的高效社区服务。消费者可借助 LBS 定位,在"京东到家"上寻找身边的各类社区店,下达订单后,2 小时内即可送货上门,非常方便快捷。

3. LBS＋O2O 与交通服务的结合

国内"滴滴出行"和"快的打车"就是这种营销模式应用的典型代表,可以为用户解决打车难的问题,并能提升客户体验。用户利用打车应用,向周边的出租车广播自己的打车请求,用户的位置被应用进行定位,并通知给周边出租车,周边出租车可以直观地通过手机或移动终端看到叫车用户的位置,并收到该用户的叫车请求,最后所有收到请求的出租车通过"抢单",即先到先得的方式,来获取本次服务的提供权。打车业务与时间、空间紧密相关,成为目前使用频率最高的 LBS 和 O2O 结合的营销模式。

4. LBS+O2O 与服装零售的结合

在逛街时,用户可以在手机上查到周边店铺及商家的相关信息,包括店内活动、新品发布等。在线下逛街试穿后,不能决定是否购买时,可以通过扫描商家提供的二维码,直接访问商家 APP 或者手机端微购物、微淘商品页面。离开线下门店后,用户上网搜索商品相关评价,再选择通过 PC 端或者手机端完成购买。或者,用户可以在 PC 端通过天猫等有线下品牌店的网店找到自己喜欢的衣服,并扫描该商品二维码,关联到手机中的 APP,显示出最近的有货源的店铺地址,再前往门店试穿,最终购买。在服装零售行业未来的营销发展中,LBS 对其有着不可估量的潜在市场和行业利润,对于提升购买率有着极大的作用。

总之,LBS 将基于位置的服务需求双方联系起来,更加智能、便捷地服务于人们的日常生活,提高了资源配置效率。同时,LBS+O2O 也为传统行业转型提供了新的思路,有助于传统企业构建新的商业模式。目前,国内生活服务类 LBS 应用还处在起步阶段,以交通出行、餐饮预订、旅游服务预订为主,功能较为单一,还有很大的发展空间。例如基于位置的酒店订房,在手机端完成影院选定、选片、选座和购票,用手机找附近的家政保洁人员,等等。LBS+O2O 具有无限想象的应用价值,企业可以在基于 LBS 的消费半径内满足用户个人需求并提供各类服务,而且不同用户的需求各具差异、不同需求之间还存在着密切联系,这些都可以是企业创新的切入点。未来生活服务 LBS 应用存在较大发展空间,需要对不同人群生活服务需求进行更加细致和深入的挖掘。

(四)LBS+SNS 模式:最热门的 LBS 营销模式

社交服务型的 LBS 应用是当前诸多 LBS 应用中最热门的一种。LBS+SNS 是 LBS 和 SNS 的结合,LBS 负责提供位置信息,SNS 负责满足用户需求,将二者结合起来实现了技术服务与社交功能的有机组合。它既带有线上即时交友的影子,又具有即时通信的功能。这些特点使其与微博类服务相类似,但本质上它又与微博类服务有着不同的切入点。微博共享的是用户当前的生活状态和个人展示信息,而社交服务型的 LBS 应用展示的是用户当前的位置信息而非生活信息。

国内的互联网企业如腾讯、人人网、新浪微博等纷纷推出基于 LBS 功能的手机客户端,其中最热门的应用当属腾讯公司推出的微信。微信作为一款 IM 服务软件,集成了文字、图片、视频、语音短信、查找附近好友、二维码扫描等多重功能。通过 OQ 好友、手机通讯录建立基于熟人的好友圈,实现了相对稳固的点对点的信息传递。微信对于 LBS 的应用模式相当简捷而有效。微信利用 LBS 打造了"摇一摇""附近的人""漂流瓶"等社交娱乐功能,成功拓展了微信的社交外延。因为原本微信的核心功能免费短信、免费语音只关注到了熟人之间的社交网络;而"摇一摇""附近的人""漂流瓶"等则将微信的社交功能延伸到了陌生人之间的社交网络,极大地提升了用户关联度和用户黏性,成功地积累了庞大的用户群体。另外,微信基于强大的用户群体及较高的用户忠诚度可开展形式多样的营销活动,微信营销、微信公众平台、微信支付以及微信会员卡等是微信进军电子商务领域的主要手段。

(五)LBS+广告模式:普遍适用的 LBS 营销模式

LBS+广告模式比其他类型的模式更贴近用户和市场,无论企业大小,资金多少,所处什么行业,都可以借助这种模式来实现营销信息的传播。LBS+广告即基于地理位置服务的广告,是移动互联网时代的新型广告形式,属于移动广告范畴。LBS+广告可以使 LBS 平台和诸多商户合作,成为商户和用户之间的桥梁。该模式下,LBS运营商的盈利点最多,其中尤以大众点评为本土典型代表。商户借助大众点评提供的LBS平台进行营销信息的传播,如优惠券、团购信息等;而用户需要附近的营销信息时,也可主动向大众点评的应用发送请求,大众点评收到用户请求后,会向用户推送所需优惠信息。

该模式的独特性在于,它能给各方都带来实际利益。对用户来说,及时了解商家优惠信息,可以省时省力省钱购物;对商户来说,不仅是一次良好的宣传机会,而且可以吸引到更多潜在客户;对于LBS运营商而言,一方面获得了更多的用户,另一方面又加深了与商户的友好合作关系,并且往往是在商户返利中获得了运营系统应得的经济回报,从而实现一举三赢,因此受到各方广泛青睐。

从广告的传播方向来分析,LBS广告可以分为两类:一类是push类广告,也叫推送式广告;另一类是pull类广告,也叫浏览式广告。以广告主为导向的广告即为push类广告,以用户需求为导向的广告为pull类广告。

LBS+广告模式应用可分为三类:位置感知广告、地理围栏广告、位置图谱广告。

1. 位置感知广告

位置感知广告是指广告主根据用户的实时动态位置,确定用户和目的地的距离,投放特定或动态的广告信息给用户的方式。Google在面对iPhone和Android的移动广告平台中增加了地理定位感知功能,可以依据用户的位置显示附近的广告内容。Google表示,位置感知广告相比普通广告会获得用户更多的关注,广告点击率相对增加8%,点击通话率也会增加6%。同时,这种广告方式也获得了广告主的青睐,此类广告将会让一些营业性店铺的广告成功率大大提升,许多附近的消费者会和这些店铺进行电话联系。

2. 地理围栏广告

地理围栏广告是指广告主向预先划定的地理围栏内的用户发送广告的方式。地理围栏(geo-fencing)就是用一个虚拟的栅栏围出的一个虚拟地理区域。当用户进入、离开这个特定地理区域,或在该区域内活动时,移动终端可以接收自动通知和广告。地理区域的区隔不限于经纬度,任何和地理位置相关的信息都可以作为一个区域表示,如城区或者零售店、购物中心附近的区域等。如有了地理围栏技术,位置社交网站就可以帮助用户在进入某一地区时自动登记。

3. 位置图谱广告

位置图谱广告是指广告主根据线下受众分类数据,向在某个地理围栏内的用户进行广告投放的方式,受众的分类数据可包括人口特征、消费者偏好和消费历史等。

地理围栏广告虽然可以有效地影响围栏内的受众,但不可避免地会有一些受众对广告推广的服务、活动或产品并不感兴趣,甚至感觉受到了骚扰。于是广告商在采用地理围栏的基础上,根据建立的受众分类数据库进行广告的投放。这种受众分类数据库和地理围栏综合起来的应用,勾画出受众的位置图谱(location graph)。位置图谱广告有以下优点:第一,将用户地址信息转化成为广告主可以明白的语言,也就是受众特征资料(audience profiles)。第二,使广告投放更加精准。假设有一个旅行箱品牌想要向商旅客户投放广告,如果该品牌只是在机场推送移动广告的话,受众会是推广期间所有的机场旅客。这样一来,广告将被投放至无关的受众——机场工人、旅行者亲属、出租车司机。但如果广告商向机场内那些在三个月内至少去过六家机场的受众投放该广告,那么精准性会显著提高。

虽然都是基于位置的广告服务,但上述广告是有所区别的。其中,位置感知广告和地理围栏广告都是基于用户和目标地点的距离提供广告服务的,对用户来说是一种被动接收的广告服务;而位置图谱广告则加入了其他的参考因素,是一个多维度的广告推送手段,能够更精确地定向广告受众,需要用户的主动参与才能获得这些参考因素,因此可以说是一种主动获取的广告服务形式。

【本章小结】

基于位置的服务(LBS)与营销思想结合,使得网络营销更加精准、个性化、有针对性,也能给企业带来更加精准的流量。本章介绍了LBS的基本概念、技术发展内涵、LBS营销的价值和具体的营销模式,并对每种模式进行了更加细化的介绍。

移动互联网时代,企业可以通过手机定位到个人,因此,LBS营销也慢慢成为现代企业网络营销的新型手段。企业应该更好地结合技术发展与LBS提供的服务,不断创新适合自身的营销方式。

【关键词】

| LBS营销 | SoLoMo | 地理位置 | 精准营销 | 体验营销 |
| 签到模式 | 地图模式 | O2O模式 | SNS模式 | 广告模式 |

【问题思考】

1. 什么是LBS营销?
2. LBS的技术内涵有哪些?
3. LBS营销的价值有哪些?
4. LBS有哪些具体营销模式?

☆ 案例评析

百度糯米上线全景地图:O2O与LBS融合的一小步与一大步

百度在O2O领域给业界的印象是全员出动,手机百度和百度地图这两大杀手级应用也被看作为百度O2O的核心百度糯米引入流量的有力武器。近日,随着百度糯米全景地图功能的上线,百度地图摆脱了单纯的流量入口身份,与百度糯米进入了深度融合阶段。

与一般的街景地图不同,百度糯米的全景地图不仅可以查看餐厅的外景和附近街景,还可以进入餐厅内部,查看大厅、包间等内部空间的全景照片,360度可旋转视角带给顾客身临其境的体验。

据百度糯米相关负责人介绍,百度糯米全景地图功能的实现依托于百度糯米的店铺页。不仅是百度糯米的APP,PC端以及百度地图同样有这一入口。这一全新功能一方面可以帮助商家与顾客间更有效地互动,同时也能帮助顾客更方便地了解商家的服务环境,提高交易效率。目前,海底捞、老广酒楼、新辣道、蜀江烤鱼、金百万烤鸭店等众多知名餐饮商户均已上线这一功能。

一名餐厅经营者表示,在全景地图功能推出之前,有不少顾客在预订时往往由于对餐厅的环境不熟悉、不了解,通过简单的文字和单独的照片交流又无法取得顾客的足够信任,导致餐厅包房预订往往以熟客为主,新顾客成交寥寥。随着全景地图功能的上线,顾客可以直接通过百度糯米APP查看餐厅的内外全景照片,成交率超过90%。

传统意义上的O2O与LBS的结合,很大程度上仅仅是根据用户的地理位置推荐附近的O2O服务项目和商家,仅仅用到了地图软件最基础的定位功能。而类似百度地图这种集导航、智能路径规划、实时交通流量、全景街景等功能于一体的地图应用,此前与O2O平台的融合还停留在比较初级的阶段。

伴随着百度糯米联合百度地图推出的全景地图功能上线,O2O平台与LBS地图应用的融合迈开了一小步,同时也向着做有技术含量的O2O迈开了一大步。或许未来百度糯米的用户在查看完餐厅的内外全景照片之后,在驾车前往餐厅用餐时,百度糯米将可以直接为用户规划导航路径,避开交通拥堵路段,以最快的速度到达目的地。随着O2O与LBS更深度的融合,这些在未来并非没有成为现实的可能。

据了解,百度糯米之所以在餐饮O2O平台上领先竞争对手率先实现这一功能,与其背后的百度在地图领域的优势密不可分。数据显示,百度地图拥有超过3亿的月活跃用户,日均响应定位请求次数230亿次,2015年"十一"当天更是达到262亿次。百度地图市场份额超过70%,占据行业绝对领先地位。与此同时,百度地图也在由出行工具向O2O服务平台转型上高速发展。

百度糯米陆续上线了多种新产品和新功能,如打破了O2O平台"T+7"账期惯例的"T+1"账期模式、增加移动变现能力的本地直通车以及不出门即可查看餐厅内外全景的全景地图功能。其目的,还是在于以差异化的产品和功能,一方面提升用户体验和黏性,另一方面为合作商户增加信心,方便商户开展更自主的营销活动。趁其主要竞争对手新美大正处于整合的动荡期,苦练内功,实现弯道超车。

随着2015年百度以技术发力O2O,百度正在逐步建立起自己独特的O2O体系。同先前出现过的其他O2O平台缺乏技术门槛以至于缺乏"护城河"不同,百度以百度系优势产品建立的O2O产品矩阵以及以大数据、人工智能、语音搜索等技术打造的O2O技术矩阵呈现出明显的不可复制特性。这在普遍缺乏技术含量的O2O行业内一枝独秀,并取得了明显的效果。数据显示,2015年百度糯米的市场份额已从Q2的11%增长到Q3的20%,覆盖超过400个城市,在60个城市保持市场份额第一。在2015年第三季度,总交易额(GMV)为人民币602亿元(约合95亿美元),比上一年同期增长119%,受此影响,从2015年9月底至12月,百度股价上涨近100%。

业内人士表示,随着百度吃到了打造技术型O2O的甜头,未来百度系的多项优势入口资源将更加向O2O的核心百度糯米倾斜,打通地图与百度糯米实现全景地图功能,目前只是迈出了一小步,同时这也代表着百度将O2O与LBS进行深度融合的一大步。

(资料来源 百度糯米上线全景地图:O2O与LBS融合的一小步与一大步.中国新闻网,http://www.cankaoxiaoxi.com/science/20151204/1017400.shtml,2015-12-4,有改动)

问题:

1.百度糯米的LBS与O2O是如何进行结合的?

2.你还能想到哪些LBS可以结合的领域?

第十八章

社交网络营销

☆ 学习目标

1. 了解和认识社交网络 SNS 的基本概念及理论基础。
2. 理解和掌握基于 SNS 的网络营销的基本概念、运营方法。
3. 了解 SoLoMo 营销的概念,理解其发展基础与趋势。

☆ 引导案例

"难搞的"年轻人,该怎么搞?

年轻人是大众品牌营销中永恒的话题,如何俘获年轻人的心,始终是品牌的重要课题。在中国消费升级的浪潮下,不少老字号在 2015—2019 年间开始逐渐进行品牌年轻化改造,以匹配这"届"年轻人的消费审美,"国潮"也一度成为网上的热门话题。早年间曾因品牌年轻化"翻车"的李宁,也由于其"国潮化"改造,成为今天品牌年轻化的一大标志性案例。

我们不用再怀疑这"届"年轻人的消费力及传播力,对于品牌而言,这些乐于传播分享的年轻人,不仅是品牌的消费者,更是品牌的塑造者。从"awsl"这类年轻人的"黑话",到"盲盒""潮鞋""汉服"这类新兴文化破圈,年轻人既在主导大众网络文化,站在了互联网主流舞台上,也成为当下消费市场的重要支柱,成为品牌必须争夺的人群。

从数据上,我们也不难看出这"届"年轻人的分量。根据国家统计局数据显示,早在 2017 年"Z 世代"(15~23 岁)便已经成为中国最庞大的细分群体,达 1.49 亿人。而根据巴克莱银行预测,2020 年"Z 世代"将占据整体消费力的 40%。

从这些数据和趋势来看,是否能"搞定"年轻人甚至将影响不少消费品牌未来的生死存亡。

但是现在,针对"Z 世代"的营销,却让一些大牌屡屡"翻车"。这"届"的年轻人"很难搞",表现在品牌无法用传统套路来取得传统效果了,而且总是游走在悲喜交加的边缘——被强烈地喜欢,也被凶狠地骂着。比如 2020 年 4 月 26 日,阿里巴巴官方账号在 B 站放出了马云对阿里橙点公益榜的寄语演讲,标题最初被取为"商业本身就是最大的公益",结果在 B 站年轻人中引起大量争议。马云似乎并没有通过演讲说服年轻人,直到最后,这个视频不得不被阿里删除。

这"届"的年轻人,和之前的那几"届"中国年轻人,有什么区别?

看看这"届"年轻人最喜欢的传播平台之一——B 站,就知道这"届"的年轻人有多特别。

要答题成为会员、充满恶搞精神、高品质视频、大量用户参与、反对硬性商业植入……这些也表达着"Z世代"年轻人的与众不同。在B站,品牌是"且被骂且成名"的。

这"届"年轻人从小生活在信息爆炸的互联网时代,数字经济和虚拟现实的生长环境让他们的物质、消费、教育观念都不同于前辈。互联网化的成长环境,让这"届"年轻人能够接触更多的信息源,因此也就有更开阔的视野及更多的判断依据。他们懂世界也懂自己。

这"届"年轻人的兴趣让人眼花缭乱,盲盒、球鞋、汉服、"Lo裙"……还有很多小众的兴趣领域可能你闻所未闻,这种多元化的兴趣当然也提升了品牌营销的难度。他们既大众,也小众。

这"届"年轻人更愿意在网络中发声,不难发现,近年来各大危机公关事件的背后,都有着大量年轻人的主动发声表态,而且,年轻人也敢于对各类社会事件亮出自己的观点。这背后自然是新生代自信心的增强,但也意味着品牌对舆论更加难以管理。他们既乐意分享,也爱憎分明。

这"届"年轻人的消费决策与前辈们不太一样,他们更倾向于向社交圈层好友寻求产品建议,也习惯给好友们推荐产品,而这也说明传统广告方式在相对失灵。他们习惯了社交生活,习惯"种草"。

他们的社交化趋势让品牌营销更加聚焦于社会化媒体传播,运用多种形式的新媒体、内容营销抢占年轻群体的用户注意力,而社交化裂变分享、私域流量也成为近年来最具爆发性的品牌营销/运用手段。

(资料来源 "难搞的"年轻人,该怎么搞?虎嗅网,2020-5-22,有改动)

引导问题:

1. 试讲述一些你知道的关于年轻人呈现网络社交化趋势的例子。
2. 企业和品牌如何让营销在社交网络化的趋势中突围?

第一节 社交网络营销概述

一、SNS概述

(一)SNS的定义

SNS(social networking services),即社会性网络服务,目的在于帮助人们建立社会化网络的互联网应用服务。SNS是一种延时的通信工具,从一个圈到另一个圈,理论上可以把整个SNS网站都传遍。SNS有以下三层含义:

(1)social networking services:社交网络服务。
(2)social networking software:社交网络软件。
(3)social networking site:社交网络站点。

SNS并不是简单地将现实生活中的社会关系映射到互联网上,它包括了人与人之间、人与机器之间的交互和关系,它可以是一种互联网应用、一个平台、一种媒介、一种工具、一种服务甚至是一种理念。

(二)SNS的理论基础

1. 六度分隔理论

SNS的理论基础被公认为是六度分隔理论(six degree of separation)。该理论由哈佛大学的心理学教授斯坦利·米尔格伦(Stanley Milgram)提出:"你和任何一个陌生人之间所间隔的人不会超过6个,也就是说,最多通过6个人你就能够认识任何一个陌生人。""六度分隔"说明了社会中普遍存在的"弱纽带"发挥着非常强大的作用。

后来有人根据这种理论,创立了面向社会化网络的互联网服务,通过"熟人的熟人"来进行网络社交拓展,即SNS。

2. 邓巴数字——150定律

1998年,英国牛津大学人类学家罗宾·邓巴(Robin Dunbar)的"150定律"对六度分隔理论进行了合理的诠释。每个人一次所能认识的他人数量是有上限的,大概在150人。那通过6个人的人际关系网络人数便是150的6次方,即11 390 625 000 000。这个数字远超过人类历史上所有人数之和,因此通过6个人可以与世界上任意一个人建立联系也就不难理解了。

3. "弱联系"社交

"弱联系"(weak ties)一般是指和关系一般的熟人、了解不太多的朋友,或在某一次偶然的机会遇到的打过招呼的人所发生的社交联系。而这种"弱联系"社交正是SNS所必须利用的,这种"弱联系"人脉极大地提高了人们的信息获取和利用能力,"弱联系"提供的帮助往往是亲友圈内所不能提供的。

二、SNS营销概述

SNS营销是随着网络社会化而兴起的营销方式。它是利用SNS网站的分享和共享功能,在六度分隔理论的基础上开展营销活动,一般可通过病毒式营销等手段,让企业或产品被更多的人知道。

SNS营销具有资源丰富、用户依赖性高、互动性极强等特点,与传统营销方式相比,SNS营销可以满足企业不同的营销需求,有效降低企业的营销成本,也可以实现对目标用户的精准营销,真正符合网络用户需求。

SNS的核心就是分享、转发、评论、私信、粉丝。

第二节 SNS营销的运营

一、SNS营销的发展动力

现代人由于社会体系的变革,逐渐实现了从熟人社会到陌生人社会的转变,在我们生活中的许多方面,我们更多的是面对不认识的人。可是我们的基因似乎还没有跟上变革的步伐,许多现代人的陪伴需求仍旧希望被满足,这也就是为什么SNS营销有着根本性的强大动力。图18-1所示是SNS营销的发展动力,SNS营销的本质就是结合产品特点,围绕SNS环境下的人性内驱力,设计用户愿意浏览、参与、分享的功能或活动。

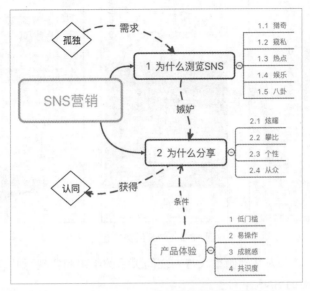

图 18-1　SNS 营销发展动力

二、SNS 营销用户的获取

SNS 营销用户可以分为核心用户和普通用户。社交网站首先需要吸引一部分核心用户,然后再由他们的口碑效应带来更多的普通用户。除了吸引核心用户外,还要分析社交网络中普通用户的个性心理和行为,才能有的放矢,制造用户感兴趣的话题、改良社交产品,提升客户的黏度。

(一)核心用户获取

企业可以从以下两个方面获取核心用户:一是企业精准定位,分析用户的需求和上网习惯,吸引到企业的核心目标客户群体;二是寻找 KOL(key opinion leader)。KOL 是口碑传播非常有效的那一类人,他们有自己的个人影响力。SNS 营销中有个"个别人物法则",有三类人在传播中起到关键性作用,即内行拉动、联系员拉动和推销员推介。他们被视为推广网站的意见领袖,给其他成员以信任和亲切感,提供建议,分享心得,给予帮助。

(二)普通用户获取

普通用户的获取方法有很多,但都需要企业去策划一些营销方式和活动进行口碑传播后获得一些用户的关注。具体可以参看第四部分 SNS 营销方式的选择。

图 18-2 所示为 2020 年高考时借势营销的例子。

三、SNS 营销平台的选择

SNS 营销平台是指 SNS 网站或应用程序 APP,企业可借助此类平台,开展 SNS 营销。目前 SNS 营销平台有以下几类。

(1)按构建基础划分,可分为以信息为基础和以人为基础。以信息为基础,其平台结构基于信息内容构建,此类平台的信息内容大多由用户生成,平台的核心用户往往是优秀内容的创作

图 18-2　SNS 借势营销

者,比如豆瓣、知乎等;以人为基础侧重人与人之间关系的组织和实现,如 QQ、微博、微信、陌陌、百合网以及一些商务类的 SNS 平台。

(2)按关系性质划分,可分为双向好友制、单向好友制、反向好友制及弹性好友制。双向好友制就是好友需要对方认证,从而保护隐私;单向无须对方认证;反向是指被关注者获得主动权;弹性是以上三种的改进形态,使用成本为零,好友关系建立成本为零。

(3)按平台功能划分,可分为社交网站类、微信微博类、视频分享类、图片分享类、地理位置服务类、点评类、维基类,等等。微信微博类有微信、来往、新浪微博、腾讯微博等,社交网站类有 Facebook、人人网等,视频分享类有 YouTube 及短视频抖音、快手等,图片分享类有 Instagram 等,内容分享类有豆瓣、小红书等,维基类有 Wikipedia、百度百科等。

四、SNS 营销方式的选择

(一)事件营销

事件营销(event marketing)是指企业通过策划、组织和利用具有新闻价值、社会影响以及名人效应的人物或事件,吸引媒体、社会团体和消费者的兴趣与关注,以求提高企业或产品的知名度、美誉度,树立良好品牌形象,并最终促成产品或服务销售的手段和方式。

利用 SNS 平台,企业可以借助网络中的热门话题,或者酝酿策划成功的话题或事件,让本不是企业产品或品牌关注者的受众能注意到企业的存在,甚至让这些受众成为企业产品购买者。

当采用这种营销方式时,企业需以事件营销的思维去做营销规划。事件营销的精髓是挖掘"新闻点",通过新闻点的预埋来形成连续的传播声浪,形成公关影响力;事件营销的关键是精准洞察并有自己的创意。成功的事件营销既能让关注的网民在 SNS 平台上进行参与、讨论与分享,让品牌信息随着讨论被更多网民知晓,有时还可以吸引传统媒体的报道,进一步提升事件的话题性,提升品牌知名度。

比如 2016 年的经典事件营销:2016 年 7 月 8 日早上,航班管家与新世相共同策划的"逃离北上广"事件(见图 18-3)引爆各大平台,在各种"大 V"、直播、各大媒体、网红等的参与下,一场说走就走的旅行成了热门话题,一发出就有自媒体开始解密营销逻辑,或者采访事件策划者,等等。

图 18-3 "逃离北上广"——SNS 事件营销

在 SNS 平台上,刷屏事件营销的三部曲如下:创造现象级的用户参与;营造情感共鸣和互动让用户代入;在观念层面促成反思继而实现用户行为转化,与企业合作互动。

(二)病毒性营销

病毒性营销(viral marketing,又称病毒式营销、基因营销或核爆式营销),是利用公众的积极性和人际网络,让营销信息像病毒一样传播和扩散,营销信息被快速复制传向数以万计、数以百万计的观众,它能够像病毒一样深入人脑,快速复制,迅速传播,将信息短时间内传向更多的受众。也就是说,病毒性营销是通过提供有价值的产品或服务,"让大家告诉大家",通过别人为企业宣传,实现"营销杠杆"的作用。病毒式营销已经成为网络营销最为独特的手段,被越来越多的商家和网站成功利用。病毒式营销也可以看作口碑营销的一种。

企业选择 SNS 平台作为启动病毒式营销的起点,需要注意两个问题:一是选好传播的人,二是选好传播的内容。

传播的人可以是平台的核心用户,可通过留言、访问、分享等用户行为对核心用户进行测定。选择的用户在兴趣方面应跟企业的产品挂钩。

传播的内容可以在 SNS 网站上生成,并通过分享来传播;也可以来自第三方,如分享第三方视频、微博等内容,显得更为可信。内容可以由企业自己创造,也可以由"大 V"、活跃视频用户、意见领袖等来完成。内容应具有娱乐性。

比如一向"脑洞"清奇的网红品牌卫龙就经常采用这种营销方式。2020 年 1 月卫龙做了辣条年夜饭的营销,如图 18-4 所示。

图 18-4 "卫龙辣条"——SNS 病毒性营销

（三）植入广告

植入营销（product placement marketing）是指将产品或品牌及其代表性的视觉符号甚至服务内容策略性融入电影、电视剧、电视节目或网络节目等各种载体中，通过场景的再现，让观众在不知不觉中留下对产品及品牌的印象，继而达到营销产品的目的。在 SNS 营销中，企业同样可以将产品或品牌的形象、概念等植入 SNS 平台中，让平台用户在交互时用到、看到、听到、提到该产品或品牌。

植入方式主要有以下几种：场景植入、对白植入、情节植入、形象植入。

比如国内有名的《吐槽大会》连续几季为品牌定制的各种创意情景剧已成为它宣传品牌方的重要环节之一（见图 18-5）。很多时候《吐槽大会》直接从广告情景剧进入。

图 18-5 《吐槽大会》——广告植入

（四）SNS 群组

企业可以在 SNS 营销平台上建立有关企业本身、企业产品或企业品牌的内容群组或话题群组，慢慢地让用户接受企业的产品或品牌，传递企业的价值观，实现精准传播。

如豆瓣网是以内容为基础的 SNS 社区网站的典型代表。用户喜欢聚集在豆瓣上讨论文学、艺术、电影、时尚生活等生活话题。豆瓣为电影、书籍、唱片等文化产品的传播提供了天然的土壤,书影音是核心内容板块,电影、电视剧、读书、音乐为主要的内容分类,分别对接豆瓣站内评分、排行榜、片单等核心资源,其丰富的书影音信息和用户评论资源没有别的社区可以比拟。2019年11月,《海上钢琴师》以4K修复版的形式在中国上映,当时的中国定档海报在豆瓣上被人称为满分作品(见图18-6),也给电影的放映造势。

图18-6 《海上钢琴师》——豆瓣宣传

(五)拟人化交流

SNS平台上的拟人化交流是指企业构建其产品或品牌的一个虚拟形象,使之具有和人一样的性格、情感、喜好,以此虚拟形象在SNS平台上发布信息、参加活动、与粉丝交流,好像是陪伴网络客户的友人一样。这种拟人化交流需要维持一定的信息发布频度,仿佛该虚拟形象就是受众生活中的一位朋友,并始终活跃于某一社交平台上一样,让受众知道它的存在。从内容上,也需要平台运营者能够针对品牌与用户之间的关系,发布与其自身定位、产品特性相符合的内容。另外,情感性交流也是拟人化的一部分,让用户感觉到企业品牌的温度,是品牌与受众之间情感的纽带。

常见的拟人化营销有以下几种方式。

1. 外部特征拟人

外部特征拟人,主要是指形式上的拟人,比如,用昵称替代产品或品牌名,像杜蕾斯自称"小杜杜",麦当劳自称"麦麦",故宫淘宝经常自称"朕"。经常被用到的有拟人的外形和拟人的动作,比如百事柠檬味可乐的文案,采用柠檬打斗的画面,与文案"Pepsi with a touch of lemon"形成呼应,很好地展现了柠檬的新鲜感(见图18-7)。

2. 感知拟人

品牌的感知主要体现在对用户需求的感知和对社会热点的感知。

(1)对用户需求的感知。如果一个品牌的文案无视用户需求,不能及时反馈,只顾自说自

图 18-7　百事柠檬味可乐拟人化营销

话,自然会给用户一种冷冰冰、缺乏人情味的感觉,所以,越来越多的品牌开始利用社交媒体和用户互动。比如图 18-8 所示,海尔的新媒体部门显然玩得更溜,因为它不仅和自己的用户互动,还感知到了其他品牌用户的需求。故宫淘宝的粉丝建议做款名为"冷宫"的冰箱贴,海尔跑过来接茬了,然后概念图就出来了(见图 18-9),紧接着 7 天内,冷宫冰箱就横空出世了,并迅速送到了用户手上,同时附上了一封信:每一个人的意见对我们都很重要。如此敏感的感知能力让用户不得不感动。

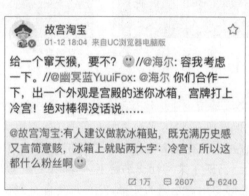

图 18-8　海尔和故宫淘宝的互动

(2)对社会热点的感知。这也就是俗称的"蹭热点",蹭热点并不完全是为了蹭流量,另一个很重要的作用是体现品牌的感知能力。一定要从品牌个性的角度去看待热点。

3. 情感拟人

情感包含浅层情感(喜、怒、哀、乐等)和深层感情(亲情、友情、爱情等)。比如,知乎家族的新成员"知一声"的自我介绍,如图 18-10 所示。

再比如,江小白的文案则传递出浓浓的关于青春的愁绪,如图 18-11 所示。

现在许多品牌开始"组 CP"了,比如前文提到的"海尔 & 故宫淘宝",以及"杜蕾斯和他的朋友们",这都是展现品牌友情的方式,通过这种品牌间互动,可以赋予品牌更立体的情感,在品牌拟人化的进程中又进一步。

图 18-9 冷宫冰箱概念图

> "知乎家族的新成员,略懂产品和技术,了解知乎产品功能,不定期地将知乎的功能或产品的优化升级告知大家,欢迎大家关注和私信我。"

图 18-10 "知一声"的自我介绍

图 18-11 "江小白"产品拟人化

4. 灵魂拟人

对于人类来说,独立思考的能力就是灵魂的体现,对于企业来说,企业的愿景就是灵魂,反映在文案中,灵魂就是企业对于生活、对于人生的思考。

比如,宜家的企业愿景是"为大多数人创造更加美好的日常生活",它的产品文案完美地契合了这个愿望,看完宜家的产品文案,会让人深深感受到:宜家的每件家具都是有灵魂的(见图18-12)。

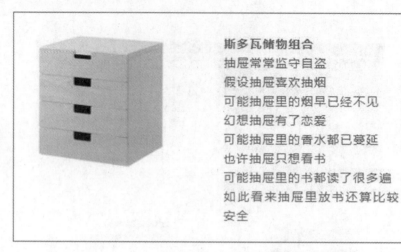

图 18-12　2010 年宜家与青番茄图书馆跨界合作文案

拟人化营销的好处非常明显：①让产品形象更生动，帮助用户了解产品；②促进品牌和消费者的沟通，提高品牌忠诚度。品牌拟人化的实质是把品牌视作人，包括外部特征相似的有限拟人化到注入人的感知、情感乃至灵魂的完整拟人化。

（六）数据库营销

SNS 平台上的数据库营销是指企业通过收集和积累用户信息，深入分析用户背景、使用习惯、消费能力等，实现有针对性的营销。其本质是企业与用户建立一对一的互动沟通关系，并依赖顾客信息库进行长期营销的一种销售手段。SNS 营销可以跟专业的调研公司建立合作关系，在保障用户信息安全性基础上，为企业提供更好的数据挖掘，以及帮助企业追踪营销效果。数据库营销的核心在于数据挖掘，基础在于客户数据。

SNS 平台往往拥有庞大的用户数量，由此产生的用户数据也是海量的。同时 SNS 平台的用户数据非常完整，不仅包含个人数据，还有互动数据，比如参与的投票、测试、分享的信息等，对此类信息的分析，可以告诉企业哪些用户是潜在的目标用户，这些群体有哪些特征。这使广告的投放、产品的营销有了更精准的基础。此外，相比传统平台，SNS 平台的用户真实性比较高，因为社交关系一般是基于兴趣或线下关系网络的投射，加上好友信息资料的完备程度，使得好友间的信任度相对较高。

比如，2018 年初，喜茶为了解决排队问题，上线"喜茶 GO"小程序。从决策的角度看，奶茶店通过大数据分析实现精细化运营。通过数据发现，在过去的十个月内，有六成的消费者在购买茶饮时，选择少糖或者不加糖。由此可推断"健康"是消费者关注的方向，接下来一段时间可以降低某些茶饮的含糖量、调整配料，同时也可以针对这类消费者尝试研发更健康、养生的茶饮。实现精细化运营需要了解客户，了解客户的前提是建立与客户之间的连接，通过这个连接构建商业闭环（见图 18-13）。正是如此，"喜茶 GO"从排队场景出发，慢慢延伸成为喜茶连接客户的抓手。

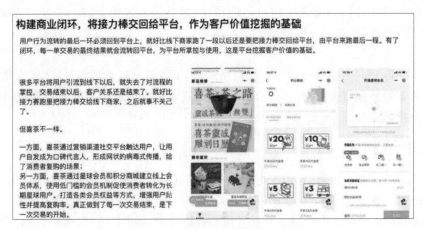

图 18-13 喜茶 GO 构建商业闭环

第三节 SoLoMo 营销

一、SoLoMo 的概念

SoLoMo 最初是作为一个互联网发展的概念而被提出的。简单地说，SoLoMo 是指企业将社会化（social）、本地化（local）、移动化（mobile）结合起来，通过移动互联网，向有共同需求的用户群提供本地化的服务，有效地将线上线下资源进行整合。从用户的角度看，SoLoMo 是指用户通过手机获取社交网络与位置信息，进而与品牌、产品、企业和其他用户等产生互动行为。

二、SoLoMo 营销

SoLoMo 营销思路可以理解为利用移动技术将 O2O 或 LBS 应用带给 SNS 平台的用户。其中代表社交网站的 social 属于社会关系层面，代表 O2O 和 LBS 应用的 local 属于商业逻辑层面，而代表移动通信服务和移动终端的 mobile 属于技术层面。

SoLoMo 营销应用于电子商务活动中时，在平台、用户、企业这三方扮演了不同的角色。社交网站和其他社会化应用通过自身特质为企业提供良好的传播平台和有效的信息沟通渠道。

在国内，综合性电子商务平台有淘宝网、京东等，还有由即时通信工具发展而来的微信。即时通信类平台基于社交关系，增加了信息分享、交流沟通、电子支付、投资理财等功能，对用户体验和用户活跃度都有促进作用，一旦进军电子商务市场，将会对传统综合性电商平台造成冲击。垂直细分化的电子商务平台在网站内建立自己的小社区，通过真人口碑分享页面或评论页面起到社交网站的互动效果，同时也推出了手机客户端，将 SoLoMo 模式引入自身发展当中并不断完善。

移动化在电子商务中的运用也越来越成熟。SoLoMo 模式在电子商务用户中扮演的角色应该是往"移动化"的方向发展，即用户在 SoLoMo 模式下可以随时随地、便捷有效地进行电子商务活动。

企业在电子商务过程中需要推出自己的产品,为品牌的发展寻找一个更广阔的平台。未来,电子商务往"本地化"方向发展的趋势不可逆转。SoLoMo 电子商务运营给企业带来的是本地化的启示。

随着 SoLoMo 模式更多地应用于电子商务中,电子商务也越来越细分,往垂直化方向发展。未来电子商务发展还会与大数据结合。SoLoMo 模式则是大数据运用的典型领域,使精准营销成为其标志性特色。

【本章小结】

基于社交网络的营销策略,标志着电子商务的发展由企业驱动向用户驱动转化。本章在介绍 SNS、网络社交、SNS 营销等概念的基础上,介绍了 SNS 营销的运营方法及 SoLoMo 营销。其中,在 SNS 营销运营方法中介绍了 6 种常用的营销方式:病毒性营销、事件营销、广告植入、拟人化交流、数据库营销、SNS 群组。

【关键词】

SNS	网络社交	SNS 营销	病毒性营销
事件营销	广告植入	拟人化	数据库营销
SNS 群组	SoLoMo 营销		

【问题思考】

1. SNS 的基本理论基础有哪些?
2. SNS 营销的发展动力是什么?
3. SNS 营销的运营核心是什么?
4. 除了书中列举的 SNS 营销的平台和方式,还有其他的平台和方式吗?
5. SoLoMo 营销的运营思路是怎样的?

☆ 案例评析

保守的豆瓣和求变的知乎

豆瓣与知乎身上,记录了中国互联网社区类产品不同的发展路径。在互联网圈,知乎和豆瓣这两家公司经常被拿来比较:它们都是诞生已久的"老牌"公司,早期都聚焦在高质量精英人群,都在长期使用中对用户构成了强大的心智,都面临着用户快速增长对原有人群及社区氛围的冲击,都经历了漫长的商业化探索过程。

然而,当我们深入探究就会发现:两家公司在内核上其实有非常多的区别。本质上,它们是两类不同的公司。

先来看知乎和豆瓣相同的地方:

知乎和豆瓣的重要共同点是——它们都形成了足够高的心智"护城河"。诞生于 2005 年的豆瓣从一开始就是图书、电影、音乐点评网站,而 15 年后的今天,当我们问一个国内电影爱好者他会去哪里看电影的评分,他的回答通常不会是 IMDb,不会是时光网,更不会是猫眼、淘票票,而是豆瓣。同样,如果问书评我们大概率也会得到相同的答案。

豆瓣的每一次改版都会有无数用户撕心裂肺地骂,"反对阿北独裁"小组中的讨论从来都没有停歇过,但骂归骂,骂完继续在豆瓣里点标记、发动态、看影评、逛小组。

知乎也一样,尽管2019年初知乎就宣布累计用户超2亿,这在客观上会稀释知乎在早期营造的社区氛围。

但如果我们问谁是中国第一知识社区?这个答案毫无疑问会是知乎。

知乎经历过战争,但事实上,不管是悟空问答的"挖角大V"还是微博力推的微博问答,几乎都没有影响知乎构建的知识生态,这背后源于知乎那套足够皮实的"内容生产—消费"机制。

在这套能自我循环的产品机制下,知乎尽管经历了用户的激增,内容生产端的调性不可避免从原来的高知内容转换成更多人关心的大众内容,但知乎"出圈"并没有让产品社区和氛围变得失控:看"卷积神经网络到底有什么意义?"的人和看"拥有一个漂亮的女朋友是一种神马体验?"的人在这个社区相安无事。知乎背后这套兼顾算法和社交行为的分发体系发挥了非常关键的作用。

从这个意义上讲,豆瓣和知乎这两个产品从开始到现在,它们在用户中的心智从来没有变过,这就是这两家公司足够高的心智"护城河"。

所以,尽管中国互联网早已经历了沧海桑田,网易早已不是那个网易,新浪早已不是那个新浪,陌陌早已不是那个陌陌……但豆瓣和知乎在各自领域从来没有遇到过业务意义上和心智意义上真正的对手。

事实上,这两家经常被拿来比较的公司在文化、内核、模式、节奏、边界和商业化取向上都有着极其明显的区别。

(1)豆瓣有产品洁癖而知乎没有。不得不说,豆瓣有一种独特的气质,这种气质在产品层面就变成了一种产品洁癖。豆瓣的产品洁癖和它的slogan"我们的精神角落"一脉相承,可以说正是这种调性成就了豆瓣,但在某种意义上,这种洁癖也成为豆瓣探索更大世界的一个瓶颈。

(2)豆瓣不愿意做脏活累活而知乎不主动设边界。豆瓣一直保持着一个精简的团队,这几乎让豆瓣对任何需要大规模投入但短期内看不到产出的业务避而远之。

(3)在商业化层面,谈钱不丢人。我们再来看豆瓣和知乎在商业化层面的差异。豆瓣的商业化层面我们从几个维度上看,首先是品牌广告,豆瓣的品牌广告对调性的要求非常高,以至于很多品牌其实没办法在豆瓣上进行广告投放。其实豆瓣也做过品牌方面的尝试,比如说——品牌小站,但这个业务很快就浅尝辄止。而效果广告层面,豆瓣一直没有建立起一个效果广告的代理商体系,因此今天我们在豆瓣看到的很多效果广告都直接来自于腾讯的广点通。这在一定程度上反映了豆瓣的效果广告能力。

与此相反,知乎的商业化就要开放得多。首先,我们来看知乎的广告体系。在品牌广告层面,知乎高质量的人群和高质量的内容生态对有追求的品牌广告主有着一种天然的吸引力,而知乎也在产品层面为品牌营销推出了一个全方位的解决方案。在形式上,品牌广告深入知乎多个产品模块。从开屏到插屏,从信息流到评论页,从PC端到Web移动端,从APP到小程序,从搜索到榜单,甚至下拉刷新、分享按钮,知乎都见缝插针地加入了广告。

总结一下,和豆瓣略显保守的公司策略相比,知乎的节奏明显更快,从这个意义上,知乎留给业界的期待也会更高。如今知乎踏上了视频化这一新征程,在内容产业进化的大趋势下,这注定是一条赛道竞争惨烈的路。和抖音娱乐视频"杀时间"的逻辑不同,知识类视频的逻辑其实是为用户"省时间",帮助用户在最短时间内了解一个领域的知识。从这个意义上,占领了"专业"这一心智的知乎还有更大的内容潜力可以挖掘。

豆瓣和知乎,这两个话题诸多的中国互联网产品在经历了漫长的探索之后,最终还是走向了不同的路口:一个向左,一个向右。

(资料来源 卫夕指北微信公众号,有改动)

问题:

1.几乎所有的高质量网络社区都会遇到商业转型的问题,越商业化就越难保持网络社区的纯粹,但没有商业化又不能确保企业的发展,对此你怎么看?

☆ **实训专题**

1.试针对你身边的企业,选中一款产品,分析其可以如何做SNS营销,写出要点。

第十九章

社群营销

☆ 学习目标

1. 理解和掌握社群营销的概念、特点和优势。
2. 理解社群营销的基本原则。
3. 掌握社群营销的方法与步骤。

☆ 引导案例

从社群网络看小米市场定位

把小米手机磨成粉,再做成团

我国较大的智能机生产商小米公司的创始人雷军,在业界最善于优化资源。他说:做一切事情之前,我都会完全想清楚再下手。

然而,当他2010年4月创立小米公司,准备涉足智能机销售市场时,外界却一片笑声。为何?因为那时候的智能机销售市场尽管火爆,可客户满意度一直不高。8名平均年龄超过40岁的"老男人",此刻非要啃这块硬骨头,难免会令人捏把汗。

而雷军的做法是,一开始就对创始人黎万强明确提出一个问题:"能不能不花钱把MIUI做到100万(用户)?"这显然是一个难点,却把黎万强早早地逼到了一条聊天群营销推广之途。

最先,他们四处泡社区论坛、找资深用户。几个人申请注册了一百多个账户,每天在一些知名的安卓论坛里发帖子;即使账号被封,也会前赴后继地换一个"马甲"再次发。就是这样,小米公司从拉到的1 000个人里面选出100名作为超级用户,直接参与MIUI的方案设计、产品研发和反馈。这100个人作为小米手机MIUI操作系统的火种,通过口口相传,第二个星期就发展到200人、第三个星期400人、第五个星期800人,星星之火终于能够燎原。没有投入1分钱广告,真的就把销售市场给做了起来。

依据小米公司致力于高端智能手机的特点,他们发布了手机实名制社区"米聊",效果十分好。因为拥有前边这批点点星火,大半年内注册量就超过300万人,这些申请注册的用户被亲昵地称为"米粉"。

有着这样一个归属于自己的营销社群,小米手机乘胜追击,再次利用过去的经验。通过社区论坛、微博等各种网络工具,小米手机在"米粉"的使用下成了一个迅猛发展的品牌。

瞄准"发烧友" 精准市场定位

可以说,小米公司在聊天群营销推广上不但做得早,并且十分到位。比如,为了汇集"米粉"的能量,小米公司果断提出"为发烧而生"的口号。意思是说,小米公司的手机产品就是为你们这些"发烧友"准备的,就任由你们来挑剔吧!

毫无疑问,"发烧友"对产品的要求是最高的,换句话说是最严苛的。小米手机把自己的企业和市场定位在这一层级,一方面是强调自己的产品技术性和扎实品质经得起一切挑剔;另一方面,是为了塑造崇高的目标,即要做令"发烧友"满意的产品。这个口号把小米手机和"米粉"牢牢地结合在一起,又不显得肉麻。

因为拥有这样的服务承诺,"米粉"或许也就把这里当作自己的"家"。而这,又为小米公司的聊天群营销推广确立了扎扎实实的基础。

小米公司的手机产品具有下列三大特质:一是用极客精神做完美产品;二是用互联网逻辑去掉所有行业中间商;三是让全世界都能享受来源于我国的高品质科技产品。在雷军看来,就算小米公司失败,都无法阻挡这类小米手机模式的成功。

在小米社区,每天有30万人次浏览、提各种建议。据此,小米公司可以做到每一星期发布一个操作系统新版本。比如,有人明确提出,有没有一种手机只接听通讯录中的电话,后来,小米手机就发布了这一功能。有人反映,一些行业要求手机必须24小时开机,但是深夜电话一响后面就睡不着觉了,因此小米手机设定了VIP电话,只有VIP电话才可以24小时打通,其他电话就打不进去。所有这些创意都来源于"群众路线",设计师坐在公司办公室里是想不出来的。

线上、线下推广融合 奠定攻城略地基础

小米公司创立后一直处在社会舆论漩涡,而且有时还很不利。企业初建时,摇旗呐喊的都是那些不明白手机行业的人,懂的人都充满疑虑或不以为意,觉得这些人并不具有生产手机的经验,贸然进入凶多吉少。但最后,小米公司还是倚仗聊天群营销推广,迅速用400万部的手机销量、40亿美元的企业估值粉碎了这些疑问,圆满地从"看不起"进入"看不懂"环节——通过品牌、方式、供应链管理、运营模式、消费投资5个层面的自主创新,突出了重围。

小米公司成功的地方在于,应对传统手机技术日臻成熟,核心竞争策略已经转移到价钱上的现实,巧妙地避开了传统营销渠道,利用聊天群营销推广把这些约占40%的花费节省下来,一下子就让传统手机厂商另眼相看、猝不及防。

在这一过程中,网络销售的扁平化在减少营销推广成本费上有目共睹。特别是在供应链管理方面,根据电商订购模式,小米公司可以真正做到以销定产,而这更是传统生产商梦寐以求的。此外,小米公司还利用预收顾客巨额订金,在维持充足现金流量的同时,提高对上下游产业链的主导权。加上手机产业链的物料价格会随着时间流逝大幅降低,以销定产就更能给小米公司产生超量的"期货"盈利。

营销推广关键点

"天下武功,唯快不破"。小米公司成功的秘诀就在于,它利用聊天群营销推广迅速锁住一批忠实顾客,随后在与他们的互动交流中一层层推开销售市场,让喜爱它的人越来越喜爱。此外,它在"软硬件+互联网服务"的封闭式粉丝经济模式中,自始至终掌握着上中下游的主导权。

(资料来源 从小米手机案例分析社群网络推广.优企客整合营销,2019-12-2,有改动)

引导问题:

1.案例中小米是如何利用社群进行市场细分与定位的?

2.思考:社群营销与粉丝经济的关系如何?

"物以类聚,人以群分"自古印证了社群的客观存在及其价值。只有当客户变成用户,用户变成粉丝,粉丝变成朋友的时候,才算得上是社群。随着互联网的发展,消费理念随之变迁,由过去的单一产品功能性进化到用户渴望参与到产品设计中来。参与度直接影响用户的兴趣与爱好。

第一节　社群营销概述

一、社群营销的概念

社群营销的基础是社群,那什么是社群？传统的基于血缘和地缘的村落,就是一个典型的社群。但移动互联网时代,社群已不仅仅是亲戚和邻居们,通过智能手机等移动端,人与人之间几乎可以随时随地在线交流,这让具有相同志趣、相同爱好、相同才能的人更容易聚在一起,形成现代新型虚拟社群。在这个社群里,大家经常沟通,建立感情,互相帮助,彼此信任,从而形成了强大了凝聚力。凝聚力把大家黏在一起,而且黏得越来越牢,像滚雪球似的,使得这个圈子越来越大。

社群营销就是基于相同或相似的兴趣爱好,通过某种载体聚集人气,通过产品或服务满足群体需求而产生的商业形态。社群营销的载体不局限于微信,各种平台,甚至线下的平台和社区都可以做社群营销。

做社群营销的关键是有一个意见领袖,也就是某一领域的专家或者权威,树立信任感和传递价值。通过社群营销可以提供实体产品满足社群个体的需求,也可以提供某种服务。各种自媒体最普遍的是提供服务。比如提供某种服务招揽会员,或者提供专家咨询服务吸引关注等。

社群是任何时代、所有商业都在追求的终极目标,但只有到了移动互联网时代,有了微信这样的高效率工具以后,社群才是可能的。社群也是有着共同关注点的一群人在一起寻找解决痛点的方案。一个有社群的品牌和没有社群的品牌,其竞争力是完全不同的。

☆ **案例 19-1**

粉 丝 经 济

粉丝经济泛指架构在粉丝和被关注者关系之上的经营性创收行为,是一种通过提升用户黏性并以口碑营销形式获取经济利益与社会效益的商业运作模式。以前,被关注者多为明星、偶像和行业名人等,比如,在音乐产业中的粉丝购买歌星专辑、演唱会门票,以及明星所喜欢或代言的商品等。现在,互联网突破了时间、空间上的束缚,粉丝经济被宽泛地应用于文化娱乐、销售商品、提供服务等多领域。商家借助一定的平台,通过某个兴趣点聚集朋友圈、粉丝圈,给粉丝用户提供多样化、个性化的商品和服务,最终转化成消费,实现盈利。

二、社群营销的特点

1. 销售渠道与传播渠道的统一

传统营销渠道更多的是担任销售渠道的角色,而随着同类产品和渠道的竞争加剧,便会很快地趋于同质化。想要使产品有更高的辨识度,就需要传播渠道的引导。社群营销既能促进销售,又能同消费者进行实时的交流,是一种具备销售与传播双重角色的营销渠道。

2. 注重品牌建设

在品牌引领消费的今天,单靠优质的产品是不够的,必须要建设强大的品牌。传统的营销套路无非是发个传单、搞个活动,最后现场促销。而社群营销,不仅仅关注销售,同时关注与社区内消费者进行零距离的交流和沟通,这无疑能给消费者留下更深的品牌印象。

3. 最佳信息接触点

营销离不开宣传,传统的营销宣传总是铺天盖地的广告攻势,虽然来势凶猛,却很没效率。社群营销的宣传,更注重的是"精确度"。虽然宣传面向的消费者数量不是很多,但是由于消费者和地点的固定性,可以进行更为精确细致的针对性宣传,保证宣传对象尽可能接触到广告并产生兴趣。

4. 活动的共同策划

传统的营销活动通常是企业或商家独立策划并实施的,而社群营销,就需要同社区物业咨询合作,共同策划。物业公司更为了解社区的实际情况和住户的实际需求,而且同住户更为熟悉融洽,这些都有助于营销活动找准方向。如果仅从企业或商家自身角度出发,难免会"剃头挑子一头热",活动挺热烈可消费者却不买账。

5. 精细化营销模式

社区的封闭性和住户的固定性为社群营销的精细化运作提供了有利的条件。企业和商家可以建立数据库,将社区内消费者的信息全部录入,再根据消费者的年龄、爱好、职业等进行有针对性的宣传、推介,提高营销的效果。

三、社群营销的优势

1. 与传统的营销方式相比,社群营销成本更低

传统的营销方式广告费用高昂,广告针对的客户群体还不聚焦,浪费严重。而社群营销可以说是零成本,几乎人人都可以做。而且在社群中,每一个成员既是购买者,也是传播者。只要企业的产品过硬,运营得当,社群裂变所产生的营销效果巨大。

2. 社群营销用户精准

社群营销是基于圈子、人脉而产生的营销模式。社群是指有稳定的群体结构和较一致的群体意识,成员有一致的行为规范、持续的互动关系,成员间分工协作,具有一致行动的能力而聚集在一起的一个圈子。社群里面聚集的是有着共同需求的用户,也就是粉丝经济中经常所说的精准粉丝。社群成员购买产品不再是基于功能性的消费,而是在某个场景下的消费。社群营销产品就是为某一特定社群设计的,社群成员有共同的兴趣爱好、行动目的,甚至思维方式都高度一致。

3. 可以通过社交工具高效率传播

六度分隔理论认为,任何两个陌生人所间隔的人不会超过六个,也就是说,最多通过六个中间人就能够认识任何一个陌生人。在互联网时代,六度分隔理论得到了最大实现。社群的本质是链接,由手机端和电脑端构建的新媒体环境彻底突破了空间和时间的限制,将人与人之间跨时空地联系在一起,并且这种联系通常是一种基于熟人的联系。出于对熟人的相对了解,在咨询信息、购买产品等方面也更为信任。

4. 通过社群可以更好地将用户粉丝沉淀下来

传统的生意模式,产品卖了以后,卖家和买家之间就没有任何关系了,除非买家想退货,或者有质量问题,买家才会找到卖家。但采用社群营销,把用过产品的人的联系方式都沉淀到微信群里或其他的社交工具中,当有新的产品推出时,这些客户都有可能二次购买,甚至发展成为忠实客户。

5. 向线下导流

社群营销体系中,个人号+公众号+应用功能,可以给用户提供一个便捷的企业信息查询平台,如会员查询、商品查询、定位功能,企业可以通过社群营销体系精准、快速地让用户了解店面信息及品牌产品促销信息,能够起到向线下导流的作用。

6. 快速掌握反馈信息

社群营销能够近距离、多频次地接触消费者,因此能够更快、更容易地掌握消费者对产品、价格、活动的意见建议。企业和商家可以根据消费者的具体需求及时调整产品策略和活动内容,改善营销方案,同时也为社群营销战略提供了可靠的信息支持。

☆ **案例 19-2**

知味的社群运用

知味葡萄酒杂志是一家专注于为葡萄酒爱好者提供轻松的葡萄酒文化、专业的品酒知识、实用的买酒建议和精彩的品鉴体验的创业公司。

自创业以来,知味的推广与内容始终以社群为核心。通过知味专业、垂直的葡萄酒媒体内容和线下的葡萄酒教育体系,知味已然成为国内最火的葡萄酒媒体,超过 50 万规模的葡萄酒爱好者聚集到了知味周围的葡萄酒文化社群里。

社群已经建立,运营应该怎么做?知味并不希望像传统的方式那样,单纯地搜集所有会员的联系方式做成通讯录,或者是在社群内部群发广告。知味认为,社群营销是依赖个人偏好及消费行为特征所构建的社群,在增值服务这方面,应适度规避"商业激励"而采用"情感维系",来升华客户与厂家和品牌的关系。

知味能够通过用户数据采集功能以内容标签的方式收集所有社群用户与知味的交互行为与内容偏好。

用户不管是看了一篇特定内容的微信图文、参加一场特定主题的品酒活动,还是购买了知味所推荐的葡萄酒或周边产品,知味都能记录下来。

通过足够长时间的数据收集,知味可以通过结构化获取的用户信息对用户进行分类,并通过不同主题的话题社群将用户组织到一起。

比如阅读关于意大利葡萄酒文章次数较多的用户,或者参加过知味组织的意大利葡萄酒品鉴会的用户,都会被邀请加入"知味意粉"小组。这样的情况下,葡萄酒爱好者会陆续被不同主题的社群以网状的形式包括到至少一个社群小组中。

这样一来,精准的分组使得社群活跃度非常高,而且还为精准定向地向用户发送他们感兴趣的内容信息和产品营销内容提供了有效通路。

同时，通过对庞大的粉丝数据系统进行挖掘，知味可以据此向其粉丝发送完全个性化的促销信息。

例如：知味可以设定自动流程规则，让系统自动向在过往的一个月内参加过入门级葡萄酒培训课程的客户发送中级葡萄酒培训课程的培训信息。这样个性化、差异化的优惠大大地提高了粉丝购买的可能性，也降低了信息推送的成本。

知味还使用了平台活跃度打分的功能，交互频繁的用户活跃分数会上升。

对于不够活跃的用户，定向推送一些"召回"目的的内容以减少用户流失。3个月内，粉丝的活跃度上升了55%。

第二节　社群营销的方法与步骤

一、社群营销的基本原则

做社群营销前，首先要建立社群的基本规则，就像建立一个国家，需要建国理念＋宪法；建立一个党派，需要有政治理念＋党章；建立一个公司，需要有使命愿景＋公司章程。建立一个社群，做社群营销前，需要有社群的理念以及社群的规则。其次，社群营销需要具备三大互动核心，即产品、内容、社交工具及渠道。

1. 产品

只有产品差异化才具备传播属性，才能够在后续的推广宣传中起到推动作用。

2. 内容

"内容为王"的核心逻辑是，只有做出更多优质内容才能赢得更多客户。随着移动互联网时代的到来，用户接触的信息内容无限扩大，渠道无限便捷，距离无限缩短，使得垄断的成本变得越来越高。不仅如此，内容才是用户真正追求的东西，决定着用户的走向。社群营销只有通过内容留住客户才能实现流量变现（广告、电商、衍生品、付费），可以看出内容的重要性愈发凸显。

3. 社交工具及渠道

每个品牌都必须充分利用已有的客户资源，与客户建立联系，这是社群营销最基础、最直接的任务。

二、社群营销的方法

无论是创新的社群二维码、交互式体验游戏，还是小程序分销体系等新的技术方式，抑或是传统的视频、弹窗、推送等，都是被动的广告方式，消费者接收被动、广告信息传播被动。而未来品牌营销的趋势是由粗放式的、爆炸性的被动接收转变为细致的、精准主动的接收。简单来说就是所有品牌方要更多地寻求一种让消费者主动获取品牌信息的方式。

基于此，未来社群营销需要加强调研，注重内容的精致化、立体化，将文艺娱乐与品牌融合，将品牌营销进化为一种持续的、愉悦的自主体验。以下为五种常用的社群营销方法。

第十九章
社群营销

1. 设计群的存在价值

任何群都有存在的价值,让大家认清群存在的意义,这样有利于客户有选择地进群。在群里,客户都可以找到自己所需要的东西。群的价值是互惠的,在商家给客户提供价值的同时,客户也会回报商家,购物就是其中一种。如英语交流群内成员可以得到更多的英语学习知识,这就是群的价值;同时,对于群内推出的英语培训课程,有需要的客户也会报名参加。

2. 提升用户购物黏度

怎么激发客户的购物黏性?商家组建社群,吸引人进群,这些客户都会被商家当作家人一样,通过感情的经营,使群成员对商家产生信任。如此一来客户的购物黏性就培养出来了。相比大电商平台那种无感情购物而言,社群营销具备浓浓的感情,因此客户购物往往不止一次,而可能多次复购。

3. 挖掘客户痛点建群

什么是客户痛点?举个例子,现在很多年轻女孩想减肥,但效果欠佳。这就是客户的痛点。找到痛点,建群吸客就顺理成章了。商家宣传信息可以写成"减肥减不掉的女孩子,就加这个群吧"。如此做法就是挖掘客户痛点建群。后期商家就需要经过沟通,在建立信任的基础上去开展营销。

4. 刺激购买欲望建群

商家要想搞好社群营销,就需要采取不同角度去建群。在商家搞活动的时候,可以推出这样的宣传"低价购物群,加入不后悔"。如此刺激客户产生欲望,建群也就容易很多。

5. 借助爱好建群

很多人都有自己的爱好,如唱歌、购物、运动等。人们的爱好总是不同的。商家可以吸收有同样爱好的人进群,通过探讨同样的爱好来实现互相信任,借势推出商品。

☆ **案例 19-3**

豆瓣网的社区营销

自 2005 年以来,互联网掀起了一阵"豆瓣风"。在该网站,用户可以自由发表有关书籍、电影、音乐的评论,也可以搜索别人的推荐。

豆瓣网所有的内容、分类、筛选、排序都由用户创造和决定,甚至在其主页出现的内容也取决于用户的选择。

豆瓣网以个性的书评及其有效的推荐机制形成了众多风格迥异、拥有共同话题的小组,有效地吸引了大量网友。

豆瓣是基于 SNS 技术的 Web 2.0 网站。那么什么是 SNS 呢?即 social network software(社会化网络软件),它将虚拟网络和社会网络结合在一起,打造社区性传播方式,模拟群体交往方式,从而营造出一种"交往"的真实感。

豆瓣网作为 Web 2.0 环境下创新的图书评价网站,与生俱来的社会化网络媒体特征,使它成为社群营销的土壤,为企业开展社群营销奠定了坚实的基础,为整个互联网增色不少。

豆瓣网与所有 Web 2.0 的网站相同,其内容来自用户。不同的是,豆瓣网把内容的把关权也完全交给用户。也就是说,豆瓣网没有一个固定的专业编辑,其所有的内容、分类、筛选、排序都由普通会员来决定。这一点充分激发了注册网民参与内容生产的积极性,还使被动网民实现个性化阅读,并以点击推荐等轻松的方式来决定内容的排行榜。

通过用户的创造和分享,如今豆瓣已经形成无数个具有共同话题的小圈子,通过"tag"标签和"关注",进而形成一个庞大的好友社区。

三、社群营销的步骤

随着移动互联网技术的快速发展,人们之间的联系早已打破了空间和时间的限制,微信和微博作为移动社交端私密性与公开性社交圈子的主流,也逐渐演进为现代营销尤为垂爱的社群营销主战场。把营销融入互联网受众的主体特征,聚集客户信息、分割客户市场、塑造平台黏性、激发群体活力、创造顾客参与价值和分享价值,从而扩大顾客基数、提高转化率、强化忠诚度,达到营销目的,这是社群营销的一般步骤,具体运作模式主要表现为以下几点。

1. 确定社群定位,圈定目标群体

建立社群前,首先要有清晰明确的社群搭建目的和方向勾画,清楚自己社群群体的共同属性,即目标消费群体的共同特征;其次,有针对性地进行初期社群基数人群的圈定和培育,通过泡相关论坛、贴吧、微博等方式进行好友的圈定。但也要做好其他心理准备,因为"圈人"是一个漫长的过程,建立熟悉度、确定基群成员是一个费时费心的过程。

2. 搭建社群平台,实现客户聚集

进行社群营销的第二步就是在圈定的营销主体中间构建基群社区,搭建社群平台。而利用社群进行营销的一个最大的优势即可实现扁平化、针对性的社群精准营销,把基于某种共有属性的个体汇聚在一起,形成属性社区,再进一步进行社区文化的培养和沟通,把每一个独立的个体相互连接成线,最后汇聚成一个具有专属属性又相互关联的面,便达成了社群营销的根基。通过基群的培育和发展与外界进行双向沟通,实现资源的吸纳和外扩。而在资源经过前期培育汇聚在这里的就是最精准的目标客户群体。

社群构建平台一般为大众接受率较高的社交APP,据不完全统计,基于移动手机端的社交APP至少有100款以上,主要有QQ、贴吧、飞信、微信、友加、陌陌、E都市、比邻等。近些年,随着微信的逐步崛起,其用户热度已远远超过其他APP,成为用户使用最广泛的社交工具,社群营销也主要依托微信平台的群聊和公众号等形式开展。

3. 培育社群价值,增加用户黏度

在基群扩建的基础上逐渐实现社区成员的筛选机制和亚文化的建立,明确社群类型和定位,不断强化社区机制和价值,形成社区黏性和成员不断优质化,从而实现从社区到社群,由点到面的进一步转化。

从社区到社群的转化,不是一般概念上的转化,而是在转化过程中,使整个社区成员能够围绕事而非人去相互协作交流而形成良好的社群经济自运行生态。同时在属性相似的大氛围下,更容易产生群体效应并相互带动形成集体购买和消费行为,社群成员也可以通过社群平台进行信息的分享互动,从而去建立更为直接和有效紧密的连接,从而获得更多的营销推广机会,实现关系带动和口碑传播,进而强化宣传效果、加大宣传范围。当然,这也是社群营销最难把握的一点。运营失当,可能使精心培育的社群沦为第三方推广宣传的工具。

4. 多营销模式并举,实现商业价值转化

在完成社区向社群转化后,也意味着群内成员有了较高的关联感、归属感和参与感。这时候,可通过魅力人格体即社群里的意见领袖来链接成员,整合社群力量来拓展边界、扩大自身影响力和转换率。罗辑思维的成功也是根源于罗辑思维知识社群的定位和罗振宇"死磕"自己吸引用户的方式,成就了他的今天——影响力最大、运作最为成功的互联网知识社群;通过社群成员之间的链接和整合力量,实现了从社群营销到口碑营销与关系营销的转化,进而实现了罗振宇网上书店稳定的客户转化率,也实现了依靠知识的力量获得财富。

【本章小结】

本章首先对社群营销理论进行了详细的讲解,包括其概念、特点及优势;然后介绍了社交营销的方法与步骤。

讲解社群营销概念时,先引入了社群的概念。传统的基于血缘和地缘的村落,就是一个典型的社群。但移动互联网时代,社群已不仅仅是亲戚和邻居们,通过智能手机等移动端,人与人之间几乎可以随时随地在线交流,这让具有相同志趣、相同爱好、相同才能的人更容易聚在一起,形成现代新型虚拟社群。社群营销就是基于相同或相似的兴趣爱好,通过某种载体聚集人气,通过产品或服务满足群体需求而产生的商业形态。

社群营销的方法有五种,分别是:设计群的存在价值、提升用户购物黏度、挖掘客户痛点建群、刺激购买欲望建群和借助爱好建群。

开展社群营销的步骤分为四步:第一步确定社群定位,圈定目标群体;第二步搭建社群平台,实现客户聚集;第三步培育社群价值,增加用户黏度;第四步多营销模式并举,实现商业价值转化。

【关键词】

社群　社群营销　粉丝经济　精准化营销

【问题思考】

1. 简述社群的定义以及社群成员应具有哪些共同点。
2. 简述社群营销的步骤。

☆ 案例评析

2011年春节前夕,很多人在微博中分享了标有自己新年祝福语的可口可乐"新愿瓶":瓶身由祝福文字异形排列组成,造型经典、独特。这就是可口可乐联合新浪微博发起的"新愿欢享中国年"活动:粉丝们输入祝福语,就可以生成个性化的"新愿瓶"。这个有着期许意义的瓶子用健康、快乐、开心、平安、朴实的祝福,承载了粉丝们在新年里相互祝福的心愿,寄托了可口可乐对世界的祝福。

这个创意在最初产生的时候很简单,由于微博本身代表着年轻、时尚,可口可乐的瓶子代表着积极向上的态度,再加上活动在春节期间推出,使这次活动具备了三种积极向上的力量,创意就这样产生了。微博裂变式传播的影响力,让消费者对可口可乐的文化有了进一步的认识。

可口可乐通过移动社群营销数据、网络数据的综合分析,发现很多消费者集中在新浪微博上。由于新浪微博可以通过手机平台登录,越来越多的消费者习惯于使用手机微博收发信息,可口可乐发现微博平台存在的巨大优势后,通过新浪微博高频次与消费者接触,传递着可口可乐的品牌精神。

可口可乐的这次微博营销活动,把可口可乐个性瓶、新年祝愿和微博三大元素融合在一起,从而将自身品牌与客户的切实体验联系在一起。在这个过程中,新浪微博与多位名人博客合作,这在不同程度上提高了各个领域粉丝的参与热情。新浪通过名人博客首页,开通了Widget平台,以便名人博客直接参与可口可乐"新愿瓶"活动。在这次活动中,很多名人的推广效果远远超出了预期。

微博是社会化媒介,邀请名人参与传播能取得更加独特的效果。在这次活动中,很多名人的推广使得可口可乐的品牌曝光量得到了更大提升。

整个活动过程中,大量认证用户也积极地参与进来,意见领袖的积极参与,表明这次活动的设计和话题吸引了广大用户的目光。而且,随着大量意见领袖的加入,更多的粉丝开始关注可口可乐。

在活动初期,许多名人的加入对活动起到了很好的推广作用。可口可乐选择不同的名人,在不同领域吸引粉丝。比如,对于在校大学生这个群体,他们对年轻的艺人和偶像型艺人更易产生共鸣。再比如,对于中年群体,他们对低调稳重的实力派艺人会有更大的偏好。可口可乐抓住了这一特点,采用不同名人进行推广,使得各个年龄段的用户都对可口可乐产生了浓厚的兴趣。

除了名人效应驱动之外,可口可乐公司还通过奖品发起宣传攻势,充分调动粉丝参与的积极性。在活动期间,微博有规划地配合主题进行有奖促销活动,以奖品激发粉丝们的参与热情。可口可乐个性化的"新愿瓶"与有奖活动相配合,辅之新浪微博的影响力,使得可口可乐品牌营销取得了巨大的成功。

可口可乐"新愿瓶"活动火爆的另一个因素是参与门槛的降低,粉丝参与活动的成本低,再加上活动的方式相当简单,只需要输入自己的心愿,即使是简单的一句话,也可以形成文字排列的可口可乐个性化的"新愿瓶"。可口可乐联合新浪微博的这次活动,既简化了用户的参与流程,又没有改变用户的上网方式,因此赢得了大量粉丝的支持。

可口可乐的这次微博推广活动,以其名人效应、简单的参与方式,吸引了广大用户踊跃参加。在活动开始之前,可口可乐预计参加的人数在300万人左右,而最终参与活动的人数为680万人,活动过程中发布的相关微博达到了80多万条,创下了新浪微博华东地区微博活动的新纪录。

(资料来源 移动社群电商.向世康,北京联合出版公司,第197页,有改动)

问题:
1. 结合案例,分析可口可乐公司采用了哪些方法建立社群。
2. 思考:开展社群营销时应注意哪些事项。

☆ 实训专题

我们的世界正在走向自媒体时代。在这个人人可以"挖到黄金"的环境中,如果你一成不变,那么一定不会成功。无论是小米的成功,还是苹果的成功,都源于社群。粉丝的来源就是社群,粉丝的力量也来自社群。因此,社群是推动企业变革和品牌成功的重要力量。

1. 找出自己所参加的社群中哪些是优质社群。
2. 分析这些优质社群是如何进行社群营销的。

第二十章

O2O 营销

☆ 学习目标

1. 了解 O2O 营销的基本概念。
2. 了解 O2O 营销策略。
3. 掌握 O2O 营销的主要实践工具和应用方法。

☆ 引导案例

2020 年 7 月,饿了么迎来一次重大"变身",正式从餐饮外卖平台升级为解决用户身边一切即时需求的生活服务平台。一个多月后,饿了么宣布正式上线"百亿补贴",由平台和商家共同出资,从 9 月起重点覆盖城市将扩展到 100 城以上。相关项目负责人介绍称,百亿补贴将会是饿了么的常态化活动,在重点城市和商家的选择上,补贴都更加集中和聚焦,"百亿补贴"可以为商家持续"吸粉"、增加用户黏性。"从试运营效果看,参与百亿补贴的商家,订单量较日常翻了一倍。"

引导问题:

1. 餐饮外卖和本地生活服务是 O2O 的主力市场,争夺市场份额除了补贴战之外还有没有其他营销手段?

第一节 O2O 营销概述

O2O 营销是 O2O 电子商务模式开展过程产生的营销方式。O2O 电子商务有 online to offline 和 offline to online 两种模式,对应的营销方向也有两种,但最主要和常见的还是通过团购、派券、预订等从线上到线下开展营销。

O2O 营销的优势在于能够完美地打通线上线下,实现线上线下多场景互动。2010 年团购网站商业模式引入中国,PC 互联网时代开始的团购 O2O 在互联网线上推广、用户流量引导方面所具备的先天优势,能在短时间内迅速集结大量用户,达到以数量换低价的商业模式,并通过短信、验证码等方式将线上客流引导到线下实体店中,O2O营销开始了其发展历程。O2O营销在移动互联网时代得以更好地发展,根据LBS提供的产品和服务的选择、移动支付的便捷都进一步推动O2O模式的创新。

"映盛中国"提出O2O营销的三个策略:触点策略、定位策略、品类策略。

一、触点策略

这里的触点包括商家与消费者可以接触的信息触点和实际消费场景的触点。触点策略可解读成五个维度:用LBS引导客户,用丰富的产品信息吸引客户,使用动态可视化的数据呈现,社交机制在触点应用上的布局,预先部分支付与优惠让利。其一,LBS一般默认选择3公里范围内的顾客,这样用户的选择效率高,交易完成容易。LBS的用户选择机制核心内涵是在为用户提供方便快捷的服务的同时达到引流的目的。其二,富媒体时代,商品可以通过图片故事吸引消费者的注意力,配以文字的详细信息给消费者更多的了解,提升用户的操作体验,为用户提供更好的对接方式和应用接触点。其三,使用动态可视化的数据呈现。动态产能的用户触点能够为用户实时传递(或者以极高的频次定期传递)当前的商品数量、商家运营情况,为用户消费、体验行程的制定、商品购买的可行性分析提供数据上的支撑。其四,合理地将社交机制在触点应用布局。移动社交让用户以智能手机、平板电脑等移动终端为载体,以在线识别、移动通信及信息交换技术为依托,在在线购物、在线问答、在线交友等方面影响改变人们的移动生活。其五,预先部分支付与折扣优惠。在用户进行支付时给予部分价格优惠,允许用户支付少量订金,培养用户黏性,订金式支付降低顾客触点消费决策门槛,利益让渡可促成O2O转化率的提升。

二、定位策略

定位策略的核心内涵是根据顾客与企业关系的强弱,完整构建O2O营销的顾客定位模型。定位策略的核心是将客户群分类,根据不同的客户类型采取差异化的对话和互动。针对不同的客户实施差异化的内容营销。为既有客户提供更具有针对性的需求内容,对社交可影响的顾客提供较有针对性的需求内容,对自寻找顾客提供便捷的路线内优质内容,对完全陌生的顾客提供具有消费决策导向的内容。

三、品类策略

品类策略的核心内涵是分清PC互联网与移动互联网应用场景的用户行为有何区别。首先,顾客维度是品类策略的基础维度,企业需要思考顾客在不同的O2O应用触点分别喜欢什么,顾客在应用触点通常需要什么样的产品与服务。定期采取一定样本量进行调研,及时了解O2O营销活动的优势与不足。其次,货架维度是提升到店欲望的关键。企业需要思考不同产品、服务品类在虚拟货架上的陈列模式。O2O营销活动设计的产品或服务组合需平衡线上购买客单价和线下购买客单价。从顾客在线购买角度考虑,越是高价格的产品、服务组合越容易获取客单价提升;可是线下实际操作中,高价格的产品、服务组合会降低顾客到店消费欲望。最后,支付维度需要明确何种产品品类或产品组合从支付角度来衡量是合理且有利的,匹配用户移动支付金额的产品被优先考虑。

O2O营销过程可以通过线上的数据资源获取客户信息与销售信息,通过用户的属性、订单的内容等有效掌握用户特点和需求,可以更有针对性地在消费环节增加营销力度。同时,通过评价系统可以获取消费者对服务的满意程度和商家可以改进的内容,相应地提高服务,这其中包括售前服务和售后服务。通过分析顾客的详细情况,在众多可供选择的商品和服务中筛选出最适合的商品或服务进行有效的精准推送,既有效地维护客户关系,增加客户的黏度,又提高客户的复购率。消费者评价通过网络传播还能够扩大目标客户群,不断扩大销售市场,形成品牌效应,从而提升销售额。

四、O2O营销效果的评价

对于O2O营销的效果,可以从以下几点加以评价:

(1)营销环节的设计是否基于产品与服务。营销的目的是提升品牌形象或提高销售量,不同的产品或服务可以用来做营销的卖点不同,要掌握商家的特点和产品特色,有针对性地设计营销环节和营销内容。

(2)是否贴近消费者需求,是否随机触发消费动机。营销的设计要考虑消费者的需求,如消费者的工作日午餐和商务午餐的需求就有所区别,要根据信息的引导有效地推送,精准地引导消费需求。

(3)营销的转化率及到店实现价值交付的效率。营销环节设计的优惠和折扣都是为了促使客户下单购买或到店消费,各种营销的数据化经营报告可以反映出营销环节设计的合理性,可以根据经营数据反馈的营销效果及时调整营销规则和营销力度,提高营销转换率。

(4)是否有长尾效应,客户是否长期购买。通过营销手段吸引消费者的初次购买是否能够转换为长期购买跟产品的质量、服务的品质以及客户关系的建设有很大关系,如果每次获客都要通过营销投入则企业经营成本上升,要提高产品品质、服务水平,维护客户关系,提高客户的复购率,有效增加企业的利润。

第二节　O2O优惠券营销

一、O2O优惠券设计思路

O2O营销常通过派发优惠券的方式吸引客户,常见的优惠券类型有满减券、现金券、折扣券、新用户券、兑换券等,不同类型的优惠券针对不同的消费群体或消费动机而设计,能够有效地拉动消费者消费。与传统的纸质优惠券相比,O2O优惠券具有精准营销、高效传播与节约成本等优势。优惠券营销要从优惠时间、优惠力度、优惠门槛等角度合理设计才能达成理想的效果。

优惠券设置的有效时间要适中。优惠信息通过互联网传播到足够多的目标群体需要一个时间过程,如果优惠时间过短,只有部分用户能够在有效的时间了解到优惠信息。当然优惠券的有效时间也不宜过长,优惠券设置的时间过长,消费者没有消费的紧迫感,可能忘记兑换消费,而且有可能竞争或替代商家也派发优惠券,消费者有效的选择就多了。

优惠券的优惠幅度设计上既要考虑吸引消费者又要考虑商家成本。优惠券的价值效应影响着消费者的优惠券使用行为。优惠券的折扣降低了消费者的购买成本,从而提升了消费者的经济利益,增加了消费者的购买意愿。O2O优惠券的使用门槛和优惠额度可能会影响消费者决定是否使用该优惠券。通常情况下,消费者得到更多的优惠金额,意味着更低的消费成本,从而更可能提升购买意愿。有些优惠券的设计除了优惠金额外,还设置了优惠门槛,例如"满100减20"的优惠券,要求用户消费满100元才能享受20元的优惠金额,这100元即为该优惠券的优惠门槛。因而,优惠门槛为优惠券的使用造成了壁垒。优惠门槛越高,消费者享受到优惠券优惠金额的可能性越小,优惠券的促销作用也就越小。优惠券的优惠门槛与消费者使用行为之间是负相关,即优惠门槛越高,用户越不可能使用优惠券进行消费;优惠券的优惠金额与消费者使用行为之间是正相关,即优惠金额越多,用户越有可能使用优惠券进行消费。马雪静研究了O2O优惠券使用行为的影响因素,关注了优惠券的优惠门槛、优惠金额、线下距离及其交互效应对O2O优惠券线下使用行为的影响。通过实证分析发现,优惠券的优惠门槛越高、优惠金额越低,用户越不可能使用优惠券,这与影响传统优惠券使用的因素相一致。用户与商户的线下距离越远,使用优惠券进行消费的可能性越小。此外,线下距离还对优惠券优惠额度的影响具有调节作用。线下距离越近,消费者对于优惠券的优惠额度越敏感。消费者距离商户越近,优惠门槛的负面影响越大,而优惠金额的正向影响越小。马雪静建议,降低优惠门槛,提升优惠金额,有助于促使消费者使用优惠券消费。降低优惠门槛,可以减少消费者使用优惠券的障碍;提升优惠金额,可以使得消费者从中节约更多成本。因此,会对消费者的优惠券使用行为产生正面影响。将O2O优惠券发放给与商户线下距离较近的消费者,优惠券更可能被使用。这主要是由于线下距离近的消费者交通成本更低,他们更容易到达线下商户进行消费。因此,向地理位置邻近的消费者发放优惠券,更可能实现优惠券的价值,促销效果更好。对于近距离的消费者,发放优惠额度较大(包括优惠门槛更低、优惠金额更高)的优惠券。当消费者选择到线下距离较远的商户进行消费时,可能是由于在近距离范围内无法找到替代的店铺,优惠券只是起到锦上添花而非决定性作用。而距离较近的消费者对于优惠券的优惠额度(包括优惠门槛与优惠金额)更为敏感,优惠券对于这些近距离消费者更具促销作用。

二、优惠券派发

优惠券的获得门槛、优惠力度、使用方式确定之后就可以制作电子优惠券并有效传播,优惠券的派发方式主要有以下几种:

(1)新用户派券:吸引用户下载注册应用或者注册平台账号。

(2)会员领取:平台或商家会员有资格免费领取。

(3)活动送券:法定节假日或特定节日,比如"双十一"的促销节,以活动页的形式向用户发券。

(4)邀请送券:邀请好友可获得优惠券,开展营销传播。

(5)分享发券:将优惠券分享在朋友圈或分享给微信好友,其他用户点击领取。通过社会化媒体推广的优惠券利用了社群营销的信任感,提高了优惠券的兑换率。社交媒体的裂变传播模式,可以有效地传播优惠信息,同时社交属性增强以及参与优惠的游戏乐趣和社交认同,能够增强优惠券的传播和使用。

(6)主动触发:通过短信告知用户有优惠券送达,短信中可附上优惠的商品链接,有助于转化,或者使用push的方式去提醒用户。注意这种发券方式会对用户造成干扰,因此应注意发券的频率和时间。主动触发多用于刺激留存用户、唤醒沉睡用户。

优惠券的派发渠道也是营销过程的要素,要积极响应入驻平台的各项活动,获取免费的投放资源,减少直接广告位的投放,降低营销成本。

三、优惠券营销效果分析

数据分析是对用户领取、使用优惠券进行数据统计,从而查看活动效果。分析投入多大成本,带来多大转化率和销售业绩。常见的几个统计分析方式如下:

(1)领取率:优惠券领取总量/优惠券发放总量。
(2)使用率:优惠券已使用总量/优惠券已领取总量。
(3)优惠总金额:使用该优惠券优惠的总金额。
(4)用券总成交额:使用该优惠券的订单付款总金额。
(5)优惠总订单数:使用该优惠券的付款订单总数。
(6)优惠率:优惠总金额/用券总成交额。
(7)用券客单价:用券总成交额/使用该优惠券的付款订单总数。
(8)拉新数:领取过优惠券的用户中新用户的数量。

第三节 线上线下融合营销

一、预售活动

通过线上预售获客是O2O营销的一个有力手段,企业通过让利预售的营销活动为线下店锁定客户,并提前为企业带来现金流,企业收益是多方面的,但预售的营销执行过程也需要一定的技巧,为企业节省成本并巩固客户关系。

葛健以酒店行业的线上预售为例,认为有的酒店精心策划、充分准备、步步为营,通过预售缓解了现金流的窘境,创造了收入,提振了员工士气,还获得了客户的满意,提升了品牌知名度,形成了自己的流量池,使得预售进入良性循环。预售优惠信息的传播要有有效的渠道,酒店自有的自媒体渠道或员工分享都比较有限,要找到有效的传播渠道,结合收益管理,售卖高转化率的产品。酒店行业可以主流OTA、专门化的旅游平台以及酒店自媒体为传播渠道。预售过程中,酒店以优惠的预售政策换来了品牌宣传、现金流和收入。营销活动推广过程要更加侧重于专业运营,需要专业的产品详情页设计、易用的程序和朋友圈等社群运营;尤其是在整个预售活动过程中,要对运营数据进行及时的分析反馈,调整预售政策。

谷安迪认为把酒店的各类服务内容进行具有针对性的排列组合,突出一站多享的超值体验,是很多酒店预售一直在做的"产品合成"工作。而在这其中,拥有服务产品和场景越多的酒店,排列组合的砝码也越多。他认为酒店必须加大自有平台的流量,高效动员的全员营销活动可以扩大酒店自有平台预售的影响力。酒店自有直销平台无营销成本地获取复购客户,提高酒店在市场中的议价能力,同时,忠诚客户会提出产品和服务的改进意见。酒店要考虑如何通过持续提供差异化的价值来留住已有客户、创造新增客户。其认为自有平台比OTA平台的营销更重要也更有价值。

☆ 思考

以上两位学者对酒店自有线上平台的营销价值以及全员营销的效果有不同的看法,你的观点如何?

二、线上线下的融合点

线上线下的互动是营销价值最大化的手段,而线上线下营销的过程有很多融合点,需要把融合的工作做好才可以提高营销的价值。线上线下的融合点可以是产品和服务,也可以是自媒体平台和个人微信号。还是以酒店业为例:

葛健认为在线上线下营销过程中,不单是把产品销售出去,还要争取获得好评、沉淀流量池和带动其他产品销售。好评是线上营销最重要的资产。通常,当酒店成功开展预售之后,到店客人的数量会激增,酒店一定要做好充分准备,良好的服务质量将使客人在线上渠道给酒店留下好评,这些好评未来会给酒店带来更多的客户。沉淀好评,有助于生意进入良性循环。通过预售沉淀酒店自己的流量池,是减少流量费用支出的办法。可以引导顾客关注自有平台,关注酒店的微信公众号,以及属于酒店的个人微信号。

谷安迪认为,预售营销阶段酒店将已有的场景、体验和服务进行重组,并形成"期货"售卖。预售之后的阶段,当消费者已经大量消耗了市场上各类"排列组合"之后,"新鲜感"和"创新体验"则会成为他们做出选择的决定性因素。酒店或许应该将更多的精力投放在场景、体验和服务三个维度的"立体创新"和"立体升级"上。在这里,"升级"与"创新"并不一定意味着大拆大改,而是要求酒店管理团队静下心来,提高这三个维度的"立体审美",通过投入自身情况允许的人力和物力资源,来塑造符合时代变化的调性。时代变了,只靠优惠赠送或是过度服务来赢得客人青睐的日子渐渐远去,酒店要不断升级预售营销的内涵和操作方法。

生鲜蔬菜也常选择O2O的营销模式,线上线下融合之后,生鲜配送的销售渠道更加宽阔,客户购买也更加方便。生鲜电商可以通过线下合作门店开展提货工作,或者发展社区居民成为团购的社区"团长",方便顾客下班提货。常见的方式是在线上开通生鲜小程序,建立客户内部优惠群,定期发布优惠信息。线上线下的融合点就是社区的提货点,融合点的高质量服务可以提高客户体验。社区店长或社区"团长"不仅起到提货点的作用,还要发挥线上微信群的营销作用。鲍跃忠认为社区团购的关键在于"团长"资源的整合,这决定着平台能否搭建起核心的卖货体系。"由于社区团购基于熟人社交,讲究地域性,'团长'可以通过促销活动等多种方式,将小区中的用户圈入微信群等私域流量池,'团长'负责日常维护运营。"鲍跃忠介绍,"优秀'团长'的社交力可以激活用户,甚至实现裂变营销,无数优秀的'团长'聚沙成塔,这就是社区团购的优势所在。"

2020年拼多多旗下社区团购项目"多多买菜"通过微信小程序正式上线,拼多多正式进军社区团购领域,与美团等巨头以及兴盛优选等地方势力展开正面较量。

《中国企业家》资料分析显示,多多买菜是拼多多旗下的社区电商平台,同时依靠自己的供应链和物流体系,形成预订+自提的模式,通过运营和服务以满足消费需求。当前多多买菜在内部的优先级非常靠前,全平台倾注资源进行扶持,在已上线地区,拼多多主站 APP 已经可以根据用户定位在首页定向展示,为多多买菜引流,甚至多多买菜的首页入口位置,高于百亿补贴,由此可见内部的重视程度。点开多多买菜小程序会发现,一个定位点附近平均覆盖 10 到 30 家网点,合作网点不仅包括餐饮店、便利店,还有蔬果店、副食店、教育机构,甚至是天猫小店、菜鸟驿站和韵达等快递站点。同一地区网点所售商品基本无异,主要包括蔬果、饮料、米面粮油等生鲜日用品。消费者每天 23 点前在线上下单,商品次日送达,16 点后附近居民可前往合作网点提货。前期商品品类有限,拼多多的打法是低价跑量,主要以超级爆款为主,商品运营也透露着拼多多一贯的秒杀风格:商品剩余仅××份,限购一份。在面向消费者开放多多买菜之前,拼多多花费了大量的时间和资金招募"团长",为多多买菜的开卖做准备。甚至在上线初期,为了抢夺优秀"团长"资源,拼多多不惜砸下 10 亿元重金补贴,采用高补贴拉新、高频率拜访、高效率入驻等方式来快速积累用户。除了"团长",供应商是另一重要因素。多多买菜的供应商无入驻门槛,T+1 预售借款模式,保证了供应商无账期压力、回款快。有社区团购从业者认为,这种预售现结的模式对供应商诱惑力很大,没有资金压力可以低价跑量。社区团购和传统电商交付方式不一样,传统电商是快递到家,社区团购是产品到仓,因此社区团购的供应链,要基于所在城市的周边。生鲜品类是高频消费代表,买菜业务让拼多多增加了一个重要的流量入口,拼多多主动出击,让买菜业务和拼多多主站相互导流,关键在于提高平台的用户活跃度与复购率。拼多多在 2020 年二季度调节了网络营销的开支,选择在客户忠诚度更强、高占有率和选购购买率更高的农业产品品类,扩大营销推广范畴。

☆ 思考

多多买菜线上线下融合点的设计与其他生鲜社区平台相比有哪些区别?

社区团购需要扎根线下,多多买菜项目一名人士称:"现在突然做线下与线上的融合,对我们来说还挺难适应的。京东、美团进入线下很早,虽然苦,但已经具备了先发优势,后来者要想再进入,只能靠堆成本。"

【本章小结】

本章从 O2O 的商业模式入手,介绍 O2O 营销的基本策略,并具体介绍 O2O 营销中最常见的优惠券设计、派发以及效果评估的方法。本章还对 O2O 营销如何做到线上线下融合进行了初步的探讨,并以酒店行业的相关 O2O 营销作为案例展开讨论。

【关键词】

O2O 营销　优惠券　线上线下　接触点　融合点

【问题思考】

1. 简述 O2O 营销策略。
2. 派发优惠券要注意哪些工作细节?
3. 如何做好线上线下的营销互动?

☆ 案例评析

案例一：苏宁智慧零售 O2O 演进 线上线下多维融合

从线下突围线上的苏宁易购，一直以来瞄准的是双线融合的智慧零售。近年来线上红利减少，阿里巴巴、京东则在线下找增量，如今线上和线下如何进一步融合成为关键。在坐拥线下庞大体系的苏宁看来，电商流量只是在转移，作为零售企业，关键是站在流量的哪一端，如何去满足、激发这种转移到线下的需求。

回看 2018 年零售市场的表现，似乎在后半场突然遇冷，在苏宁易购总裁侯恩龙看来："这是因为 2018 年中国零售发生了一个非常大的转变，原来粗放式销售逐步向垂直、个性、更加有调性的方式转移。"

侯恩龙分析了市场上出现的三种声音：一种叫消费两级，不论是消费降级还是消费升级的概念，其实背后的转变在于用户需求更加垂直细分，消费群体更趋于理性，打卡经济开始涌现；第二种声音是流量向下，因为互联网流量遇到了瓶颈，所有的互联网企业都在谈赋能线下；第三是出现了以社区、社团、社群为代表的拼团经济和模式。

在消费观念、消费结构都发生变化的大环境下，今年苏宁的战略颇为清晰——快速发展四到六级市场直营店和零售云加盟店，同时，在社区大力发展苏宁小店。而苏宁易购营收、销售规模增速持续保持高位，与智慧零售大开发战略形成的差异化竞争优势密不可分。整体而言，苏宁易购线上的广告投入、基础建设做得比较扎实，线下店面的有效复制、和房地产商合作等新零售的发力也是一个新的增长点。

在线下，苏宁持续完善门店业态布局，加快推进农村市场以及城市社区的网络覆盖，同时探索迭代店面模型。目前，苏宁形成了涵盖苏宁易购广场、苏宁易购直营店和零售云加盟店、苏宁小店，以及专注于垂直类目经营的家电 3C 家居生活、母婴店、超市等业态产品族群。

苏宁方面也告诉《21 世纪经济报道》记者："随着网购渗透率接近饱和，布局三、四线城市和县镇地区，成为电商发展的重点。国家统计局最新数据显示，中国城镇常住人口 81 347 万人，城镇化率为 58.52%。城镇人口增加、城镇化进程加速，带来的是生活方式、消费理念的变化。"

在线下快速扩张的同时，苏宁也对门店加强运营管理。此外，苏宁的金融、物流业务也进入高增长期。

按照苏宁的规划，智慧零售就是不断地推进线下场景的互联网化。比如在消费者家中，有可以满足网购、智能唤醒家电等需求的家庭互联入口苏宁"小 Biu"智能音箱；距离消费者 500 米的办公区、酒店内，有苏宁布局的无人货架；3 公里内是无人店、苏宁极物店、苏宁小店、苏宁易购精选店等；3 公里外则有强调场景与体验的苏宁生活广场、苏宁云店、苏宁影城等。

随着线下和线上规模化的演进，苏宁易购的双线作战能力也得到增强，在"双十一"的战场上排兵布阵。这也是苏宁在智慧零售大开发开局之年的一次试炼，据悉，苏宁已经开设一万家互联网门店，欲像毛细血管一样渗透到各个区域，实现柔性供应体系。

线上和线下的联动愈发明显，线下的重要性也更加突出。传统的线下零售行业在标准化之后形成了一个中央供给的系统，反而在线下回暖之际体现出优势。苏宁新一轮的线下单体店扩张，实际上也是线下体验式消费的升级。但是这些变化都需要长期投入，并非短期内爆发。目前看来，苏宁的尝试有了初步的成功，接下来还要看成本控制和长期回报，因此这一模式能否持续扩大依然面临考验。

第二十章
O2O营销

侯恩龙表示,今年苏宁的变化方式主要有三,其一是万家门店带来的商品和服务叠加。以往线下门店最多达到几千个SKU,最大的商场估计可达两三千SKU,而苏宁每一个门店可以卖几千万SKU,因此它是一个线上线下产品SKU的打通和叠加。同时,近距离的小店可以提升电商服务和效率,并且苏宁易购的小店将功能延伸,除了卖商品,还兼有社区服务。

其二是从流量营销到粉丝营销。"过去这个时候,我们谈得最多的是流量、转化、客单价这三个词,花钱买流量,拼命砸钱做广告,流量进来了以后,转化率从两个点提高到三个点、四个点,然后算客单价。现在出了问题,线上的流量已经开始往下走了,流量的转化率在下降、流量价值在下降、用户质量也在下降,流量营销已经走到了尽头。"侯恩龙解析道。而此时社群电商正在崛起,粉丝就是流量,因此苏宁的很多营销产品,核心目的就是打造粉丝营销。

其三是更注重服务到家,由被动转为主动。

苏宁用近十年时间完成从"+互联网"到"互联网+"的转型,而零售的比拼还在继续,无疑苏宁的线下经验丰富,自己控制物流和供货,长期来看其模式更像一个综合体。接下来零售行业格局的变化令人期待。

(资料来源 苏宁智慧零售O2O演进 线上线下多维融合.21世纪经济报道,2018-11-14,有改动)

问题:

1. 请你为苏宁易购设计一款优惠券,既可以用在线下苏宁小店又可以用在线上苏宁易购平台,并说明优惠券设计的思路。

案例二:"美团优选"出炉!以"预购+自提"模式进军社区团购

2020年7月7日,美团宣布将成立优选事业部,进入社区团购赛道。新成立的"优选事业部"将推出社区团购业务——美团优选。

美团表示,美团优选会重点针对下沉市场,采取"预购+自提"的模式,即用户当天在线上下单,次日门店自提。美团将落地社区团购的首个城市选在济南,近期将在济南市上线测试,目前已经在当地启动"团长"招募。

从公布的信息看,美团将主要发展便利店店长成为"团长"。美团表示,将赋能社区便利店,为社区家庭提供高性价比的蔬果、肉禽蛋、乳制品、酒水饮料、家居厨卫等品类商品。

餐桌生鲜是3万亿元生鲜市场里70%的份额,约为2万亿元左右的规模。

社区团购的模式自2016年从长沙崛起,2017年全国涌现。它指的是社区"团长"通过拉群运营,会迅速收到自己所负责的社区订单,平台的另一头,则可以直接联系原产地直采发货。下单第二天,商品便从原产地送往所在城市的城市总仓。顾客在下班回家的路上,就可以去"团长"所在位置或指定地点提货。通过这种模式,平台实现最低的履约成本和生鲜配送零损耗。

这个赛道里,以水果为例,彼此心照不宣的玩法是,同行基本上会靠水果上市第一波杀价,甚至用低于成本价的价格亏损着抢流量,再在中期水果成本下降时靠销量获利。低价水果,成为促销引流的重要手段。

"团长"一直是社区团购的核心,也是一直被诟病的不稳定因素。如何维护"团长"与平台的黏性,防止"团长"被挖墙脚,甚至如何提防"团长"带着流量"跑路",几乎是每个社区团购公司需要思考的问题。而在激烈的竞争中,"团长"和平台的关系也产生了微妙的变化。

原先平台和"团长"的协议往往很宽松,老练的"团长"会把流量掌握在自己的手中;但如今,为了减少平台对"团长"的依赖、保证"团长"的质量和"团效",一些平台开始制定"团长"筛选标准,不达标的"团长"将会被替换。

(资料来源 "美团优选"出炉！以"预购＋自提"模式进军社区团购.中国物流与采购杂志,https://new.qq.com/rain/a/20200708A0P32300,2020-7-8,有改动)

问题：

1. 请分析社区"团长"在社区电商营销过程中起到的作用。

参考文献

[1] 郦瞻.网络营销[M].北京:清华大学出版社,2013.

[2] 王玮,梁新弘.网络营销[M].北京:中国人民大学出版社,2016.

[3] 朱迪·斯特劳斯,雷蒙德·弗罗斯特.网络营销[M].5版.时启亮,孙相云,刘芯愈,译.北京:中国人民大学出版社,2010.

[4] 杨路明,等.网络营销[M].北京:机械工业出版社,2011.

[5] 孟韬.市场营销——互联网时代的营销创新[M].北京:中国人民大学出版社,2018.

[6] 江涛.互联网思维3.0[M].北京:化学工业出版社,2019.

[7] 赵大伟.互联网思维——独孤九剑[M].北京:机械工业出版社,2014.

[8] 段娜.壹读传媒的互联网思维研究[D].河北大学,2015.

[9] 陈娉娉."粉丝经济"背景下网络剧盈利模式探讨——以《陈情令》为例[J].时代金融,2020(02):143-144.

[10] 邵天宇.互联网思维下的商业模式创新路径研究[D].大连理工大学,2014.

[11] 何晓兵,何杨平,王雅丽.网络营销——基础、策略与工具[M].北京:人民邮电出版社,2010.

[12] 田玲.网络营销理论与实践[M].3版.北京:清华大学出版社,2019.

[13] 卓骏.网络营销理论、策略与实战[M].北京:机械工业出版社,2015.

[14] 乔辉,曹雨.网络营销[M].北京:机械工业出版社,2015.

[15] 史向召.从网络流行文化角度探究网络营销新思路[J].新媒体研究,2018(13):54-55.

[16] 克里斯·安德森.长尾理论[M].乔江涛,译.北京:中信出版社,2007.

[17] 史贤龙.移动互联新玩法:未来商业的格局和趋势[M].北京:中华工商联合出版社,2015.

[18] 付珍鸿.网络营销[M].北京:电子工业出版社,2017.

[19] 黑马程序员.网络营销推广[M].北京:清华大学出版社,2010.

[20] 中国互联网络信息中心.第45次中国互联网络发展状况统计报告[R].

[21] 罗红梅.网络消费心理行为变化及营销策略分析[J].电子商务,2019(09):41-42.

[22] 苏毅诚,李庆龙.网络消费者购买行为的影响因素[J].品牌(下半月),2015(10):54.

[23] 朱晓红,陈寒松,张腾.知识经济背景下平台型企业构建过程中的迭代创新模式——基于动态能力视角的双案例研究[J].管理世界,2019(03):142-156.

[24] 陈文沛.产品属性、消费者介入与新产品购买行为的关系[J].财经论丛,2013(02):101-106.

[25] 付二晴.网络环境下品牌传播策略研究[J].品牌研究,2020(03):28-31.

[26] 朱瑞庭.网络营销[M].北京:高等教育出版社,2009.

[27] 刘芸.网络营销与策划[M].北京:清华大学出版社,2010.

[28] 张欣悦,白浩宸,刘怡君.差别定价法应用[J].合作经济与科技,2019(12):112-114.

[29] 陈水芬,孔伟成,谭春辉.网络营销[M].3版.重庆:重庆大学出版社,2016.

[30] 喻晓蕾,苑春林.网络营销[M].北京:中国经济出版社,2018.

[31] 施娟.营销渠道管理[M].上海:上海财经大学出版社,2014.

[32] 杨立钒,杨坚争.网络营销教程[M].2版.北京:中国人民大学出版社,2019.

[33] 瞿彭志.网络营销[M].5版.北京:高等教育出版社,2010.

[34] 陈晴光.网络营销服务及案例分析[M].北京:北京大学出版社,2016.

[35] 阳翼.数字营销[M].2版.北京:中国人民大学出版社,2019.

[36] 魏艳.微信公众号运营、营销与管理[M].北京:化学工业出版社,2019.

[37] 张晓健,马宇洲.内容型新媒体营销的特点及策略——以微信公众号营销为例[J].新媒体研究,2018(22):79-80.

[38] 余庆泽,毛为慧,梁海霞.场景链接、网络关系链与新营销生态圈——基于微信小程序场景应用[J].硅谷,2019(13):61-62+88.

[39] 李灿辉.微信搜索引擎优化策略的研究[J].数字技术与应用,2020(04):68-69.

[40] 王润.论媒介文化视野下"不差钱"搞笑视频热背后的传播现象[J].科技促进发展,2009(09):313-314.

[41] 李逊.直播营销的价值认同与未来趋向[J].吉林广播电视大学学报,2020(02):155-156.

[42] 翁伟.直播营销初探[J].艺术科技,2017(04):425.

[43] Mob研究院.2020中国直播行业风云洞察[R].

[44] 新榜研究院.2020直播生态研究报告[R].

[45] 艾瑞咨询.2020年中国直播电商生态研究报告[R].

[46] 微播易.2020直播电商行业研究报告[R].

[47] 前瞻产业研究院.2020年中国直播电商研究报告[R].

[48] 李锋,葛静.社群营销:终端一公里的战争[M].北京:中国财富出版社,2014.

[49] 石泽杰.引爆互联网营销[M].北京:知识产权出版社,2018.

[50] 冯彩云.基于移动社交平台下的社群营销模式探究[J].生产力研究,2020(01):153-156.

[51] 马雪静.线上优惠券对消费者行为影响研究——基于O2O模式的分析[J].价格理论与实践,2019(02):117-120.

[52] 葛健.如何做预售,才能实现酒店和顾客双赢?[J]中国会展,2020(12):48-51.

[53] 谷安迪.酒店预售从"救命稻草"到"保健良药"[N].中国旅游报,2020-08-13.

[54] 李原.对酒店"预售反思"的反思[N].中国旅游报,2020-08-13.